LA REFORMA DE 2024 AL PODER JUDICIAL MEXICANO A LA LUZ DE LAS CIENCIAS CONSTITUCIONALES

LA REFORMA DE 2024 AL PODER JUDICIAL MEXICANO A LA LUZ DE LAS CIENCIAS CONSTITUCIONALES

Coordinadores

Víctor Alejandro Wong Meraz
Publio Rivera Rivas

Presentación

Luis Alfonso Rivera Campos

La presente obra fue dictaminada por pares y a doble ciego
Edición cuidada por: Dulce Ivonne Rojas Mendieta

COLEX 2024

UACH
UNIVERSIDAD AUTÓNOMA DE
CHIHUAHUA

Centro de
Estudios
en Ciencias
Constitucionales

© Editorial Colex, S.L.
Calle Costa Rica, número 5, 3.º B (local comercial)
A Coruña, 15004, A Coruña (Galicia)
info@colex.es
www.colex.es

I.S.B.N.: 978-84-1194-642-1
Depósito legal: C 1337-2024

SUMARIO

PRESENTACIÓN

Luis Alfonso Rivera Campos

(Pág. 13)

ESTUDIOS DOCTRINARIOS

1. ALGUNAS DISQUISICIONES DESDE LAS CIENCIAS CONSTITUCIONALES SOBRE LA INDEPENDENCIA DEL PODER JUDICIAL

Javier Ruipérez Alamillo

(Pág. 17)

2.
REFLEXIONES EN TORNO A LA PROPUESTA DEL NUEVO TRIBUNAL DE DISCIPLINA JUDICIAL

Edgar Corzo Sosa

(Pág. 65)

3.
LAS IMPLICACIONES EN LA MATERIA ELECTORAL DE LA REFORMA CONSTITUCIONAL AL PODER JUDICIAL. EL RIESGO PLAUSIBLE DE TRANSITAR HACIA UN DEBILITAMIENTO DE LA DEMOCRACIA DIALÓGICA

Enoc Francisco Morán Torres

(Pág. 83)

4.
REFORMA DE LA CUARTA TRANSFORMACIÓN AL PODER JUDICIAL, NUEVO PARADIGMA DE JUSTICIA, URGIDO DE SOPORTE FILOSÓFICO

José Virgilio Rivera Delgadillo

(Pág. 105)

5.

EL A, B, C, DE LA REFORMA JUDICIAL, COMENTARIOS AL PROCEDIMIENTO DE ELECCIÓN DE LAS PERSONAS JUZGADORAS EN EL PROYECTO DE REFORMA 2024

Mario Alberto González Gómez

(Pág. 119)

6.

ELECCIÓN POPULAR DE LOS JUECES: REFLEXIONES SOBRE LA INICIATIVA DE REFORMA CONSTITUCIONAL EN MATERIA DEL PODER JUDICIAL Y SU IMPACTO EN LOS PRINCIPIOS DE INDEPENDENCIA E IMPARCIALIDAD

Raúl Montoya Zamora

(Pág. 135)

7.
ELECCIÓN DE PERSONAS JUZGADORAS MEDIANTE VOTO DIRECTO, SIN INTERVENCIÓN DE PARTIDOS POLÍTICOS, GRUPOS DELICTIVOS O DE FACTO

Ricardo Garduño Pasten

(Pág. 161)

8.
DIVISIÓN DE PODERES: TRADICIÓN Y COYUNTURA EN EL CONSTITUCIONALISMO MEXICANO

Ricardo Monreal Ávila

(Pág. 183)

9.
REFORMA AL PODER JUDICIAL MEXICANO: PERSPECTIVAS Y DESAFÍOS

Vicente Aldahir Vázquez Pinzón

(Pág. 203)

10.
LA CRISIS DEL PODER JUDICIAL EN MÉXICO, LA CRÓNICA DE UNA REFORMA ANUNCIADA. UN ANÁLISIS A LA INICIATIVA PRESENTADA POR EL PRESIDENTE AMLO, EL 5 DE FEBRERO DE 2024

Víctor Alejandro Wong Meraz

(Pág. 223)

COMENTARIOS CRÍTICOS

11.
LA REFORMA AL PODER JUDICIAL Y SU IMPACTO EN LA JUSTICIA LOCAL. UN ANÁLISIS DESDE LA PERSPECTIVA DEL FEDERALISMO

Morelos Canseco Gómez

(Pág. 255)

12.
EL IMPACTO DE LA REFORMA EN LA JUSTICIA LOCAL A LA LUZ DEL FEDERALISMO

Olga María Sánchez Cordero Dávila

(Pág. 281)

13.
EL PODER EN MÉXICO EN EL CONTEXTO DE LA REFORMA AL PODER JUDICIAL, 2024

Publio Rivera Rivas

(Pág. 291)

PRESENTACIÓN

El término Universidad proviene del latín *universitas*, que significa «conjunto» o «totalidad», y la debemos entender como todas las corrientes filosóficas, de pensamiento y de visión del mundo que convergen en una institución. Las universidades son fundamentales para el desarrollo de toda una sociedad a través de la educación. En este tenor de ideas, son el motor de dicha sociedad, por lo que concordamos con las palabras de Rousseau: «la obligación principal del Estado es la de formar ciudadanos, incluso si estos se oponen».

Una de las misiones más relevantes para las Universidades es buscar el desarrollo e investigación para la creación del conocimiento y avance científico, pero cuando lo anterior va encabezado por una Institución Pública, el compromiso se duplica, ya que además conlleva una responsabilidad social mayor para el desarrollo de toda la sociedad. En este sentido, nos orgullece presentar la obra: *La reforma de 2024 al Poder Judicial mexicano a la luz de las Ciencias Constitucionales,* la cual contiene distintas visiones de académicos, juzgadores, y políticos que analizan una cuestión tan relevante como la que se está tratando.

La presente obra que hoy tienen en sus manos contiene los trabajos de profesores con reconocimiento nacional e internacional como: Javier Ruipérez (Universidad de la Coruña); Edgar Corzo (UNAM); Mario Alberto González (UAEMEX); Raúl Montoya (UJED); Enoc Morán (Universidad de Colima); Vicente Aldahir Vázquez (Universidad Veracruzana) y Alejandro Wong (UAEMEX).

Además, contiene la visión de impartidores de justicia a nivel federal y local como: Ricardo Garduño (Magistrado del Segundo Tribunal Colegiado en Materia Penal del Segundo Circuito sede en Toluca), y Virgilio Rivera (Magistrado del Poder Judicial de Zacatecas), quienes conocen de viva voz la situación dentro del Poder Judicial en México.

Es de resaltar que esta obra contiene aportaciones muy relevantes de personas activas dentro de la política, que se encuentran en medio de la discusión de dicha reforma constitucional: Ricardo Monreal (Líder de la fracción Parlamentaria de MORENA); Morelos Canseco (destacado político, y con una gran trayectoria dentro de órganos legislativos); Publio Rivera (con una trayectoria importante dentro de órganos legislativos); y de la Senadora Olga Sánchez Cordero (quien además es ministra de la Suprema Corte de la Nación en retiro y notaria de la Cd. De México).

Con todas estas aportaciones podemos afirmar que se tiene una visión muy integral de la discusión nacional sobre la reforma al Poder Judicial. Por tal motivo, consideramos que esta obra sale a la luz en un momento relevante ya que los capítulos que contiene el libro ayudarán a robustecer el debate sobre este tema.

Por lo anterior, la Universidad Autónoma de Chihuahua se complace en auspiciar la publicación de este libro, como un aporte más al fortalecimiento de la Democracia Mexicana.

Luis Alfonso Rivera Campos
Rector
Universidad Autónoma de Chihuahua
Chihuahua, México 15 de agosto de 2024

ESTUDIOS DOCTRINARIOS

1.

ALGUNAS DISQUISICIONES DESDE LAS CIENCIAS CONSTITUCIONALES SOBRE LA INDEPENDENCIA DEL PODER JUDICIAL[1]

Javier Ruipérez Alamillo[2]

SUMARIO: 1.1. Introducción. 1.2. El origen histórico del principio de la independencia judicial. El dogma político de la soberanía del Pueblo como fundamento último de la independencia funcional de los jueces. 1.3. El problema de la independencia orgánica de los jueces y magistrados. 1.4. Las condiciones jurídicas y políticas materiales para la realidad y eficacia del principio de la independencia de jueces y magistrados. El pluripartismo como causa última de la independencia del Poder Judicial. 1.5. Bibliografía.

«Donde quiera que estés, // te gustará saber// que te pude olvidar y no he querido, //y por fría que sea mi noche triste// no echo al fuego ni uno solo de los besos// que me diste.

Donde quera que estés// si te acuerdas de mí».

Joan Manuel Serrat

1.1. Introducción

No sería, por mi parte, más que un mero ejercicio de constatación, y solemnización, de lo obvio, comenzar este escrito proclamando, y de la manera más enfática posible, que el principio de la independencia judicial es, sin dis-

1 El contenido de este trabajo, redactado para atender la invitación del Dr. Wong Meraz y el Profesor Rivera, se corresponde, de una u otra suerte, con las tareas que me corresponderán atender dentro del Proyecto de Investigación que lleva por título *La polarización Política y su impacto sobre la realidad Constitucional* (PORECO), (PID2023-153037NB-I00), financiado por el Ministerio de Ciencia e Innovación (convocatoria de Proyectos I+D +I de 2023).

2 Doctor por la Universidad de Salamanca. Profesor investigador de la Universidade da Coruña. Presidente del Centro de Estudios en Ciencias Constitucionales.
El 5 de febrero es el día

puta posible alguna, uno de los más reivindicados, por lo menos en el plano retórico y formal, en el mundo de lo jurídico y político, y tanto por parte de los prácticos de la política, —que son, como, con gran sagacidad y perspicacia, observó el gran Heller[3], quienes crean la realidad jurídico-política que a los científicos del Estado, la Política y el Derecho nos corresponde estudiar y hacer comprensible para los ciudadanos, y quienes, en su actuación, pueden proceder a la crítica transcendente, pudiendo, incluso, llegar a poner en discusión el principio de legitimidad sobre el que se edificó el Estado Constitucional de que se trate[4]—, como por parte de los profesionales universitarios de las Ciencias del Derecho del Estado, entre las cuales, nadie puede ignorarlo, el Derecho Constitucional ocupa el lugar central[5], —que, aunque condicionado por la realidad jurídica y política, y obligados, como ya había puesto de relieve Georg Jellinek[6], a tratar de lograr su feliz desarrollo con la búsqueda en lo devenido de lo que está por devenir[7], han de mantenerse siempre en los estrictos límites de la crítica inmanente[8]—. De todos los profesionales universitarios de las Ciencias Jurídicas ha de ser, según nuestro parecer, bien conocido que el principio de la independencia de los jueces es un principio que, como decimos, formalmente es proclamado, y, además, de manera harto solemne y formal, en todos los Estados que se han fundado, o, en su caso, refundado[9], con posterioridad a la entrada en escena, con la veri-

---

3 *Cfr.* HELLER, H., *La soberanía. Contribución a la Teoría del Derecho estatal y del Derecho internacional* (1927), Ciudad de México, 1995, 2.ª ed., pp. 197-199; *Teoría del Estado*, Ciudad de México, 1983, 1.ª ed., 9.ª reimpr., p. 60.

4 *Cfr.*, en este sentido, HELLER, H., *La soberanía. Contribución a la Teoría del Derecho estatal y del Derecho internacional*, cit., p. 142; *Teoría del Estado*, cit., 39.

5 *Cfr.* STIER-SOMLO, F., *Reichstaatsrecht*, Berlín-Leipzig, 1927, pp. 5 y 48; SMEND, R., «Constitución y Derecho Constitucional» (1928), en SMEND, R., *Constitución y Derecho Constitucional*, Madrid, 1985, pp. 194 y ss.; STERN, K., *Derecho del Estado de la República Federal alemana*, Madrid, 1987, pp. 114-116.

6 *Cfr.* JELLINEK, G., *Reforma y mutación de la Constitución* (1906), Madrid, 1991, p. 41.

7 *Cfr.* HELLER, H., *Teoría del Estado*, cit., p. 68. En un sentido similar, *cfr.*, también, JELLINEK, W., «Alemania como Estado de Derecho», *Revista de Administración Pública*, n.º 6 (1951), p. 347.

8 Sobre esto, *cfr.* DE VEGA, P., «Prólogo» a SCHMITT, C., *La defensa de la Constitución. Estudio acerca de las diversas especies y posibilidades de salvaguardia de la Constitución* (1931), Madrid, 1983, pp. 11-14; «El tránsito del positivismo jurídico al positivismo jurisprudencial en la doctrina constitucional», *Teoría y Realidad Constitucional*, n.º 1 (1998), p. 78. En el mismo sentido, y como seguramente no podría ser de otro modo, *cfr.*, también, RUIPÉREZ ALAMILLO, J., «La Constitución y su estudio. Un episodio en la forja del Derecho Constitucional europeo: Método jurídico y régimen político en la llamada Teoría Constitucional de Weimar», en LEÓN BASTOS, C., y WONG MERAZ. V. A., (coords.) Y OTROS, *Teoría de la Constitución. Estudios jurídicos en homenaje al Dr. Jorge Carpizo en Madrid*, Ciudad de México, 2010., pp. 755-760.

9 Para la comprensión de la verificación de un nuevo, por utilizar la terminología propuesta por Wise [*cfr.* WISE, J., *A Vindication for the Government of the New England Churches. A*

ficación de los grandes procesos revolucionarios liberal-burgueses habidos, a finales del siglo XVIII, en los Estados Unidos de América y Francia.

Para ningún constitucionalista, cualquiera que sea el método de estudio que emplee en su labor investigadora, puede, ni debe, ser un misterio que, en efecto, este principio de la independencia del juez ha sido invocado, desde el momento antes aludido, en todos los Estados, con total independencia de cuál fuera su efectiva forma de Estado. Lo ha sido, y con una materialización real, en aquellas Comunidades Política que, en verdad, se organizaban de conformidad con la lógica inherente al régimen de la Democracia Constitucional pluralista. Pero también, y con igual o superior insistencia, en aquellos otros Estados que se encontraban regidos por un documento de gobierno que, no obstante llamarse Código Constitucional, resultaba perfectamente reconducible al concepto de lo que, en su clasificación ontológica, Loewenstein denominó «Constituciones semánticas», y que, al final del día, se definen por el dato de que «si bien la constitución será plenamente aplicada, su realidad ontológica no es sino la formalización de la existente situación del poder político en beneficio exclusivo de los detentadores del poder fácticos, que, disponen del aparato coactivo del Estado. [...]. En lugar de servir a la limitación del poder, la constitución es aquí el instrumento para estabilizar y eternizar la intervención de los dominadores fácticos de la localización del poder político. Y para continuar con el símil anterior, el traje no es en absoluto un traje, sino un disfraz»[10]. La Alemania guillermina y la hitleriana nos ofrecen, como ha puesto de relieve Franz Neumann[11], nos ofrece un magnífico ejemplo a este respecto. Lo que, en nuestra opinión, no ha de resultar muy difícil de entender, comprender y, por lo menos si se actúa de un modo ponderado y cabal, compartir.

Drawn from Antiquity; the Light of Nature; Holy Scripture; its Noble Nature; and from the Dignity Divine Providence has put upon it, cit., pp. 44-45], y puesta ésta en relación con la teorización realizada por Althusius [*cfr.* ALTUSIO, J., *La política metódicamente concebida e ilustrada con ejemplos sagrados y profanos* (1603), Madrid, 1990, p. ej., cap. V, párrs. 1 y ss.; párr. 22, p. 46; Cap. IX, párrs. 1-4, pp. 115-116; cap. XVIII, párrs. 28-29, pp. 199, y párrs. 40 y 42, pp. 201 y 202. Sobre el significado de esta obra, *cfr.*, por todos, FRIEDRICH, C. J., «Introducción a La *Politica methodice digesta* de Johannes Althusius» (1932), en GIERKE, O. VON, *Johannes Althusius y el nacimiento histórico del contractualismo* (1880-1958), Madrid, 2021, pp. XV-CXXI], «momento del pacto social», como una refundación de un Estado, entendiendo por tal el mantenimiento de la misma Comunidad Política, pero organizada por unos principios y valores distintos a los que operaban en el momento político inmediatamente anterior, *cfr.*, por todos, ARNOULT, G., *De la révisión des Constitutions. Établissement et révisión des Constitutions françaises. Systemes de révision des Constitutions étrangeres*, París, 1895, pp. 25, 53 y ss.; VANOSSI, J. R. A., *Teoría Constitucional*. I. *Teoría Constituyente. Poder Constituyente: fundacional; revolucionario; reformador*, Buenos Aires, 1975, pp. 136-137.

10 LOEWENSTEIN, K., *Teoría de la Constitución*, Barcelona, 1979, 2.ª ed. reimpr., pp. 218-219.

11 *Cfr.* NEUMANN, F., *Behemoth. Pensamiento y acción en el nacionalsocialismo* (1942), Madrid, 1983.

Debe recordarse, a este respecto, que la *Bundes-Gesetz-Blatt des Deutschen Bundes*, de 16 de abril de 1871, —a la que, e importa señalarlo, le faltaba de la nota fundamental para que un documento de gobierno pueda ser considerado como una efectiva y axiomática Constitución: el ser la expresión normativa de la voluntad soberana de un *Pouvoir Constituant*[12] que, por lo demás, y como ha afirmado la mejor doctrina de las Ciencias Constitucionales, tan sólo puede corresponder al Pueblo[13], y que, además, y como, con meridiana claridad, indicó Nawiasky[14], tenía como destinatarios no, y ni mucho menos, a los ciudadanos y ciudadanas del Estado alemán único, sino, por el contrario, a los Príncipes de las colectividades particulares, que ya, y muy en contra del deseo de los príncipes territoriales, y de los esfuerzos de G. Jellinek[15] para dar una cierta cobertura jurídico-formal a tal pretensión, no podían ser considerados auténticos Estados, sino, por el contrario, meros

12 *Cfr.* Kelsen, H., *Il problema della sovranità e la Teoria del Diritto Internazionale. Contributo per una doctrina pura del Diritto* (1927), Milán, 1989, pp. IV-V. Calamandrei, P., «La convocazione dell'asamblea Costituente europea» (1948), en Calamandrei, P., *Opere Giuridiche. III. Diritto e proceso costituzionale*, cit., pp. 252, 254 y ss. Fix-Zamudio, H., «Derecho, Constitución y Democracia», *Boletín Mexicano de Derecho Comparado*, n.° 50 (1984), pp. 486-487. De Vega, P., «Constitución y Democracia», en la obra colectiva *La Constitución española de 1978 y el Estatuto de Autonomía del País Vasco*, Oñati, 1983, p. 66; «Supuestos políticos y criterios jurídicos en la defensa de la Constitución: algunas peculiaridades del ordenamiento constitucional español [Estudio publicado en homenaje al Doctor Pablo Lucas Verdú en la *Revista de Política Comparada*, en 1984]», en De Vega García, P. y Ruipérez Alamillo, J., *Dos estudios sobre la Constitución y su defensa*, A Coruña, 2024, p. 254; «La crisis del concepto político de Constitución en el Estado Social [Escrito para el *Líber amicorum Héctor Fix-Zamudio*, publicado, en 1998, por la Corte Interamericana de Derechos Humanos]», en De Vega García, P., y Ruipérez Alamillo, J., *Dos estudios sobre la Constitución y su defensa*, cit., p. 331.

13 En relación con esta afirmación, *cfr.*, por todos, y sin ánimo de ser exhaustivos, Borgeaud, Ch., *Établissement et révision des Constitutions en Amérique et en Europe*, París, 1893, pp. 17 y ss., y 29. Arnoult, G., *De la révision des Constitutions. Établissement et révision des Constitutions françaises. Systemes de révision des Constitutions étrangeres*, París, 1895, pp. 25, 53 y ss., y 56 y ss. Carpizo, J., «Derecho Constitucional I», «La soberanía del Pueblo en el Derecho interno y en el internacional», «Algunas reflexiones sobre el Poder Constituyente», todos ellos recogidos en Carpizo, J., *Estudios constitucionales*, México, 1991, 3.ª ed. aum., pp. 299, 503 y ss., y 572, respectivamente. Vanossi, J. R. A., *Teoría Constitucional. I. Teoría Constituyente. Poder Constituyente: fundacional; revolucionario; reformador*, cit., pp. 275-296.

14 *Cfr.* Nawiasky, H., *Die Grundgedanken der Reichsverfassung*, Múnich, 1920.

15 *Cfr.* Jellinek, G., *Die Lehre von der Staatenverbindungen*, Viena, 1883, pp. 31 y ss. Es menester indicar que esta concepción puesta en marcha por el insigne Maestro de Heidelberg fue, tan dura, como acertadamente, criticada por una gran parte de la doctrina constitucionalista. *Cfr.*, a este respecto, y por todos, Le Fur, L., *État Fédéral et Confédération d'États* (1896), París, 2000, pp. 395 y ss., y 601 y ss.; Schmitt, C., «El problema de la soberanía como problema de la forma jurídica y de la decisión», anexo a Schmitt, C., *El Leviathan en la Teoría del Estado de Tomas Hobbes* (1938), Granada, 2004, p. 80; Heller, H., *La soberanía. Contribución a la Teoría del Derecho estatal y del Derecho internacional*, cit., pp. 214 y ss.

centros autónomos de decisión política[16]—, dio origen a un régimen jurídico-político, la monarquía constitucional alemana, que, dijese lo que dijese Schmitt[17] sobre ella, se presentaba como un indiscutido, e indiscutible, «anticonstitucionalismo»[18]. Y ello, por cuando que lo que, en rigor, suponía el régimen de la monarquía constitucional alemana, —que, por cierto, el propio Stahl, contraponiéndola a la monarquía parlamentaria y a las Repúblicas, relacionaba con la monarquía absoluta en tanto en cuanto en ambas la soberanía, y la titularidad del ejercicio de la misma, correspondían al monarca, y no al Pueblo[19]—, era, el operar, retrocediendo tres siglos en la evolución del pensamiento jurídico[20], la resurrección de los esquemas jurídicos y políticos propios del Estado absoluto, eso sí, bajo las formas de la Democracia Constitucional[21], así como la puesta en marcha de un sistema pseudofederal[22], en el que aparentando, y con la intención, debida al hegeliano von Bismarck[23] de asegurar el que los príncipes territoriales aceptasen al rey de Prusia/Emperador de Alemania como soberano, reconocer un muy amplio ámbito competencial de las colectividades-miembros, se establecía un sistema jurídico-político tendente, como pusieron de relieve Triepel[24] y Rehm[25], a asegurar la hegemonía y el privilegio de Prusia y que, además, tendía, claramente, a la centralización.

---

16 Para la consideración de las colectividades-miembro de cualquier Estado Políticamente Descentralizado como, con independencia absoluta del nombre que se les dé, centros autónomos de decisión política democrática y legítima, *cfr.* Hesse, K., «Bundesstaatsreform und Grezen der Verfassungsänderung», *Archiv des öffentlichen Rechts*, Bd. 98 (1973), pp. 14 y ss.

17 *Cfr.* Schmitt, C., *El Leviathan en la Teoría del Estado de Tomas Hobbes*, cit., pp. 64-66.

18 *Cfr.* Heller, H., *Las ideas políticas contemporáneas* (1926), Granada, 2004, pp. 28-29.

19 *Cfr.*, a este respecto, y por todos, Heller, H., *Las ideas políticas contemporáneas*, pp. 27-28.

20 *Cfr.* Heller, H., *Las ideas políticas contemporáneas*, cit., p. 29.

21 Para la consideración del sistema jurídico-político de la monarquía constitucional alemana como un innegable «pseudo-constitucionalismo», *cfr.*, por todos, Lucas Verdú, P., «La interpretación constitucional», *Boletín Informativo del Seminario de Derecho Político de la Universidad de Salamanca*, n.º 20-23 (1957-1958), p. 170, nota 50.

22 Para esta última consideración, y por comodidad, *cfr.*, por todos, Ruipérez Alamillo, J., *La «ciudadanía europea» y sus implicaciones para el Derecho Constitucional (Un estudio de Teoría del Estado y de la Constitución sobre la moderna Unión de Estados de Derecho Internacional europea)*, Ciudad de México, 2018, nota 105, pp. 85-94.

23 Sobre la influencia de Hegel en las concepciones de Von Bismarck, *cfr.* por todos, Heller, H., «Hegel y la política alemana» (1924), *Res Publica*, n.º 4 (1999), pp. 172-173.

24 *Cfr.* Triepel, H., *Die Hegemonie. Ein Buch von führenden Staaten*, Stuttgart-Berlín, 1938, 2.ª ed.; *Unitarismus und Föderalismus in Deutschen Reiche*, Tubinga, 1907.

25 *Cfr.* Rehm, H., *Unitarismus und Föderalismus in der deutschen Reichsverfassung*, Dresde, 1898.

El resultado de todo ello no podría ser, en nuestra opinión, más claro. En efecto, edificada la monarquía constitucional alemana sobre las ideas y el principio monárquico, y desde la negación del dogma político de la soberanía del Pueblo, el Imperio guillermino no hacía más que resucitar la lógica de lo que, por ejemplo, y en relación con la práctica jurídica y política del medioevo, McIlwain[26] había denominado «enigma Bracton», que, ningún profesional universitario de las Ciencias del Derecho del Estado debiera ignorarlo, había incurrido, en su *De legibus et Consuetudinibus Angliae*[27], en la colosal contradicción de afirmar, por lado, que la Ley Fundamental, en cuanto que norma jurídica suprema de la Comunidad Política, obliga tanto a gobernados como gobernantes, los cuales han de sujetar su actuación a los mandatos de aquélla, y, por otra, proclamar que el rey es un sujeto *legibus solutus*. Y esto es, justamente, y muy en contra de lo que, en su polémica con Bischof[28], había afirmado von Mohl[29], sucedía también en el marco de la vigencia de la *Bundes-Gesetz-Blatt des Deutschen Bundes*, en donde, al negar el principio democrático se hacía imposible que el, no obstante afirmado formalmente, dogma jurídico de la supremacía constitucional, que encuentra en el primero su fundamento último[30]. Lo que, traducido, en otros términos, significa que el rey de Prusia/Emperador de Alemania, convertido, directa o indirectamente, en el titular de la soberanía del Estado, y en el titular del ejercicio de ésta, de manera permanente, se situaba por encima de la Constitución y el resto de las normas jurídicas, que, empero, e identificadas con la propia voluntad del monarca normativizada de conformidad con el principio de legalidad, sí obligaban al resto de los órganos del Estado alemán.

Pero, si esto era así, y lo era, es lo cierto, sin embargo, que el sistema imperial alemán proclamaría la absoluta independencia de los jueces. Lo que, en último término, se hacía al atribuir, por lo menos en el plano jurídico y formal, a los miembros de la judicatura, reclutados entre los integrantes de la oligarquía monárquica afín, y obediente, al *Káiser*, un *status* jurídico singular en el sentido de que, rodeados de un aurea de pureza y neutralidad, se les consideraba en cierta medida ajenos a la influencia del rey de Prusia/Empe-

---

26 *Cfr.* McIlwain, Ch. H., *Constitucionalismo antiguo y moderno* (1940/1947), Madrid, 1991, pp. 91-116, especialmente pp. 99 y ss.

27 *Cfr.* Bracton, H. de, *De Legibus et Consuetudinibus Angliae*, New Haven, 1922.

28 Sobre la misma, *cfr.*, por todos, De Vega, P., *La reforma constitucional y la problemática del Poder Constituyente*, Madrid, 1985, pp. 46-47; *vid.,* también p. 45.

29 *Cfr.* Mohl, R. von, *Staatsrecht, Völkerrecht und Politk*, Tubinga, 1862, t. I. p. 831.

30 *Cfr.* Heller, H., *La soberanía. Contribución a la Teoría del Derecho estatal y del Derecho internacional*, cit., pp. 166 y 168. Smend, R., «Constitución y Derecho Constitucional», cit., pp. 134-135. Rawls, J., *El liberalismo político*, Barcelona, 1996, pp. 266 y ss. Trujillo, G., «La constitucionalidad de las Leyes y sus métodos de control», en Trujillo, G., *Dos estudios sobre la constitucionalidad de las Leyes*, La Laguna, 1970, p. 17. De Vega, P., «Constitución y Democracia», cit., pp. 71-72 y 77; *La reforma constitucional y la problemática del Poder Constituyente*, cit., pp. 25 y 70.

rador de Alemania. Lo que, de cualquiera de las maneras, distaba mucho de ser real. En efecto, lo que, en verdad, sucedía, es que, con la conversión del Derecho y la justicia en un problema puramente político[31], el papel de los jueces no era muy distinto al que atribuía a los profesionales universitarios de las Ciencias Jurídicas «Federico de Prusia cuando, dirigiéndose a sus generales, les dijo aquello de: "vosotros conquistad sin recato, que ya vendrán los juristas con argumentos para justificaros"»[32].

Otro tanto cabría decir de la Alemania hitleriana. En efecto, es menester recordar que, aunque, desde el punto de vista material, el Código Jurídico-Político de 11 de agosto de 1919 había sido, en lo que fue una auténtica destrucción total del sistema constitucional weimariano desde el ejercicio de su propia legalidad[33], derogada con la aprobación, en una votación, incuestionablemente adulterada, de 441 votos a favor, frente 94, de la Ley de plenos poderes, de 24 de marzo de 1933, a la que, no por casualidad, se denominó como la «Constitución preliminar del *Reich*»[34], el *Nationalsozialische Deutsche Arbeiterpartei*, siguiendo la práctica común del totalitarismo fascista, —a la que únicamente escaparon el totalitarismo de Alfonso XIII-Primo de Rivera y el nacional-catolicista de Franco—, para tratar de presentarse ante la opinión pública nacional y, sobre todo, internacional como unos como gobernantes democráticos[35], mantuvo formalmente en vigor la muy venerable Constitución de Weimar. De esta suerte, nos encontramos con que durante el gobierno nacional-socialista se mantuvo, desde el punto de vista, insistamos en ello, jurídico y formal, el artículo 102 de la Constitución, conforme al cual, y afirmando su no inclusión en el Poder Ejecutivo de la República y de los distintos *Länder*[36], «Los jueces son independientes, y no están sometidos

31 Para el significado de esto último, y aunque referido ya al papel que jugaron los miembros de un Poder Judicial continuador del imperial a favor de la contrarrevolución en la República de Weimar, *cfr.*, por todos, NEUMANN, F., *Behemoth. Pensamiento y acción en el nacionalsocialismo*, cit., p. 38.

32 DE VEGA, P., «En torno al concepto político de Constitución» (1997), en DE VEGA, P., *Obras escogidas*, Madrid, 2017, p. 244.

33 Sobre esto, *cfr.*, por todos, DE VEGA, P., *La reforma constitucional y la problemática del Poder Constituyente*, cit., pp. 292-293.

34 *Cfr.* NEUMANN, F., *Behemoth. Pensamiento y acción en el nacionalsocialismo*, cit., p. 72; *vid.*, también, pp. 73 y ss.

35 La obsesión del totalitarismo fascista por lograr esto, no fue, y ni mucho menos, privativa de los que actuaron en el período entre guerras, sino que, por el contrario, también la encontramos en muchos de los gobernantes del totalitarismo fascista, y del populismo, que se hicieron con el poder después de 1945. Sobre esto, *cfr.*, por todos, FRIEDRICH, C. J., *La Democracia como forma política y como forma de vida*, Madrid, 1965, 2.ª ed., p. 13.

36 *Cfr.*, a este respecto, y por todos, BÜHLER, O., «Texto de la Constitución alemana de 1919 y comentario sistemático a sus preceptos» (1922/1929), en JELLINEK, W., BÜHLER, O., Y MORTATI, C., *La Constitución de Weimar. La Constitución alemana de 11 de agosto de 1919*, Madrid, 2010, p. 260.

más que a la ley». Ahora bien, lo que en modo alguno debe olvidarse, y con independencia de lo que sobre esto hayamos de decir en un momento posterior, es que la judicatura que operó durante el nazismo, estaba integrada, de un modo muy principal, por los jueces y magistrados que ya lo eran durante el Imperio de 1871, y por unos nuevos jueces y magistrados reclutados de entre los funcionarios del, por utilizar la expresión acuñada por von Koellreuter[37], Estado-partido, en el que «la separación entre la realidad política y la normativa constitucional se resolvió de esta forma con la identificación o la vinculación total de los mecanismos del Estado y los mecanismos del partido»[38]. Lo que, en definitiva, significa que los jueces, enfáticamente proclamados como independientes, se veían obligados a actuar siguiendo los mandatos del *Nationalsozialische Deutsche Arbeiterpartei*, de igual manera que también lo tuvieron de hacer los integrantes de la estructura jurisdiccional del propio partido[39].

No podríamos dejar de consignar, y siquiera sea para no ser acusados de sectarismo, lo relativo a la independencia judicial en la dictadura franquista. Naturalmente, y, de cualquier modo, así se encargó de ponerlo de relieve el insigne Catedrático de Historia del Derecho, y segundo presidente del Tribunal Constitucional español, —quien, por cierto, apoyándose en lo hecho por el supremo custodio constitucional en un pronunciamiento del que él fue el ponente[40], se mostraría altamente favorable a la solución adoptada por el Legislador Constituyente de 1977-1978 respecto a la conformación del Tribunal Constitucional[41]—, que durante esta obscura etapa de la Historia española, la que va de 1939 a 1978, hubo muchos jueces y magistrados «con talante independiente que ejercieron la judicatura con dignidad, es un hecho de experiencia que nadie discute. Pero en ellos la independencia fue virtud personal y no reflejo involuntario de un sistema jurídico que fomentara y garantizara esa independencia»[42]. Ahora bien, que esto fuera así, y lo fue, lo que no puede olvidarse es que, en la España franquista, y al igual que había sucedido como había sucedido en la Historia española salvo bajo la vigencia de la Constitución gaditana, en el período de 1869 a 1874 y en la Segunda República, formaban parte, como funcionarios del Estado, de

37 *Cfr.* Koellreuter, O. von, *Die Politischen Parteien im modernem Staate*, Breslau, 1926, p. 90.

38 De Vega, P., «Estado social y Estado de partidos. La problemática de la legitimidad», en la obra colectiva *Problemas actuales del Derecho Constitucional. Estudios en homenaje a Jorge Carpizo*, Ciudad de México, 1994, p. 399.

39 Sobre esto, *cfr.*, por todos, Neumann, F., *Behemoth. Pensamiento y acción en el nacional-socialismo*, cit., pp. 88 y ss.

40 *Cfr.* STC 80/1982, de 20 de diciembre, *F. J.* 1.°.

41 *Cfr.* Tomás y Valiente, F., «Poder Judicial y Tribunal Constitucional» (1989), en Tomás y Valiente, F., *Escritos sobre y desde el Tribunal Constitucional*, Madrid, 1993, p. 76.

42 Tomás y Valiente, F., «Poder Judicial y Tribunal Constitucional», cit., p. 64.

una serie de «órganos insertos o dependientes del ejecutivo»[43]. Y no sólo esto, sino que, además, y, por lo menos, en los primeros años del régimen claramente autocrático, y no meramente autoritario y paternalista[44], se les obligaba, en claro contraste con lo dispuesto al respecto por el artículo 127. 1 del actual Código Jurídico-Político Fundamental español, a afiliarse tanto al partido único, como al sindicato franquista.

Lo de menos, como ha de ser para todos meridiano e inconcuso, sería detenerse a indicar que fue, justamente, lo anterior lo que, en muy buena medida, determinó que el último Legislador Constituyente español se decantase por consagrar no el modelo de jurisdicción constitucional difuso que, nacido, a partir de las especulaciones realizadas por Hamilton[45], —y que, ningún profesional universitario de las Ciencias Constitucionales puede desconocerlo, la valieron el que la mejor parte de la doctrina le tenga por el primer gran teórico del control de constitucionalidad[46], en cuanto que función primigenia y nodular de la jurisdicción constitucional[47]—, en los Estados Unidos de América,, como consecuencia de la influencia de los esquemas lógicos del *Common Law*[48], a raíz de la celebérrima sentencia, redactada bajo una más que sobresaliente influencia del pensamiento iusnaturalismo contractualista democrático [49], del caso «Madison *versus*

43 Tomás y Valiente, F., «Poder Judicial y Tribunal Constitucional», cit., p. 65.

44 Para la consideración del nacional-catolicismo como un régimen de autocracia, *cfr.*, por todos, De Vega, P., «Fuerzas políticas y tendencias ideológicas en los últimos años del franquismo» (1974), en De Vega, P., *Estudios político constitucionales*, México, 1987, 1.ª reimpr., p. 185-234; Morodo, R., «Etapas del Estado totalitario franquista; dictadura constituyente, cristalización y evolución institucionales», *Revista de Política Comparada*, n.º 10-11 (1984), pp. 345-357.

45 *Cfr.* Hamilton, A., Madison, J., y Jay, J., *El Federalista*, Ciudad de México, 1982, 1.ª ed., 3.ª reimpr., n.º LXXVIII, p. 332.

46 *Cfr.*, por todos, Wright, B. F., *The Growth of American Constitutional Law*, Nueva York, 1946, pp. 23-26; Cappelletti, M., *Il controllo giudiziario di costituzionalità delle leggi nel Diritto Comparato*, Milán, 1979, 1.ª ed., 8.ª reimpr., pp. 29-31, 45 y 59-61; Fix-Zamudio, H., «Introducción al estudio de la defensa de la Constitución», *Boletín Mexicano de Derecho Comparado*, n.º 1 (1968), pp. 101 y ss.; De Vega, P., «Jurisdicción constitucional y crisis de la Constitución», *Revista de Estudios Políticos*, n.º 7 (1979), pp. 93 y ss.

47 *Cfr.*, en este sentido, Kelsen, H., «Le giurisdizione costituzionale e amministrativa al servizio dello Stato Federale, secondo la nuova Costituzione austriaca del 1.º ottobre 1920» (1923-1924), en Kelsen, H., *La Giustizia Costituzionale*, Milán, 1981, p. 18.

48 En este mismo sentido, *cfr.*, por todos, García de Enterría, E., «La posición jurídica del Tribunal Constitucional en el sistema español: posibilidades y perspectivas», *Revista Española de Derecho Constitucional*, n.º 1 (1981), pp. 37-38; Lucas Verdú, P., «Estado de Derecho y justicia constitucional. Aspectos históricos, ideológicos y normativo-institucionales de su interrelación», *Revista de Estudios Políticos*, n.º 33 (1983), pp. 29-30.

49 En este sentido, *cfr.*, por todos, McLaughlin, A. C., *The foundations of americam Constitutionalism*, Nueva York, 1932, pp. 110 y ss.; Evers, H. U., *Der Richter und das unrichtliche Gesetz*, Berlín, 1956, pp. 40 y ss.

Marbury»[50], de 1803, obra del Juez John Marshall[51], sino, por el contrario, por el sistema de jurisdicción constitucional concentrada. Aunque, empero, acaso no resulte ocioso insistir, aquí y ahora, en que en el proceso de elaboración, discusión y aprobación del actual Código Constitucional español, las presentes en la Constituyente que procedían de la oposición democrática al franquismo, y, muy singularmente, los dos principales partidos de la izquierda parlamentaria[52], mostraron una perspicua, y palmaría, desconfianza en la predisposición de una judicatura ordinaria que tenía una muy escasa conciencia constitucional, y que había actuado, en su condición de funcionarios, al servicio de la dictadura, a hacer valer, tal y como exigía Hamilton, los preceptos constitucionales, expresión directa de la voluntad soberana del Pueblo, sobre los del Derecho ordinario, obra de los representantes del Pueblo[53].

Lo que, en realidad, nos interesa es indicar que, no obstante el hecho de que, como hemos indicado, los jueces y magistrados eran, durante la dictadura franquista, funcionarios del Ministerio de Justica, y jerárquicamente subordinados al titular de éste, la normativa fundamental del nacional-catolicismo, —integradas por normas de Derecho Público, pero en modo alguno de Derecho Constitucional[54]—, afirmaría, con toda solemnidad, y enfáticamente, que el principio de la independencia judicial estaba vigente, y era eficaz, en el marco del régimen autocrático. Así se hizo, por ejemplo, en el artículo 29 de la Ley Orgánica del Estado 1/1967, de 10 de enero, en donde, de manera literal, se proclamaba que «La Justicia gozará de completa independencia. Será administrada en nombre del Jefe del Estado, de acuerdo con las leyes, por Jueces y Magistrados independientes, inamovibles y responsables con arreglo a la Ley».

---

50 Sobre la misma, *cfr.*, por todos, García Belaúnde, D., «De la jurisdicción constitucional al Derecho Procesal Constitucional», *Anuario Iberoamericano de Justicia Constitucional*, n.º 3 (1999), pp. 122-123.

51 Sobre la figura de John Marshall, que fue «un hombre que no había estudiado formalmente ni Derecho ni Literatura» [Schwartz, B., *Los diez mejores jueces de la Historia norteamericana*, Madrid, 1980, p. 28] *cfr.*, por todos, Pérez Serrano, N., «La noble obra de un gran juez (Juan Marshall)» (1955), en Pérez Serrano, N., *Escritos de Derecho Político*, Madrid, 1984, vol. II, pp. 771-838.

52 *Cfr.*, por todos, Alzaga Villaamil, Ó., «La composición del Tribunal Constitucional español», en Vega Gómez, J., y Corzo Sosa, E., (coords.) y otros, *Tribunales y justicia constitucional*, Ciudad de México, 2002, pp. 8-9.

53 *Cfr.* Tomás y Valiente, F., «Poder Judicial y Tribunal Constitucional», cit., 74.

54 En este sentido, *cfr.*, por todos, De Vega, P., «Tendencias y problemas del constitucionalismo español actual», en Gil Valdivia, G., y Chávez Tapia, J. A., (coords.) y otros, *Evolución de la organización político-constitucional en América Latina (1950-1975)*. II. *Sudamérica y España*, Ciudad de México, 1979, pp. 453-455; Alzaga, Ó., Gutiérrez, I., y Rodríguez Zapata, J., *Derecho Político según la Constitución de 1978*. I. *Constitución y fuentes del Derecho*, Madrid, 1997, 2.ª ed., pp. 33-34 y 45-46.

Porque, como vemos, el principio de la independencia judicial ha sido pregonado tanto por los Estados Constitucionales, como por los Estados autoritarios y autocráticos, como lo es hoy, también, en los sometidos a gobernantes populistas de derechas o de izquierdas, seguro es que no faltará algún profesional universitario de las Ciencias Jurídicas, —particularmente, entre los que se muestran partidarios de aceptar, y, no obstante resultar totalmente estéril[55], exclusivamente el método del positivismo jurídico formalista y jurisprudencial, obviando, en todo caso, el dato, incontrovertible, de que, porque, «Todo problema jurídico, sin excepción, tiene sus raíces, de un lado, en la sociología y del otro, mirando hacia arriba, en la esfera de lo ético-político. Por tanto, los problemas jurídicos no solamente pueden ser estudiados desde los puntos de vista causal y normativo, sino que, además, exige que se efectúe ese doble estudio»[56], es decir, desde los esquemas de lo que nosotros llamamos Ciencias Constitucionales—, que, haciendo suya la tesis de la vieja Escuela Alemana de Derecho Público de que porque el Estado es evidente, de nada sirve interrogarse sobre él, —que, ningún profesional universitario de las Ciencias del Estado y de las Ciencias del Derecho del Estado puede desconocerlo, fue lo que les condujo a la elaboración de una Teoría del Estado y la Constitución que «que terminaba no siendo constitutivo de nada, ni siquiera del propio Estado al que se daba por presupuesto»[57], desde donde éste se presentaba como una realidad metafísica y la Constitución como una entidad simbólica[58] o un mero fetiche mágico-mítico[59], y con el que, en realidad, se pretendía ocultar, y enmascarar, las verdaderas relaciones de poder en la Comunidad Política—, considere una tarea inútil y superflua el dedicar un apartado para estudiar, y explicar, el problema de la independencia del Poder Judicial

55 *Cfr.*, en este sentido, HELLER, H., «Osservazioni sulla problematica attuale della Teoria dello Stato e del Diritto» (1929), en HELLER, H., *La sovranità et altri scritti sulla Dottrina del Diritto e dello Stato*, Milán, 1987, p. 395. Igualmente, *cfr.* DE VEGA, P., «Tendencias y problemas del constitucionalismo español actual», cit., p. 450.

56 HELLER, H., *La soberanía. Contribución a la Teoría del Derecho estatal y del Derecho internacional*, cit., p. 111.

57 DE VEGA, P., «En torno al concepto político de Constitución», cit., p. 256. *Cfr.*, igualmente, DE VEGA, P., «Mundialización y Derecho Constitucional: la crisis del principio democrático en el constitucionalismo actual», *Revista de Estudios Políticos*, n.° 100 (1998), p. 40.

58 *Cfr.* DE VEGA, P., «Apuntes para una Historia de las doctrinas constitucionales del siglo XX», en la obra colectiva, *La Ciencia del Derecho durante el siglo xx*, Ciudad de México. 1998, p. 17; «El tránsito del positivismo jurídico al positivismo jurisprudencial en la doctrina constitucional», cit., p. 75.

59 Sobre esto, *cfr.* RUIPÉREZ ALAMILLO, J., «Pedro De Vega: teórico de la Democracia Constitucional y su defensa. A manera de estudio introductorio», en DE VEGA GARCÍA, P., Y RUIPÉREZ ALAMILLO, J., *Dos estudios sobre la Constitución y su defensa*, cit., p. 224. Para el significado de la concepción de la Constitución como un «fetiche mágico-mítico», *cfr.*, por todos, y por comodidad, RUIPÉREZ ALAMILLO, J., «¿La Constitución en crisis? El Estado Constitucional democrático y social en los tiempos del neoliberalismo tecnocrático», *Revista de Estudios Políticos*, n.° 120 (2003), p. 140; «El preámbulo constitucional», en PALOMINO MANCHEGO, J. F., (coord.) Y OTROS, *El preámbulo constitucional dialogado*, Lima, 2018, p. 187.

en el contexto de un libro colectivo dedicado a «*La Reforma al Poder Judicial en México de 2024 a la luz de las Ciencias Constitucionales*». Ocurre, sin embargo, y, según nuestro parecer, ha de resultar fácil de entender, que el encargo que, en este sentido, me realizan los coordinadores del volumen, el Doctor Wong Meraz, secretario general de la Comisión Gestora del Centro de Estudios en Ciencias Constitucionales, y el Profesor Rivera tiene su plena lógica, sentido y significado. En efecto, es un criterio común entre los que formamos parte del Centro de Estudios en Ciencias Constitucionales entender que tenía toda la razón el Maestro Pedro De Vega[60] cuando, en el marco de la «Jornada sobre Orientación y Método del Derecho Constitucional», —organizada por el Departamento de Derecho Político de la Universidad Nacional de Educación a Distancia, que se celebró, en la Facultad de Derecho, en Madrid el 16 de noviembre de 2007—, denunció que cuando los saberes constitucionales se dan por sobreentendidos y, en consecuencial, dejan de ser atendidos, lo que terminará pasando es que los jóvenes profesionales universitarios de las Ciencias del Estado y Ciencias del Derecho del Estado no los conocerán, al mismo tiempo que los mayores acabarán olvidándolos.

1.2. El origen histórico del principio de la independencia judicial. El dogma político de la soberanía del Pueblo como fundamento último de la independencia funcional de los jueces

Así las cosas, evidente resulta que, admitido, y, aunque ello suponga adelantar conceptos, conviene indicarlo, que la independencia de los jueces depende, única y exclusivamente, de que tan sólo se encuentran obligados por la Constitución y el Derecho, lo primero que hemos de hacer es tratar de averiguar el momento en el que, en verdad, este problema hizo su entrada en la Historia. Y, en este sentido, hemos de comenzar señalando que el mismo no podría, incluso, plantearse en el marco del mal llamado, —en tanto en cuanto que en el medioevo «no existió el Estado en el sentido de una unidad de dominación, independientemente en lo exterior e interior, que actuara de modo continuo con medios de poder propios, y claramente delimitada en lo personal y territorial»[61]—, «Estado feudal» o «Estado estamental». Lo que, en definitiva, se explica por la propia lógica interna de la organización jurídico-política que operó, con carácter general, en la Edad Media.

---

60 *Cfr.*, a este respecto, De Vega, P., Cano Bueso, J., Portero Molina, J. A., y Ruipérez Alamillo, J., «Comisión sobre el Estado Autonómico: Pedro De Vega —Moderador—; Juan Cano Bueso; José Antonio Portero Molina y Javier Ruipérez Alamillo», de las «ACTAS DE LA JORNADA SOBRE ORIENTACIÓN Y MÉTODO DEL DERECHO CONSTITUCIONAL», *Teoría y Realidad Constitucional*, n.° 21 (2008), pp. 150-151.

61 Heller, H., *Teoría del Estado*, cit., p. 142.

Es menester recordar, a este respecto, y desde una óptica general, que lo que caracterizó la estructura jurídico-política medieval fue, como bien indicó el Maestro Pedro De Vega[62], la de que ésta se caracterizaba como una suerte de comunidad política universal, que usualmente se identificaba con la comunidad cristiana. Pero, al mismo tiempo, y con igual importancia, se vivía en una situación poliárquica en la que el poder político, y, con él, el poder de dictar normas jurídicas, —que ya desde el medioevo se identificaba plenamente con el concepto de soberanía[63]—, se encontraba dividido entre los señores territoriales, que eran la primera referencia normativa para los hombres y mujeres, y que recibían tal poder por su fidelidad al monarca, éste, que, a su vez, recibía el suyo de una autoridad superior, y el Emperador y el Papa[64]. Resultado de lo cual, y como otra de las principales notas caracterizadoras de la vida jurídico-política del medioevo, era el que, que, como, apoyándose en von Below[65], puso de relieve Heller[66], la división del poder político entre el Emperador y el Papa, los diversos príncipes de los reinos, y, por último, los señores feudales, y en el que, en última instancia, las funciones estatales se ejercían a través de su privatización.

La función jurisdiccional, naturalmente, no sería una excepción. Lo de menos, como es obvio, sería detenerse a indicar que, a pesar de que la aparición histórica del Estado, —que es un concepto mucho más restringido que el de la Comunidad Política[67]—, había supuesto la puesta en marcha de un sistema jurídico-político definido, como, siguiendo la senda abierta por Brie[68], había señalado von Gierke, por el principio de que «sólo hay una sociedad estatal, no quedando, en absoluto, por encima de ella espacio para un Estado mundial, ni, por debajo, para otra cosa que no sean los municipios»[69],

62 *Cfr.* De Vega, P., «El feudalismo y el Estado moderno», en De Vega, P., *La problemática constitucional del Estado contemporáneo*, Lima, 2023, pp. 33-34.

63 *Cfr.*, en este sentido, y por todos, Gierke, O. von, *Johannes Althusius y el nacimiento histórico del contractualismo*, cit., pp. 143 y ss.

64 Sobre esto, *cfr.*, por todos, De Vega, P., «El feudalismo y el Estado moderno», cit., pp. 33-35.

65 *Cfr.* Below, G. von, *Der deutsche Staat des Mittelalters: ein grundiss der deutschen Vergassungsgeschichte*, Leipzig, 1925, 2.ª ed., vol. 1, p. 244.

66 *Cfr.* Heller, H., *Teoría del Estado*, cit., p. 68.

67 Sobre este particular, *cfr.* Heller, H., *Teoría del Estado*, cit., pp. 141 y ss., especialmente pp. 145 y ss. Schmitt, C., «Staat als ein konkreter, an eine geschichtliche Epoche gebundener Begriff» (1941), en Schmitt, C., *Verfassungsrechtliche Aufsätze aus den Jahren 1924-1954. Materialien zu einer Verfassungslehre*, Berlín, 1958, pp. 375 y ss. Lefèbvre, H., *De l'État.* I. *L'État dans le monde moderne*, París, 1976, pp. 67 y ss. García-Pelayo, M., «Hacia el surgimiento histórico del Estado moderno», en García-Pelayo, M., *Idea de la política y otros escritos*, Madrid, 1983, p. 109.

68 *Cfr.* Brie, S., *Der Bundesstaat: Eine Historisch-dogmatische Untersuchung*, Leipzig, 1874, pp. 141 y ss.

69 Gierke, O. von, *Johannes Althusius y el nacimiento histórico del contractualismo*, cit., p. 243.

y en el que el Estado se presentaría como el «gran expropiador»[70] que debía asumir todas las funciones, es lo cierto que, como hicieron notar Paul Cuche y Jean Vicent[71], que la compra del cargo de juez y magistrado siguió practicándose a lo largo de la vida del Estado Absoluto. Como también, y siquiera sea por razones de espacio, tendremos que renunciar a realizar una exposición exhaustiva y pormenorizada sobre el hecho de que, en la actualidad, se está volviendo a tratar de privatizar, de nuevo, la función jurisdiccional. Se está haciendo, en efecto, como consecuencia de la aceptación, generalizada, aunque muchas veces de manera inconsciente, de los presupuestos del neoliberalismo tecnocrático, y que, al final del día, se traduce en una clara, y radical, tendencia a imponer que los conflictos jurídicos sean resueltos a través de la figura, propia del Derecho Privado, del arbitraje, y no por los Tribunales de Justicia del Estado, o de las Uniones de Estados de Derecho Internacional. Del mismo modo, que a la privatización de la jurisdicción ordinaria conduce una fe ciega en la bondad de la llamada «inteligencia artificial»[72], y que propone que sea un ordenador quien dicte las sentencias por su total neutralidad, merced a la cual, y al evitar el peligro que implican los llamados «jueces estrellas»[73], se acercaría al modelo ideal del juez teorizado por Charles de Secondat como la boca que pronuncia la ley[74].

Lo que, en realidad, nos interesa, aquí y ahora, es llamar la atención sobre el dato de que si bien lo anterior es cierto, no lo es menos que, por lo menos en el plano teórico, fue también en esa época, y como consecuencia de la formulación de las doctrinas del *pactum subjectionis*[75], —singularmente las agrupadas en las teorías de la *concessio imperii* de los Cino, Cristóforo Parco y Zarabella[76], que, de una suerte u otra, adelantan ya la idea de lo que Fleiner[77] denomina la «inviolabilidad de la ley»—, en cuanto que, aunque tan sólo

---

70 Para esta caracterización, *cfr.* Heller, H., *Teoría del Estado*, cit., pp. 31 y 142.

71 *Cfr.* Cuche, P., y Vicent, J., *Procédure civile,* París, 1963, pág. 138.

72 *Cfr.*, a este respecto, y por comodidad, Ruipérez Alamillo, J., «Problemas y perspectivas del Estado Constitucional en la era de la inteligencia artificial», en García Pérez, R., y Cernadas Lázare, M., (dirs.), Filgueira Loureiro, I., (coord.) y otros, *El Derecho de marcas y de la competencia ante las tecnologías de vanguardia*, Valencia, 2023, pp. 37-114; especialmente pp. 73 y ss.

73 En relación con este problema, *cfr.* De Vega, P., «De jueces y políticos» (1999), en De Vega, P., *Obras escogidas*, cit., pp. 767-768.

74 *Cfr.* Montesquieu, *Del espíritu de las leyes* (1748), Madrid, 1985, Segunda Parte, Libro XI, cap. VI, p. 112.

75 *Cfr.*, a este respecto, y por todos, Gierke, O. von, *Johannes Althusius y el nacimiento histórico del contractualismo*, cit., pp. 143 y ss., y p. 243, nota 578.

76 Para la distinción entre esta versión del *pactum subjectionis* y la de la doctrina de la *traslatio imperii* defendida por los Accursio, Baldo, Bartolo de Sassoferrato y Angelo Aretino, *cfr.*, por todos, Kurz, H., *Volkssouveränitat und Volksrepräsentation*, Bonn, 1965, pp. 251 y ss.

77 *Cfr.* Fleiner, F., *Institutionen des deutschen Verwaltungsrecht*, Tubinga, 1913, 3.ª ed., p. 39

adquiriría su auténtico sentido y significado con su transformación, en la que Suárez tuvo un papel muy relevante, en la teoría del contrato social[78], —que es, por lo demás, desde donde únicamente puede explicarse y entenderse, de un modo cabal y ponderado, el Estado Constitucional[79]—, la primera gran construcción teórica tendente a lograr la limitación del ejercicio del poder, cuando pudo empezar a plantearse el problema de la independencia de los jueces respecto del Poder Ejecutivo y del Poder Legislativo. Lo que, en último extremo, se explica porque la misma, y como resultado de un largo proceso de desacralización de la vida política, en el que destacan los nombres de Juan de París[80], Marsilio de Padua[81], Guillermo de Ockham[82] y, de una suerte u otra, Nicolás de Cusa[83], permitió, de una manera muy especial, a los

---

78 *Cfr.* De Vega, P., «En torno a la legitimidad constitucional», en la obra colectiva *Estudios en homenaje al Doctor Héctor Félix-Zamudio en sus treinta años como investigador de las Ciencias Jurídicas. Derecho Constitucional*, Ciudad de México, 1988, pp. 809-810.

79 En este sentido, *cfr.*, por todos, Borgeaud, Ch., *Établissement et révision des Constitutions en Amérique et en Europe*, cit., p. 25; Smend, R., «Constitución y Derecho Constitucional», cit., p. 120; De Vega, P., «Mundialización y Derecho Constitucional: la crisis del principio democrático en el constitucionalismo actual», cit., pp. 25 y ss.; García de Enterría, E., «La Constitución española de 1978 como pacto social y como norma jurídica», *Boletín Mexicano de Derecho Comparado*, número conmemorativo, sexagésimo aniversario, 2008, pp. 372 y ss.

80 En relación con Juan de París, debe recordarse, con, p. ej., von Gierke [*cfr.* Gierke, O. von, *Teorías políticas de la Edad Media* (1881/1900), Madrid, 1995, p. 91] y Sabine [*cfr.* Sabine, G., *Historia de la Teoría Política*, México-Madrid-Buenos Aires, 1985, 14.ª ed., pp. 211-215], fue éste uno de los primeros, sino el primero, pensadores en el ámbito de lo jurídico y lo político en comprender y propugnar no sólo la necesaria total, radical y definitiva separación del poder secular y el poder religioso espiritual, sino en defender que bajo ningún concepto podría entenderse al segundo de estos poderes como la fuente de legitimidad última del poder político secular. Es más, debemos a von Gierke [*cfr.* Gierke, O. von, *Johannes Althusius y el nacimiento histórico del contractualismo*, cit., pp. 97-98] la observación de que, en realidad, consideraba Juan de París que el propio Papa, —al que, por lo demás, este autor equiparaba, y de manera plena, al presidente ordinario de una corporación [*cfr.*, a este respecto, y por todos, Gierke, O. von, *Johannes Althusius y el nacimiento histórico del contractualismo*, cit., p. 147]—, se encontraba, de una u otra suerte, sometido a la autoridad del Pueblo en todas las cuestiones temporales y terrenales, como lo fue, p. ej., la coronación imperial de Carlomagno, en la que aquél se había limitado a ejercer, y a solemnizar, la voluntad del Pueblo en la designación del gobernante. De ahí, también, el que concluyera Juan de París que el gobernante de la Comunidad Política, en cuanto que poder terrenal y temporal, se encontraba legitimado para reprimir al poder eclesiástico cuando éste abusase de su poder. Sobre esto último, *cfr.*, a este respecto, y por todos, Gierke, O. von, *Johannes Althusius y el nacimiento histórico del contractualismo*, cit., p. 241, nota 571.

81 *Cfr.* Marsilio de Padua, *El defensor de la paz* (1324), Madrid, 1989, Primera Parte, caps. III y VI, pp. 11-14 y 28.

82 *Cfr.* Guillermo de Ockham, *Sobre el gobierno tiránico del Papa* (1339-1340), Madrid, 1992, Libro Segundo, cap. 3, Libro Tercero, caps. 6-8 y 16, pp. 24-27, 108-115 y 130-131.

83 *Cfr.* Nicolás de Cusa, *De Concordantia Catholica o sobre la unión de los católicos* (1433), Madrid, 1987.

que von Gierke denomina «monarcómanos» comenzar a reivindicar la doble idea de que, por un lado, la soberanía[84], es decir, la facultad para decidir cómo querían ser gobernados, tan sólo podía pertenecer a los integrantes del Cuerpo Político, que la ejercerían a través de sus representantes en las Asambleas, y, por el otro, que los ciudadanos y ciudadanas de la Comunidad Política serían siempre, y en la medida en que son quienes les atribuyen sus competencias, superiores a los encargados de ejercer la función ejecutiva y jurisdiccional en la misma[85].

Se sentaban, de este modo, y mediante la afirmación del dogma político de la soberanía popular, las bases para que los jueces, como sujetos independientes del resto de los poderes ordinarios de la Comunidad Política, se encontrasen tan sólo sujetos al cumplimiento de las normas jurídicas. Las cuales, o bien eran la expresión normativa directa de la voluntad soberana de los integrantes del Cuerpo Político, en el caso del pacto social, o bien encontrarían en éste el fundamento de su fuerza jurídica obligatoria y vinculante, también para los encargados de impartir justicia.

Desde esta perspectiva, la única conclusión a la que, desde las más elemental lógica jurídica y política, puede llegarse, no puede ser, en nuestra opinión, más clara. El juez, —naturalmente, el que no actuaba como tal por los favores que prestaba a los señores territoriales, al monarca o al Emperador o al Papa, en el caso del juez medieval, o el que, dada su elevada posición económica, «vendían y compraban sus cargos *au même titre que leurs maisons et leurs terres*»[86] en el contexto de *L'Ancien Regime*—, es independiente de los encargados de ejercer el poder legislativo del Pueblo[87], y del Poder Ejecutivo, en la medida en que aquél, como, al igual que los otros, mero funcionario al servicio del Pueblo, y obligado a cumplir lealmente las ordenes de éste[88], tan sólo sometido al imperio de la ley, en cuanto que expresión normativa de la voluntad soberana de los integrantes del Cuerpo Político, y en el marco estricto de las condiciones establecidas tanto en el pacto de sumisión, —por

---

84 Sobre el origen de la soberanía en el medioevo, y en el mismo sentido que el aquí indicado, *cfr.*, por todos, CUEVA, M. DE LA, «La idea de soberanía», en la obra colectiva *Estudios sobre el Decreto Constitucional de Apatzingán*, Ciudad de México, 1964, pp. 248 y ss.

85 *Cfr.*, a este respecto, y a título de ejemplo, BRUTUS, S. J., *Vindiciae contra Tyrannos. Del poder legítimo del príncipe sobre el Pueblo y del Pueblo sobre el príncipe* (1579), Madrid, 2008, Tercera cuestión, pp. 88 y ss.

86 DE VEGA, P., «Jurisdicción constitucional y crisis de la Constitución», cit., p. 100.

87 Para la adecuada, cabal y ponderada comprensión de este concepto, *cfr.*, por todos, HELLER, H., «Il concetto di legge nella Costituzione di Weimar» (1927), en HELLER, H., *La sovranità et altri scritti sulla Dottrina del Diritto e dello Stato*, cit., p. 346.; *La soberanía. Contribución a la Teoría del Derecho estatal y del Derecho internacional*, cit., pp. 132, 164, 194 y 205, por ejemplo.

88 En este sentido, y aunque referido de manera expresa tan sólo al Emperador, en cuya órbita el Rector de la Universidad de París incluía a los jueces, *cfr.* Marsilio de PADUA, *El defensor de la paz*, cit., Primera Parte, cap. XII, p. 54.

el que, celebrado con anterioridad o simultáneamente, al pacto político, los gobernados y los gobernantes se comprometen a cumplir lealmente lo estipulado en el segundo[89], y que, a la postre, era el fundamento de la fuerza jurídica obligatoria y vinculante tanto del pacto, como de las leyes que se aprobasen en desarrollo de éste[90]—, por el pacto político propiamente dicho.

1.3. El problema de la independencia orgánica de los jueces y magistrados

Aceptado el principio de que los jueces son, desde el punto de vista funcional, independientes por estar tan sólo obligados a cumplir lealmente lo dispuesto en las leyes, —y, como es obvio, no entramos, en este momento, en el problema de si, como ocurrió desde el primer momento en el constitucionalismo estadounidense, y como consecuencia, directa e inmediata, de la aceptación incondicionada, y sin ambages de ningún tipo, del dogma político de la soberanía del Pueblo, transformado en el dogma jurídico de la supremacía de la Constitución, lo que ha de prevalecer es el imperio del Código Constitucional, o si, tal y como sucedió en la tradición jurídico-política del constitucionalismo de corte francés desde finales del s. XVIII, XIX y primeros años del XX[91], y debido a que, pese a que se le definía así, el Código Constitucional no era comprendido como la incuestionable *Lex Superior* del ordenamiento[92], el juez, haciendo caso omiso de lo dispuesto por el autor del documento de gobierno, habría de aplicar únicamente la norma del Derecho ordinario[93]—,

---

89 A este respecto, *cfr.*, por todos, GIERKE, O. VON, *Johannes Althusius y el nacimiento histórico del contractualismo*, cit., pp. 100-101 y ss.

90 *Cfr.*, en este sentido, y por todos, KURZ, H., *Volkssouveränitat und Volksrepräsentation*, pp. 251 y ss.

91 *Cfr.* CARRÉ DE MALBERG, R., *La loi, expression de la volonté générale. Étude sur le concept de la loi dans la Constitution de 1875* (1931), París, *sine data* (pero 1984), pp. 110-111. BARILE, P., *La Costituzione como norme giuridica*, Florencia, 1961. GARCÍA DE ENTERRÍA, E., «La Constitución como norma jurídica», *Anuario de Derecho Civil*, vol. 32, n.° 2-3 (1979), *passim*, especialmente pp. 303 y ss.; «El valor normativo de la Constitución española de 1978», en la obra colectiva *Liber amicorum Héctor Fix-Zamudio*, San José (Costa Rica), 1998., pp. 723-731; OTTO, I. DE, *Derecho Constitucional. Sistema de fuentes*, Barcelona, 1987, pp. 13-14. PÉREZ ROYO, J., *Las fuentes del Derecho*, Madrid, 1988, 4.ª ed., pp. 33 y ss.; *Curso de Derecho Constitucional*, Madrid, 1996, 3.ª ed., pp. 152 y ss., 154 y 172. BLANCO VALDÉS, R. L., *El valor de la Constitución. Separación de poderes, supremacía de la ley y control de constitucionalidad en los orígenes del Estado liberal*, Madrid, 1994, *passim*.

92 Sobre esta circunstancia, *cfr.*, por todos, DE VEGA, P., «Prólogo a la edición de la Constitución española de la editorial Biblioteca Nueva» (1996), en DE VEGA, P., *Obras escogidas*, cit., p. 270.

93 Para la explicación de esta diferencia, *cfr.*, por todos, LABOULAYE, E., *Estudios sobre la Constitución de los Estados Unidos*, Sevilla, 1869, t. 2, pp. 195-224.

pronto habría de plantearse, en el mundo de las doctrinas jurídicas y políticas, otro problema. Éste, sería el de cómo asegurar la independencia judicial del juez, desde el punto de vista orgánico.

Es menester aclarar, y de manera inmediata, que no fue el criterio generalizado entre los pensadores jurídicos y políticos la afirmación de que, para un tal fin, era preciso separar orgánicamente a los miembros de lo que hoy denominamos Poder Judicial, respecto del Poder Ejecutivo. En efecto, la postura general entre los que, como hemos indicado ya, von Gierke denomina monarcómanos era la de que bastaba con hacer real y efectiva la independencia funcional de los jueces y magistrados tanto respecto de las Asambleas Legislativas y de los órganos encargados de la función ejecutiva, para que este principio gozase de una auténtica realidad, entidad y eficacia. De esta suerte, nos encontramos con que las primeras especulaciones sobre el principio de división de poderes, entre las que, ningún profesional universitario de las Ciencias Constitucionales puede desconocerlo, deben destacarse las debidas a Marsilio de Padua, —aunque, no obstante lo afirmado por Gaetano Mosca[94], el principal mérito de su «*Defensor Pacis*» no fue el de establecer, en él, una muy rudimentaria división del poder político ordinario, con la que, según este autor, se estaría reivindicando el principio liberal, sino que, por el contrario, y como, apoyándome en von Gierke[95], he sostenido en algún otro lugar, dicha división de poderes es, ante todo y sobre todo, el lógico y consecuente corolario de la reivindicación por su parte de la titularidad de la soberanía en favor de los ciudadanos y ciudadanas de la Comunidad Política[96]—, se limitaban a establecer una división de poderes entre dos sujetos: las Asambleas legislativas, en donde los ciudadanos ejercían, a través de sus representantes, su soberanía, identificada, de modo pleno, y como ya hemos consignado, con la facultad de dictar normas jurídicas; y el Poder Ejecutivo, en el que quedarían integrados los jueces y magistrados.

Tampoco, y aunque muchas veces se da a entender lo contrario, procedió a la separación orgánica entre el Poder Ejecutivo y el Poder Judicial, el liberal John Locke[97]. Es verdad que John Locke planteo ya una división tripartita del poder político[98]. Ahora bien, el esquema de éste distaba, y mucho del que, posteriormente, elaboraría Montesquieu. En efecto, debe tenerse en cuenta que el pensador liberal británico lo que, en realidad, proponía, aunque con

---

94 *Cfr.* MOSCA, G., *Historia de las ideas políticas*, Madrid, 1984, pp. 72-75.

95 *Cfr.* GIERKE, O. VON, *Teorías políticas de la Edad Media*, cit., pp. 71, 166-167, 220 y 221.

96 *Cfr.* RUIPÉREZ ALAMILLO, J., «Charles de Secondat en el Estado de partidos, o del pluripartismo como materialización moderna del principio de división de poderes», *Teoría y Realidad Constitucional*, n.º 46 (2020), pp. 212-213.

97 *Cfr.* LOCKE, J., *Segundo Tratado sobre el Gobierno Civil: un ensayo acerca del verdadero origen, alcance y fin del Gobierno civil* (1690), Madrid, 2010.

98 *Cfr.*, en este sentido, y por todos, FIX-ZAMUDIO, H., «Derecho, Constitución y Democracia», cit., p. 496.

la misma finalidad de lograr que el individuo gozase del mayor grado de libertad posible, es que el poder político ordinario fuese dividido en Poder Legislativo, Poder Ejecutivo —en el que quedaban incardinados los jueces— y Poder Federativo, siendo éste en realidad un poder que se ocupaba de las relaciones exteriores del Estado.

Así las cosas, nos encontramos con que, acaso, y tal nos hace ver von Gierke[99], el único precedente que podamos encontrar a la obra del barón de La Brède y de Montesquieu, sea el representado por las especulaciones de Georges Buchanan y Richard Hooker. En efecto, es menester hacer constar, a este respecto, que Buchanan, —quien, por cierto, si bien atribuía al monarca un poder absoluto, entendía, como lo hicieron todos los monarcómanos que aceptaron la lógica de las doctrinas de la *traslatio imperii*, pero, empero, defenderían el derecho de resistencia por parte de los ciudadanos[100], que éste tan sólo podría ejercer ese poder absoluto como una actividad jurídica limitada, y, además, con la única finalidad de lograr la satisfacción de los fines para los que le fue confiado, según el autor, por dios, y que no son otros que lograr el bien del Cuerpo Político—, se esforzaría, bajo la influencia de Hooker, en asegurar, desde la separación del Poder Legislativo y el Poder Ejecutivo, la independencia respecto de ellos del Poder Judicial.

Nada de particular tiene, desde unas tales perspectivas, que, aunque no deje de ser una auténtica falsificación simplificadora, sea una idea firmemente asentada en el imaginario colectivo de los estudiosos del Estado, la Política y el Derecho, que fue Charles de Secondat el primero en teorizar el principio de la división de poderes. De igual manera que, por cuanto que él, y creyendo describir fielmente la realidad jurídico-política británica, se le atribuya el mérito de haber separado, de manera definitiva, a los jueces del Poder Ejecutivo. Creencia ésta que, de cualquiera de las maneras, se explica por el dato, por lo demás indiscutible, de que fue la construcción de Montesquieu la que, —aunque de una manera mucho más clara en la Francia revolucionaria, y como consecuencia, directa e inmediata, del bienintencionado propósito de Sieyès[101] de conjugar, y conciliar, las doctrinas de los, acaso, mayores maquiavelistas[102]: el barón de La Brède y el genial «Ciudadano de

99 *Cfr.* Gierke, O. von, *Johannes Althusius y el nacimiento histórico del contractualismo*, cit., p. 174, nota 185.

100 Sobre este particular, y con apoyo en von Gierke [*cfr.* Gierke, O. von, *Johannes Althusius y el nacimiento histórico del contractualismo*, cit., pp. 173-174], *cfr.* Ruipérez Alamillo, J., «Pedro De Vega: teórico de la Democracia Constitucional y su defensa. A manera de estudio introductorio», cit., pp. 85-87.

101 *Cfr.*, a este respecto, De Vega, P., *La reforma constitucional y la problemática del Poder Constituyente*, cit., p. 33; Vanossi, J. R. A., *Teoría Constitucional*. I. *Teoría Constituyente. Poder Constituyente: fundacional; revolucionario; reformador*, cit., p. 6.

102 *Cfr.* De Vega, P., «La Democracia como proceso. (Algunas reflexiones desde el presente del republicanismo de Maquiavelo)», en Guerra, A., y Tezanos, J. F., (eds.) y otros, *Alternativas para el siglo xxi. I Encuentro Salamanca*, Madrid, 2003, p. 492.

Ginebra»[103]—, se consagraría en los procesos revolucionarios liberal-burgueses de finales del siglo XVIII, —que es, en definitiva, el momento en el que se formuló el concepto moderno, técnico y actual de Constitución[104] al que, nos guste o no, y en tanto en cuanto que, por lo menos hasta hace bien poco[105], se le sigue, a pesar de los pesares, una validez universal[106], tenemos que seguir aludiendo[107]—, como, al decir de Heller[108], un instrumento técnico a través del cual podría materializarse la que posteriormente se presentaría como la tesis rousseauniana de la *volonté générale*.

No hace al caso, a los efectos que en este escrito importan, que nos entretengamos en la polémica sobre el sentido y significado político que, en realidad, tenía la doctrina de Montesquieu. En efecto, poco interesa, aquí, determinar si tenía razón, o no, Louis Althusser[109] cuando, desde una óptica marxiana, defiende la idea de que Charles de Secondat pone en marcha un sistema jurídico-político que tenía como principal, si no única, misión el favorecer la satisfacción de los intereses de la clase aristocrática a la que él mismo pertenecía. Como tampoco, y a nadie puede ocultársele, tiene una particular importancia el que, contrariamente, nos inclinásemos por dar la razón a quienes consideran que el esquema propuesto, en realidad, respondía al deseo de mostrado por Montesquieu, —que, en este punto se apartaba, y grandemente, del criterio mantenido por Nicolás de Maquiavelo[110]—, por apartar al Pueblo de los asuntos públicos

---

103 *Cfr.*, en este sentido, Zweig, E., *La Teoría del Poder Constituyente. Una contribución al* Staatsrecht *desde la Revolución francesa* (1909), Madrid, 2023, p. 140.

104 *Cfr.* De Vega, P., «La crisis del concepto político de Constitución en el Estado Social [Escrito para el *Líber amicorum Héctor Fix-Zamudio*, publicado, en 1998, por la Corte Interamericana de Derechos Humanos]», cit., pp. 323-235.

105 Sobre esta circunstancia, *cfr.*, por todos, En relación con esto, y criticando tal aserto, *cfr.*, por todos, Valadés, D., «Consideraciones sobre el Estado Constitucional, la ciencia y la concentración de la riqueza», en Guerra, A., y Tezanos, J. F., (eds.) y otros, *Alternativas para el siglo XXI. I Encuentro Salamanca*, cit., pp. 180-181. En un sentido similar, *vid.*, también, García, E., *El Estado Constitucional ante su «Momento Maquiavélico»*, Madrid, 2000.

106 *Cfr.* Schneider, H.-P., «La Constitución. Función y estructura», en Schneider, H.-P., *Democracia y Constitución*, Madrid, 1991, pp. 35-52, especialmente pp. 39 y 35-36; Häberle, P., *Libertad, igualdad, fraternidad. 1789 como historia, actualidad y futuro del Estado Constitucional*, Madrid, 1998; Lucas Verdú, P., «¿Crisis del concepto político de Constitución? La Constitución española entre la norma y la realidad», *Anales de la Real Academia de Ciencias Morales y Políticas*, n.º 75 (1998), pp. 367-392.

107 *Cfr.* De Vega, P., «Jurisdicción constitucional y crisis de la Constitución», cit., p. 108.

108 *Cfr.* Heller, H., «Il concetto di legge nella Constituzione di Weimar» (1927), en Heller, H., *La sovranità et altri scritti sulla Dottrina del Diritto e dello Stato*, cit., p. 312; *La soberanía. Contribución a la Teoría del Derecho estatal y del Derecho internacional*, cit., p. 87.

109 *Cfr.* Althusser, L., *Montesquieu: la política y la historia*, Barcelona, 1979, 3.ª ed., especialmente pp. 117-148.

110 *Cfr.* Maquiavelo, N. De, *Discursos sobre la primera década de Tito Livio* (1520), Madrid, 1987, Libro I, 58, pp. 166-171.

en lógica y coherente consecuencia con esa innegable desconfianza, o temor, a las multitudes que siempre han demostrado las doctrinas del elitismo político, y que, desde luego, de Secondat[111], como otros ilustres pensadores a los que se les considera liberales, como, por ejemplo, Constant[112], compartía[113].

Lo que, sin embargo, y por su especial interés para el objeto de este volumen coordinado por el Doctor Wong Meraz y el Profesor Rivera, no podríamos dejar de consignar es el hecho de que, como nos enseñó Tomás y Valiente[114], Montesquieu no es, como normalmente se afirma, principalmente por parte de los que no han leído *De l'esprit des lois*, el gran defensor y valedor de los jueces y magistrados, a los que, por lo demás, considera los encargados de ejercer una función «tan terrible para los hombres»[115], sino, muy al contrario, lo que pone de relieve su construcción es el gran temor que el aristócrata liberal sentía hacia una judicatura sometida al rey. Gran temor que, en definitiva, no le conduce no sólo, aunque también, y de un modo muy principal, a afirmar la, inevitable y constrictiva, necesidad de que también los jueces y magistrados realizasen su actividad como una actividad jurídicamente limitada por el Derecho, sino también, y esto es, en verdad, lo decisivo, a anularlo desde el punto de vista político. A esto es, justamente, a lo que el liberal aristócrata y elitista francés se refiere cuando proclama que el Poder Judicial es, por un lado, un poder políticamente neutro, y, por otro, —dando origen, como, con gran sagacidad, denunció el Prof. Tomás y Valiente, al «más tosco positivismo jurídico y del más falso mecanicismo aplicado a la función de juzgar»[116], que, en todo caso, olvida que porque las normas constitucionales, y no sólo por ese carácter de norma abierta con una estructura inacabada, incompleta e imperfecta e inacabada que siempre, y como una de las notas que otorgan una cierta autonomía científica al Derecho Constitucional incluso respecto de las otras dos ramas que integran las Ciencias del Estado y las Ciencias del Derecho del Estado[117], sino por la propia lógica derivada

---

111 *Cfr.* MONTESQUIEU, *Del espíritu de las leyes*, cit., Primera Parte, Libro II, Cap. II, pp. 12-13.

112 *Vid.* CONSTANT, B., *Una Constitución para la República de los modernos (Fragmentos de una obra abandonada sobre la posibilidad de una Constitución republicana en un gran país)*, Madrid, 2013, pp. 157-158.

113 Sobre este particular, y por comodidad, *cfr.*, por todos, RUIPÉREZ ALAMILLO, J., *Libertad civil e ideología democrática. De la conciliación entre Democracia y Libertad a la confrontación liberalismo-democracia*, cit., pp. 31 y ss.

114 *Cfr.* TOMÁS Y VALIENTE, F., «Poder Judicial y Tribunal Constitucional», cit., p. 67.

115 MONTESQUIEU, *Del espíritu de las leyes*, cit., Segunda Parte, Libro XI, cap. VI, p. 108.

116 TOMÁS Y VALIENTE, F., «Poder Judicial y Tribunal Constitucional», cit., p. 67.

117 *Cfr.*, a este respecto, y por todos, HELLER, H., *Teoría del Estado*, cit., p. 286; SMEND, R., «Constitución y Derecho Constitucional», cit., pp. 132-133; DAU-LIN, H., *Mutación de la Constitución* (1932), Oñati, 1998, p. 57; HESSE, K., «Concepto y cualidad de la Constitución», en HESSE, K., *Escritos de Derecho Constitucional (Selección)*, Madrid, 1983, pp. 17-22; SCHNEIDER, H.-P., «La Constitución. Función y estructura», cit., pp. 48-52.

de ser el fruto del *consensus*, y más en el caso de las correspondientes al constitucionalismo democrático y social en el que todas las clases sociales se encuentran ya representadas en las Asambleas parlamentarias, presentan una excesiva ambigüedad que, a la postre, hace imposible la materialización del aserto de Beccaria de que «*Felice quella nazione dove le leggi non fossero una scienza*»[118], los jueces «ya no pueden considerarse, como quería Montesquieu, simples bocas de la ley y meros formuladores del silogismo judicial»[119]—, que el juez no es más que la boca que pronuncia la ley[120].

Y es, ni que decir tiene, aquí donde surge un problema que, como ningún profesional universitario de las Ciencias Jurídicas, —incluso, aunque su objeto de atención preferente no lo constituyan los contenidos propios de las Ciencias Constitucionales—, sigue siendo asaz conflictivo en la actualidad. Sobre todo, en aquellos ordenamientos constitucionales que, como sucede, por ejemplo, con el italiano, con su *Consiglio Superiore della Magistratura*[121], y el español actual, con el Consejo General del Poder Judicial, han creado un órgano específico para la dirección del Poder Judicial que, y esto es importante y resulta transcendente, no tiene carácter jurisdiccional, y que se define por ser el órgano de gobierno del Poder Judicial (art. 122. 2 CE 1978), que tiene funciones relativas a «las contrataciones, destinos y traslados, promociones y medidas disciplinarias concernientes a los magistrados» (art. 105 CI 1947).

El problema, fácil debiera ser deducirlo, se plantea por cuanto que, con la intención de romper con el esquema jurídico-político que operaba en el Estado Absoluto, y, con ello, la práctica corrupta de que los cargos de jueces y magistrados fueran algo que las clases económicamente más poderosas podían comprar al monarca, Montesquieu ideó un Poder Judicial que estaría integrado por unos jueces y magistrados que debían estar clara, radical y definitivamente separados de los cuerpos administrativos al servicio del monarca. Surgía, de esta suerte, el interrogante de que, en la medida en que los jueces y magistrados no son, desde la lógica política democrática, más que simples funcionarios, o, si se prefiere, servidores al servicio de los

118 Citado por De Vega, P., «Tendencias y problemas del constitucionalismo español actual», cit., p. 458.

119 De Vega, P., «En torno a la legitimidad constitucional», cit., p. 825.

120 *Cfr.* Montesquieu, *Del espíritu de las leyes*, cit., Segunda Parte, Libro XI, cap. VI, p. 112.

121 No deja de ser curioso que, aunque de la confrontación entre lo dispuesto por el Legislador Constituyente italiano, en el art. 104, y por el Legislador Constituyente español, en el art. 122.3, se desprenda que el *Consiglio Superiore della Magistratura* tiene, en tanto en cuanto que el mismo está presidido por el presidente de la República, y son miembros natos el presidente y el fiscal del Tribunal Supremo, una composición mucho más política que el Consejo General del Poder Judicial español, integrado por 12 jueces y magistrados y 8 juristas de reconocida competencia, el lenguaje empleado por los prácticos de la política españoles ha determinado que se considere su propia existencia, y la lucha partidista en cada renovación, suponen un atentado contra el principio de la independencia judicial.

integrantes del Cuerpo Político y obligados a cumplir lealmente la expresión normativa de la soberanía de éstos, quién tendría que dirigir, y ordenar el funcionamiento, del propio Poder Judicial. Y, además, cómo hacerlo para preservar la independencia de los funcionarios del Poder Judicial respecto de los otros órganos del Estado.

No hace falta dedicar mucho espacio para concluir, e, incluso, para llegar a compartir, que si esta era la idea y la finalidad perseguida por el barón de La Brède y de Montesquieu, la independencia judicial se encontrará mucho más asegurada, y, por lo menos en vía de principio, gozará de una mayor realidad y eficacia cuando el nombramiento y ascenso de los jueces y magistrados no dependa, como sucedía, por ejemplo, en la dictadura franquista y como, de un modo que no puede sino resultar sorprendente, pretenden imponer algunos juristas, prácticos y/o científicos, sedicentemente progresistas, del criterio del titular del Ministerio, o de la Secretaría de Justicia, que es, innecesario debiera ser aclararlo, un órgano del Poder Ejecutivo que, como tal, decidirá más en función de sus intereses políticos coyunturales. Lo que, al final del día, nos permite decir, y sin que ello resulte descabellado, que, aunque sea tácitamente, el modelo teorizado por de Secondat apunta a la hipótesis de que la solución correcta para dar respuesta al interrogante de quien debe dirigir el funcionamiento del Poder Judicial es la que adoptaron los dos últimos Legisladores Constituyentes italiano y español.

Pero, como a nadie puede ocultársele, lo anterior hace que nuestro interrogante se transforme en el de quién ha de ser el sujeto que elija a los miembros del Consejo General del Poder Judicial, que es un órgano del Estado, que, como tal, participa en el proceso de formación de la voluntad unitaria del Estado, y que recibe de la Constitución la facultad de actuar, *ex* artículo 122. 2 de la Constitución española, como el órgano de gobierno del Poder Judicial del Estado[122].

122 Seguramente no estará de más, sobre todo tomando en consideración que estas páginas están destinadas a publicarse en un volumen dedicado al problema de la reforma al Poder Judicial en la República de México, detenernos a indicar que existe en cuanto a la organización del mismo una gran diferencia entre el Derecho Constitucional mexicano y el Derecho Constitucional español. En este sentido, nos encontramos con que en la República de México, respondiendo a la que constituye la regla general en el supuesto de los Estados Políticamente Descentralizados, —es decir, y por utilizar una terminología común entre los autores clásicos de la Teoría del Estado, las Uniones de Estados de Derecho Constitucional, cuya nota definitoria fundamental es la de ser un Estado único, al que, por decirlo desde los esquemas conceptuales puestos en circulación por el kelseniano Kunz [*cfr.* Kunz, J., *Die Staatenverbindungen*, Stuttgart, 1929, pp. 21 y ss.], le corresponde la condición de ser al mismo tiempo un «Estado en el sentido del Derecho Constitucional» *(Staat im Sinne der Staatsrechts)* y un «Estado en el sentido del Derecho Internacional» *(Staat im Sinne der Völkerrechts)*, y que tiene por sujetos a ciudadanos, y no a Estados soberanos miembros, por ellos mismos, de la Comunidad Internacional, libres e iguales, y que se definen porque en ellos opera lo que Friedrich [*Cfr.* Friedrich, C. J., *Tendences du fédéralisme en théorie et en practice*, Bruselas, 1971, p. 8], con un criterio que, admitiendo que la técnica del federalismo es tan sólo viable en el marco de la Democracia Constitucional, sería aceptado por la mejor parte de la doctrina de las Ciencias constitucionales [*Cfr.* Heller, H., «Europa y el fascismo» (1929), en Heller,

Problema éste que, de manera indiscutible, se agrava en la medida en que se ha extendido la especie, puesta, de una u otra suerte, en circulación por el que fuera presidente del Consejo General del Poder Judicial, F. C. Sainz de Robles, cuando interpuso un recurso de conflicto entre órganos ante el Tribunal Constitucional, con motivo de la reforma de la Ley Orgánica del Poder Judicial, de que la independencia judicial tan sólo será real y efectiva cuando sean los propios jueces y magistrados quienes designen a los jueces y magistrados.

El problema, importa señalarlo, no es menor. En efecto, desde que, con la aprobación, en 1985, de una enmienda *in voce* presentada por el diputado socialista Juan María Bandrés, en el sentido de que, porque el Consejo General del Poder Judicial es un órgano del Estado que, como hemos indicado, participa en el proceso de la formación de la voluntad unitaria del Estado, era obligado que fueran los parlamentarios, en cuanto que representantes directos del Cuerpo Electoral, quienes designasen a los 20 vocales: 10 por parte del Congreso de los Diputados, y 10 por parte del Senado, se ha venido discutiendo sobre si, como defienden las fuerzas políticas progresistas, este sistema es el adecuado, o si, por el contrario, y como defienden las fuerzas políticas conservadoras, y algunas de las asociaciones de jueces y magistrados, a las Cámaras parlamentarias tan sólo les ha de corresponder la designación, por mayoría de 3/5, —lo que, en la medida en que se hace necesario el consenso entre distintos grupos parlamentarios, supone una gran garantía de la independencia de los vocales del Consejo, ya que, como sucede con los magistrados Constitucionales, no tendrán porqué sentirse obligados a seguir

H., *Escritos políticos*, Madrid, 1985, p. 78. Kelsen, H., *Teoría General del Derecho y del Estado*, Ciudad de México, 1995, 2.ª ed., 5.ª reimpr., p. 371. Friedrich, C. J., *Gobierno Constitucional y Democracia. Teoría y práctica en Europa y América*, Madrid, 1975, vol. I, pp. 388-389; *El hombre y el Gobierno. Una teoría empírica de la política*, Madrid, 1968, pp. 636-637. Pound, R., *Federalism as a Democratic Process*, New Brunswick, 1942, p. 29. Durand, Ch., *Les États Fédéraux. Étude de Droit Constitutionel Positif*, París, 1930, pp. 93-94 y 336-337; *Confédération d'États et État Fédéral. Réalisation acquises et perspectives nouvelles*, París, 1955, pp. 22-224; «El Estado Federal en el Derecho Positivo», en Berger, G., Chevallier, J. J., y otros, *Federalismo y federalismo europeo*, Madrid, 1965, p. 180. la Pergola, A., *Residui «contrattualistici» e struttura federale nell'ordinamento degli Stati Uniti*, Milán, 1969, pp. 192-193; «Federalismo y regionalismo: el caso italiano», en Trujillo, G., (coord.) y otros, *Federalismo y regionalismo*, Madrid, 1979, p. 170; «Federalismo y Estado Regional. La técnica italiana de las autonomías a la luz del Derecho Comparado», *Revista de Política Comparada*, n.º 10-11 (1984), p. 193; «La técnica constitucional de la autonomía: aspectos de Derecho Comparado», en González Encinar, J. J., (coord.) y otros, *Autonomía y partidos políticos*, Madrid, 1984, p. 31. Hesse, K., «Bundesstaatsreform und Grezen der Verfassungsänderung», cit., pp. 1 y ss., 14 y ss., y 18 y ss.; *Grundzüge des Verfassungsrecht der Bundesrepublik Deutschland*, Heidelberg-Karlsruhe, 1978, 11.ª ed., pp. 277 y ss. Vergottini, G. de, «La distribución territorial del poder político», *Revista Vasca de Administración Pública*, n.º 16 (1986), p. 64. De Vega, P., «Poder Constituyente y regionalismo», cit., p. 360; «Prólogo» a Ruipérez Alamillo, J., *La reforma del Estatuto de Autonomía para Galicia*, cit., pp. 12-14. *Cfr.*, igualmente, Ruipérez Alamillo, J., *La protección constitucional de la autonomía*, Madrid, 1994, *passim*], denominó «*constitutional arrangement*», conforme al cual lo que sucede es que, por muy reducido que pueda ser su respectivo ámbito competencial, la existencia y subsistencia tanto de la organización política central, los mandatos de los partidos que los propusieron, «entre abogados y otros juristas de reconocida competencia y con más de quince años de ejercicio en su profesión» (art. 121. 3)—, correspondiendo a las asociaciones de jueces/juezas y magistrados/magistradas la designación de los otros 12 vocales.

Como es obvio, no podemos, entre otras cosas por cuanto que ello excedería, y con mucho, los estrechos límites de este trabajo, detenernos a realizar una exposición exhaustiva y pormenorizada de los distintos argumentos que, en favor de una u otra postura, han venido esgrimiendo las organizaciones políticas partidistas y las asociaciones de jueces y magistrados. Lo que, en realidad, y en primera instancia, nos interesa es indicar que la solución adoptada por el Tribunal Constitucional en la STC 108/1986, de 29 de julio, y de la que fue ponente el Profesor Ángel Latorre Segura, sobre la constitucionalidad de lo establecido en la Ley Orgánica 6/1985, de 1 de julio, del Poder Judicial[123], que es aplicable a la reforma establecida por Ley Orgánica 2/2001, de 28 de junio, sobre la composición del Consejo General del Poder Judicial, por la que se modifica la Ley Orgánica 6/1985, de 1 de julio, del Poder Judicial, como a cualquier modificación que pueda realizarse en el futuro, es, desde el punto de vista de las Ciencias Constitucionales impecable. Esto es, cualquier

como la de las organizaciones políticas regionales, titulares de derechos de autonomía, y no de soberanía [*Cfr.* Friedrich, C. J., *Tendences du fédéralisme en théorie et en practice*, cit., pp. 27 y ss.; Carpizo, J., «El sistema federal mexicano», en la obra colectiva *Los sistemas federales del Continente americano*, México, 1972, p. 479. *Cfr.*, también, y a título de ejemplo, STC 4/1981, de 2 de febrero, *F. J.* 3.°], se encuentra constitucionalmente garantizada al estar incorporada la división, territorial y funcional, del poder político ordinario a una Constitución escrita y rígida, de suerte tal que el mismo tan sólo puede, al menos en vía de principio [*cfr.*, a este respecto, y por comodidad, Ruipérez Alamillo, J., *División de competencias y forma territorial del Estado*, Madrid, 2012, pp. 114 y ss.], ser alterado con la puesta en marcha del proceso de enmienda, y todo ello asegurado por la jurisdicción constitucional—, conforme a la cual la división entre el Poder Legislativo, el Poder Ejecutivo y el Poder Judicial ha de producirse no sólo a nivel federal, sino también a nivel regional, en la República mexicana existirá un Poder Judicial federal y un Poder Judicial en cada uno de los centros autónomos de decisión política democrática y legítima [sobre esta problemática, *cfr.*, por todos, Carré de Malberg, R., *Teoría General del Estado*, Ciudad de México, 1948, p. 145; Durand, Ch., «El Estado Federal en el Derecho Positivo», cit., p. 190; Carpizo, J., «El sistema federal mexicano», cit., p. 479]. Por el contrario, nos encontramos con que el Legislador Constituyente español de 1977-1978, diferenciándose de lo hecho por los autores del Proyecto de Constitución federal de 1873 y del Código Constitucional de 1931, —que sí preveían la existencia de un Poder Judicial propio en el ámbito de las colectividades-miembro—, optó por consagrar la existencia de un único Poder Judicial, que, además, se incardinaría en el aparato institucional de la organización política central. Porque esto es así, y por la confusión que puede generar el tenor literal del art. 152. 1, cuando, al referirse a la organización institucional básica de las Comunidades Autónomas, habla de la existencia de un Tribunal Superior de Justicia de las Comunidades Autónomas, es menester aclarar que éste es un órgano del Poder Judicial del Estado español, y no un órgano de las Comunidades Autónomas. Sobre este particular, *cfr.*, por todos, Andrés Ibáñez, P., y Movilla, C., *El Poder Judicial*, Madrid, 1986, pp. 239-282; Ferreiro Baamonde, X., «As competencias da Comunidade Autónoma de Galiza na denominada "materia de xusticia"», *Anuario da Facultade de Dereito da Universidade da Coruña*, n.° 4 (2000), pp. 187-190.

123 *Cfr.* STC 108/1986, de 29 de julio, *F. J.* 13.

sistema de elección que se determine en la Ley Orgánica del Poder Judicial, será constitucional, es decir, lícita y legítima, siempre y cuando se respete lo ordenado por la Constitución de que, de los 20 vocales, 12 serán elegidos entre los jueces y magistrados de todas las categorías, y 8 entre juristas de reconocida competencia.

Hay otra observación que, incluso a riesgo de ser considerado un irredento sectario, no podría dejar de consignar sobre el problema anterior. Me refiero, obvio es, a lo que se desprende de todas estas discusiones, y reformas, realizadas o propuestas, sobre la composición del Consejo General del Poder Judicial, y que, para nadie es un misterio, han sido utilizadas por los prácticos de la política para justificar su, por lo demás, y desde la lógica inherente de la democracia como el sistema que se define por la capacidad que muestran los distintos operadores políticos del Estado para llegar a acuerdos desde, por decirlo en la conocida expresión de Friedrich[124], desde el «*disagreement on fundamentals*», —y que, además, y en tanto en cuanto que se caracteriza por ser el gobierno de las mayorías con respeto a las minorías[125], encuentra, como ha puesto de relieve la mejor doctrina de las Ciencias Constitucionales[126], uno de sus contenidos basilares, medulares, torales y esenciales en el principio de que, por decirlo con Guglielmo Ferrero, «en las democracias, la oposición es un órgano de soberanía popular tan vital como el gobierno. Suprimir la oposición es suprimir la soberanía del pueblo»[127]—, más que lamentable incapacidad para llegar a acuerdos entre los partidos que ocupan las posiciones de minorías mayoritarias en las Cortes Generales.

---

124 *Cfr.* Friedrich, C. J., *La Democracia como forma política y como forma de vida*, cit., pp. 99-100. En el mismo sentido, *cfr.*, también, Friedrich, C. J., *El hombre y el Gobierno. Una teoría empírica de la política*, cit., p. 264. Para una visión muy similar de la democracia, *cfr.* Kelsen, H., «Forma de Estado y visión del mundo» (1933), recogido en Correas, Ó. (comp.), *El otro Kelsen*. Ciudad de México, 1989, p. 230.

125 *Cfr.*, a este respecto, y por todos, Friedrich, C. J., *La Democracia como forma política y como forma de vida*, cit., pp. 82-83; Schneider, H.-P., «La Constitución. Función y estructura», cit., p. 39; Sartori, G., *Teoría de la Democracia*. I. *El debate contemporáneo*, Madrid, 1988, pp. 45-46 y 55-58.

126 *Cfr.* Heller, H., «Europa y el fascismo», cit., pp. 72 y ss. Kelsen, H., «Forma de Estado y visión del mundo», cit., pp. 229-230. Ferrero, G., *Poder. Los genios invisibles de la ciudad* (1942), Madrid, 2022, nueva edición, *ex. gr.*, p. 23. Friedrich, C. J., *La Democracia como forma política y como forma de vida*, cit., pp. 99-100; *El hombre y el Gobierno. Una teoría empírica de la política*, cit., p. 264. De Vega, P., «Para una teoría política de la oposición» (1970), en De Vega, P., *Estudios político constitucionales*, Ciudad de México, 1987, 1.ª reimpr., pp. 20 y 21-23; «Jurisdicción constitucional y crisis de la Constitución», cit., p. 106; «Estado social y Estado de partidos. La problemática de la legitimidad», cit., p. 397. Carpizo, J., *Concepto de democracia y sistema de gobierno en América Latina*, Ciudad de México, 2007, p. 103. Santamaría, J., «La funcionalidad de la libre disidencia», *Boletín Informativo de Ciencia Política*, n.º 2 (1969), p. 139.

127 Ferrero, G., *Poder. Los genios invisibles de la ciudad*, cit., p. 162.

De una manera más concreta, a lo que nos referimos, es a que todo lo anterior no hace más que dar la razón al Maestro Pedro De Vega[128] cuando, desde el momento mismo en que se estaba desarrollando el proceso constituyente, se mostró harto crítico con la decisión del Legislador Constituyente de 1977-1978 de remitir la regulación de los órganos constitucionales a la Ley Orgánica que, aunque concebida, como explicó Alzaga, como una «norma de rango semiconstitucional»[129], —y que dio lugar a la puesta en marcha del concepto de «bloque de constitucionalidad»[130], definido, bajo una cierta influencia de los planteamientos que sobre este particular había realizado Hsü Dau-Lin[131], por el Tribunal Constitucional como el conjunto de normas jurídicas que, no obstante no contar con la naturaleza formal de normas constitucionales, actúan de parámetro de la legitimidad de las leyes, pero no de los contenidos normativos concretos de estas últimas[132], del que bien puede decirse que, en la medida en que no se corresponde plenamente con los conceptos de «Constitución material en sentido lato» (Heller)[133], «Derecho Constitucional material» (Stein, Stern)[134] o, finalmente, de «Costituzione in senso sostanciale» (Lavagna, Pizzorusso)[135], que, por cierto, resultan mucho expresivas, que no se sabría decir si «la utilización de categorías como el *bloque de constitucionalidad*, son geniales creaciones de la ingeniería político-constitucional, o simples manipulaciones de políticos y adefesios de juristas, al servicio de un pragmatismo vulgar, impuesto por unas circunstancias ante las que la estructura constitucional patentiza fehacientemente sus dificultades y limitaciones. Lo que importa constatar, simplemente, es cómo esas limitaciones y dificultades estructurales del ordenamiento, al trasladarse al ámbito del sistema de garantías, no sólo no encuentran en él solución alguna, sino que terminan distorsionando y erosionando gravemente a los propios órga-

---

128 *Cfr.* De Vega, P., «Los órganos del Estado en el contexto político institucional del Proyecto de Constitución», en la obra colectiva, *La Costituzione spagnola nel Trentennal della Costituzione italiana*, Bolonia, 1978, p. 10.

129 Alzaga Villaamil, Ó., *Comentario sistemático a la Constitución española de 1978*, Madrid-Barcelona-Buenos Aires-Sâo Paolo, 2016; 2.ª ed., p. 415.

130 Sobre el mismo, *cfr.*, por todos, Rubio Llorente, F., «El bloque de constitucionalidad», *Revista Española de Derecho Constitucionalidad*, n.º 27 (1989), pp. 9-38.

131 *Cfr.* Dau-Lin, H., «Formalistischer und antiformalistischer Verfassungsbegriff», *Archiv des öffentlichen Rechts*, Bd. 22, 1 (1932), p. 43.

132 *Cfr.* STC 66/1985, de 5 de junio, *F. J.* 1.º Para una crítica a esta comprensión de la categoría del «bloque de constitucionalidad», *cfr.* De Vega, P., «Estatutos de Autonomía y la reforma constitucional» (2013), en De Vega, P., *Obras escogidas*, cit., p. 713

133 *Cfr.* Heller, H., *Teoría del Estado*, cit., p. 294.

134 *Cfr.* Stein, E., *Derecho Político*, Madrid, 1973, p. 10; Stern, K., *Derecho del Estado de la República Federal alemana*, cit., pp. 257-259.

135 *Cfr.* Lavagna, C., *Istituzioni di Diritto Pubblico*, Turín, 1985, 6.ª ed. puesta al día, pp. 169-171; Pizzorusso, A., *Lecciones de Derecho Constitucional*, Madrid, 1985, vol. II, pp. 216-217

nos y mecanismos garantizadores»[136]—, es una norma emanada por el Poder Legislativo ordinario del Estado, que responde, y de forma clara, al concepto de lo que la doctrina italiana denomina doctrina italiana llama «fuente reforzada», y de la que, con la única excepción relevante de Ferrari[137], se predica por la doctrina constitucionalista el que, no obstante su mayor resistencia a la modificación y derogación, se encuentra en la misma posición que la ley ordinaria en la pirámide normativa[138]. Lo que, a la postre, se justifica por cuanto que, al remitirse a la Ley Orgánica para la regulación de la composición, elección y funcionamiento de los órganos del Estado, lo que puede suceder, y la dinámica jurídico-política española lo confirma, es que la regulación de los órganos constitucionales, en este caso el Consejo General del Poder Judicial, cuyas atribuciones forman parte de esas materias que no pueden quedar indeterminadas o abiertas en el Código Constitucional, no goce de la necesaria estabilidad. Nada de extraño tiene, desde esta perspectiva, que el Doctor De Vega considerase, siempre, que hubiera sido mucho mejor que, frente a la opción de remitir estas fundamentales materias a la posterior actuación del Legislador orgánico, nuestro último Constituyente hubiera seguido el ejemplo italiano y alemán, y, de esta suerte, hubiera procedido a la constitucionalización de esa fuente del Derecho llamada «Ley Constitucional»[139], la cual, en tanto en cuanto que es el fruto del ejercicio de la función constituyente como actividad reglada y limitada, y que, por ello mismo, ha de realizarse dentro de la Constitución, y con respeto a ella, tan sólo podría ser formalmente modificada con la puesta en marcha del procedimiento legal-constitucionalmente previsto por el propio Legislador Constituyente para tal fin.

1.4. Las condiciones jurídicas y políticas materiales para la realidad y eficacia del principio de la independencia de jueces y magistrados. El pluripartismo como causa última de la independencia del poder judicial

De cualquiera de las formas, debemos advertir, y de manera pronta e inmediata, que la anterior polémica es, en realidad, y para dar auténtica efi-

---

136 De Vega, P., «Prólogo a la edición de la Constitución española de la editorial Biblioteca Nueva», cit., p. 275.

137 *Cfr.* Ferrari, G., «Le leggi rinforzate nell'ordinamento italiano», en la obra colectiva *Studi sulla Costituzione*, Milán, 1958, t. II, pp. 477-490.

138 En este sentido, y en relación concreta con las figuras de la ley ordinaria y la Ley Orgánica en la Constitución española de 1978, *vid.*, por todos, Otto, I. de, *Derecho Constitucional. Sistema de fuentes*, cit., pp. 111-113 y 268 y ss.

139 Sobre la fuente del Derecho denominada «Ley Constitucional», *cfr.*, por todos, *cfr.* Rescigno, G. U., *Corso di Diritto Pubblico*, Bolonia, 1989, 2.ª ed., 6.ª reimpr., p. 222; Zagrebelsky, G., *Il sistema costituzionale delle fonti del Diritto*, Turín, 1984, p. 116.

cacia al principio de la independencia de los jueces, un debate estéril. Lo que, creemos, no ha de ser muy difícil de comprender. Bastará, en efecto, con considerar que nada tiene que ver la elección de un órgano constitucional que tiene como misión la de llevar a cabo el gobierno del Poder Judicial, con el ejercicio de la función jurisdiccional, o, si se prefiere, la impartición de justicia, que corresponde no, y ni mucho menos, a los integrantes del Consejo General del Poder Judicial[140], sino, tan sólo, y de modo exclusivo, a los jueces y magistrados que, en el ordenamiento constitucional español, adquieren tal condición o bien por haber aprobado una oposición[141], o bien a través del procedimiento establecido para su reclutamiento entre juristas por el artículo 304 de la Ley Orgánica del Poder Judicial, y que son a quienes, de conformidad con lo mandatado por el Legislador Constituyente de 1977-1978 en el artículo 117. 1, y repetido por el Legislador Orgánico, corresponde la administración de la justicia, que emana del Pueblo, y que son independientes, inamovibles, responsables y sometidos únicamente al imperio de la Constitución y la Ley.

Como también resulta conveniente advertir, más bien recordar, que la verdadera, y eficaz, independencia de los jueces y magistrados no dependerá de que se proclame, en el plano jurídico-formal y de manera solemne y enfática, el principio de división de poderes en el documento de gobierno por el que, con una mayor o menor realidad, se conduce la vida toda del Estado. Dos son, de modo fundamental, las razones que explican lo anterior. La primera de ellas, es la de que, como, al comienzo de estas páginas, hemos señalado ya, el principio de división de poderes, del que, innecesario debiera ser aclararlo, se desprende el de la independencia de jueces y magistrados, se consagra, como una exigencia derivada de aquel concepto neutro, y menos útil[142], de Constitución establecido en el artículo 16 de la celebérrima Declaración de Derechos del Hombre y del Ciudadano, de 26 de agosto de 1789, es sancionado por todos los instrumentos de gobierno de todos las Comunidades Políticas, cualquiera que sea su verdadera forma de Estado.

La segunda, que, en todo caso, se encuentra directamente conectada con lo anterior, se encuentra relacionada con el concepto de «*Die normative Kraft der Verfassung*» que, en 1959, había puesto, bajo una más que sobre-

140 Para las funciones específicas que corresponden al Consejo General del Poder Judicial, *cfr.* los artículos 107 y 108 de la Ley Orgánica 6/1985, de 1 de julio, del Poder Judicial, en sus textos redactados en la Ley Orgánica 19/2003, de 23 de diciembre, para el primero, y la Ley Orgánica 16/1994, de 8 de noviembre, para el segundo. Además, deberá tenerse en consideración la reforma del artículo 109. 1, sobre el deber del Consejo General del Poder Judicial de elevar anualmente una Memoria a las Cortes Generales, introducida por la Ley Orgánica 3/2007, de 22 de marzo.

141 *Cfr.* artículo 301. 2 de la LOPJ.

142 Para esta consideración, *cfr.*, por todos, De Vega, P., «En torno al concepto político de Constitución», cit., pp. 245 y 258-259.

saliente influencia de los planteamientos de sus Maestros: Smend y Heller, Konrad Hesse[143]. Entendía este insigne y preclaro constitucionalista alemán, —conectando, de una suerte u otra, con el concepto de «*Costituzione in senso materiale*» acuñado por el constitucionalista italiano Costantino Mortati[144], y que, como ningún profesional universitario de las Ciencias Constitucionales puede desconocer, ha sido aceptado, *ex. gr.*, por de Vergottini[145], Martines[146] y de Cabo[147]—, que, en verdad, la fuerza normativa de los Códigos Constitucionales, es decir, su capacidad para conducir adecuadamente, y con el establecimiento de una auténtica realidad constitucional[148], no depende tanto, aunque, naturalmente, también, de lo que en ellos haya consignado

143 *Cfr.* Hesse, K., «La fuerza normativa de la Constitución» (1959), en Hesse, K., *Escritos de Derecho Constitucional (Selección)*, cit., pp. 59-84. En desarrollo, de alguna manera, de la tesis defendida, en el trabajo que nos ocupa, por el Maestro Pedro De Vega, *cfr.*, por todos, Ruipérez Alamillo, J., *En torno a la reforma constitucional y la fuerza normativa de la Constitución. Consideraciones sobre la vigencia del Texto de 27 de diciembre de 1978 en su 40 aniversario*, Valencia, 2018, *passim*.

144 *Cfr.* Mortati, C., *La Constitución en sentido material* (1940), Madrid, 2000; *Istituzioni di Diritto Pubblico*, Padua, 1985, 9.ª ed. reel y puesta al día, reimpr., t. I pp. 30-34., Padua, 1985, 9. ed. reel. y puesta al día, reimpr. T. 1, pp. 30-34.

145 *Cfr.* Vergottini, G. de, (voz) «Constitución», en Bobbio, Norberto y Matteucci, Nicola (dirs.) y otros, *Diccionario de Política*, vol. I, Madrid, 1982, p. 378; *Derecho Constitucional Comparado,* Madrid, 1983, pp. 138-143.

146 *Cfr.* Martines, T., *Diritto Costituzionale*, Milán, 1986, 4.° ed., rev. y puesta al día, pp. 26-29; *Contributo ad una teoria giuridica delle force politiche*, Milán, 1986.

147 *Cfr.* Cabo Martín, C. de, *Sobre la función histórica del constitucionalismo y sus posibles transformaciones*, Salamanca, 1978, p. 7.

148 Debemos señalar que este término no lo empleamos en el sentido que a esta expresión le da, p. ej., Loewenstein [*cfr.* Loewenstein, K., *Teoría de la Constitución*, cit., pp. 216 y ss.; «Verfassung und Verfassungsrealität (Beiträge zur Ontologie des Verfassung)», *Archiv des öffentlichen Rechts*, Bd. 77, 4 (1951-1952), pp. 387 y ss.], esto es, como «realidad jurídico-normativa» que puede, o no, estar en consonancia con la «realidad político-social» subyacente, lo que, como observa K. Stern, «más bien obscurece que clarifica el problema» [Stern, K., *Derecho del Estado de la República Federal alemana*, cit., pp. 244]. Por el contrario, lo hacemos con el sentido que, partiendo de la concepción smendiana de la Constitución como norma y como realidad, le otorga Hesse [*cfr.* Hesse, K., «Concepto y cualidad de la Constitución», cit., p. 30]. Lo que, traducido en otros términos, significa que únicamente cabe hablar de realidad constitucional cuando se verifique la adecuación entre realidad jurídico-normativa y realidad político-social. De donde se deduce, creemos que sin dificultad, que la posibilidad de que en un Estado Constitucional puedan verificarse situaciones de «realidad inconstitucional» ha de ser, constrictivamente, considerado como un fenómeno patológico que, como, con meridiana claridad, indica el propio Hesse [*cfr.* Hesse, K., «Concepto y cualidad de la Constitución», cit., p. 31], ha de ser tomado en consideración, y al que ha de prestársele una especial atención, y no sólo por los operadores jurídicos y políticos del Estado, sino también, y con una especial importancia trascendencia, por los profesionales universitarios de las Ciencias del Estado y Ciencias del Derecho del Estado, para, una vez que se ha puesto de manifiesto la existencia de esta realidad inconstitucional, facilitar el desarrollo de una política constitucional dirigida, justamente, al lograr el restablecimiento de la realidad constitucional.

el Legislador Constituyente, cuanto de la utilización que de los preceptos constitucionales hagan los operadores jurídicos del Estado[149]. Desde una tal perspectiva, obvio es que de nada servirá que el Código Jurídico-Político Fundamental establezca que los jueces y magistrados son independientes, inamovibles, responsables y sometidos únicamente al imperio de la Ley, si al mismo tiempo, y como se hizo en todos los regímenes autocráticos, y se hace en la actualidad en los Estados regidos por unos gobernantes populistas, quienes ocupan la posición de gobernantes se dedican a presionar, por los medios que sean, a los funcionarios de administrar la justicia para que acaben fallando en el sentido que interesa ya sea a los que ocupan el poder, ya a los miembros de la oposición.

De cualquiera de las maneras, hemos de insistir en la idea de que la independencia de los jueces y magistrados se deriva, única y exclusivamente, del hecho de que éstos se encuentran tan sólo sometidos al imperio de la Constitución y la ley. Pero, si esto es así, y lo es, es lo cierto que aparece aquí un problema que, dando la razón a Heller y De Vega en su tesis de que el cabal y ponderado estudio del Derecho Constitucional requiere actuar desde los parámetros metodológicos de las Ciencias Constitucionales, no pocas veces pasa desapercibido para los constitucionalistas partidarios de imponer el imperialismo ya sea del positivismo jurídico formalista, ya el del positivismo jurídico jurisprudencial.

En su estudio/denuncia sobre lo que sucedía en la Italia nacional-sindicalista, Hermann Heller se referiría, con la brillantez, rigor y contundencia que siempre le caracterizaron, a esta circunstancia. También en la Italia de Mussolini el juez se encontraba sometido al imperio de la ley, y, por ello mismo, se veía, incluso aunque como ciudadano estuviera en contra del totalitarismo fascista, a aplicar la ley formalmente vigente para resolver los procesos de los que conocía. Siendo así, denunciaría Heller, los profesionales universitarios del Derecho Constitucional adscritos al positivo jurídico formalista, —y tanto si se trataba de los que colaboraban voluntariamente con los totalitarismos fascistas, como si se trataba los que, como, debido a su aparente neutralismo ideológico[150], y a pesar de ser un ciudadano y un profesional universitario de las Ciencias Constitucionales claramente comprometido con la defensa de la *Welstanchauung* democrática frente al peligroso ascenso del fascismo y el nacional-socialismo[151], sucedió con Kelsen, se convirtieron en

149 *Cfr.* HESSE, K., «La fuerza normativa de la Constitución», cit., pp. 67-68, 70, 72-73, 74 y 75.

150 *Cfr.* NEUMANN, F., *Behemoth. Pensamiento y acción en el nacionalsocialismo*, cit., p. 72; *vid.*, también, pp. 67-68.

151 *Cfr.*, en este sentido, y por todos, LA PERGOLA, A., «Premesa» al KELSEN, H., *La Giustizia Costituzionale*, cit., p. X; DE VEGA, P., «Supuestos políticos y criterios jurídicos en la defensa de la Constitución: algunas peculiaridades del ordenamiento constitucional español [Estudio publicado en homenaje al Doctor Pablo Lucas Verdú en la *Revista de Política Comparada*, en 1984]», cit., p. 252. BALDASSARRE, A., «Constitución y teoría de los valores», *Revista de las Cortes Generales*, n.º 32 (1994), pp. 23-24, vid., también, y en general, pp. 22-25 y 27 y ss.

colaboradores involuntarios del totalitarismo[152]—, no tendrían reparo alguno en proclamar que en el régimen fascista italiano gozaba de plena realidad y eficacia el principio de la independencia del juez, en tanto en cuanto que éste resolvía los conflictos jurídicos tan sólo sometido al imperio de la ley. Y llegarían a esta conclusión, por cuanto que los partidarios del positivismo jurídico formalista, —y todavía con una mayor claridad los partidarios de lo que Heller llamó el «normativismo logicista» con su aserto, por lo demás, tan certeramente, y en tanto en cuanto parece conducir a la consideración de que Kelsen era el más consecuente ejecutor testamentario de Laband[153], criticado por Heller[154], de que la «validez [del Derecho Positivo] no es cuestión de su contenido. Cualquier contenido puede ser Derecho; [...]. Una norma vale como norma de Derecho únicamente porque nació de una cierta manera, porque fue creada de según una regla determinada, porque fue producida con arreglo a un método específico. El Derecho vale únicamente en cuanto Derecho positivo o "estatuido". [...] Cuando las normas particulares de un sistema jurídico son referidas a una norma fundamental, se da a entender que la creación de las mismas se ha realizado con arreglo al método establecido en aquella norma fundamental»[155]—, en tanto en cuanto que éstos, en último término, no hacían más que transformar el Estado de Derecho, al que privaban de todo su contenido material, en un mero Estado jurídico basado en una vacía nomocracia, donde lo único relevante es la forma[156].

Bien distinta es, innecesario debiera ser aclararlo, la respuesta cuando el problema se analiza desde las Ciencias Constitucionales. En efecto, desde éstas, lo primero que descubrimos es que muchas de las leyes vigentes, sobre todo las del Derecho Penal, en la Italia de Mussolini, aparentando respetar la idea de generalidad, y habiendo sido aprobadas con el más estricto y escrupuloso respeto al principio de legalidad establecido por el Estatuto

152 Sobre esto, y por comodidad, *cfr.*, por todos, RUIPÉREZ ALAMILLO, J., «La Constitución y su estudio. Un episodio en la forja del Derecho Constitucional europeo: Método jurídico y régimen político en la llamada Teoría Constitucional de Weimar», cit., pp. 725-821.

153 Para esta consideración del Kelsen del normativismo logicista a ultranza, *cfr.* HELLER, H., *La soberanía. Contribución a la Teoría del Derecho estatal y del Derecho internacional*, cit., pp. 90, y 149 y ss.; LEIBHOLZ, G., «Tendencias actuales de la Doctrina del Derecho Público en Alemania», en LEIBHOLZ, G., *Conceptos fundamentales de la Política y de Teoría de la Constitución*, Madrid, 1964, p. 16.

154 *Cfr.* HELLER, H., *La soberanía. Contribución a la Teoría del Derecho estatal y del Derecho internacional*, cit., p. 91; «Europa y el fascismo», cit., pp. 30 y ss., y 56 y ss.

155 KELSEN, H., *El método y los conceptos fundamentales de la Teoría pura del Derecho* (1933), Madrid, 2009, pp. 64-65; *Teoría pura del Derecho. Introducción a la Ciencia del Derecho*, Buenos Aires, 1970, 9.ª ed., pp. 136-137. *Cfr.*, también, KELSEN, H., *Das problem der Souveränität und die Theorie des Völkerrecht. Beitrag zu einer Reinen Recthtslehre*, Tubinga, 1920, p. 89; *Teoría General del Derecho y del Estado*, cit., p. 144.

156 Para esta consideración, *cfr.* HELLER, H., «¿Estado de Derecho o dictadura?» (1929), en HELLER, H., *Escritos políticos*, cit., pp. 283-301, en especial pp. 288-289.

albertino, realmente eran normas que, en realidad, tenían por destinatarios a personas individuales. Lo que, en definitiva, nos dice que difícilmente podrían ser reconducidas al, por lo demás, correcto concepto de Derecho Positivo, el cual, ningún profesional de las Ciencias Jurídicas, y singularmente los que prestan su atención preferente a las Ciencias del Estado y las Ciencias del Derecho del Estado, debiera desconocerlo, exige no sólo, aunque por supuesto, que se aprueben atendiendo a los requerimientos y formalidades previstas en el procedimiento legal-constitucionalmente establecido para la emanación de la fuente del Derecho que se requiera por la materia a regular[157], sino que también, y con igual, o, incluso, superior, importancia, ha de respetar el principio de legitimidad sobre el que se edificó el Estado de que se trate[158].

Pero, ocurre que no es sólo esto lo que nos hace ver que, en realidad, y no en el ámbito de las grandes declaraciones retóricas, la independencia judicial no existía en la Italia nacional-sindicalista, como tampoco en ningún otro Estado no democrático. Junto a lo anterior, nos encontramos con el problema de la composición del Parlamento en el totalitarismo fascista italiano. En este sentido, y pese a que ello resultase irrelevante para un positivismo jurídico formalista que reducía toda la rica problemática del Estado al respeto a las formas, debe tomarse en consideración que, como, y aunque la cita sea larga, merece la pena transcribir sus palabras, escribió Heller, el sistema para reclutar a los parlamentarios por el *Duce* se concretaba en que «Actualmente, el Senado y la Cámara de los Diputados son instrumentos ciegos de la dictadura. Lo demuestra la forma de su nombramiento, puesto que, en realidad, los miembros de ambas Cámaras son nombrados por el dictador. Cierto es que en el Senado quedan todavía un gran número de senadores vitalicios de los tiempos prefascistas, una parte de los cuales, a pesar de la presión dictatorial y de las amenazas personales, se atreven todavía a levantar su voz contra el dictador. [...]. Pero el Senado, que por el modo de su nombramiento tenía que ser grato a Mussolini y nunca podía llegar a ser peligroso, estaba ya reducido por la Constitución albertina a un papel secundario en la formación de la voluntad política, correspondiendo el papel decisivo a la Cámara de los Diputados, designada por elección. Pero a partir de la ley de 17 de mayo de 1928, la Cámara de los Diputados no se elige ya por el pueblo, sino por el

157 Importa señalar, en este sentido, que, aunque hoy son no pocos los constitucionalistas que se autoproclaman «kelsenianos» los que lo ignoran, éste, y no otro, fue el criterio establecido por el propio Kelsen para la determinación de si una norma del Derecho ordinario era, o no, constitucional. *Cfr.* KELSEN, H., *La garantía jurisdiccional de la Constitución (la justicia constitucional)* (1928), Ciudad de México, 2016, pp. 23 y ss.; *¿Quién debe ser el defensor de la Constitución?* (1931), Madrid, 1995, pp. 24-26.

158 *Cfr.*, a este respecto, HELLER, H., *La soberanía. Contribución a la Teoría del Derecho estatal y del Derecho internacional*, cit., p. 127.

Gran Consejo [Fascista, designado en su mayoría por el dictador], es decir, en fin de cuentas, por el mismo Mussolini»[159].

Y, en un tal contexto, no hace falta ser en exceso sagaz y perspicaz para comprender que, como no podría ser de otra forma, lo mismo sucedía con el Poder Judicial. Todos los profesionales universitarios de las Ciencias Constitucionales no habrán de tener problema alguno para entender que en un sistema en el que el gobernante, erigido en un sujeto legitimado para ejercer una dictadura soberana[160], trasunto de la que, refiriéndose a la Roma clásica, Theodor Mommsen llamó «dictadura cesarista»[161], dogma de la magistratura como un poder independiente tanto del Parlamento como del Gobierno, no era posible. En efecto, aunque, sin excepción alguna, todos los jueces y magistrados que han ejercido sus cargos en períodos dictatoriales tan pronto como el régimen cambia a democrático, se empeñen en demostrar que la eliminación de este principio de la independencia del Poder Judicial no se había producido durante el régimen totalitario, —al igual que harán hoy los jueces y magistrados que actúan en Estados sometidos a los gobernantes populistas de derechas o de izquierdas—, es lo cierto, sin embargo, que tal eliminación se produjo en el plano jurídico y político material. De nuevo, será Heller el que se encargó de ponerlo de manifiesto al señalar que «La concentración descrita del Poder ejecutivo y legislativo en las manos del dictador da también al traste con la independencia que el Poder judicial tiene en el Estado de derecho. La independencia de los jueces es sólo un corolario de su dependencia de la ley, [...] En el sistema del Estado de derecho la garantía de justicia relativa de la ley estriba en todo el procedimiento legislativo, a través del cual deben expresarse y completarse, con la mayor libertad e igualdad posibles, todas las valoraciones que viven en el pueblo. [...] Cuando el dictador concentra en sus manos el Poder legislativo y cuando todas las normas jurídicas superiores emanan más o menos exclusivamente de su voluntad, el juez no depende ya de las leyes, sino de la voluntad actual del dictador y, por tanto, la administración de justicia es también dictatorial»[162].

A la vista de lo hasta aquí expuesto, es tan sólo una, y con esto ya terminamos este escrito, la conclusión a la que, desde la más elemental lógica jurídica y política, puede llegarse. A saber: porque en los supuestos de los Estados-partido el gobernante concentra en su persona tanto el Poder Legislativo, como el Poder Ejecutivo, y, en consecuencia, termina condicionando la actuación de los jueces y magistrados, obvio es que el principio de la independencia

159 Heller, H., «Europa y el fascismo», cit., p. 81.

160 Para el concepto de «dictadura soberana», *cfr.* Schmitt, C., «La dictadura. Desde los comienzos del pensamiento moderno de la soberanía hasta la lucha de clases proletaria» (1921/1978), en Schmitt, C., *Ensayos sobre la dictadura. 1916-1932*, Madrid, 2013, p. 215.

161 *Cfr.* Mommsen, Th., *Abriss des römanischen Staatsrechts*, Leipzig, 1983, pp. 685 y ss.

162 Heller, H., «Europa y el fascismo», cit., p. 85.

del Poder Judicial tan sólo podrá gozar de una auténtica realidad y eficacia en aquellas Comunidades Políticas que se organicen de conformidad con la lógica de la Democracia Constitucional. Y más concretamente, y en tanto en cuanto que, como, oponiéndose a las concepciones de, por ejemplo, Moïseï Ostrogorski[163] y Robert Michels[164], señaló Kelsen, «Sólo por ofuscación o dolo puede sostenerse la posibilidad de la democracia sin partidos políticos. La democracia, necesaria e inevitablemente, requiere un *Estado de partidos*»[165], se configuren como lo que Triepel denominó «Parteienstaat»[166]. Lo que, según nuestro parecer, no ha de presentar dificultad alguna para su comprensión. En efecto, lo que ocurre es que es tan sólo en aquellos sistemas constitucionales en los que opera un verdadero pluripartidismo, y en los que, como observaron, por ejemplo, Heller[167] y De Vega[168], el principio de división de poderes se ha transformado en el diálogo entre el diálogo entre mayorías y minorías, o, si se prefiere, entre el poder y la oposición política. Dicho de otro modo, y con la mayor contundencia que sea posible, es tan sólo cuando el principio de división de poderes se articula como el «juego de fuerzas políticas no se contrapesa ya entre el legislativo y el ejecutivo, habida cuenta que los partidos electoralmente triunfantes suelen estar en ambos, sino entre mayorías y minorías, entre los partidos que ganan las elecciones, pero pueden perderlas en el futuro, y los partidos que pierden las elecciones, pero en una próxima convocatoria pueden resultar vencedores»[169], y, en consecuencia, la ley es el resultado del acuerdo entre ambos, los jueces y magistrados podrán estar únicamente vinculados por el principio del imperio de la Constitución y la ley[170].

1.5. Bibliografía

Andrés Ibáñez, P., y Movilla, C.: *El Poder Judicial*, Madrid, 1986.

Althusser, L.: *Montesquieu: la política y la historia*, Barcelona, 1979, 3.ª ed.

163 *Cfr.* Ostrogorski, M. Y., *La Démocratie et l'organization des partis politiques*, París, 1903.

164 *Cfr.* Michels, R., *Los partidos políticos. Un estudio sociológico de las tendencias oligárquicas de la democracia moderna* (1911), Buenos Aires, 1979, 2 vols.

165 Kelsen, H., «Esencia y valor de la Democracia» (1920-1921), en H. Kelsen, *Esencia y valor de la Democracia*, Barcelona, 1977, 2.ª ed., p. 37.

166 *Cfr.* Triepel, H., *La Constitución y los partidos políticos* (1927/1930), Madrid, 2015.

167 *Cfr.* Heller, H., «Europa y el fascismo», cit., pp. 72 y ss.

168 *Cfr.* De Vega, P., «Estado social y Estado de partidos. La problemática de la legitimidad», cit., p. 397.

169 De Vega, P., «Jurisdicción constitucional y crisis de la Constitución», cit., p. 106.

170 Sobre esto, y por comodidad, *cfr.*, por todos, Ruipérez Alamillo, J., «Montesquieu en el Estado de partidos», en López Olvera, M. A., (coord.) y otros, *Poderes tradicionales y órganos constitucionales autónomos*, Ciudad de México 2020, pp. 125-127.

ALTUSIO, J.: *La política metódicamente concebida e ilustrada con ejemplos sagrados y profanos* (1603), Madrid, 1990.

ALZAGA VILLAAMIL, Ó., *Comentario sistemático a la Constitución española de 1978*, Madrid-Barcelona-Buenos Aires-Sâo Paolo, 2016; 2.ª ed.

ALZAGA VILLAAMIL, Ó.: «La composición del Tribunal Constitucional español», en VEGA GÓMEZ, J., Y CORZO SOSA, E., (coords.) Y OTROS, *Tribunales y justicia constitucional*, Ciudad de México, 2002.

ALZAGA, Ó., GUTIÉRREZ, I., Y RODRÍGUEZ ZAPATA, J.: *Derecho Político según la Constitución de 1978*. I. *Constitución y fuentes del Derecho*, Madrid, 1997, 2.ª ed.

ARNOULT, G.: *De la révisión des Constitutions. Établissement et révisión des Constitutions françaises. Systemes de révision des Constitutions étrangeres*, París, 1895.

BALDASSARRE, A.: «Constitución y teoría de los valores», *Revista de las Cortes Generales*, n.º 32 (1994).

BARILE, P.: *La Costituzione como norme giuridica*, Florencia, 1961.

BELOW, G. VON: *Der deutsche Staat des Mittelalters: ein grundiss der deutschen Vergassungsgeschichte*, Leipzig, 1925, 2.ª ed., vol. 1.

BLANCO VALDÉS, R. L.: *El valor de la Constitución. Separación de poderes, supremacía de la ley y control de constitucionalidad en los orígenes del Estado liberal*, Madrid, 1994.

BORGEAUD, CH.: Établissement et révision des Constitutions en Amérique et en Europe, París, 1893.

BRACTON, H. DE, *De Legibus et Consuetudinibus Angliae*, New Haven, 1922.

BRIE, S.: *Der Bundesstaat: Eine Historisch-dogmatische Untersuchung*, Leipzig, 1874.

BRUTUS, S. J.: *Vindiciae contra Tyrannos. Del poder legítimo del príncipe sobre el Pueblo y del Pueblo sobre el príncipe* (1579), Madrid, 2008.

BÜHLER, O.: «Texto de la Constitución alemana de 1919 y comentario sistemático a sus preceptos» (1922/1929), en JELLINEK, W., BÜHLER, O., Y MORTATI, C., *La Constitución de Weimar. La Constitución alemana de 11 de agosto de 1919*, Madrid, 2010.

CABO MARTÍN, C. DE: *Sobre la función histórica del constitucionalismo y sus posibles transformaciones*, Salamanca, 1978.

CALAMANDREI, P.: «La convocazione dell'asamblea Costituente europea» (1948), en CALAMANDREI, P., *Opere Giuridiche*. III. *Diritto e proceso costituzionale*, Roma, 2019.

Cappelletti, M.: *Il controllo giudiziario di costituzionalità delle leggi nel Diritto Comparato*, Milán, 1979, 1.ª ed., 8.ª reimpr.

Carpizo, J.: «Algunas reflexiones sobre el Poder Constituyente», en Carpizo, J., *Estudios constitucionales*, Ciudad de México, 1991, 3.ª ed. aum.

Carpizo, J.: *Concepto de democracia y sistema de gobierno en América Latina*, Ciudad de México, 2007.

Carpizo, J.: «Derecho Constitucional I», en Carpizo, J., *Estudios constitucionales*, Ciudad de México, 1991, 3.ª ed. aum.

Carpizo, J.: «La soberanía del Pueblo en el Derecho interno y en el internacional», en Carpizo, J., *Estudios constitucionales*, Ciudad de México, 1991, 3.ª ed. aum.

Carpizo, J.: «El sistema federal mexicano», en la obra colectiva *Los sistemas federales del Continente americano*, Ciudad de México, 1972.

Carre De Malberg, R.: *La loi, expression de la volonté générale. Étude sur le concept de la loi dans la Constitution de 1875* (1931), París, *sine data* (pero 1984).

Carré De Malberg, R.: *Teoría General del Estado*, Ciudad de México, 1948.

Constant, B.: *Una Constitución para la República de los modernos (Fragmentos de una obra abandonada sobre la posibilidad de una Constitución republicana en un gran país)*, Madrid, 2013.

Cueva, M. de la: «La idea de soberanía», en la obra colectiva *Estudios sobre el Decreto Constitucional de Apatzingán*, Ciudad de México, 1964.

Dau-Lin, H.: «Formalistischer und antiformalistischer Verfassungsbegriff», *Archiv des öffentlichen Rechts*, Bd. 22, 1 (1932).

Dau-Lin, H.: *Mutación de la Constitución* (1932), Oñati, 1998.

De Vega, P.: «Constitución y Democracia», en la obra colectiva *La Constitución española de 1978 y el Estatuto de Autonomía del País Vasco*, Oñati, 1983.

De Vega, P.: «La crisis del concepto político de Constitución en el Estado Social [Escrito para el *Líber amicorum Héctor Fix-Zamudio*, publicado, en 1998, por la Corte Interamericana de Derechos Humanos]», en De Vega García, P., y Ruipérez Alamillo, J., *Dos estudios sobre la Constitución y su defensa*, A Coruña, 2024.

De Vega, P.: «De jueces y políticos» (1999), en De Vega, P., *Obras escogidas*, Madrid, 2017.

De Vega, P.: «La Democracia como proceso. (Algunas reflexiones desde el presente del republicanismo de Maquiavelo)», en Guerra, A., y Tezanos, J. F., (eds.) y otros, *Alternativas para el siglo xxi. I Encuentro Salamanca*, Madrid, 2003.

De Vega, P.: «En torno a la legitimidad constitucional», en la obra colectiva *Estudios en homenaje al Doctor Héctor Félix-Zamudio en sus treinta años como investigador de las Ciencias Jurídicas. Derecho Constitucional*, Ciudad de México, 1988.

De Vega, P.: «En torno al concepto político de Constitución» (1997), en De Vega, P., *Obras escogidas*, Madrid, 2017.

De Vega, P.: «Estado social y Estado de partidos. La problemática de la legitimidad», en la obra colectiva *Problemas actuales del Derecho Constitucional. Estudios en homenaje a Jorge Carpizo*, Ciudad de México, 1994.

De Vega, P.: «Estatutos de Autonomía y la reforma constitucional» (2013), en De Vega, P., *Obras escogidas*, Madrid, 2017.

De Vega, P.: «El feudalismo y el Estado moderno», en De Vega, P., *La problemática constitucional del Estado contemporáneo*, Lima, 2023.

De Vega, P.: «Fuerzas políticas y tendencias ideológicas en los últimos años del franquismo» (1974), en De Vega, P., *Estudios político constitucionales*, México, 1987, 1.ª reimpr.

De Vega, P.: «Jurisdicción constitucional y crisis de la Constitución», *Revista de Estudios Políticos*, n.º 7 (1979).

De Vega, P.: «Mundialización y Derecho Constitucional: la crisis del principio democrático en el constitucionalismo actual», *Revista de Estudios Políticos*, n.º 100 (1998).

De Vega, P.: «Los órganos del Estado en el contexto político institucional del Proyecto de Constitución», en la obra colectiva, *La Costituzione spagnola nel Trentennal della Costituzione italiana*, Bolonia, 1978.

De Vega, P.: «Para una teoría política de la oposición» (1970), en De Vega, P., *Estudios político constitucionales*, Ciudad de México, 1987, 1.ª reimpr.

De Vega, P.: «Prólogo a la edición de la Constitución española de la editorial Biblioteca Nueva» (1996), en De Vega, P., *Obras escogidas*, Madrid, 2017.

De Vega, P.: «Prólogo» a Ruipérez Alamillo, J., *La reforma del Estatuto de Autonomía para Galicia*, A Coruña, 1995.

De Vega, P.: «Prólogo» a Schmitt, C., *La defensa de la Constitución. Estudio acerca de las diversas especies y posibilidades de salvaguardia de la Constitución* (1931), Madrid, 1983.

De Vega, P.: *La reforma constitucional y la problemática del Poder Constituyente*, Madrid, 1985.

De Vega, P.: «Supuestos políticos y criterios jurídicos en la defensa de la Constitución: algunas peculiaridades del ordenamiento constitucional español [Estudio publicado en homenaje al Doctor Pablo Lucas Verdú en la *Revista de Política Comparada*, en 1984]», en De Vega García, P. y Ruipérez Alamillo, J., *Dos estudios sobre la Constitución y su defensa*, A Coruña, 2024.

De Vega, P.: «Tendencias y problemas del constitucionalismo español actual», en Gil Valdivia, G., y Chávez Tapia, J. A., (coords.) y otros, *Evolución de la organización político-constitucional en América Latina (1950-1975)*. II. *Sudamérica y España*, Ciudad de México, 1979.

De Vega, P.: «El tránsito del positivismo jurídico al positivismo jurisprudencial en la doctrina constitucional», *Teoría y Realidad Constitucional*, n.º 1 (1998).

De Vega, P., Cano Bueso, J., Portero Molina, J. A., y Ruipérez Alamillo, J.: «Comisión sobre el Estado Autonómico: Pedro De Vega —Moderador—; Juan Cano Bueso; José Antonio Portero Molina y Javier Ruipérez Alamillo», de las «ACTAS DE LA JORNADA SOBRE ORIENTACIÓN Y MÉTODO DEL DERECHO CONSTITUCIONAL», *Teoría y Realidad Constitucional*, n.º 21 (2008).

Durand, Ch.: *Confédération d'États et État Fédéral. Réalisation acquises et perspectives nouvelles*, París, 1955.

Durand, Ch.: «El Estado Federal en el Derecho Positivo», en Berger, G., Chevallier, J. J., y otros, *Federalismo y federalismo europeo*, Madrid, 1965.

Durand, Ch.: *Les États Fédéraux. Étude de Droit Constitutionel Positif*, París, 1930.

Evers, H. U.: *Der Richter und das unrichtliche Gesetz*, Berlín, 1956.

Ferrari, G.: «Le leggi rinforzate nell'ordinamento italiano», en la obra colectiva *Studi sulla Costituzione*, Milán, 1958, t. II.

Ferrero, G.: *Poder. Los genios invisibles de la ciudad* (1942), Madrid, 2022, nueva edición.

Ferreiro Baamonde, X.: «As competencias da Comunidade Autónoma de Galiza na denominada "materia de xusticia"», *Anuario da Facultade de Dereito da Universidade da Coruña*, n.º 4 (2000).

Fix-Zamudio, H.: «Derecho, Constitución y Democracia», *Boletín Mexicano de Derecho Comparado*, n.º 50 (1984).

Fix-Zamudio, H.: «Introducción al estudio de la defensa de la Constitución», *Boletín Mexicano de Derecho Comparado*, n.º 1 (1968).

Fleiner, F.: *Institutionen des deutschen Verwaltungsrecht*, Tubinga, 1913, 3.ª ed.

Friedrich, C. J.: *La Democracia como forma política y como forma de vida*, Madrid, 1965, 2.ª ed.

Friedrich, C. J.: *Gobierno Constitucional y Democracia. Teoría y práctica en Europa y América*, Madrid, 1975, 2 vols.

Friedrich, C. J.: *El hombre y el Gobierno. Una teoría empírica de la política*, Madrid, 1968.

Friedrich, C. J.: «Introducción a La *Politica methodice digesta* de Johannes Althusius» (1932), en Gierke, O. von, *Johannes Althusius y el nacimiento histórico del contractualismo* (1880-1958), Madrid, 2021.

Friedrich, C. J.: *Tendences du fédéralisme en théorie et en practice*, Bruselas, 1971.

García, E.: *El Estado Constitucional ante su «Momento Maquiavélico»* Madrid, 2000.

García Belaúnde, D.: «De la jurisdicción constitucional al Derecho Procesal Constitucional», *Anuario Iberoamericano de Justicia Constitucional*, n.º 3 (1999).

García de Enterría, E.: «La Constitución española de 1978 como pacto social y como norma jurídica», *Boletín Mexicano de Derecho Comparado*, número conmemorativo, sexagésimo aniversario, 2008.

García de Enterría, E.: «La Constitución como norma jurídica», *Anuario de Derecho Civil*, vol. 32, n.º 2-3 (1979).

García de Enterría, E.: «La posición jurídica del Tribunal Constitucional en el sistema español: posibilidades y perspectivas», *Revista Española de Derecho Constitucional*, n.º 1 (1981).

García de Enterría, E.: «El valor normativo de la Constitución española de 1978», en la obra colectiva *Liber amicorum Héctor Fix-Zamudio*, San José (Costa Rica), 1998.

García-Pelayo, M.: «Hacia el surgimiento histórico del Estado moderno», en García-Pelayo, M., *Idea de la política y otros escritos*, Madrid, 1983.

Gierke, O. von: *Johannes Althusius y el nacimiento histórico del contractualismo* (1880-1958), Madrid, 2021.

Gierke, O. von: *Teorías políticas de la Edad Media* (1881/1900), Madrid, 1995.

Guillermo de Ockham: Sobre el gobierno tiránico del Papa (1339-1340), Madrid, 1992.

Häberle, P.: *Libertad, igualdad, fraternidad. 1789 como historia, actualidad y futuro del Estado Constitucional*, Madrid, 1998.

Heller, H.: «Hegel y la política alemana» (1924), *Res Publica*, n.º 4 (1999).

Heller, H.: «Il concetto di legge nella Constituzione di Weimar» (1927), en Heller, H., *La sovranità et altri scritti sulla Dottrina del Diritto e dello Stato*, Milán, 1987.

Heller, H.: «¿Estado de Derecho o dictadura?» (1929/1930), en Heller, H., *Escritos políticos*, Madrid, 1985.

Heller, H.: «Europa y el fascismo» (1929), en Heller, H., *Escritos políticos*, Madrid, 1985.

Heller, H.: *Las ideas políticas contemporáneas* (1926), Granada, 2004.

Heller, H.: «Osservazioni sulla problematica attuale della Teoria dello Stato e del Diritto» (1929), en Heller, H., *La sovranità et altri scritti sulla Dottrina del Diritto e dello Stato*, Milán, 1987.

Heller, H.: *La soberanía. Contribución a la Teoría del Derecho estatal y del Derecho internacional* (1927), Ciudad de México, 1995, 2.ª ed.

Heller, H.: *Teoría del Estado*, Ciudad de México, 1983, 1.ª ed., 9.ª reimpr.

Hesse, K.: «Bundesstaatsreform und Grezen der Verfassungsänderung», *Archiv des öffentlichen Rechts*, Bd. 98 (1973).

Hesse, K.: «Concepto y cualidad de la Constitución», en Hesse, K., *Escritos de Derecho Constitucional (Selección)*, Madrid, 1983.

Hesse, K.: «La fuerza normativa de la Constitución» (1959), en Hesse, K., *Escritos de Derecho Constitucional (Selección)*, Madrid, 1983.

Hesse, K.: *Grundzüge des Verfassungsrecht der Bundesrepublik Deutschland*, Heidelberg-Karlsruhe, 1978, 11.ª ed.

Jellinek, G.: *Die Lehre von der Staatenverbindungen*, Viena, 1883.

Jellinek, G.: *Reforma y mutación de la Constitución* (1906), Madrid, 1991.

Jellinek, W.: «Alemania como Estado de Derecho», *Revista de Administración Pública*, n.º 6 (1951).

Kelsen, H.: *Das problem der Souveränität und die Theorie des Völkerrecht. Beitrag zu einer Reinen Recthtslehre*, Tubinga, 1920.

Kelsen, H.: «Esencia y valor de la Democracia» (1920-1921), en H. Kelsen, *Esencia y valor de la Democracia*, Barcelona, 1977, 2.ª ed.

Kelsen, H.: «Forma de Estado y visión del mundo» (1933), recogido en Correas, Ó. (comp.), *El otro Kelsen*. Ciudad de México, 1989.

Kelsen, H.: *La garantía jurisdiccional de la Constitución (la justicia constitucional)* (1928), Ciudad de México, 2016.

Kelsen, H.: «Le giurisdizione costituzionale e amministrativa al servizio dello Stato Federale, secondo la nuova Costituzione austriaca del 1.° ottobre 1920» (1923-1924), en Kelsen, H., *La Giustizia Costituzionale*, Milán, 1981.

Kelsen, H.: *El método y los conceptos fundamentales de la Teoría pura del Derecho* (1933), Madrid, 2009.

Kelsen, H.: *Il problema della sovranità e la Teoria del Diritto Internazionale. Contributo per una doctrina pura del Diritto* (1927), Milán, 1989.

Kelsen, H.: *¿Quién debe ser el defensor de la Constitución?* (1931), Madrid, 1995.

Kelsen, H.: *Teoría General del Derecho y del Estado*, Ciudad de México, 1995, 2.ª ed., 5.ª reimpr.

Kelsen, H.: *Teoría pura del Derecho. Introducción a la Ciencia del Derecho*, Buenos Aires, 1970, 9.ª ed.

Koellreuter, O. von: *Die Politischen Parteien im modernem Staate*, Breslau, 1926.

Kunz, J.: *Die Staatenverbindungen*, Stuttgart, 1929.

Kurz, H.: *Volkssouveränitat und Volksrepräsentation*, Bonn, 1965.

La Pergola, A.: «Federalismo y Estado Regional. La técnica italiana de las autonomías a la luz del Derecho Comparado», *Revista de Política Comparada*, n.° 10-11 (1984).

La Pergola, A.: «Federalismo y regionalismo: el caso italiano», Trujillo, G., (coord.) y otros, *Federalismo y regionalismo*, Madrid, 1979.

La Pergola, A.: «Premesa» a Kelsen, H., *La Giustizia Costituzionale*, Milán, 1981.

La Pergola, A.: *Residui «contrattualistici» e struttura federale nell'ordinamento degli Stati Uniti*, Milán, 1969.

La Pergola, A.: «La técnica constitucional de la autonomía: aspectos de Derecho Comparado», en González Encinar, J. J., (coord.) y otros, *Autonomía y partidos políticos*, Madrid, 1984.

Laboulaye, E.: *Estudios sobre la Constitución de los Estados Unidos*, Sevilla, 1869, 2 tomos.

Lavagna, C.: *Istituzioni di Diritto Pubblico*, Turín, 1985, 6.ª ed. puesta al día.

Le Fur, L.: *État Fédéral et Confédération d'États* (1896), París, 2000.

Lefebvre, H.: *De l'État. I. L'État dans le monde moderne,* París, 1976.

Leibholz, G.: «Tendencias actuales de la Doctrina del Derecho Público en Alemania», en Leibholz, G., *Conceptos fundamentales de la Política y de Teoría de la Constitución*, Madrid, 1964.

Loewenstein, K.: *Teoría de la Constitución*, Barcelona, 1979, 2.ª ed. reimpr.

Loewenstein, K.: «Verfassung und Verfassungsrealität (Beiträge zur Ontologie des Verfassung)», *Archiv des öffentlichen Rechts*, Bd. 77, 4 (1951-1952).

Lucas Verdú, P., «¿Crisis del concepto político de Constitución? La Constitución española entre la norma y la realidad», *Anales de la Real Academia de Ciencias Morales y Políticas*, n.º 75 (1998).

Lucas Verdú, P.: «Estado de Derecho y justicia constitucional. Aspectos históricos, ideológicos y normativo-institucionales de su interrelación», *Revista de Estudios Políticos*, n.º 33 (1983).

Lucas Verdú, P.: «La interpretación constitucional», *Boletín Informativo del Seminario de Derecho Político de la Universidad de Salamanca*, n.º 20-23 (1957-1958).

Maquiavelo, N. de: *Discursos sobre la primera década de Tito Livio*, Madrid, 1987.

Marsilio de Padua: *El defensor de la paz* (1324), Madrid, 1989.

Martines, T.: *Contributo ad una teoria giuridica delle force politiche*, Milán, 1986.

Martines, T.: *Diritto Costituzionale*, Milán, 1986, 4.º ed., rev. y puesta al día.

Mcilwain, Ch. H.: *Constitucionalismo antiguo y moderno* (1940/1947), Madrid, 1991.

Mclaughlin, A. C.: *The foundations of americam Constitutionalism*, Nueva York, 1932.

Michels, R.: *Los partidos políticos. Un estudio sociológico de las tendencias oligárquicas de la democracia moderna* (1911), Buenos Aires, 1979, 2 vols.

Mohl, R. von: *Staatsrecht, Völkerrecht und Politik*, Tubinga, 1862, 2 tomos.

Montesquieu: *Del espíritu de las leyes* (1748), Madrid, 1985.

Mommsen, Th.: *Abriss des römanischen Staatsrechts*, Leipzig, 1983.

Mortati, C.: *La Constitución en sentido material* (1940), Madrid, 2000.

Mortati, C.: *Istituzioni di Diritto Pubblico*, Padua, 1985, 9.ª ed. reel y puesta al día, reimpr., 2 tomos.

Mosca, G.: *Historia de las ideas políticas*, Madrid, 1984.

Morodo, R.: «Etapas del Estado totalitario franquista; dictadura constituyente, cristalización y evolución institucionales», *Revista de Política Comparada*, n.º 10-11 (1984).

Nawiasky, H.: *Die Grundgedanken der Reichsverfassung*, Munich-Leipzig, 1920.

Nicolás de Cusa: *De Concordantia Catholica o sobre la unión de los católicos* (1433), Madrid, 1987.

Otto, I. de: *Derecho Constitucional. Sistema de fuentes*, Barcelona, 1987.

Ostrogorski, M. Y.: *La Démocratie et l'organization des partis politiques*, París, 1903.

Pérez Royo, J.: *Curso de Derecho Constitucional*, Madrid, 1996, 3.ª ed.

Pérez Royo, J.: *Las fuentes del Derecho*, Madrid, 1988, 4.ª ed.

Pérez Serrano, N.: «La noble obra de un gran juez (Juan Marshall)» (1955), en Pérez Serrano, N., *Escritos de Derecho Político*, Madrid, 1984, vol. II.

Pizzorusso, A.: *Lecciones de Derecho Constitucional*, Madrid, 1985, 2 vols.

Pound, R.: *Federalism as a Democratic Process*, New Brunswick, 1942.

Rawls, J.: *El liberalismo político*, Barcelona, 1996.

Rehm, H.: *Unitarismus und Föderalismus in der deutschen Reichsverfassung*, Dresde, 1898.

Rescigno, G. U.: *Corso di Diritto Pubblico*, Bolonia, 1989, 2.ª ed., 6.ª reimpr.

Rubio Llorente, F.: «El bloque de constitucionalidad», *Revista Española de Derecho Constitucionalidad*, n.º 27 (1989).

Ruipérez Alamillo, J.: «Charles de Secondat en el Estado de partidos, o del pluripartismo como materialización moderna del principio de división de poderes», *Teoría y Realidad Constitucional*, n.º 46 (2020).

Ruipérez Alamillo, J.: *La «ciudadanía europea» y sus implicaciones para el Derecho Constitucional (Un estudio de Teoría del Estado y de la Constitución sobre la moderna Unión de Estados de Derecho Internacional europea)*, Ciudad de México, 2018.

Ruipérez Alamillo, J.: «¿La Constitución en crisis? El Estado Constitucional democrático y social en los tiempos del neoliberalismo tecnocrático», *Revista de Estudios Políticos*, n.º 120 (2003).

Ruipérez Alamillo, J.: «La Constitución y su estudio. Un episodio en la forja del Derecho Constitucional europeo: Método jurídico y régimen político en la llamada Teoría Constitucional de Weimar», en León Bastos, C., y Wong Meraz. V. A., (coords.) y otros, *Teoría de la Constitución. Estudios jurídicos en homenaje al Dr. Jorge Carpizo en Madrid*, Ciudad de México, 2010.

Ruipérez Alamillo, J.: *División de competencias y forma territorial del Estado*, Madrid, 2012.

Ruipérez Alamillo, J.: *En torno a la reforma constitucional y la fuerza normativa de la Constitución. Consideraciones sobre la vigencia del Texto de 27 de diciembre de 1978 en su 40 aniversario*, Valencia, 2018.

Ruipérez Alamillo, J.: *Libertad civil e ideología democrática. De la conciliación entre Democracia y Libertad a la confrontación liberalismo-democracia*, Ciudad de México, 2008.

Ruipérez Alamillo, J.: «Montesquieu en el Estado de partidos», en López Olvera, M. A., (coord.) y otros, *Poderes tradicionales y órganos constitucionales autónomos*, Ciudad de México 2020.

Ruipérez Alamillo, J.: «El preámbulo constitucional», en Palomino Manchego, J. F., (coord.) y otros, *El preámbulo constitucional dialogado*, Lima, 2018.

Ruipérez Alamillo, J.: «Pedro De Vega: teórico de la Democracia Constitucional y su defensa. A manera de estudio introductorio», en De Vega García, P., y Ruipérez Alamillo, J., *Dos estudios sobre la Constitución y su defensa*, A Coruña, 2024.

Ruipérez Alamillo, J.: «Problemas y perspectivas del Estado Constitucional en la era de la inteligencia artificial», en García Pérez, R., y Cernadas Lázare, M., (dirs.), Filgueira Loureiro, I., (coord.) y otros, *El Derecho de marcas y de la competencia ante las tecnologías de vanguardia*, Valencia, 2023.

Ruipérez Alamillo, J.: *La protección constitucional de la autonomía*, Madrid, 1994.

Sabine, G.: *Historia de la Teoría Política*, México-Madrid-Buenos Aires, 1985, 14.ª ed.

Santamaría, J.: «La funcionalidad de la libre disidencia», *Boletín Informativo de Ciencia Política*, n.º 2 (1969).

Sartori, G.: *Teoría de la Democracia*. I. *El debate contemporáneo*, Madrid, 1988.

Schmitt, C.: *El Leviathan en la Teoría del Estado de Tomas Hobbes* (1938), Granada, 2004.

Schmitt, C.: «El problema de la soberanía como problema de la forma jurídica y de la decisión», anexo a Schmitt, C., *El Leviathan en la Teoría del Estado de Tomas Hobbes* (1938), Granada, 2004.

Schmitt, C.: «Staat als ein konkreter, an eine geschichtliche Epoche gebundener Begriff» (1941), en Schmitt, C., *Verfassungsrechtliche Aufsätze aus den Jahren 1924-1954. Materialien zu einer Verfassungslehre*, Berlín, 1958.

Schneider, H.-P.: «La Constitución. Función y estructura», en Schneider, H.-P., *Democracia y Constitución*, Madrid, 1991.

Schwartz, B.: *Los diez mejores jueces de la Historia norteamericana*, Madrid, 1980.

Smend, R.: «Constitución y Derecho Constitucional» (1928), en Smend, R., *Constitución y Derecho Constitucional*, Madrid, 1985.

Stein, E.: *Derecho Político*, Madrid, 1973.

Stern, K.: *Derecho del Estado de la República Federal alemana*, Madrid, 1987.

Stier-Somlo, F.: *Reichstaatsrecht*, Berlín-Leipzig, 1927.

Tomás y Valiente, F.: «Poder Judicial y Tribunal Constitucional» (1989), en Tomás y Valiente, F., *Escritos sobre y desde el Tribunal Constitucional*, Madrid, 1993, p. 64.

Triepel, H.: *La Constitución y los partidos políticos* (1927/1930), Madrid, 2015.

Triepel, H.: *Die Hegemonie. Ein Buch von führenden Staaten*, Stuttgart-Berlín, 1938, 2.ª ed.

Triepel, H.: *Unitarismus und Föderalismus in Deutschen Reiche*, Tubinga, 1907.

Trujillo, G.: «La constitucionalidad de las Leyes y sus métodos de control», en Trujillo, G., *Dos estudios sobre la constitucionalidad de las Leyes*, La Laguna, 1970.

Valadés, D.: «Consideraciones sobre el Estado Constitucional, la ciencia y la concentración de la riqueza», en Guerra, A., y Tezanos, J. F., (eds.) y otros, *Alternativas para el siglo xxi. I Encuentro Salamanca*, Madrid, 2003.

Vanossi, J. R. A.: *Teoría Constitucional. I. Teoría Constituyente. Poder Constituyente: fundacional; revolucionario; reformador*, Buenos Aires, 1975.

Vergottini, G. de: «Constitución» (voz), en Bobbio, N., y Matteucci, N., (dirs.) y otros, *Diccionario de Política*, Madrid, 1982, vol. I.

Vergottini, G. de: *Derecho Constitucional Comparado*, Madrid, 1983.

Vergottini, G. de: «La distribución territorial del poder político», *Revista Vasca de Administración Pública*, n.º 16 (1986).

Wise, J.: *A Vindication for the Government of the New England Churches. A Drawn from Antiquity; the Light of Nature; Holy Scripture; its Noble Nature; and from the Dignity Divine Providence has put upon it*, Boston, 1717.

Wright, B. F.: *The Growth of American Constitutional Law*, Nueva York, 1946.

Zagrebelsky, G.: *Il sistema costituzionale delle fonti del Diritto*, Turín, 1984.

Zweig, E.: *La Teoría del Poder Constituyente. Una contribución al* Staatsrecht *desde la Revolución francesa* (1909), Madrid, 2023.

2.

REFLEXIONES EN TORNO A LA PROPUESTA DEL NUEVO TRIBUNAL DE DISCIPLINA JUDICIAL

Edgar Corzo Sosa[1]

SUMARIO: 2.1. Introducción. 2.2. Naturaleza jurídica e integración. 2.3. Alcance de las facultades del Tribunal de Disciplina Judicial. 2.4. Inimpugnabilidad de las resoluciones del Tribunal de Disciplina Judicial. 2.5. Supervisión de una justicia pronta y expedita. 2.6. Una facultad especial. 2.7. Algo sobre el ámbito local. 2.8. Conclusiones. 2.9. Bibliografía.

2.1. Introducción

El 5 de febrero de 2024, con ocasión del 107 aniversario de nuestra Constitución de 1917, el presidente de la República envió a la Cámara de Diputados del Congreso de la Unión varias iniciativas de reforma constitucional, una de las cuales tiene que ver con cambios radicales del Poder Judicial. Es una iniciativa amplia que abarca aspectos sustantivos del Poder Judicial, sin embargo, en esta ocasión únicamente nos centraremos en el análisis de la creación del Tribunal de Disciplina Judicial.

No es sorpresa que el titular del Ejecutivo federal haya sido la instancia que presentó la iniciativa de reforma constitucional, ya que, en otra ocasión, hace treinta años, también fue el presidente de la República quien presentó una iniciativa de reformas constitucionales de gran calado al Poder Judicial[2],

---

1 Investigador y profesor de la UNAM. Director de la *Revista Cuestiones Constitucionales* así como de la Revista Mexicana de Derecho Constitucional. Miembro del Sistema Nacional de Investigadores: Nivel III

2 Esta iniciativa se presentó el 8 de diciembre de 1994 y se publicó el 31 de diciembre de ese mismo año. A diferencia de la iniciativa actual, la de aquella época no se centró solo en

solo que en esa ocasión la iniciativa se presentó al inicio del periodo presidencial, mientras que ahora tuvo lugar en los últimos meses del mandato constitucional de seis años. En aquel entonces presentar la iniciativa al inicio del mandato supuso dirigir la implementación por el gobierno que entraba, la de ahora deja prácticamente todo al nuevo gobierno que entra, el que ya ha señalado que llevará a cabo la implementación de esta reforma constitucional.

Vale la pena recordar que aquella iniciativa le quitó a la Suprema Corte de Justicia sus atribuciones administrativas para pasárselas al nuevo órgano denominado Consejo de la Judicatura Federal, ya que ello distraía la labor jurisdiccional del más Alto Tribunal; de manera especial, al nuevo órgano le transmitieron facultades tanto de nombramiento como de disciplina de los jueces de Distrito y magistrados de Circuito. Por lo que hace al nombramiento, anteriormente los jueces y magistrados eran nombrados por los ministros de la Suprema Corte de Justicia, y si bien muchos nombramientos recaían en personas formadas en la propia Suprema Corte, debido al alto número requerido la propia exposición de motivos señaló que «la designación de sus titulares significó un problema y se dio cabida a la improvisación del personal». En cuanto a la disciplina, quedó señalado en la misma exposición de motivos que las conductas de los titulares, así como su vigilancia y supervisión pasarían al nuevo Consejo, en el entendido que sería una de las competencias que «mayores beneficios habrá de reportar a la impartición de justicia federal pues facilitará que se detecten las anomalías, los delitos o el cabal cumplimiento de las tareas por parte de los jueces, magistrados y personal»[3].

Como puede advertirse, las preocupaciones de aquél entonces no están muy lejos de las que ahora motivan la presente iniciativa, en cuya exposición de motivos se indica que la situación prevaleciente produce un mal funcionamiento del Poder Judicial, ya que se han dado acuerdos copulares, no hay responsabilidad ante la ciudadanía sino ante quienes propusieron a los titulares y las decisiones están orientadas a la protección de intereses personales y de grupos de interés o fácticos, por lo que se cuestiona si es conveniente seguir con el Consejo de la Judicatura Federal para controlar la corrupción y la impunidad al interior del Poder Judicial o si continuar con él significará alentar la opacidad y la complicidad entre sus miembros. Se

---

los aspectos judiciales, sino que abarcó igualmente temas relacionados con el ministerio público, la seguridad pública y la profesionalización de las policías. Sería importante que la actual iniciativa de reformas al Poder Judicial se complementara en lo inmediato con otras reformas relacionadas con la impartición de justicia.

3 Pueden consultarse mayores detalles en SCJN, Índice del proceso legislativo correspondiente a la reforma publicada en el diario oficial de la federación el 31 de diciembre de 1994, en https://www.constitucion1917-2017.pjf.gob.mx/sites/default/files/CPEUM_1917_CC/procLeg/133%20-%2031%20DIC%201994.pdf

propone no seguir con el Consejo de la Judicatura Federal y en su lugar crear dos instancias, el Órgano de Administración Judicial y el Tribunal de Disciplina Judicial.

Hay información que señala que durante la existencia del Consejo de la Judicatura Federal no ha habido una verdadera vigilancia para evitar actos de corrupción y nepotismo. Por ejemplo, durante los primeros 15 años de existencia del Consejo a una mínima proporción de juzgadores se les depuró de sus cargos por actos de corrupción. Las conductas analizadas giraron en torno a falta de profesionalismo, malos tratos, desobediencia, hostigamiento sexual, por señalar algunas[4]. De la misma manera, en un estudio se señala que alrededor de 500 magistrados y jueces federales en el país tienen trabajando en tribunales y juzgados a esposas, hijos, papás, sobrinos, tíos, cuñados y hasta suegras, lo que hace suponer la existencia de redes clientelares, desvirtuándose la facultad para nombrar y remover a los funcionarios y empleados de los juzgados y tribunales federales[5]. En la exposición de motivos de la actual iniciativa presidencial se señaló que con base en el Informe de Labores de la Visitaduría General del Consejo de la Judicatura Federal, de agosto de 2023, el Consejo de la Judicatura no hizo recomendación alguna después de analizar 502 dictámenes en relación con el mal funcionamiento de órganos jurisdiccionales detectado por dicha Visitaduría General, instancia dentro del Consejo de la Judicatura encargada de inspeccionar e investigar el funcionamiento de los órganos jurisdiccionales con el objetivo de lograr un ejercicio responsable, profesional e independiente en la función jurisdiccional.

No obstante, lo anterior, a últimas fechas se ha visto que los temas de corrupción y nepotismo se han movido, así, por ejemplo, en el Informe Anual de Labores del ministro presidente de la SCJN y del CJF de 2022 se proporcionaron datos según los cuales se sancionó a 17 titulares de órganos jurisdiccionales, de los que 10 fueron magistrados de circuito, 2 juezas y 5 jueces de distrito. De estas sanciones, 3 fueron destituciones (2 jueces y un magistrado) y otras 3 fueron inhabilitaciones (3 magistrados y 3 jueces), el resto amonestaciones y apercibimientos, tanto públicos como privados, con una suspensión para un magistrado de circuito. En cambio, con base en la información proporcionada en el Informe Anual de Labores de la ministra presidenta de la SCJN y del CJF de 2023, de los 132 expedientes ingresa-

4 Véase Bustillos, Julio, «La corrupción de los jueces federales mexicanos y su depuración» en *Revista del Instituto de la Judicatura Federal*, México, núm. 33, 2012, pp. 41-58 (https://escuelajudicial.cjf.gob.mx/publicaciones/revista/33/04%20Julio%20Bustillos.pdf), consultado el 7 de agosto de 2024.

5 Véase «Mexicanos contra la corrupción y la impunidad», *El poder familiar de la Federación*, México, https://contralacorrupcion.mx/web/magistrados/

dos en un año a la Comisión de Disciplina en relación con personal de los órganos jurisdiccionales, ninguno egresó con sanción, lo mismo en cuanto a expedientes por nepotismo[6].

De cualquier manera, durante los años de existencia del Consejo de la Judicatura Federal no se ha evidenciado una tendencia hacia la erradicación de la corrupción y el nepotismo, aunque no podemos dejar de señalar que los esfuerzos serios que ha habido pero que constituyen casos aislados, haciéndose eco de la posición según la cual es previsible sostener que los diferentes órganos de poder se cuidan a sí mismos.

Por esa razón, después de treinta años de la reforma constitucional que introdujo al Consejo de la Judicatura Federal en nuestro ordenamiento jurídico, y teniendo presente que la situación imperante no ha cambiado radicalmente, nos encontramos ante un nuevo intento para combatir los flagelos de la corrupción y del nepotismo al interior del Poder Judicial de la Federación, explorando nuevos caminos que puedan arrojar resultados tangibles.

En la iniciativa de reforma constitucional al Poder Judicial la labor integral que realiza actualmente el Consejo de la Judicatura Federal en torno a la administración, disciplina y vigilancia se divide y se otorga a dos nuevas instancias; por un lado, al Órgano de Administración Judicial se le confieren facultades en torno a la administración, carrera judicial y control interno del Poder Judicial y, por otro, al Tribunal de Disciplina Judicial le corresponderá conocer de las cuestiones relacionadas con la conducta de los servidores judiciales. Con esta división se da realce a la labor disciplinaria separándola de las otras, y confiriéndosela a una instancia especializada para ello.

A continuación, comentaremos la regulación constitucional propuesta para el Tribunal de Disciplina Judicial sobre diversos temas que consideramos indispensables en aras de encuadrar, lo mejor posible, los objetivos trazados en la iniciativa de reforma constitucional al Poder Judicial.

2.2. Naturaleza jurídica e integración

De acuerdo con el primer párrafo del artículo 100 de la iniciativa en comento, el Tribunal de Disciplina Judicial será un órgano del Poder Judicial de la Federación con independencia técnica, de gestión y para emitir sus resoluciones. Esto quiere decir que este Tribunal, igual que como se conceptualizaba al Consejo de la Judicatura Federal, no es un órgano que ejerza la impartición de justicia, no es un órgano jurisdiccional, lo que se confirma con el texto del artículo 94 constitucional, en cuyo primer párrafo no lo encon-

---

6 *Cfr*. SCJN, Informe Anual de Labores de la Ministra Presidenta de la SCJN y del CJF, 14 diciembre 2023, México, pp. 348-349 (https://www.cjf.gob.mx/resources/InformeAnual/2023/informeAnual_labores2023_MinistraNorma.pdf) consultado el 7 de agosto de 2024.

tramos junto con el resto de los órganos en los que se deposita el ejercicio del Poder Judicial, sino que se envía al segundo párrafo de este artículo en donde se reitera que la disciplina del personal del Poder Judicial de la Federación estará a cargo del mencionado Tribunal.

Si esto es así, llama la atención que al órgano encargado de la disciplina judicial se le haya dado el nombre de Tribunal. Esta denominación, sin lugar a duda, produce confusión, pues da la impresión de que es un órgano que resuelve controversias como el resto de los otros órganos y, lo que es todavía más confuso, pareciera que ejerce funciones jurisdiccionales. Por tal motivo, si bien se quiso dejar a un lado la utilización del vocablo «Consejo» por ser el nombre del actual órgano, bien pudo pensarse en otra denominación; de esta manera si a la nueva instancia encargada de la administración, carrera judicial y control interno se le denominó Órgano, también pudo haberse hecho lo mismo con la instancia que lleva la disciplina del Poder Judicial. Así, las funciones del Consejo de la Judicatura Federal ahora quedarían a cargo del Órgano de Administración Judicial y del Órgano de Disciplina Judicial, siendo denominaciones más congruentes con la naturaleza de sus funciones[7]. Como otra posibilidad se le pudo haber denominado Comisión de Disciplina Judicial, siguiendo la terminología colombiana y siguiendo la denominación que existe al interior del Consejo de la Judicatura Federal.

El Tribunal de Disciplina Judicial estará integrado por 5 personas que serán electas por la ciudadanía a nivel nacional, durarán seis años en su cargo sin posibilidad de reelección, serán sustituidas de manera escalonada y la presidencia[8] del Tribunal recaerá en quien decida el Pleno cada dos años, no pudiendo haber reelección inmediata.

Un primer punto de reflexión consiste en que los integrantes del Tribunal de Disciplina Judicial, como lo indica el artículo 96 constitucional de la iniciativa constitucional, «serán elegidos de manera directa y secreta por la ciudadanía», dándose las bases para ello. Por tanto, el sistema de elección popular alcanzó a la disciplina judicial buscando legitimidad democrática.

El hecho de que para los jueces se hubiera seguido la opción del método de elección no debiera implicar, necesariamente, que para la disciplina judicial tuviera que seguirse la misma ruta, sobre todo que se trata de una actividad diferente a la de juzgar, como es la de supervisar la conducta de los

7 Abunda en este sentido la redacción de propuesta de reforma al artículo 122 constitucional, fracción IV, en donde se señala que las leyes locales establecerán las condiciones para la elección y funcionamiento de los «órganos de administración y disciplina».

8 La iniciativa pone fin a la doble presidencia en una sola persona, ya que presidía el Consejo de la Judicatura Federal la misma persona que a su vez presidía la Suprema Corte de Justicia de la Nación, reforzándose así, como dice la misma iniciativa, la independencia del órgano que administrará o disciplinará a los servidores judiciales. Pueden verse opiniones a favor y en contra de esta doble presidencia en la obra de César Esquinca Muñoa, *Consejo de la Judicatura Federal*, México, Porrúa, 2010, pp. 332 y ss.

juzgadores. Bastaría con que los integrantes del Tribunal de Disciplina Judicial fueran personas nombradas por los diferentes órganos del Poder y que fueran personas quienes tuvieran la capacidad y perfil idóneos para llevar a cabo dicha labor. No obstante, esta opción de elección popular de la iniciativa presidencial puede considerarse como una nueva forma para que un órgano actúe más proactivamente en la vigilancia y, en su caso, sanción de la conducta de los juzgadores, sin olvidar el hecho de que la elección por sí misma no es la que producirá el cambio que se requiere, sino que deben ser las personas que integren el nuevo Tribunal de Disciplina Judicial las responsables de cumplir con el mandato constitucional de disciplinar la conducta judicial. Se trata, a fin de cuentas, de una condición humana que a veces resulta complicada en cualquiera de los métodos que se elijan para nombrar a los integrantes del Tribunal de Disciplina Judicial.

Otro aspecto que vale la pena tener presente en la integración del Tribunal tiene que ver con la participación de los otros órganos del poder. A diferencia del Órgano de Administración Judicial, en el cual se señala que el Poder Ejecutivo designará a uno de sus integrantes, mientras que el Senado hará lo propio con otro integrante, quedando en el Pleno de la Suprema Corte de Justicia designar a los restantes tres, en el caso del Tribunal de Disciplina Judicial el texto de la iniciativa no señala cuántos integrantes vendrán de cada uno de los órganos del poder, solo se mencionan esos otros órganos del poder para indicar que cada uno de ellos postulará un cierto número de personas aspirantes al cargo, pero sin decir cuántas personas propuestas por ellos formarán parte del Tribunal.

Como consecuencia, las cinco personas aspirantes que obtengan el mayor número de votos serán las que integren el Tribunal de Disciplina Judicial, sin importar que todas ellas puedan venir de las propuestas hechas por un solo órgano del poder o por dos o tres de ellos. La anterior conclusión, sin embargo, no parece ser congruente con uno de los objetivos de la iniciativa que es la cooperación de los diferentes órganos del poder en aras de acabar con la corrupción y el nepotismo en la impartición de justicia, precisamente como se hace en la integración del Órgano de Administración Judicial.

Por esta razón, parece conveniente completar la iniciativa señalando cómo debiera quedar la integración de los 5 miembros del Tribunal de Disciplina Judicial. Una opción consiste en seguir la línea marcada por el Órgano de Administración Judicial, en cuyo caso con base en el resultado de las elecciones la persona aspirante proveniente de los poderes ejecutivo y legislativo que haya tenido la mayor votación pasará a formar parte del Tribunal de Disciplina Judicial y las restantes tres personas serán las que mayor número de votos hubieran obtenido de las propuestas hechas por el Pleno de la Suprema Corte de Justicia de la Nación. De esta manera se contaría con una integración congruente con la que se siguió para el Órgano de Administración Judicial.

Otra solución consistiría en que de los cinco integrantes del Tribunal de Disciplina Judicial el que obtenga más votos de la propuesta del Ejecutivo, de la Cámara de Diputados y de la Cámara de Senadores formará parte integrante del Tribunal, y los restantes dos serán las personas aspirantes propuestas por la Suprema Corte que hubieran obtenido la mejor votación.

Cualquier que sea la opción que se siga, lo cierto es que en la iniciativa a discutir debiera indicarse el número y la procedencia de cada uno de los integrantes del Tribunal de Disciplina Judicial, a efecto de respetar el objetivo de la cooperación de los órganos del poder en la conformación de este Tribunal[9][10].

En cuanto al perfil de las personas elegibles para integrar el Tribunal de Disciplina Judicial, al tratarse de la supervisión de actividades judiciales debiera contarse con personas que tengan experiencia sensibilidad administrativa y judicial, pues así podrá apreciarse mejor la conducta de los servidores judiciales. Sin embargo, el texto de la iniciativa indica, en el tercer párrafo del artículo 100, que deberán reunir los requisitos señalados en el artículo 95 constitucional y ser personas que se hayan distinguido por su capacidad profesional, honestidad y honorabilidad en el ejercicio de sus actividades. Como se aprecia, la remisión al artículo 95 constitucional implica que el perfil que se busca es similar al que está construido para un juzgador del más alto nivel, no para un administrador o persona que tenga experiencia en supervisar la conducta de servidores públicos. Los requisitos que se adicionan a los ya previstos en el artículo 95, capacidad profesional, honestidad y honorabilidad, son los mismos que en su momento se incluyeron para quienes quisieran ser consejeros de la judicatura federal, solo que ahora se suprimió lo administrativo de la capacidad profesional, por lo que debemos entender que a nivel de los titulares del Tribunal de Disciplina Judicial no hay una exigencia particular porque sean personas con experiencia en cuestiones de responsabilidad administrativa, lo cual debiera ser algo deseable. No siendo así, entonces no queda otra opción que considerar que las personas que los asistirán deberán tener esa reclamada experiencia.

---

9 Por cierto, desde la reforma constitucional de 31 de diciembre de 1994 el diseño constitucional del Consejo de la Judicatura Federal consistió en que en las labores de administración, disciplina y vigilancia de los servidores judiciales intervendrían los tres órganos del poder, lo que no sucedió con la administración y disciplina de los servidores públicos de los otros dos órganos del poder. Valdría la pena analizar de qué manera los aspectos de disciplina, por lo menos, debieran reforzarse en todos los órganos del poder mediante la cooperación entre ellos.

10 Con base en la experiencia hasta ahora obtenida, el nombramiento que corresponde a los órganos de poder diferentes a los del judicial ha dejado mucho que desear, ya sea porque el reemplazo que debe efectuarse una vez finalizado un mandato no se hace con la debida diligencia. Resulta de especial relevancia indicar que en contadas ocasiones los órganos del poder ajenos al judicial han optado por nombrar a personas juzgadoras. Véase algunos aspectos de estos nombramientos en la obra de César Esquinca Muñoa, *Consejo de la Judicatura...,* ob. cit., pp. 337 a 354.

Por último, en el texto de la iniciativa presidencial se indica que la propuesta del Ejecutivo será paritaria, lo que no se indica en el caso de las propuestas de los otros órganos del poder, razón por la cual también debiera señalarse que en todas las propuestas debe respetarse el principio de paridad[11].

2.3. Alcance de las facultades del Tribunal de Disciplina Judicial

De entrada, hay que decir que este alcance no se determina por completo en el texto constitucional que se propone, sino que se deja a la labor que realizará el legislador al expedir la ley correspondiente que desarrolle el contenido constitucional propuesto.

De esta manera, en el nuevo artículo 94 constitucional, segundo párrafo, se indica que la disciplina del personal estará a cargo del Tribunal de Disciplina Judicial «en los términos que, conforme a las bases que señala esta Constitución, establecen las leyes». Por su parte, en el artículo 97, cuarto párrafo, se indica que «El Tribunal de Disciplina Judicial conducirá sus investigaciones de manera pronta, completa, expedita e imparcial, conforme al procedimiento que establezca la ley». Por último, en el artículo 100, párrafo cuarto, se señala que el Tribunal de Disciplina Judicial podrá conocer, investigar y, en su caso, sancionar a las personas servidoras públicas del Poder Judicial de la Federación que incurran en actos u omisiones «de los asuntos que la ley determine».

Como puede advertirse, en varias ocasiones el texto constitucional propuesto remite a la ley para que desarrolle el contenido constitucional, lo cual es algo normal, sin embargo, estamos ante supuestos que para ser desarrollados por la ley previamente deben estar bien determinados en la Constitución, para evitar que el legislador pueda cambiar el sentido del objetivo trazado en ella. Dejar que la ley desarrolle las bases que establece la Constitución es correcto, siempre y cuando dichas bases sean claras y estén bien establecidas, lo que no parece ser el caso, como enseguida veremos.

Decir que la ley establecerá el procedimiento para que el Tribunal de Disciplina Judicial conduzca sus investigaciones, sin dejar señalado los parámetros a los que debe sujetarse dicho procedimiento, no es la mejor de las situaciones. Decir, igualmente, que el Tribunal conocerá de los asuntos que determine la ley es dejar un amplio margen de acción al legislador para que lo concrete de la forma que más le agrade, vaciando de contenido el texto constitucional y anulando el esfuerzo ya realizado al fijar las competencias del Tribunal en el texto constitucional.

11 Situación que ya fue corregida en el *Dictamen de la Comisión de Puntos Constitucionales de la Cámara de Diputados*, circulado en redes el viernes 16 de agosto de 2024, véase pp. 186 a 188.

En virtud de lo anterior, sería plausible que el texto constitucional propuesto sea modificado para evitar estas inconsistencias y, en consecuencia, impedir que el legislador pueda darle un sentido diferente a la iniciativa. Otro camino que pudiera seguirse, y esto aplica para todas las reformas constitucionales, es que la ley que desarrollará los contenidos constitucionales de esta iniciativa sea redactada y presentada para su aprobación en la misma sesión en que se apruebe la iniciativa de reforma constitucional; de esta manera se tendrá a la mano la regulación completa del tema que se quiere regular, tanto en sus bases constitucionales como en su desarrollo legislativo, evitándose sorpresas posteriores. En consecuencia, el artículo octavo transitorio de la iniciativa, que otorga 180 días naturales para que se realicen las adecuaciones a las leyes federales, debiera eliminarse en este aspecto[12].

Otra preocupación tiene que ver con la revisión que deben efectuar los integrantes del Tribunal de Disciplina Judicial sobre la conducta de los juzgadores, revisión que no debe vincularse con los aspectos jurisdiccionales de fondo. Sin lugar a dudas estamos ante una línea muy delgada entre la conducta desplegada por el juzgador y la resolución que él mismo emite, sin embargo, no debe perderse de vista que con la revisión disciplinaria se supervisa que el actuar del juzgador sea lo más correcto posible y que no incida en el sentido ni en el contenido de la resolución a emitir; no se trata de revisar nuevamente la resolución emitida por el juzgador, sino que su actuar haya sido ejemplar para resolver el caso de la manera más objetiva posible. Esto, sin embargo, no es fácil de percibir ni de respetarse.

En el artículo 97 constitucional propuesto, cuarto párrafo, se menciona correctamente que el Tribunal de Disciplina Judicial investigará y, en su caso, sancionará «la conducta denunciada». Aquí se acota muy bien la finalidad que se persigue con la responsabilidad disciplinaria. Sin embargo, otros textos que se proponen en la iniciativa ponen en entredicho esta situación, por lo que debieran ajustarse. Así sucede, por ejemplo, en el artículo 100 constitucional, cuarto párrafo, en el que se hace referencia a «actos u omisiones» vinculados con «hechos de corrupción, tráfico de influencias, nepotismo, complicidad o encubrimiento de presuntos delincuentes, o cuando sus determinaciones no se ajusten a los principios de objetividad, imparcialidad, independencia, profesionalismo o excelencia».

Si se observa con detenimiento el texto propuesto, uno puede percatarse que lo correspondiente a «hechos de corrupción, tráfico de influencias o nepotismo» son supuestos que tras un esfuerzo considerable pueden ser reconducidos o vinculados a conductas incorrectas realizadas por los juzgadores, sin caer en el análisis de cuestiones jurisdiccionales. Sin embargo, los supuestos de «complicidad o encubrimiento de presuntos delincuentes» son

12 Cabe señalar que este plazo se bajó a 90 días naturales en el *Dictamen de la Comisión de Puntos Constitucionales de la Cámara de Diputados*, circulado en redes el viernes 16 de agosto de 2024, p. 170.

más complejos, ya que pueden estar relacionados con el sentido de la resolución que tome un juzgador, pero no por ser producto del actuar incorrecto en que pudo haber incurrido, lo que por supuesto queda dentro de lo disciplinario y debe sancionarse, sino más bien por seguir las directrices impuestas por la práctica judicial y los criterios jurídicos establecidos, conducta que no debe sancionarse sino que, en todo caso, si no se está de acuerdo con lo resuelto debe impugnarse la resolución jurisdiccional emitida[13].

De igual manera, resulta preocupante la parte del texto de la iniciativa en que se afirma que el Tribunal de Disciplina Judicial conocerá, investigará y, en su caso, sancionará a los servidores judiciales «cuando sus determinaciones no se ajusten a los principios de objetividad, imparcialidad, independencia, profesionalismo o excelencia». Aquí los supuestos que se manejan están unidos a las «determinaciones» que tomen los juzgadores, por lo que se abre la posibilidad de cuestionar las mismas no por una mala conducta personal, lo que es disciplinario, sino más bien por el criterio puesto en la resolución, lo que es algo jurisdiccional. Si se va a vincular el criterio jurisdiccional del juzgador a lo disciplinario, se hace un flaco favor a la impartición de justicia, ya que entonces aquél se cuidará de no emitir una resolución que afecte alguno de estos principios, pero no por su conducta personal sino más bien comprometiendo su criterio jurídico.

Por lo anterior, la apreciación de las conductas reprobables que acabamos de analizar debe acotarse para evitar que sea utilizada para restringir la labor jurisdiccional, lo que podría resolverse indicándose en el mismo párrafo cuarto del artículo 100 constitucional, después de la enunciación de los principios, lo siguiente: «respetándose la autonomía y libertad de los juzgadores al emitir sus resoluciones jurisdiccionales».

Queda, no obstante, un problema por resolver. El contenido de los principios mencionados es indeterminado; no se sabe con certeza en qué consisten sino hasta el momento en que se aplican al caso concreto y se emite una resolución, instante en el cual el juzgador traduce el principio aplicable en reglas para resolver el caso. Esto, entonces, es algo jurisdiccional, no disciplinario, por lo que debiera combatirse jurisdiccionalmente interponiendo los recursos que procedan. Por tanto, estos principios no debieran ser criterios para la supervisión disciplinaria, por lo que hay que eliminarlos. En caso de insistirse en mantenerlos, entonces debieran servir como una guía para

13 En el *Dictamen de la Comisión de Puntos Constitucionales de la Cámara de Diputados*, circulado el 16 de agosto de 2024, se propone eliminar, para dar certeza y legalidad a los asuntos que resolverá el Tribunal, la facultad de sancionar actos u omisiones contrarios al interés público, dada su dimensión subjetiva, así como eliminar la referencia a las conductas relacionadas con hechos de corrupción, tráfico de influencias, nepotismo, complicidad o encubrimiento de presuntos delincuentes, ya que pueden derivar en responsabilidad administrativa, resultando, además, limitativos y excluyentes al no considerar otras conductas antijurídicas. Véase p. 182.

el mejor desempeño de la labor del juzgador, en cuyo caso se propone la siguiente redacción: «En todo momento la labor jurisdiccional debe guiarse por los principios de objetividad, imparcialidad, independencia, profesionalismo y excelencia».

Surge otra preocupación más relacionada con las sanciones que se impondrán a los juzgadores que realicen conductas incorrectas al impartir justicia, en especial las relacionadas con la destitución e inhabilitación, ya que podrán imponerse al mismo tiempo y por dos órganos, el Congreso de la Unión y el nuevo Tribunal de Disciplina Judicial.

El texto de la iniciativa, artículo 100, párrafo cuarto, señala que «las sanciones que emita el Tribunal podrán incluir la amonestación, suspensión, sanción económica, destitución e inhabilitación, con excepción de ministros, que solo podrán ser removidos en los términos del Título Cuarto de esta Constitución».

De esta redacción se desprende que el Tribunal de Disciplina Judicial impondrá sanciones a los servidores judiciales cuya conducta sea incorrecta, sin embargo, en el caso de los ministros la iniciativa respeta que sea el Congreso de la Unión quien lo haga, ya que, con base en el Título Cuarto de la Constitución, al que remite el artículo 100 constitucional, pueden imponerse las sanciones de destitución y de inhabilitación mediante el juicio político que se tramite ante el órgano legislativo.

La redacción de la excepción de los ministros no está bien lograda, ya que al reenviarse al Título Cuarto solo lo hace para la «remoción» mediante el juicio político, sin embargo, en este juicio también existe la posibilidad de «inhabilitar», por lo que al no incluir esta última sanción en la remisión normativa que se hace significa que, por un lado, el Congreso solo podrá destituir al ministro y, por otro, que al Tribunal de Disciplina Judicial corresponderá inhabilitarlo, produciéndose una situación dual que debiera corregirse.

Este error también lo advertimos en el caso de los magistrados y jueces, pero no por la remisión al Título Cuarto constitucional, sino porque estamos ante una regulación dual[14]. El Tribunal de Disciplina Judicial podrá imponerles, entre otras sanciones, la destitución e inhabilitación, pero esa misma sanción puede igualmente ser impuesta por el Congreso de la Unión mediante juicio político, ya que, en el Título Cuarto, artículo 110, se mencionan los cargos que podrán estar sujetos a dichas sanciones, y entre ellos se encuentran los de jueces de

14 En el artículo 97 del texto de la iniciativa de reforma constitucional se indica que los jueces y magistrados no podrán ser readscritos fuera del circuito judicial en el que fueron electos. No estamos aquí ante una cuestión disciplinaria, pero vale la pena señalar que la readscripción debiera permitirse en aquellos casos en que la vida, salud o integridad de los servidores judiciales pudiera estar en peligro. En el *Dictamen de la Comisión de Puntos Constitucionales de la Cámara de Diputados*, circulado en redes el viernes 16 de agosto de 2024, se introdujo un cambio en el sentido que la readscripción será posible de manera excepcional cuando lo determine el Tribunal de Disciplina Judicial, p. 189.

Distrito y magistrados de Circuito. En este sentido, debiera buscarse certeza en cuanto al órgano que intervendrá para destituir e inhabilitar a dichos servidores judiciales, tomando en consideración que en la práctica estas sanciones sólo se han impuesto por el Consejo de la Judicatura Federal, lo que parece sugerir que esto pase al Tribunal de Disciplina Judicial. La imposición de sanciones iguales por dos órganos diferentes no es un buen escenario, sobre todo tratándose de la misma conducta. Por tanto, debiera reflexionarse si se mantiene la mención a jueces y magistrados federales en el Título Cuarto de la Constitución[15].

2.4. Inimpugnabilidad de las resoluciones del Tribunal de Disciplina Judicial

Al determinar el texto de la iniciativa de reforma judicial, en el párrafo cuarto del artículo 100 constitucional, que sus decisiones «serán definitivas e inatacables y, por lo tanto, no procede juicio ni recurso alguno en contra de éstas» cierra toda posibilidad de revisión, con lo que produce un drástico cambio respecto de la regulación actual, en la que actualmente está abierta la puerta para la revisión, aunque muy restringida, limitada a los casos de adscripción, ratificación y remoción, siendo esta última, la remoción, la que aplica a la materia disciplinaria que venimos comentando.

Resulta curioso que en la actual exposición de motivos de la iniciativa presidencial, al hacerse una crítica al actual Consejo de la Judicatura Federal se menciona el Informe de la Relatora Especial de la Organización de las Naciones Unidas sobre la independencia de los magistrados y abogados, derivado de su visita oficial a México de octubre de 2010, en el sentido que «todas las decisiones disciplinarias y administrativas que tengan un impacto sobre el estatus de las juezas y jueces y magistradas y magistrados deberían tener la posibilidad de ser revisadas por otro órgano judicial independiente». Se critica, entonces, que las decisiones del Consejo no pudieran impugnarse, sin embargo, la iniciativa sigue el camino opuesto, pues cierra la posibilidad de revisión respecto de las decisiones del Tribunal de Disciplina Judicial.

Se trata de una apuesta fuerte, que valdría la pena analizar con mayor detenimiento, no solo desde el punto de vista del derecho a una segunda instancia, sino también considerando que, al no ofrecer una segunda oportunidad para solucionar un problema a nivel nacional, las impugnaciones que puedan darse, y que seguro se darán, se irán más rápidamente a una instancia regional o internacional, lo cual complicaría innecesariamente el panorama de la decisión.

15 En el *Dictamen de la Comisión de Puntos Constitucionales de la Cámara de Diputados* se reitera que los jueces y magistrados federales podrán ser removidos por resolución del Tribunal de Disciplina Judicial, por el Congreso federal o local o por causal diversa que señalen la Constitución y las leyes. Véase pp. 189 y 190.

En caso de aceptarse la revisión, convendría que ello se hiciera solo respecto de ciertas sanciones, las más graves, como son la de suspensión, inhabilitación o remoción. El punto problemático, sin embargo, podría consistir en la ubicación del medio de impugnación para revisar la decisión del Tribunal de Disciplina Judicial, ya que la misma iniciativa señala que dicho Tribunal sesionará en Pleno. Quizá ésta sería una gran oportunidad para corregir el rumbo, permitiendo que el Tribunal sesione en Salas, lo que puede ayudar a gestionar los asuntos de una manera más ágil, y aprovechar para que sea el Pleno del Tribunal la instancia ante la cual se produzca la segunda instancia[16].

2.5. Supervisión de una justicia pronta y expedita

Llama la atención que, en la iniciativa de reforma constitucional, dentro de las facultades que le corresponderán al Tribunal de Disciplina Judicial, se introdujo la posibilidad de revisar el cumplimiento de un plazo ya establecido actualmente en la Constitución, en el artículo 20, apartado B, fracción VII, y de los nuevos plazos que se introducen para resolver los casos relacionados con la materia tributaria.

El punto delicado aquí consiste en la fatalidad con que se manejan los plazos, en el sentido que solo se pone como parámetro «su cumplimiento», sin tomar en consideración circunstancias que lo puedan hacer difícil. Como dice un adagio popular: rápido y bien, no hay quien.

El actual plazo constitucional de cuatro meses para que una persona sea juzgada por delitos con una pena máxima no mayor a dos años de prisión, y de un año si dicha pena excede de ese tiempo, de acuerdo con el texto del artículo 20 constitucional, B, VII, es una cuestión crucial en materia penal. Se busca que la situación jurídica de una persona sea definida lo antes posible, máxime si esa persona estuviera privada de su libertad, por tal motivo, no cumplir con los plazos establecidos sólo debiera ser posible cuando se tengan causas verdaderamente excepcionales y bajo la revisión escrupulosa del Tribunal de Disciplina Judicial. Esta situación de excepcionalidad no se regula en el actual texto constitucional que establece el plazo, como tampoco en la adición que se propone, por lo que pudiera incluirse siempre y cuando fuera en beneficio del imputado, cuando se requiera más tiempo a fin de lograr la protección plena de sus derechos humanos, y justificándose debidamente las razones de tal situación.

Por otra parte, en la iniciativa de reforma constitucional se propone que los asuntos en materia tributaria ante el Poder Judicial se resolverán en un plazo no mayor a 6 meses y, en caso de excederse, se deberán proporcionar de inmediato

16 En el *Dictamen de la Comisión de Puntos Constitucionales de la Cámara de Diputados*, circulado en redes el viernes 16 de agosto de 2024, ya se recoge esta opción, indicando que el Tribunal funcionará en Pleno y en Comisiones, siendo que el Pleno resolverá en segunda instancia. Véase pp. 179 y 180.

las razones de tal demora al Tribunal de Disciplina Judicial, o al órgano interno de control si el asunto está en tribunales administrativos. Como se advierte, vencido el plazo se da al órgano jurisdiccional la posibilidad de exponer al Tribunal de Disciplina Judicial las razones de tal demora, razón por la cual solo faltaría indicar que se trata de casos excepcionales que no pueden convertirse en una regla.

Queda la interrogante de si debiera decirse algo respecto del resto de los casos, ya que se está proponiendo una reforma al artículo 17 constitucional. Quizá valdría la pena hacer un esfuerzo para apurar la impartición de justicia en cuanto al tiempo que tardan los tribunales en resolver, no para ponerles un lapso fijo de tiempo sino para señalar un principio de celeridad que empuje a los juzgadores a resolver en el menor tiempo posible, tomando en cuenta, por supuesto, las particularidades de los casos y sin demérito de emitir una resolución bien fundada y motivada.

2.6. Una facultad especial

En la iniciativa de reforma constitucional, artículo 100, párrafo catorce, se dispone que otra de las facultades del Tribunal de Disciplina Judicial consiste en solicitar al Órgano de Administración Judicial la expedición de acuerdos generales o bien la ejecución de las resoluciones que considere necesarias para asegurar un adecuado ejercicio de la función jurisdiccional federal en los asuntos de su competencia.

La solicitud para que el Órgano de Administración Judicial expida acuerdos generales resulta muy conveniente, ya que con base en la experiencia que vaya adquiriendo el Tribunal de Disciplina Judicial podrá transmitir buenas prácticas para evitar que los servidores judiciales incurran en conductas incorrectas.

En cuanto a la solicitud para que el Órgano de Administración Judicial ejecute las resoluciones que el Tribunal de Disciplina Judicial considere necesarias, con independencia de que corresponderá a la ley concretar esta situación, surge la interrogante de si esto debe ser motivo de una solicitud o si, más bien, cae dentro del ámbito propio de las facultades del Tribunal de Disciplina Judicial para emitir y ejecutar sus propias resoluciones en todo el Poder Judicial Federal. Tal y como está redactado el texto, pareciera que la ejecución de las resoluciones del Tribunal de Disciplina queda supeditada a lo que haga el Órgano de Administración Judicial, lo cual resta autonomía de actuación al Tribunal, por lo que debiera eliminarse esa redacción.

2.7. Algo sobre el ámbito local

La iniciativa de reforma constitucional al Poder Judicial también alcanza a las entidades federativas. Como consecuencia, se proponen modificaciones a la Ciudad de México en el artículo 122 constitucional como al resto de las entidades en el artículo 116.

Aun cuando la regulación entre ambos preceptos es diferente, por los distintos ámbitos de aplicación, pudiera aprovecharse la ocasión para proponer una mayor uniformidad. Mientras en el artículo 116, fracción II, se hace referencia a la creación de un Tribunal de Disciplina Judicial en el 122 se menciona este Tribunal, pero de la misma manera se dice que las leyes locales establecerán las condiciones para la elección y funcionamiento de «órganos de administración y de disciplina». Por tanto, abre la posibilidad para que en la Ciudad de México en lugar de Tribunal de Disciplina Judicial se cree un Órgano de Disciplina Judicial.

En el artículo 122 constitucional se señala que el ejercicio del Poder Judicial se deposita igualmente en el Tribunal de Disciplina Judicial local, lo que ya sostuvimos provoca una confusión al hacer pensar que también tienen facultades jurisdiccionales, lo que no es el caso. Esta es una situación ajena a la propuesta actual de nueva regulación constitucional, ya que viene de antes, pero pudiera aprovecharse la ocasión para diferenciar los órganos jurisdiccionales que ejercen el poder judicial de los órganos que forman parte de este poder, con otro tipo de facultades.

Hay una contradicción en la redacción propuesta en el párrafo cuarto del artículo 116 constitucional, ya que se indica que las propuestas de candidaturas y la elección se realizarán conforme a las bases que establece esta Constitución para el Poder Judicial de la Federación, pero enseguida indica que también se hará en los términos y modalidades que establezcan las Constituciones locales respectivas. Entonces, más bien debiera redactarse este párrafo diciendo que «las propuestas de candidaturas y la elección... se harán de conformidad con los términos y modalidades que establezcan las Constituciones locales respectivas, las que deberán seguir las bases que establece esta Constitución para el Poder Judicial de la Federación».

En realidad, es poco el margen de regulación que se deja a las entidades federativas, ya que desde el artículo 116 constitucional, lo que se reitera en el 122, se establece que la reforma se hará «conforme a las bases establecidas en esta Constitución para el Poder Judicial de la Federación». Además, el artículo octavo transitorio no deja duda alguna, puesto que en él se dice que las legislaturas de las entidades federativas tendrán un plazo de ciento ochenta días naturales para realizar las adecuaciones a las Constituciones locales que correspondan para dar cumplimiento al Decreto de reformas constitucionales.

2.8. Conclusiones

1. Estamos ante una iniciativa de reforma constitucional al Poder Judicial de gran calado, como la que se efectuó en diciembre de 1994, siendo que en ambas se abordaron temas relacionados con el mal funcionamiento del poder judicial, sobresaliendo aspectos relacionados con la corrupción y el nepotismo.

2. Al no tener el Tribunal de Disciplina Judicial una naturaleza jurisdiccional sería conveniente cambiar la denominación de Tribunal por la de Órgano, quedando Órgano de Disciplina Judicial, de manera similar a la de Órgano de Administración Judicial, o bien pudiera optarse por la denominación de Comisión de Disciplina Judicial, como en algún otro país se usa y elevando el nombre del órgano que al interior del Consejo de la Judicatura Federal actualmente lleva la labor de disciplina.

3. Que se haya optado por la elección como método de nombramiento para los jueces, magistrados y ministros no implicaba que debiera adoptarse igualmente para los integrantes del Tribunal de Disciplina Judicial, pues estos últimos realizan una actividad completamente diferente. No obstante, habiéndose seleccionado este método para que el Tribunal actúe más proactivamente en la vigilancia y, en su caso, sanción de los juzgadores, cabe señalar que ello no asegura un cambio en la conducta de sus integrantes, ya que se trata de una condición humana que deben seguir las personas electas.

4. Si bien la iniciativa señala que los tres órganos del poder participarán en las propuestas de aspirantes para integrar el Tribunal de Disciplina Judicial no se hace mención alguna de cuántas personas procederán de los diversos órganos del poder, como se hizo con el Órgano de Administración Judicial. Por tanto, debiera indicarse el número y la procedencia de cada uno de los integrantes del Tribunal de Disciplina Judicial, a efecto de respetar el objetivo de la cooperación de los órganos del poder en la conformación de este Tribunal. Así, podría seguirse el caso del Órgano de Administración Judicial, de manera que la persona aspirante proveniente de los poderes ejecutivo y legislativo que haya tenido una mayor votación pasará a formar parte del Tribunal de Disciplina Judicial y que las restantes tres personas serán las que mayores votos hubieran obtenido de las personas aspirantes propuestas por el Pleno de la Suprema Corte de Justicia de la Nación. O bien, pudiera considerarse la opción de que de los cinco integrantes del Tribunal de Disciplina Judicial el que obtenga más votos de la propuesta del Ejecutivo, de la Cámara de Diputados y de la Cámara de Senadores formará parte integrante del Tribunal, y los restantes dos serán las personas aspirantes propuestas por la Suprema Corte que hubieran obtenido la mejor votación.

5. En el texto de la iniciativa presidencial solo se indica que la propuesta del Ejecutivo será paritaria, por lo que también deberá indicarse que todas las propuestas de los órganos del poder deberán respetar el principio de paridad.

6. Para evitar que ante un amplio margen de regulación constitucional el legislador incurra en inconsistencias o proporcione un sentido diferente al contenido de la iniciativa valdría la pena que la ley se aprobara al mismo tiempo, en la misma sesión o en posterior sesión del mismo periodo de sesiones en que se aprobará la iniciativa de reforma constitucional, para tener a la mano la regulación completa del tema que se quiere regular, tanto en sus bases constitucionales como en su desarrollo legislativo, evitando sorpresas posteriores.

7. Ante la redacción tan abierta de los supuestos en que las conductas de los juzgadores son reprobables y el riesgo inminente de que se incida en la labor jurisdiccional, sería conveniente que se incluyera un texto para reducir al mínimo esta situación, el cual podría decir: «respetándose la autonomía y libertad de los juzgadores al emitir sus resoluciones jurisdiccionales».

8. Vincular diversos principios constitucionales con la emisión de determinaciones de los juzgadores para evaluar su conducta no parece ser del todo correcto por la apertura de dichos principios, por lo que más bien debieran servir como una guía para el mejor desempeño de la labor judicial, razón por la cual pudiera incluirse un texto que dijera: «En todo momento la labor jurisdiccional debe guiarse por los principios de objetividad, imparcialidad, independencia, profesionalismo y excelencia».

9. La propuesta de texto para la imposición de sanciones a los ministros de la Suprema Corte de Justicia por parte del Tribunal de Disciplina Judicial no está bien lograda, por lo que en la remisión que se haga al Título Cuarto de la Constitución para que se siga el juicio político deberá incluirse, al lado de la remoción, la inhabilitación. Lo mismo sucede en el caso de los jueces y magistrados que están mencionados entre los sujetos de juicio político, ya que el órgano legislativo puede aplicar las sanciones de inhabilitación y destitución, lo mismo que el Tribunal de Disciplina Judicial, razón por la cual debiera reflexionarse si se mantiene la mención a jueces y magistrados federales en el Título Cuarto de la Constitución.

10. Que no se puedan impugnar las resoluciones del Tribunal de Disciplina Judicial es una apuesta fuerte que valdría la pena analizar detalladamente, no solo desde el punto de vista del derecho a una segunda instancia, sino también considerando el rápido acceso a las jurisdicciones regional e internacional. De posibilitarse la revisión, debiera hacerse solo respecto de las sanciones más graves, como son la de suspensión, inhabilitación o remoción, para lo cual deberá aceptarse que el Tribunal sesione en Pleno y en Salas, correspondiéndole a las Salas conocer de la revisión, así como de otros asuntos para resolver más ágilmente, quedando la revisión como competencia del Pleno del Tribunal.

11. Excederse del plazo establecido en el texto constitucional para emitir una resolución debiera aceptar situaciones de excepción que deban justificarse de manera escrupulosa; de la misma manera, con el objetivo de impulsar una justicia pronta y expedita convendría adicionar en el artículo 17 constitucional el principio de celeridad para que los juzgadores resuelvan en el mejor tiempo posible.

12. La propuesta de texto constitucional según la cual el Tribunal de Disciplina Judicial debe solicitar la ejecución de sus resoluciones al Órgano de Administración Judicial pareciera restarle autonomía a dicho Tribunal, razón por la cual dicha redacción debiera modificarse o suprimirse.

13. Pudiera aprovecharse la iniciativa para señalar en el artículo 122 constitucional, contrariamente a lo que actualmente está dispuesto, que los órganos de disciplina judicial junto con los de administración judicial no ejercen el poder judicial, sino que forman parte de él, ello con la finalidad de evitar que se piense que tienen potestad jurisdiccional.

2.9. Bibliografía

Bustillos, Julio, «La corrupción de los jueces federales mexicanos y su depuración» en *Revista del Instituto de la Judicatura Federal*, México, núm. 33, 2012, pp. 41-58 (https://escuelajudicial.cjf.gob.mx/publicaciones/revista/33/04%20Julio%20Bustillos.pdf), consultado el 7 de agosto de 2024.

Comisión de puntos Constitucionales, Dictamen de la Comisión de Puntos Constitucionales de la Cámara de Diputados, circulado el 16 de agosto de 2024

Durán, Valeria., **González**, Dulce. & **Olmos**, Raúl, «El poder familiar de la Federación», *Mexicanos contra la corrupción y la impunidad,* México, https://contralacorrupcion.mx/web/magistrados/

SCJN, Índice del proceso legislativo correspondiente a la reforma publicada en el diario oficial de la federación el 31 de diciembre de 1994, en https://www.constitucion1917-2017.pjf.gob.mx/sites/default/files/CPEUM_1917_CC/procLeg/133%20-%2031%20DIC%201994.pdf

SCJN, Informe Anual de Labores de la Ministra Presidenta de la SCJN y del CJF, 14 diciembre 2023, México, pp. 348-349 (https://www.cjf.gob.mx/resources/InformeAnual/2023/informeAnual_labores2023_MinistraNorma.pdf) consultado el 7 de agosto de 2024

3.

LAS IMPLICACIONES EN LA MATERIA ELECTORAL DE LA REFORMA CONSTITUCIONAL AL PODER JUDICIAL. EL RIESGO PLAUSIBLE DE TRANSITAR HACIA UN DEBILITAMIENTO DE LA DEMOCRACIA DIALÓGICA[1]

Enoc Francisco Morán Torres[2]

«Las profundas transformaciones producidas a nivel mundial (...) han llevado a que se inicien políticas públicas para la reforma del Estado y su progresiva adecuación para enfrentar las nuevas realidades del mundo actual. Este emprendimiento político-institucional debe posibilitar que el Estado funcione dentro del nuevo marco globalizado, implementando políticas públicas que permitan accionar en forma eficiente en los campos de la gobernabilidad; de las relaciones con la sociedad civil; en el plano económico; y en el diseño de políticas sociales, en busca del desarrollo sostenible y la lucha contra la pobreza, en un contexto de paz y seguridad. A nuestro entender, este proceso comprende, entre otros aspectos, la modificación de la estructura del sector público; el diseño de nuevas instituciones; y la modernización e incorporación de avances tecnológicos en la gestión pública. (...) los sistemas de justicia, vale decir el Poder Judicial (...) cumplen un papel esencial para consolidar la modernización del Estado y propiciar el bienestar común. (...) Sobre el acceso

1 Contribución académica realizada en el marco de la obra colectiva intitulada *La reforma al Poder Judicial a la luz de las Ciencias Constitucionales*.

2 Doctor en Derecho egresado con mención honorífica del Doctorado Interinstitucional en Derecho; Profesor Investigador de Tiempo Completo de la Universidad de Colima; Coordinador de la Red Iberoamericana de Investigación en Derecho y Disciplinas Sociales; Perfil Prodep; Miembro de la Sociedad Mexicana de Estudios Electorales y del Sistema Nacional de Investigadoras e Investigadores del CONAHCYT nivel I; enocmoran@ucol.mx. ORCID: 0000-0001-8309-2219.

a la justicia, deben manejarse en forma eficiente las causas judiciales, con mayor celeridad y posibilidades de que los ciudadanos efectivamente puedan llegar ante los tribunales o tener acceso a medios alternativos de solución de conflictos»[3].

3.1. Introducción

La democracia enfrenta una nueva ola de crisis. Puesto que más allá de sus bondades y periplos, ésta no escapa a las crisis institucionales que caracterizan la región latinoamericana en la que México no es para nada la excepción. De hecho, su permanente cuestionamiento obedece a que ésta ya no deja satisfechos a quienes la responsabilizan del debilitamiento institucional y de la pérdida de confianza ciudadana en sus reglas, procesos, instituciones, dimensiones, sujetos intervinientes y, por supuesto, resultados.

Asimismo, los procesos de renovación del poder y el ejercicio de la función pública de quienes fueron electos por la ciudadanía también se encuentran bajo el escrutinio público, cuestionándoles la falta de observancia de los principios de certeza y equidad en la contienda y la ausencia de integridad electoral, así como la legitimidad de origen y la legitimidad de ejercicio de quienes tienen la alta responsabilidad de impartir justicia electoral.

Aunado a lo anterior, las reglas bajo las cuales se desarrolla el proceso democrático ya no satisfacen a los actores y partidos políticos y menos aún a los electores. Los primeros ajenos al compromiso de cumplir las promesas de campaña y ejercer con responsabilidad ética el cargo para el que fueron electos. Los segundos con prácticas partidocráticas y anti-ideológicas, en términos de sus documentos básicos, así como cada vez más alejados de las expectativas ciudadanas mientras que los terceros decepcionados de la ingobernabilidad, la inseguridad y ausencia de una gestión pública eficiente.

Lo expuesto con antelación ha propiciado no sólo severos cuestionamientos por parte de la ciudadanía, como ya se apuntó, sino también la revisión de su actuación por parte de la función ejecutiva y legislativa del Estado quienes cuestionan su eficacia, la ausencia de diálogo y compromiso social. Por lo que en estos momentos de transición democrática no sólo la democracia sino el diseño normativo de la justicia electoral, están bajo el escrutinio ciudadano e institucional.

---

3 Enrique Lagos. La *Modernización de los sistemas de Justicia y la cooperación jurídica y judicial en el ámbito interamericano*. Pp. 173-174. http://www.oas.org/es/sla/ddi/docs/publicaciones_digital_XXXIII_curso_derecho_internacional_2006_Enrique_Lagos.pdf.

De ahí que, la presente contribución académica tiene como objetivo el analizar los impactos que la reforma constitucional al Poder Judicial, presentada por el titular del Ejecutivo Federal, cuyos puntos relevantes fueron objeto de debate durante el presente proceso comicial federal, tendrá específicamente en la materia electoral.

3.2. Relevancia de la justicia constitucional en la materia electoral mexicana

La justicia constitucional y particularmente la impartición de justicia electoral representan aspectos fundamentales para el Estado Mexicano. Toda vez que no sólo protegen los derechos humanos de las personas, sino que contribuyen a la gobernanza, a la legitimidad de origen y a la diversa de ejercicio de quienes detentan el poder político y de aquellas personas que tienen la alta responsabilidad de la judicatura, así como el desarrollo de los procesos de renovación de quienes ostentan la representación política.

También, la importancia de la justicia electoral estriba en que, entre otros aspectos,

> «se trata del instrumento para proteger y garantizar los derechos político-electorales de los mexicanos. A su vez, la importancia de los derechos político-electorales consiste en el hecho de que buscan salvaguardar la soberanía del pueblo, elemento esencial de todo régimen democrático con el que, en igualdad de condiciones y sin la injerencia de ningún agente exógeno, elegimos a nuestros representantes populares»[4].

Para Nohlen, en el caso de la justicia electoral de América latina

> «es imperioso tomar en cuenta que ella no es un oficio rutinario dentro de una democracia establecida basada en una sociedad con fuertes raíces democráticas, sino una agenda en un proceso dinámico vacilante, en el contexto de una cultura política generalizada no concordante con los principios éticos que están insertados en el concepto normativo de justicia electoral»[5].

Del mismo modo, la justicia constitucional contribuye al fortalecimiento de la democracia en sus diversas dimensiones: sustantiva, electoral y dialógica. Puesto que la democracia no solo implica elecciones y reglas de participación política. Al contrario, la democracia posee diversas acepciones que resultan

---

4 Jaime Arturo Vázquez Aguilar. «Justicia electoral: base para el fortalecimiento democrático en México» en *Revista Mexicana de Ciencias Penales,* No. 3, enero-marzo 2018, México, 2018, pp. 3-16. https://revistaciencias.inacipe.gob.mx/index.php/02/article/view/23/23.

5 Dieter Nohlen. *Ciencia Política y justicia electoral. Quince ensayos y una entrevista*. Instituto Universitario de Investigaciones Jurídicas. México. 2015. P. 200. http://ru.juridicas.unam.mx/xmlui/handle/123456789/12846.

necesarias para el Estado Constitucional de Derecho y que contribuyen a una permanente interacción entre personas gobernantes y personas gobernadas, representantes políticos y ciudadanía.

De hecho, el mismo Nohlen refiere que

> «el concepto de democracia se extiende a menudo a contenidos económicos y sociales; la idea de democracia se vincula entonces más con el ideal igualitario que con el ideal liberal. En este sentido, con frecuencia, la institucionalidad democrática no se percibe como valor en sí mismo, sino como elemento instrumental para el desarrollo de la sociedad en los términos más amplios posibles. De esta manera se relativiza el valor de las elecciones libres y honestas, así como la función de la justicia electoral»[6].

En esa tesitura, la democracia requiere sí reglas, pero también personas que las promuevan respeten, protejan y garanticen más allá del parámetro mayoritario sino a partir del principio democrático, considerando que, en términos de Manuel Aragón

> «una cosa es el principio democrático como principio legitimador de la Constitución, es decir, como principio de congruencia entre la soberanía del pueblo y el Estado democrático que el pueblo, a través de la Constitución, establece, y otra cosa, bien distinta, es el principio democrático como principio de validez del constituyente mismo, es decir, como modo de expresión no de la voluntad del Estado, sino de la voluntad del propio soberano»[7].

Ahora bien, con la finalidad de dimensionar el número de asuntos resueltos en la justicia constitucional mexicana, con datos del INEGI a manera de guisa se advierte que[8]:

> «En cuanto a la publicación de sentencias, en 2022 se publicaron 980, 283 sentencias emitidas por los órganos jurisdiccionales. De ellas: 972,506 tuvieron lugar en el CJF; 2, 520 en la SCJN; y 5, 257 en el TEPJF. En comparación con 2021, el total de sentencias publicadas por la SCJN y el TEPJF en 2022 disminuyeron 19.0 % y 58.1 % respectivamente, mientras que las publicadas por el CJF aumentaron 23.8 por ciento. La reducción de sentencias del TEPJF con relación a lo reportado en el ejercicio 2021 se debe a que en dicho año se llevó a cabo una mayor cantidad de diversos procesos electorales de renovación de legislaturas, elecciones de gubernaturas y renovación de ayuntamientos, en comparación con el año 2022, lo que impacta en la cantidad de asuntos atendidos».

---

6 *Ibidem*. Pp. 201-206.

7 Manuel Aragón. *Constitución, democracia y control*. Universidad Nacional Autónoma de México, México, 2002. https://biblio.juridicas.unam.mx/bjv/detalle-libro/288-constitucion-democracia-y-control.

8 INEGI. *Censo nacional de impartición de justicia federal 2023*. «Resultados». México: 3 de julio de 2023, actualizado abril 2024. P. 22. https://www.inegi.org.mx/contenidos/programas/cnijf/2023/doc/cnijf_2023_resultados.pdf.

En efecto, los datos referidos *ut supra,* fortalecen la premisa de que la justicia electoral representa un baluarte para dotar de certeza a la ciudadanía de que quienes participan en los procesos comiciales cumplen con los requisitos constitucionales y legales para ser postulados además de que incursionan en éstos respetando el principio de equidad en la contienda. Ello, no es óbice para considerar que ésta siempre puede mejorar. Por lo que, los cambios que se pretendan en aras de fortalecer la administración e impartición de justicia no solo son posibles sino también pueden ser factibles. Sin embargo, toda modificación constitucional e institucional requiere, desde la perspectiva del principio democrático y la democracia dialógica, privilegiar el consenso y escuchar los disensos además de incentivar y fortalecer los procesos de interacción entre quienes asumirán la decisión política y quienes serán los destinatarios de la norma.

3.3. Diseño constitucional vigente relativo a la materia electoral en México

La entrada en vigor de la Constitución de 1917, producto del movimiento revolucionario de inicios del siglo XX, permitió configurar un diseño institucional tendiente a proteger el ejercicio de los derechos político-electorales de la ciudadanía en el que la participación de ésta en los procesos comiciales representó la piedra angular para legitimar el resultado y el ejercicio del poder político mediante procesos de renovación periódica y pacífica de los actores de la representación política.

Sin embargo, las primeras décadas post revolucionarias no fueron quizá las más idóneas en términos democráticos puesto que la organización y vigilancia de los procesos electorales se dieron bajo las directrices de un partido hegemónico con la intervención directa del gobierno en turno. Además, se depositó en los partidos políticos la importante tarea de ser vías de acceso al poder, se les otorgó el monopolio para el otorgamiento de candidaturas y se les dotó de diversas prerrogativas como financiamiento, acceso a radio y televisión, entre otras, hasta alcanzar una partidocracia en la que las élites partidocráticas fueron las grandes artífices de la toma de decisiones, así como del establecimiento de mecanismos de auto composición y auto compensación de las referidas entidades de interés público.

Asimismo, se enfocaron esfuerzos institucionales para que la democracia electoral se convirtiera en el instrumento que contribuyera a la paz social y atendiera las demandas de respeto al sufragio y de participación política que provenían desde los inacabables periodos presidenciales del general Díaz. Por fortuna, el devenir temporal de la pasada centuria y gracias al impulso de la ciudadanía: se amplió el catálogo de derechos político-electorales; se incorporaron las candidaturas independientes; se crearon órganos administrativos y jurisdiccionales especializados en materia electoral; se avanzó en la incorporación de la perspectiva de género; se avanzó en la protección de los derechos de los grupos en situación de vulnerabilidad; se concluyó con la calificación política de las elecciones; se alcanzó un alto nivel de especialización en la materia; y se intentó sentar una línea jurisprudencial progresiva.

También, se construyó un andamiaje constitucional que privilegió la democracia electoral en el que la participación popular y el respeto a los derechos humanos resulta fundamental. Todo bajo las premisas contenidas en la Carta Magna. Al caso, el artículo 1 establece las obligaciones de las autoridades para promover, proteger, respetar y garantizar los derechos humanos de conformidad con los principios de universalidad, interdependencia, indivisibilidad y progresividad[9]. Igualmente, el diverso 2 reconoce la composición pluricultural de la Nación[10]. Después el arábigo 3 define a la democracia como un sistema de vida fundado en el constante mejoramiento económico, social y cultural del pueblo[11]. Además, el artículo 4 establece la igualdad entre el hombre y la mujer[12].

De igual modo, el artículo 6 garantiza la libertad de manifestación de ideas y el derecho de acceso a la información plural y oportuna, así como el acceso a las Tecnologías de la Información y la Comunicación y a los servicios de radiodifusión y telecomunicación[13]. Adicionalmente, el arábigo 9 estipula el derecho de asociación y reunión con fines lícitos[14]. Igualmente, el diverso 24 prevé la libertad de convicciones éticas, de conciencia y de religión además de prohibir el uso de los actos públicos de expresión de dicha libertad con fines políticos, de proselitismo o de propaganda[15].

A mayor abundamiento, el arábigo 34 reconoce con la ciudadanía mexicana a quien tenga la calidad de mexicano, posea 18 años y un modo honesto de vivir[16]. De igual manera, el diverso 35 reconoce como derechos de la ciudadanía: el voto activo y el voto pasivo; asociarse individual y pacíficamente para ser partícipe de los asuntos políticos del país; ser nombrada para cualquier empelo del servicio público; votar en consultas populares; y participar en revocatorias de mandato, por citar algunos[17]. De manera similar, el artículo 36 establece las obligaciones de la ciudadanía mexicana: inscribirse

9 Cámara de Diputados del Congreso de la Unión. *Constitución Política de los Estados Unidos Mexicanos.* https://www.diputados.gob.mx/LeyesBiblio/pdf/CPEUM.pdf.

10 *Idem.*

11 *Idem.*

12 *Idem.*

13 *Idem.*

14 *Idem.*

15 *Idem.*

16 *Idem.*

17 *Idem.*

en el Registro Nacional de Ciudadanos; votar en las elecciones, consultas populares y procesos de revocación de mandato; desempeñar los cargos de elección popular; y desempeñar los cargos concejiles del municipio donde resida, por citar algunos[18].

Del mismo modo, el diverso 37 prevé los supuestos para la pérdida de la ciudadanía[19] mientras que el artículo 38 los supuestos para la suspensión de esta[20]. Asimismo, el arábigo 39 reconoce que la soberanía reside originaria y esencialmente en el pueblo. Además, el numeral 40 establece como forma de gobierno una república representativa, democrática, laica y federal[21]. Por su parte, el artículo 41 señala que la soberanía se ejerce a través de los poderes de la Unión, de los Estados y de la Ciudad de México, en sus respectivos ámbitos de competencia. De manera similar, precisa que la renovación de los poderes Ejecutivo y Legislativo se hará mediante elecciones libres, auténticas y periódicas[22].

Igualmente, el referido numeral establece que los partidos políticos son entidades de interés público cuyo fin es promover la participación del pueblo en la vida democrática y como organizaciones ciudadanas hacer posible su acceso al ejercicio del poder político. También, establece que el Instituto Nacional Electoral es la autoridad administrativa en la materia y encargada de organizar las elecciones, con facultades de asunción, delegación y atracción. Asimismo, considera: la existencia de un sistema de medios de impugnación en materia electoral para garantizar los principios de constitucionalidad y legalidad de los actos y resoluciones electorales, incluidos los relativos a las consultas populares y las revocatorias de mandato además de garantizar la protección de los derechos político-electorales de la ciudadanía; el principio de que la interposición de medios de impugnación no producirá efectos suspensivos sobre el acto reclamado; así como un sistema de nulidades de votación recibida en casilla y de elección previstas en la propia Constitución General de la República y en la legislación específica de la materia[23].

Aunado a lo anterior, el artículo 49 establece que el Supremo Poder de la Federación se divide para su ejercicio en: Ejecutivo, Legislativo y Judicial[24]. El numeral 51 estipula que la Cámara de Diputados se renovará cada tres años por elección[25] mientras que el diverso 56 prevé que la Cámara de Senado-

---

18 *Idem.*

19 *Idem.*

20 *Idem.*

21 *Idem.*

22 *Idem.*

23 *Idem.*

24 *Idem.*

25 *Idem.*

res se renovará cada seis años mediante elección. En lo que corresponde al Poder Ejecutivo, el arábigo 81 establece que la elección de la persona titular de la presidencia de la República se hará de forma directa[26].

Ahora bien, el artículo 94 contempla que el Poder Judicial de la Federación se deposita en una Suprema Corte de Justicia de la Nación (SCJN), en el TEPJF, en Plenos Regionales, en Tribunales Colegiados de Circuito, Tribunales Colegiados de Apelación y en Juzgados de Distrito[27]. En lo relativo al TEPJF, el numeral 99 establece que es la máxima autoridad jurisdiccional en materia electoral y órgano especializado del Poder Judicial de la Federación, cuyas determinaciones son definitivas e inatacables, conformado por una Sala Superior y Salas Regionales además de que sus sesiones serán públicas en los términos que determine la ley y tendrá la facultad de no aplicación de preceptos legales en materia electoral que considere contrarios a la Constitución, en casos concretos[28].

Adicionalmente, estipula que para su integración contará con siete Magistraturas en Sala Superior, sus miembros durarán en su encargo nueve años improrrogables, cumplirán los requisitos para la Ministratura de la SCJN, serán electos, de forma escalonada, por las dos terceras partes de los miembros presentes del Senado de la República a partir de la propuesta aprobada por el Pleno de la SCJN y enviada por la persona titular de la presidencia del Alto Tribunal. Asimismo, se destaca que sus renuncias, ausencias y licencias serán tramitadas cubiertas y otorgadas por la misma Sala[29].

En el caso de las Magistraturas de las Salas Regionales, se integrarán tres en cada Sala, deberán cumplir con los requisitos para la Magistratura de Tribunal Colegiado de Circuito, durarán en su encargo nueve años improrrogables, salvo si son promovidos aun cargo superior. Se elegirán con el mismo procedimiento que las Magistraturas de Sala Superior[30].

De hecho, el precepto constitucional en cita refiere que las vacantes definitivas serán cubiertas por una nueva Magistratura quien cubrirá el tiempo restante del nombramiento original. La administración, vigilancia y disciplina al interior del TEPJF estará a cargo de una Comisión del Consejo de la Judicatura Federal, integrada por la persona titular de la Presidencia y una Magistratura, ambos del TEPJF, así como tres personas consejeras del Consejo de la Judicatura Federal. Su presupuesto lo propondrá a la persona titular de la presidencia de la SCJN para su inclusión en el proyecto de presupuesto del Poder Judicial de la Federación.

26 *Idem*.

27 *Idem*.

28 *Idem*.

29 *Idem*.

30 *Idem*.

Aunado a lo expresado con antelación, el arábigo 101 establece que, entre otras, las Magistraturas del TEPJF, durante el periodo de su encargo, no podrán aceptar ni desempeñar empleo, cargo o comisión de la Federación, de los Estados o de particulares, salvo aquellos no remunerados en asociaciones científicas, docentes, literarias o de beneficencia. De igual manera, no podrán actuar como patronos, abogados o representantes en cualquier proceso ante los órganos del Poder Judicial de la Federación, dentro de los dos años siguientes a la fecha de su retiro[31].

Del examen anterior es plausible advertir que el diseño constitucional vinculado con la materia electoral abarca aspectos relativos a: la obligación de las autoridades de respetar los derechos humanos; el reconocimiento de la composición pluricultural de la Nación, además de la igualdad entre el hombre y la mujer; la protección de los derechos político-electorales de la ciudadanía, así como sus obligaciones y causas de suspensión; el pueblo como detentador originario de la soberanía; la forma de gobierno republicano; la elección popular de las personas integrantes de los poderes Ejecutivo y Legislativo; la naturaleza constitucional del TEPJF, el procedimiento para la designación de sus integrantes, el periodo del encargo, los requisitos constitucionales para el cargo,; y los impedimentos durante y posterior al ejercicio de la Magistratura, en los que se destaca la relevancia otorgada a la previsión de normas, reglas y principios.

3.4. Aspectos relevantes del impacto en la materia electoral de la iniciativa de reforma constitucional al Poder Judicial

La iniciativa de reforma constitucional presentada por el presidente de la República, que forma parte de un paquete de modificaciones y adiciones a la Carta Magna, representa uno de los mayores retos legislativos, institucionales, políticos y sociales de la etapa moderna de México. Toda vez que, si bien diversos de sus aspectos fueron anunciados desde los primeros meses del presente año y sirvieron de estandarte para el debate durante el periodo de campañas electorales, así como para la abierta petición de votos populares en favor de las candidaturas al Congreso de la Unión del partido político aún mayoritario, ésta aún deja más dudas que certezas.

En efecto, la iniciativa de mérito pretende entre otros aspectos replantear el diseño constitucional e institucional de diversos ámbitos de la Poder Judicial, esencialmente: la elección de Ministraturas, Magistraturas y personas titulares de Juzgados de Distrito; la creación de órganos como el de Administración Judicial y el Tribunal de Disciplina Judicial, así como la elección de

31 *Idem*.

sus respectivos integrantes; y que la impartición de justicia sea más pronta y expedita, aspectos que por cierto también impactan en el Tribunal Electoral, máxima autoridad jurisdiccional en la materia y órgano especializado del Poder Judicial de la Federación, en términos del artículo 99, con excepción de lo dispuesto en la fracción II del arábigo 105, ambos de la Constitución Política de los Estados Unidos Mexicanos.

Sin embargo, dicha iniciativa, después de la jornada electoral próxima pasada, ha sido objeto de análisis y discusión por sectores sociales, políticos y académicos. Puesto que ésta representa una propuesta que no sólo replantea el procedimiento constitucional para la integración de diversos órganos del Poder Judicial tanto federal como locales sino que también pone en tela de juicio si con ella será posible garantizar siete aspectos relevantes para el Estado Constitucional y Democrático de Derecho: la independencia judicial; el fortalecimiento de la administración de justicia; el respeto a las garantías judiciales; la impartición de una justicia pronta y expedita sobre todo centrada en las personas; el mejoramiento de la democracia constitucional; la consideración de la democracia dialógica; y, por supuesto, la garantía de los derechos humanos a la democracia y a la tutela judicial efectiva.

Lo anterior, no es óbice para reconocer que la contundente mayoría de votos obtenidos en la elección de Diputaciones, Senadurías y Presidencia de la República le da la fuerza al partido político que obtuvo la mayor cantidad de votos en las pasadas elecciones federales, así como a sus entidades de interés público coaligadas, para impulsar ésta y el resto de iniciativas que conforman el llamado «Plan C». Sin embargo, el inconveniente no está en la legitimidad de origen sino en la legitimidad de ejercicio. Por lo que no es dable soslayar que la democracia requiere consensos, la democracia es dialógica por lo que la mayoría obtenida en las urnas también implica un ejercicio de responsabilidad democrática y de integridad en la que el diálogo y la escucha activa de los diversos sectores de la sociedad, resultan fundamentales para el fortalecimiento de la democracia mexicana, entre las que se encuentra sus dimensiones sustantiva, electoral y dialógica además de la propia justicia constitucional vinculada con actores, instituciones y procesos comiciales.

En esa tesitura, la apertura de foros regionales y/o nacionales en torno a la multirreferida iniciativa, no sólo debe de ser un mecanismo de parlamento abierto que vaya más allá de la artificiosa pretensión de legitimación social y política *per se* sino debe representar la apertura para escuchar las distintas voces, preocupaciones y expectativas acerca de una iniciativa que impactará en las personas y las propias instituciones en el presente y futuro. Puesto que un régimen que se precie de ser democrático si bien parte de la posición mayoritaria también toma en consideración a las minorías toda vez que la democracia es incluyente e inclusiva. Para ello, la construcción de ciudadanía y la cultura democrática representan la condición sin la cual, la democracia no es un elemento transversal del Estado Constitucional de Derecho sino un mero mecanismo instrumental para elegir representantes en las urnas.

Así las cosas, la relevancia de la iniciativa de mérito también estriba en que es parte de un paquete de reformas a la Carta Magna y en la que se incluye, entre otras, una en materia electoral, vislumbrada en los llamados «Plan A» y «Plan B», con la adjudicación de más funciones al Instituto Nacional Electoral y al propio TEPJF más allá de las incorporadas al texto constitucional con las reformas del año 1990, 1993, 1996, 2007 y 2014, por mencionar algunas. Circunstancia que modificaría tanto al órgano administrativo, encargado de organizar las elecciones, y al diverso jurisdiccional, responsable de dirimir los conflictos derivados de los procesos comiciales y de la protección de los derechos político-electorales de la ciudadanía.

En efecto, la iniciativa de mérito plantea diversos aspectos que impactan directamente en la materia electoral particularmente en lo que se refiere a la integración del TEPJF, su administración y disciplina, así como el incremento de facultades atribuidas por el texto constitucional, entre los que se pueden destacar los siguientes:

1. La Sala Superior del TEPJF resolverá, de forma definitiva e inatacable, las impugnaciones derivadas de las elecciones de personas titulares de las Ministraturas, Magistraturas de Circuito, Juzgados de Distrito, así como las Magistraturas del Tribunal de Disciplina Judicial. (artículo 99, fracción I)[32].
2. La elección de las Magistraturas de la Sala Superior del TEPJF se llevará a cabo mediante voto directo y secreto emitido a nivel nacional a partir de 10 candidaturas de forma paritaria propuestas por cada uno de los Poderes de la Unión. La SCJN resolverá las impugnaciones, calificará el proceso y declarará los resultados. (artículo 99 párrafos décimo primero, décimo segundo y décimo tercero)[33].
3. Las candidaturas a Magistraturas de la Sala Superior del TEPJF deberán de tener los requisitos para ocupar una Ministratura de la SCJN, a saber, artículo 95 constitucional: I. Ser ciudadano mexicano por nacimiento, en pleno ejercicio de sus derechos políticos y civiles. II. Tener cuando menos treinta y cinco años cumplidos el día de la designación[34]; III. Poseer el día de la designación[35], con antigüedad mínima de diez años, título profesional de licenciado en derecho, expedido por autoridad o institución legalmente facultada para ello; IV. Gozar

32 Cámara de Diputados del Congreso de la Unión. «Iniciativa del ejecutivo federal con proyecto de decreto, por el que se reforman, adicionan y derogan diversas disposiciones de la Constitución Política de los Estados Unidos Mexicanos, en materia de reforma del Poder Judicial» en *Gaceta Parlamentaria*. Año XXVII. Lunes 5 de febrero de 2024. P. 50. https://gaceta.diputados.gob.mx/PDF/65/2024/feb/20240205-15.pdf#page=2.

33 *Ibidem*. Pp. 47-50.

34 «elección» con el texto modificado en la propia iniciativa de reforma. *Ibidem*. P. 69.

35 «elección» con el texto modificado en la propia iniciativa de reforma. *Ibidem*. P. 69.

de buena reputación y no haber sido condenado por delito que amerite pena corporal de más de un año de prisión; pero si se tratare de robo, fraude, falsificación, abuso de confianza y otro que lastime seriamente la buena fama en el concepto público, inhabilitará para el cargo, cualquiera que haya sido la pena. V. Haber residido en el país durante los dos años anteriores al día de la designación; y VI. No haber sido secretario de Estado, fiscal general de la República, senador, diputado federal[36], ni titular del poder ejecutivo de alguna entidad federativa, durante el año previo al día de su nombramiento[37], además de distinguirse por su probidad[38].

4. El periodo del encargo de las Magistraturas de Sala Superior y Salas Regionales del TEPJF será de 6 años improrrogables[39].
5. Las Magistraturas de Salas Regionales serán electas mediante voto popular emitido por regiones de conformidad con las reglas que establecerá la legislación electoral que cuya iniciativa se someterá a discusión y aprobación, posteriormente[40].
6. Ante la falta de una Magistratura, la SCJN presentará una propuesta para que el Senado de la República designe para cubrir la vacante. (penúltimo párrafo del artículo 99)[41].
7. Se mantiene el impedimento legal de las magistraturas de Sala Superior y Salas Regionales además se incorpora a las Magistraturas del Tribunal de Disciplina Judicial e integrantes del Órgano de Administración Judicial, para aceptar o desempeñar empleos en la federación, de las entidades federativas o de particulares, salvo los casos no remunerados en asociaciones científicas, docentes, literarias o de beneficencia y para actuar como patronos, abogados o representantes en cualquier proceso ante los órganos del Poder Judicial de la Federación dentro de los dos años siguientes a la fecha de su retiro. (artículo 101)[42].
8. La administración del TEPJF corresponderá al Órgano de Administración Judicial y el Tribunal de Disciplina Judicial quien conocerá de los asuntos relacionados con la disciplina de los miembros del

36 «ni magistrado del Tribunal Electoral del Poder Judicial de la Federación» con el texto modificado en la propia iniciativa de reforma. *Ibidem*. P. 69.

37 «elección» con el texto modificado en la propia iniciativa de reforma. *Ibidem*. P. 69.

38 *Ibidem*. Pp. 48-50.

39 *Ibidem*. P. 51.

40 *Ibidem*. P. 51.

41 *Ibidem*. P. 51.

42 *Ibidem*. P. 56.

TEPJF, incluyendo la investigación y sanción de las personas servidoras públicas que lo conforman. (99 párrafo décimo)[43].

9. Las Magistraturas del TEPJF no podrán recibir una remuneración mayor a la establecida para el presidente de la República en el presupuesto correspondiente conforme a los parámetros establecidos en las fracciones I y II del artículo 127[44].
10. De manera transitoria, se precisa que las Magistraturas de la Sala Superior y de las Salas Regionales del TEPJF, continuarán en su encargo hasta que tomen protesta las personas electas en la elección extraordinaria para la renovación de los cargos de mando del PJF, una vez que hayan resuelto las impugnaciones derivadas de la elección de Ministraturas, Magistraturas de Circuito, Magistraturas del Tribunal de Disciplina Judicial y Juzgados de Distrito[45].
11. Para la elección por voto directo y secreto de las Magistraturas del TEPJF, el Senado de la República emitirá la convocatoria para integrar el listado de personas aspirantes. Cada Poder de la Unión postulará al número de aspirantes que le correspondan, el Senado verificará el cumplimiento de los requisitos de elegibilidad. Remitirá la lista al Instituto Nacional de Elecciones y Consultas para que organice y lleve a cabo la elección en un plazo no mayor de un año cuyas impugnaciones resolverá la SCJN[46].
12. Las magistraturas de Sala Superior que emanen de la elección extraordinaria durarán cinco y ocho años y vencerá en 2030 cuatro de ellas y en 2033 para las tres restantes[47].
13. Las Magistraturas de Salas Regionales que emanen de la elección extraordinaria, durarán cinco y ocho años y vencerá en 2030 para dos de ellas y en 2033 para la restante[48].
14. Los periodos para el ejercicio del encargo de cada Magistratura serán determinados en función del número de votos, otorgándosele el mayor periodo a quien haya obtenido la mayor cantidad de votos[49].

43 *Ibidem*. P. 56.

44 *Ibidem*. P. 59.

45 *Ibidem*. Pp. 60-61.

46 *Ibidem*. P. 60.

47 *Ibidem*. P. 61.

48 *Ibidem*. P. 61.

49 *Ibidem*. Pp. 61-62.

15. Las personas que ocupen actualmente las magistraturas del TEPJF, podrán participar en la elección extraordinaria para ser electas a un nuevo periodo[50].

Ahora bien, los puntos expresados con antelación permiten advertir diversos elementos a considerar en virtud de lo que implicará si la reforma en estudio se aprueba en sus términos:

A. Con dicha reforma si bien pareciera que, de alguna manera, se robustece la naturaleza constitucional del TEPJF como máxima autoridad jurisdiccional en materia electoral al otorgarle la facultad de resolver las controversias derivadas de la elección por voto popular de las personas titulares de diversos órganos del Poder Judicial, ya no será autoridad única terminal en materia electoral porque también intervendrá la SCJN como se explicará en líneas posteriores.

B. La reforma propuesta implica la modificación del procedimiento para la selección de las Magistraturas de Sala Superior del TEPJF. Toda vez que, con el texto vigente de la Constitución, es el Pleno de la SCJN quien integra la terna de candidaturas que son enviadas al Senado de la República quien elige con el voto de las dos terceras partes de sus miembros presentes mientras que en la citada iniciativa la elección será por voto popular. Se destaca que, el Poder Ejecutivo enviará hasta 10 candidaturas, cada Cámara del Congreso de la Unión remitirá cinco postulaciones, con la aprobación de mayoría calificada de cada Cámara, al igual que el Pleno de la SCJN con similar número de candidaturas, con la aprobación de 6 votos de las Ministraturas. Todo, previa convocatoria del Senado de la República.

Una vez hecho lo anterior, el listado se remitirá al Instituto Nacional de Elecciones y Consultas (INEC), previsto en otra iniciativa de reformas, para organizar la elección por voto popular, obtener los resultados electorales y dotar de tiempos de acceso a radio y televisión en forma igualitaria a las personas postuladas para el cargo en la judicatura.

Al caso, se destaca que el propio texto de la iniciativa de reforma en su arábigo 96 precisa que los Poderes de la Unión procurarán los perfiles de personas con experiencia en la administración o procuración de justicia, requiriendo acreditar eficiencia, capacidad y probidad, e incluso personas que se hayan dedicado a la actividad jurídica, acotando en este caso la necesidad de que cuenten con honorabilidad, competencia y antecedentes profesionales. En ello se destaca que se privilegia el perfil técnico de las personas postuladas.

Además, se incorpora otra excepción además de la ya prevista en la fracción II del artículo 105 de la Carta Magna del texto aún vigente toda vez que la resolución de los medios de impugnación en materia electoral ya no

50 *Ibidem*. P. 62.

serán competencia exclusiva del TEPJF puesto que aquellos vinculados con la elección de las Magistraturas de las Salas del citado Tribunal, lo hará la SCJN. Situación que implica la intervención del Alto Tribunal en asuntos de naturaleza política-electoral. Circunstancia que desde el siglo XIX se había pretendido evitar.

C. Se incorpora como elemento novedoso que, de alguna manera, convierte a la magistratura del TEPJF en cargo terminal de forma temporal porque quien ocupe el referido cargo no podrá ocupar el de alguna Ministratura de la SCJN, al menos durante el año previo al de su elección mediante voto popular y secreto, evitando con ello el posible conflicto de intereses y buscando garantizar la independencia judicial de quienes tienen la alta responsabilidad de resolver los juicios y recursos del sistema de medios de impugnación en materia electoral, evidentemente en los que se ven involucrados actores o sujetos intervinientes en el procedimiento electoral y que, a la vez, son personas legisladoras quienes potencialmente intervendrán en la formulación de propuestas para candidaturas y revisión de requisitos relativa a alguno de los cargos de Ministratura de la SCJN.

D. La propuesta de reforma relativa a la duración del encargo de las Magistraturas de la Sala Superior y Salas Regionales del TEPJF se reduce de nueve años improrrogables a seis años también sin posibilidad de prórroga. Aspecto que reduce el de por sí estrecho margen de la curva de aprendizaje que actualmente tiene la persona juzgadora en la judicatura electoral y que con la temporalidad de nueve años aún vigente, le permitía incorporarse progresivamente a la dinámica de la vertiginosa impartición de justicia electoral cuyos plazos son cortos y la resolución de asuntos, en muchos de los casos, es apremiante para evitar la irreparabilidad de los actos reclamados además de que la impartición de justicia electoral es una tarea que exige un alto nivel de especialización cuya práctica prolongada fortalece el perfil de quienes la ejercen y contribuye a la delineación de una línea jurisprudencial que da certeza a las personas justiciables.

E. La selección de las Magistraturas de las Salas Regionales también será modificada. Toda vez que, en el texto vigente de la Constitución, éstas son electas por las dos terceras partes de los miembros presentes de la Cámara de Senadores a partir de una terna enviada por el Pleno de la SCJN mientras que en la iniciativa serán electas por voto popular en elecciones organizadas por el INEC y votadas por regiones. Sobre el particular, en la demarcación electoral actual, se cuenta con 5 circunscripciones electorales.

F. La iniciativa de reforma constitucional modifica el efecto del nombramiento de la persona que ocupará la vacante definitiva que deje una Magistratura del TEPJF toda vez que precisa que, ante la falta de una Magistratura del referido Tribunal, la SCJN, por mayoría de seis votos, presentará una terna al Senado de la República para cubrir el periodo constitucional. El Senado, con el voto de la mayoría calificada de las senadurías presentes, elegirá a una persona interina que ocupará el cargo hasta el día que tome protesta la persona que resulte electa en la próxima elección ordinaria del año que corresponda.

G. Cabe destacar que, el artículo 173 de la Ley Orgánica del Poder Judicial de la Federación[51] vigente precisa que en caso de vacante definitiva se nombrará a una nueva Magistratura por el tiempo restante del nombramiento original. Por su parte, el arábigo 175 del citado ordenamiento[52] vigente establece que, en caso de vacante definitiva en Sala Regional la persona titular de la presidencia de la Sala, lo notificará de forma inmediata a la Sala Superior para que ésta, a su vez, lo haga del conocimiento a la SCJN con la finalidad de que ésta, haga la propuesta a la Cámara de Senadores mientras tanto, la ausencia la suplirá la persona que ocupe la secretaría general o la persona secretaria con mayor antigüedad.

H. La propuesta de reforma constitucional adiciona al impedimento del artículo 101 a las Magistraturas del Tribunal de Disciplina Judicial y las personas integrantes del Órgano de Administración Judicial para evitar que puedan actuar, dentro de los dos años siguientes a la fecha de su retiro, como patronos, abogados o representantes en cualquier proceso ante los órganos del Poder Judicial de la Federación. Con ello, se busca evitar que la información, contactos y relaciones que se hayan construido durante el encargo en alguno de los dos órganos, sean aprovechadas para beneficio de los litigios o representaciones que adquieran con motivo del encargo que ostentaron y la información a la que tuvieron acceso máxime que ambos órganos tendrán injerencia en asuntos administrativos y disciplinares del TEPJF.

I. Una de las innovaciones que pretende la reforma constitucional al Poder Judicial es, como ya se apuntó, la creación de un Órgano de Administración Judicial. En el caso del TEPJF a dicho órgano le corresponderá la administración y el control interno. Sin embargo, el texto vigente de la Constitución prevé una Comisión del Consejo de la Judicatura Federal, integrada por la persona titular de la Presidencia y una Magistratura del TEPJF, así como tres personas titulares de Consejerías del citado Consejo.

Sobre el particular, el TEPJF propondrá su presupuesto al citado Órgano de Administración para que sea incluido en el proyecto de presupuesto del Poder Judicial de la Federación mientras que en lo relativo al Tribunal de Disciplina Judicial, que representa otra innovación, también tendrá competencia respeto de la disciplina al interior del TEPJF. Se destaca que el arábigo 73 de la Ley Orgánica del Poder Judicial de la Federación[53] vigente establece que la

51 Cámara de Diputados del Congreso de la Unión. *Ley Orgánica del Poder Judicial de la Federación.* https://www.diputados.gob.mx/LeyesBiblio/pdf/LOPJF.pdf.

52 *Idem.*

53 *Idem.*

disciplina, entre otros aspectos, del citado Poder, estarán a cargo del Consejo de la Judicatura Federal, con excepción de la SCJN y del TEPJF.

J. En la iniciativa de estudio, se advierte la recurrencia en que las Magistraturas del TEPJF no perciban un sueldo mayor que el establecido para el presidente de la República, premisa que forma parte de diversa iniciativa planteada por el ejecutivo federal. Este aspecto no guarda un parámetro de razonabilidad para establecer el por qué la persona titular del poder ejecutivo deba de ser el referente para establecer que ese es el límite idóneo de remuneraciones que deben de recibir las personas servidoras públicas, incluyendo quienes tienen la responsabilidad de la judicatura máxime que la naturaleza del perfil para ocupar dichos cargos y de las facultades derivadas de cada uno, evidentemente son distintas. Ello, sin desconocer que la propia iniciativa establece que dicha remuneración no podrá ser disminuida durante su encargo.

K. Una de las críticas que ha recibido la multirreferida iniciativa de reforma al Poder Judicial estriba en la factibilidad operativa para cambiar a todas las personas que ocupan el cargo en Ministraturas, Magistraturas, Juzgados de Distrito del Poder Judicial. Sobre ello, ésta establece que las personas que actualmente ocupan dichos encargos seguirán en ellos hasta que sean electas quienes habrán de sustituirlos. En el caso del TEPJF, lo harán una vez que la SCJN califique los resultados de la elección para ocupar dichos encargos.

L. La multicitada iniciativa está relacionada con la diversa de reforma en materia electoral. Puesto que será el nuevo INEC el responsable de organizar la elección para las Magistraturas del TEPJF y, como ya fue precisado, la SCJN resolverá los medios de impugnación que se deriven de dicho proceso comicial y el Senado de la República tomará la protesta correspondiente.

También, se destaca que las personas candidatas a un cargo dentro de la judicatura, se darán a conocer a la ciudadanía mediante el acceso a radio y televisión en los tiempos que indique el INEC cuyos tiempos serán asignados de manera igualitaria, con la prohibición de adquisición por sí o interpósita persona de acceso a radio y televisión, así como para el financiamiento público y privado. Además, se prohíbe la participación de los partidos políticos en la promoción de candidaturas a cargos dentro del Poder Judicial no obstante que el artículo 41 constitucional vigente, les reconoce como finalidad el promover la participación del pueblo en la vida democrática.

M. Uno de los efectos que tendrá el voto popular en la elección de personas que aspiran a ocupar un cargo dentro de la judicatura es el relativo al periodo para el que serán electos. Puesto que la iniciativa de referencia en el caso de la elección extraordinaria establece un periodo diferenciado de cinco y ocho años, favoreciendo con el periodo de mayor duración a quien obtuvo la mayor cantidad de votos. Lo cual no necesariamente garantiza la elección del mejor perfil *per se* desde el punto de vista técnico y quizá sí garantice el triunfo a quién logre generar un mayor nivel de empatía con el electorado.

Ciertamente, las personas electoras emitirán su voto sólo con la información que logren obtener y la imagen de la candidatura que sea proyectada y/o escuchada a partir de los tiempos otorgados por el INEC. Situación que se advierte complicada al tomar en consideración que aún existen grandes áreas de oportunidad en aspectos tan relevantes como el abstencionismo, la cultura democrática, la construcción de ciudadanía y la democratización del espacio público.

Ahora bien, lo expresado anteriormente no es óbice para identificar que si bien la iniciativa establece que se deberán de cumplir requisitos constitucionales, cuya verificación estará a cargo del Senado de la República, y de que los Poderes de la Unión procurarán la eficacia, la capacidad, la probidad, la honorabilidad y la competencia de las personas propuestas, así como la experiencia en la administración o procuración de justicia, la postulación de las candidaturas no deja de ser una decisión de carácter eminentemente político, al menos en lo que respecta al Poder Ejecutivo y Legislativo y tampoco se prevén mecanismos que garanticen que, en realidad, serán postuladas las personas que cuenten no sólo con los mejores perfiles técnicos sino también con perspectiva de una administración de justicia moderna, inclusiva y centrada en las personas.

De lo expuesto con antelación, se colige que la búsqueda del fortalecimiento institucional y, particularmente de la administración de justicia, siempre será una loable labor inacaba y progresiva. Sin embargo, la propuesta, en realidad no atiende los problemas sustanciales relacionados con la justicia electoral ni considera el principio democrático. Toda vez que más allá de la modificación del proceso para selección y elección de quienes ocuparan las magistraturas del TEPJF, así como la creación de órganos de Administración Judicial y de Disciplina, también se requiere seguir consolidando a dicho órgano como la máxima autoridad jurisdiccional en la materia y garante de los derechos político-electorales de la ciudadanía.

Efectivamente, la justicia electoral en realidad no presenta en todos sus términos la problemática común que posee la administración de justicia tanto federal como local, como lo es que ésta no es pronta y ni expedita. Al contrario, la justicia electoral resuelve de forma oportuna los medios de impugnación que se someten a su conocimiento observando la reparabilidad del acto reclamado además de que el procedimiento constitucional vigente en el que interviene la SCJN permite la selección de perfiles idóneos desde el punto de vista técnico y que, en términos generales, han cumplido con su función constitucional.

Sin embargo, la justicia electoral requiere y debe fortalecerse. De hecho, es indispensable pugnar por su modernización. Al caso, Carlos Jiménez destaca la relevancia de dicha modernización, entendida como «*el perfeccionamiento de la Administración de justicia orientado a conseguir un servicio público en el ámbito de la justicia, equiparable en rendimiento al de los servicios públicos más avanzados, actual, ágil, eficaz y confiable, que garantice el acceso a la justicia y la tutela judicial efectiva, y que cumpla con las expectativas actuales de la ciudadanía*»[54].

Dicho en forma breve, el TEPJF como toda institución es perfectible y resulta fundamental coadyuvar en su fortalecimiento. Por tal motivo es relevante considerar: el otorgamiento de la facultad para el desahogo de opiniones consultivas en materia político-electoral, sin desconocer que el órgano administrativo electoral ya tiene la potestad de desahogar consultas; dotarlo de una defensoría de oficio para la ciudadanía en general y no sólo para grupos en situación de vulnerabilidad que si bien representa un gran avance, la ampliación del espectro de atención contribuirá a la garantía del acceso a la justicia; avanzar en el enfoque de justicia centrado en las personas; la importancia de garantizar el derecho de acceso a los Mecanismos Alternativos de Solución de Conflictos; y crear un órgano que dé seguimiento al cumplimiento de sentencias dictadas por las Salas del TEPJF en aras de garantizar el derecho humano a la tutela judicial efectiva.

Finalmente, lo apuntado en líneas anteriores es posible y quizá, en algunos aspectos hasta necesario. Sin embargo, ello no es impedimento para considerar que los procesos legislativos que implican modificaciones constitucionales y/o legales y que obvian el principio democrático, evitando un diálogo auténtico entre los diversos sectores que se pudieran ver impactados con éstas o llevarlo a cabo sin considerar las visiones y/o aportaciones de quienes participan en mecanismos como el parlamento abierto, no sólo coartan la posibilidad de que la ciudadanía se involucre en los procesos de discusión pública sino que contribuyen a: fomentar la apatía respecto de los asuntos públicos; debilitar la cultura democrática; evitar la construcción de ciudadanía; y debitar la democracia dialógica.

3.5. Conclusiones

La iniciativa de reforma constitucional en materia del Poder Judicial representa un gran reto para el Estado Constitucional de Derecho. Puesto que más allá de mayorías electorales y/o legislativas, la democracia dialógica y el principio democrático son fundamentales para la legitimidad de ejercicio del poder que se obtuvo en las urnas mediante el voto universal, libre, secreto, directo, personal e intransferible, así como para el fortalecimiento institucional.

De hecho, aspectos relevantes de la iniciativa como es el caso de la elección de las magistraturas electorales, no necesariamente garantiza *per se* que los mejores perfiles técnicos serán electos como tampoco que éstos

54 Carlos E. JIMÉNEZ GÓMEZ. «Modernización de la Justicia en el siglo XXI: la necesidad de una perspectiva de justicia abierta». P. 1. https://biblioguias.cepal.org/ld.php?content_id=28765738.

tienen una visión de administración de justicia moderna e inclusiva con enfoque centrado en las personas o más aún, que, con dicho procedimiento de elección, se acredite que cuentan con la perspectiva de la dimensión social de la justicia.

Además, si bien se requiere fortalecer la justicia electoral también es relevante que esta parta de un diagnóstico en el que se adviertan sus fortalezas y áreas de oportunidad para que la construcción de la propuesta de reforma constitucional sea el producto de la escucha activa, el diálogo entre los diversos sectores y el consenso social y legislativo a partir de mecanismos de democracia dialógica y no, en caso contrario, transitar hacia su debilitamiento.

Lo anterior, no es obstáculo para destacar que la iniciativa busca, desde una perspectiva parcial y aún inacabada, fortalecer la administración e impartición de justicia con mecanismos como el Órgano de Administración Judicial y el Tribunal de Disciplina Judicial, vistos como un punto de partida, pero no de llegada. Toda vez que ésta aún requiere esfuerzos institucionalizados, permanentes y sistemáticos en los que se ponga en el epicentro de las decisiones el bienestar de las personas y la garantía de los derechos humanos que vayan más allá del cambio de disposiciones y reglas a partir de coyunturas políticas y/o mayorías legislativas.

Evidentemente, la justicia electoral debe: responder a las nuevas demandas y expectativas sociales; fortalecer el principio de que ésta debe de ser pronta, expedita, completa e imparcial; y considerar que es una actividad estatal que contribuye a la gobernanza, a la democracia constitucional y a la tutela judicial efectiva con una línea jurisprudencial consistente y progresiva.

3.6. Bibliografía

Aragón Manuel. *Constitución, democracia y control.* Universidad Nacional Autónoma de México, México, 2002. https://biblio.juridicas.unam.mx/bjv/detalle-libro/288-constitucion-democracia-y-control.

Cámara de Diputados del Congreso de la Unión. *Constitución Política de los Estados Unidos Mexicanos.* https://www.diputados.gob.mx/LeyesBiblio/pdf/CPEUM.pdf.

— *Ley Orgánica del Poder Judicial de la Federación.* https://www.diputados.gob.mx/LeyesBiblio/pdf/LOPJF.pdf.

— «Iniciativa del ejecutivo federal con proyecto de decreto, por el que se reforman, adicionan y derogan diversas disposiciones de la Constitución Política de los Estados Unidos Mexicanos, en materia de reforma del Poder Judicial» en *Gaceta Parlamentaria*. Año XXVII. Lunes 5 de febrero de 2024. https://gaceta.diputados.gob.mx/PDF/65/2024/feb/20240205-15.pdf#page=2.

INEGI. «Resultados», *Censo nacional de impartición de justicia federal 2023.* México: 3 de julio de 2023, actualizado abril 2024. https://www.inegi.org.mx/contenidos/programas/cnijf/2023/doc/cnijf_2023_resultados.pdf.

Jiménez Gómez, Carlos E. «Modernización de la Justicia en el siglo XXI: la necesidad de una perspectiva de justicia abierta» en *XX Congreso Internacional del CLAD sobre la Reforma del Estado y de la Administración Pública*. Perú. 2015. https://biblioguias.cepal.org/ld.php?content_id=28765738

Lagos Enrique. *La Modernización de los sistemas de Justicia y la cooperación jurídica y judicial en el ámbito interamericano*. http://www.oas.org/es/sla/ddi/docs/publicaciones_digital_XXXIII_curso_derecho_internacional_2006_Enrique_Lagos.pdf.

Nohlen Dieter. *Ciencia Política y justicia electoral. Quince ensayos y una entrevista*. Instituto Universitario de Investigaciones Jurídicas. México. 2015. http://ru.juridicas.unam.mx/xmlui/handle/123456789/12846

Vázquez Aguilar Jaime Arturo. «Justicia electoral: base para el fortalecimiento democrático en México» en *Revista Mexicana de Ciencias Penales*, No. 3, enero-marzo 2018, México, 2018. https://revistaciencias.inacipe.gob.mx/index.php/02/index

4.

REFORMA DE LA CUARTA TRANSFORMACIÓN AL PODER JUDICIAL, NUEVO PARADIGMA DE JUSTICIA, URGIDO DE SOPORTE FILOSÓFICO

José Virgilio Rivera Delgadillo[1]

SUMARIO: 4.1. Planteamiento del problema, esbozo de hipótesis. 4.2. Filosofía del paradigma de justicia hasta ayer vigente. 4.3. Breves líneas acerca del Poder Judicial Mexicano. 4.4. Búsqueda de indicios del paradigma de justicia por venir en México. 4.5. Cambio social y modelos de administración de justicia para la llamada Cuarta Transformación. 4.6. Conclusión. 4.7. Bibliografía.

4.1. Planteamiento del problema, esbozo de hipótesis

Antes de concluir su mandato, Andrés Manuel López Obrador, presidente de los Estados Unidos Mexicanos, envía un proyecto de Decreto para reformar la Constitución Política de los Estados Unidos Mexicanos en materia de justicia. Reforma al Poder Judicial de la Federación y de las entidades federativas que, entre lo más destacado, establece la elección mediante el voto directo de la ciudadanía de la magistratura (juezas y jueces, magistradas y magistrados, así como de ministras y ministros) en lugar del proceso de designación de ministros realizado por parte de la Presidencia de la Repú-

1 Director de la Facultad de Derecho y Rector de la Universidad Autónoma de Zacatecas. Consejero General del Instituto Federal Electoral. Consejero presidente del Instituto Electoral del Estado de Zacatecas y Magistrado del Tribunal Superior del Estado de Zacatecas. virgiliord@yahoo.com.mx

blica y el Senado, y de magistrados y jueces federales realizado por parte del Consejo de la Judicatura Federal. Un cambio significativo que devela, en el horizonte, la posibilidad de otros de carácter más profundo.

En los días que corren, debate y decisiones políticas candentes respecto de la reforma. Pero atrevámonos, con buena disposición y esfuerzo de imaginación, a instalarnos meses más, meses menos, en un escenario futuro; tal vez deseado para algunos y catastrófico para otros.

Dando continuidad al esfuerzo de imaginación, la mudanza de un paradigma de administración de justicia a otro, emergente, ya va operando; la elección de la magistratura ha concluido. Flamante integrante de tal magistratura se dispone al estudio y resolución de los casos que le han sido asignados, provisto ya de los respectivos proyectos que le han hecho llegar sus secretarios de estudio y cuenta. Es el momento preciso en el que surge, en la mente del juzgador, una interrogante del todo pertinente: ¿Cuáles son los postulados de la nueva filosofía que guía a la administración de justicia en tiempos de la llamada Cuarta Transformación? Postulados que orientarán su tarea de impartidor de justicia. Y más allá si se quiere ¿Existe a la fecha tal filosofía?

La búsqueda de respuesta a tal interrogante, que un día vendrá, dio motivo a la elaboración del presente documento el cual, más que artículo, por su contenido, obedece al carácter de ensayo.

Respuesta inicial a la interrogante, a modo de hipótesis puede expresarse de la siguiente manera: los enunciados generales respecto al nuevo paradigma de justicia por venir, de cualquier modo, ensamblados no alcanzan a dar pleno soporte filosófico al modelo de administración de justicia en México, enmarcado en la llamada Cuarta Transformación.

4.2. Filosofía del paradigma de justicia hasta ayer vigente

México, en materia de administración de justicia, es heredero de toda una filosofía surgida a la par de las sociedades modernas, teniendo como referente la Revolución Francesa de 1789. Un ser humano de nuevo tipo surge en ese momento coyuntural de la historia de las sociedades. Dejando atrás el pesado eslabón que le unía al propietario de esclavos, a las servidumbres de la edad media o de los peones acasillados que fueron parte del destino de las haciendas, caso de México. Ser humano que ya se ubica en el mundo en el que impera la libertad que suelen llamarle de los modernos[2], dueños de su propio destino, para bien o para mal.

2 Al respecto, vale la pena consultar, Cerroni, Umberto, «¿Qué es la Democracia? Lección dictada en 1985, en el Liceo Plauto de España», tomada de *Reglas y Valores de la Democracia*, México, CONACULTA, 1991.

La bandera de la libertad, la igualdad y la fraternidad recorre el mundo derrumbando viejas estructuras de vida y de pensamiento. Nuevos moldes sociales que no alcanzan a ser comprendidos por su magnitud y por su carácter revolucionario. En aquel entonces, cuando muchas mentes no podían contemporizar con la idea de que todas y todos éramos iguales.

Cómo concebir el llamado sufragio universal donde la opinión expresada mediante el voto de alguien poderoso tuviera el mismo peso que el del más modesto desposeído. Más aún, que formalmente uno y otro pudieran concurrir en igualdad de circunstancias ante una autoridad jurisdiccional, para la solución de alguna controversia. Cambios en el mundo de la razón y de las conciencias, los que seguramente no se realizaron de la noche a la mañana.

Pero el postulado de igualdad ante la ley requirió, para su plena expresión en el mundo fáctico, del diseño de una compleja arquitectura con cimientos tan sólidos que resistieran los pisos o niveles que una real revolución en el mundo social y jurídico demandaba. Para ese momento y para otros posteriores que exigieran del agrandamiento del edificio con más niveles o pisos. La existencia de una ley, realmente de todo un universo jurídico, operando a modo de sistema que, entre sus cualidades bien fraguara para lograr la existencia de normas generales, abstractas e impersonales. Evitando a cualquier costo que las diferencias en condición social de los solicitantes de justicia, marcara pauta al momento de dictar sentencia. Que ese universo de lo jurídico armonizara con la filosofía del submundo de lo social; libertad e igualdad como derecho de todas y todos, que en el mundo jurídico se expresara entonces en un sistema jurídico preexistente a actos u hechos que, en su caso, serían valorados por lo jurídico.

En el caso de México, luego de casi dos siglos de vigencia de este paradigma, dos hechos relevantes le han impactado; uno de carácter local, otro global.

El hecho de carácter local fue el acento distintivo que se imprimió en la Constitución de 1917, cuando a campesinos y a obreros se les reconoce a nivel de norma constitucional su condición de desigualdad y, por ello mismo, el surgimiento de normas jurídicas compensatorias (subrayadas por Don Héctor Fix-Zamudio en sus cursos)[3] que les protegieran en esa condición de vulnerabilidad y fueran a la vez plataforma para alcanzar una nivelación o igualación de su condición social. No resulta cosa menor que el texto constitucional, de modo implícito, dé por sentado que la declaración de igualdad formal de todas y todos ante la ley, no bastaba por sí misma para la modificación de la realidad social.

---

3 Rescate afortunado de varios de sus desarrollos teórico conceptuales los encontramos en Ferrer Mac-Gregor Eduardo, «Aportaciones de Héctor-Fix-Zamudio al Derecho Procesal Constitucional», https://www.eld.edu.mx/Revista-de-Investigaciones-Juridicas/RIJ-26/Capitulos/10-Aportaciones-de-Hector-Fix-Zamudio-al-derecho-procesal-constitucional.pdf

Al insumo interno se agrega otro de carácter externo, realmente notable; un proceso casi abrupto de consolidación de los Derechos Humanos en gran parte de la comunidad de las naciones. Muchos derechos se fortalecen en su contenido formal, conceptual y procedimental. Es así como, en nuestro medio, el rescate, difusión y defensa de tales derechos se vuelve en tarea para todas y todos, comenzando por las y los integrantes de la magistratura; la presunción de inocencia y el derecho al debido proceso, se convierten en motivo especial de atención y protección.

Con este panorama inicial de las características del modelo de justicia genérico vigente y su estadía en México, vale la pena ver a nuestro Poder Judicial como uno de los poderes de la Unión.

4.3. Breves líneas acerca del Poder Judicial mexicano

Es el Poder Judicial mexicano, heredero de una larga historia de la magistratura, generada en el concierto de las naciones. De los esfuerzos históricos, luego vigorosos y a veces tenues, por buscar espacio de residencia, en el ámbito político y jurídico de las sociedades.

Montesquieu[4] (Charles Louis Secondat, Señor de la Brède, Barón de Montesquieu), persevera en obra escrita en 1748, en la división de los poderes públicos y para que éstos operen en equilibrio.

Ciertamente no es de Montesquieu la idea de dividir el poder para su ejercicio. Ya de antes, el viejo Aristóteles en su obra *Política*[5], dividía la soberanía en tres elementos; el que delibera, el que manda y el que ejecuta.

También anterior a Montesquieu, es John Locke (1632-1704), de los grandes pensadores del empirismo inglés, considerado el primer gran teórico del liberalismo clásico de los primeros en concebir la necesidad de dividir al poder[6].

La Revolución Francesa de 1789, forjada en una gran tradición del pensamiento liberal, expresa el anhelo de la igualdad y la libertad, con un Estado garante del ejercicio de estos derechos. De ahí el devenir de los Estados modernos. Del reconocimiento a la existencia del poder soberano del Estado, que se divide para su ejercicio en los poderes Ejecutivo, Legislativo y Judicial.

---

4 MONTESQUIEU, *El Espíritu de las Leyes*, México, Editorial Porrúa, Colección Sepan Cuantos, no. 191, 2013.

5 *Confere*, ARISTÓTELES, Ética *nicomáquea, política*, Editorial Porrúa, Colección Sepan Cuantos... no. 70, México, 2007, obra citada.

6 LOCKE, John, *Ensayos sobre el Gobierno civil*, México, Editorial Porrúa, Colección Sepan Cuantos no. 671, 2004.

Pero un denominador común en este trayecto de la historia política ha sido que el Poder Judicial no ha encontrado pleno acomodo en el sistema que habita.

Poder Judicial que suele ser llamado, con sarcasmo o no, el hijo menor, el disminuido, el niño pobre, el no heredado, el más débil entre los poderes de la Unión. Ocurrió por muchas décadas o siglos, pero esa presencia disminuida se esmera en perpetuarse.

Un Poder Ejecutivo, realmente poder, luego todo poderoso, predominante, avasallante. Objetivo clave del resto de los poderes para modular su presencia, de su ventaja comparada de estar en relación directa y privilegiada con los gobernados, sin que medie la curul del legislador ni la toga del juzgador. En concentrador unipersonal de lo que el Estado, las grandes instituciones estatales dicen a los medios y, a través de ellos a la ciudadanía[7]. Virtud que no tienen ni el legislador desde el espacio colegiado de la curul, ni desde el espacio colegiado de la magistratura.

Un Poder Legislativo que se reclama poseedor genuino de la voluntad popular, depositario de una soberanía que en el ideal radica en el pueblo, pero que tendrá en sus representantes al Congreso o al Parlamento en su caso, a sus genuinos custodios.

Poderes, Legislativo y Ejecutivo, fruto de ejercicio pleno del derecho al voto de los ciudadanos. Qué mejor condición de legitimidad podrán ostentar, se argumenta, si fueron electos por el pueblo, por la ciudadanía.

Y si va existiendo cierto equilibrio entre los poderes, ha sido entre el Legislativo y el Ejecutivo. Ambos con todo un andamiaje normativo para la regulación de sus relaciones, cuando esa relación es armoniosa y para cuando lo deja de ser. Otras normas jurídicas quedan reservadas para los momentos críticos en esa relación. Si es el caso, que uno declare la desaparición del otro.

De sociedad a sociedad o de Estado a Estado, habrá algunos de larga tradición y fuerza del congreso o del parlamento; otros, donde la presencia del Ejecutivo es hegemónica.

Es el Poder Judicial, en cualquiera de las tendencias anteriores, el que no resulta distinguido ni predominante. Donde la selección de sus titulares no deriva de una elección de la ciudadanía. No son los aspirantes a ministros o ministras de la Suprema Corte de Justicia de la Nación, en nuestro caso, quienes se involucran en un proceso de postulación ante la ciudadanía, con políticas, planes y acciones a realizar, en el caso de resultar electos. Sea o no a través de partidos políticos y apegándose a cierto sistema de competencia electoral.

---

7 Vale la pena consultar al respeto a CARPIZO MAC-GREGOR, Jorge, *El Presidencialismo mexicano*, México, Siglo XXI, 1978.

Inexistentes, tenues o inútiles en su caso han resultado los esfuerzos de la magistratura para forjar un discurso sustentable acerca de la naturaleza de su quehacer, del conjunto de saberes y experiencias que demandan la mejor comprensión de un caso de naturaleza o relevancia jurídica para contrastarlo con un conjunto normativo preexistente. Conjunto normativo el cual, por cierto, tiene las propiedades de ser general, abstracto e impersonal. Así el contrastar el hecho respecto del Derecho, obliga necesariamente a una minuciosa y compleja labor de construir la norma jurídica específica que habrá de resolver el caso concreto (pretensión perpetua del juzgador o materialización de una expectativa, a decir de Habermas)[8]. Pero la ocurrencia al sistema de disposiciones jurídicas, para la construcción de la norma jurídica concreta no será más que el inicio de un largo proceso elaborador. Localizadas las porciones normativas pertinentes, habrá de realizarse el ejercicio sistemático de contrastación con todo el sistema normativo, para que la resolución por emitir sea precisamente el resultado de una interpretación sistemática respecto de todo el sistema jurídico para que no resulte contradictoria. Incorporar luego las jurisprudencias pertinentes o los llamados casos aislados que guarden relación con el caso en análisis. Localizar los referentes teóricos que dote a la resolución de una determinada dimensión filosófica que traza los grandes criterios orientadores de la concepción de justicia que se ostenta.

Localizados los insumos necesarios para el proceso interpretativo, vendrá la fase de la fundamentación y motivación de la resolución jurídica concreta en cuestión.

Meses y años de estudio y experiencia de la magistratura, serán actualizados día con día, si se dimensiona el principio de que ningún caso jurídico concreto será igual a otro. Empeño y perseverancia en la tarea podrán ofrecer, acaso, resultados satisfactorios. Decenas, cientos y miles de resoluciones que al año la magistratura emite. Siempre atento a las reformas a las disposiciones jurídicas o la vigencia de otras nuevas. Seguimiento puntual a los procesos jurisprudenciales cada vez más dinámicos. Atención a la producción académica que reafirma y enriquece el saber jurídico acerca de instituciones o figuras jurídicas ya existentes o novedosas.

Por ello la magistratura se ha convertido en un desempeño profesional de los juristas el cual, no pocas veces, se convierte en verdadero proyecto de vida a los abrazadores de esta tarea. Muy largo llega a ser el camino para alcanzar la magistratura. Algo próximo a la vieja usanza del aprendizaje de los oficios, donde los escalones o niveles de ascenso se encuentran bien delimitados. Demostrar a la saciedad, que el nivel ocupado se domina para acceder al siguiente peldaño.

Nunca esperar que el humor o el consenso social se vuelque en torno a la tarea del juzgador, todo el entorno social satisfecho con la misma. Por-

---

8 *Confere*, Habermas, Jürgen, *Teoría de la acción comunicativa I, (Racionalidad de la acción y racionalización social)*, Editorial Taurus, España, 1998.

que en lo general, la labor de la magistratura es la de dirimir controversias sociales, luego de carácter individual y cada vez más de carácter colectivo. Digamos de inicio, la mitad de los justiciables que aplauden la resolución emitida y la otra mitad insatisfechos. Tal vez con el agravante que aquellos a los que resulto satisfactoria la resolución, muestren algún grado de inconformidad en tanto que parte de sus pretensiones no fueron satisfechas o del todo satisfechas. Si acaso, considerando la superficialidad del ejemplo, se lleva a votación popular el desempeño del juzgador ya tendría de inicio el cincuenta por ciento de votación desfavorable y el resto avalándolo, con las reservas expresadas.

Todo este mundo de la judicatura, acaso discreto o francamente solitario no es comunicado a la sociedad. Porque si de algo ha padecido el Poder Judicial mexicano a la fecha, es su aislamiento y una imposibilidad alarmante de comunicar su quehacer. Tal vez aquí valga la frase de los neopositivistas, lingüistas especialmente, de que aquello que no se puede comunicar o simplemente no se comunica, no existe.

Así, toda esta larga carrera de la judicatura, de decenas de miles de proyectos de vida dedicados a la materia, simple y sencillamente no existe o no llega a existir para la sociedad en general.

Ante la inminencia de la reforma al Poder Judicial de la Federación, resultan ilustrativos los rostros de desesperación de los servidores públicos adscritos al Poder Judicial, al elevar la voz para tratar de ser escuchados, de lo que son y de su hacer. De la delicada tarea que desempeñan. De la preparación de toda una vida para intentar, hasta alcanzar, la excelencia profesional deseada o que el país demanda.

Ni gobernantes, legisladores o ciudadanía, alcanzan a entender o dimensionar la profesión de la judicatura, privando la idea de que casi cualquiera puede cumplir con la tarea.

4.4. Búsqueda de indicios del paradigma de justicia por venir en México

Volvamos al espacio en que nos encontrábamos ya con flamante juzgador planteándose la interrogante de la existencia y contenido de una filosofía para acometer su tarea.

Pistas para la búsqueda de indicios de la nueva filosofía de la administración de justicia en el régimen de la Cuarta Transformación, pueden ser las que en seguida se enumeran.

a. Designación de la magistratura a través de un mecanismo renovado. Así será, a través de su elección por la ciudadanía.

De los aspectos siguientes no existe definición.

b. Permanece vigente el sistema de disposiciones jurídicas o será motivo de renovación integral, de los llamados derechos sustantivos y los derechos adjetivos.

c. Permanecen vigentes los principios que han forjado el sistema de administración de justicia vigente en México y en buena parte del concierto de las naciones, algunos de los cuales ya han sido mencionados.

Urge que el régimen de la llamada Cuarta Transformación tome definiciones al respecto; que sea del conocimiento del foro jurídico, de la ciudadanía en general y en especial de la magistratura para que orienten sus actuaciones conforme a estas particulares políticas públicas, en materia de administración de justicia.

4.5. Cambio social y modelos de administración de justicia para la llamada cuarta transformación

a. La socialdemocracia y el sistema jurídico

Muy *grosso modo* digamos que la socialdemocracia plantea que el ideal del cambio de la sociedad y de sus instituciones se realice de modo paulatino. Transformaciones sucesivas que van abriendo coyuntura para medir impactos y modular el proceso.

La administración de justicia, desde esta óptica, debe obedecer al desarrollo social y de los cambios que se vuelven necesarios para el Derecho.

Virtud notable es que la visión socialdemócrata embona de manera tersa con una de las mayores cualidades del Derecho en su conjunto y de sus instituciones; el de ser susceptible a ser transformado sin suspender o desmerecer su vigencia. Esa cualidad que los estudiosos de la teoría de los sistemas, llevada al plano jurídico, le conceden como sistema; la cualidad de reproducirse (autopoiesis), de revitalizarse, de dejar atrás lo viejo para nutrirse de lo nuevo. Y no otra cosa ocurre en la función primordial del Poder Legislativo; incorporando nuevas disposiciones al sistema, modificando las existentes y abrogando otras. Lo hace el Poder Ejecutivo con su derecho de iniciativa. Lo hace el Poder Judicial emitiendo normas jurídicas; de carácter general, impersonal y abstractas como lo son las jurisprudenciales, que mantienen vigente al sistema, iluminando oscuridades interpretativas salvado, en su caso, vacíos y contradicciones.

De este modo la socialdemocracia, interpretada en su actual sentido, resulta plenamente en armonía, o posibilidad de armonización, entre lo jurídico y lo social. Aquí el modelo de administración de justicia cambia y, en aspiración, se perfecciona.

b. Los países en transición al socialismo

Cada vez menos, capítulo del pasado, resultan las revoluciones violentas. Aquellas en especial del siglo pasado que expresaron su pretensión de volver vigentes los principios del socialismo en sus sociedades.

No existe denominador común que nos hable acerca de las actitudes de estas sociedades respecto del Derecho y del sistema de administración de justicia en su conjunto. Donde la vigencia del Derecho y de la operación de sus instituciones se cortó de tajo, o donde se permitía la vigencia y operación del Derecho en lo general, pero para asuntos críticos o delicados se emitían disposiciones jurídicas específicas. El puerto para arribar era preciso, borrar todo vestigio del llamado derecho burgués y el ascenso y vigencia del derecho proletario. La magistratura debería ser consecuente con este principio, Derecho proletario para extinguir a la burguesía. Pero aún ya en el universo del derecho proletario, una prioridad claramente establecida, la preeminencia de lo colectivo por encima de lo individual.

c. Modelos, de excepción o de coyuntura, para transiciones sociales y políticas pactadas

Escasos pero notables son los casos de modelos de administración de justicia dados para atender situaciones de excepción o de coyuntura.

Aquellos que refieren a la emisión de ciertas normas o segmentos normativos para atender, por ejemplo, la solución de problemas relativos a guerras civiles, donde el Estado establecido reconoce personalidad jurídica a grupos insurrectos, que se proponen el derrocamiento de dicho Estado. Personalidad jurídica reconocida que abre el cauce al establecimiento de tratados de paz. El contenido de dichos tratados será esencialmente político. Dados los tratados el Estado, a través de uno o más poderes, habrá de emitir diversos instrumentos de naturaleza jurídica donde el Poder Judicial habrá de contribuir a su materialización.

Se menciona el caso en tanto que los instrumentos jurídicos emitidos, contravienen de distintos modos el orden establecido, el Estado de Derecho y la normatividad vigente. Contravención prevista por el Estado que contará como contrapeso, la tutela de bienes jurídicos superiores o primordiales, como lo son la paz y la estabilidad sociales.

Se precisa además que no se trata de instrumentos normativos generalmente creados para su permanencia indefinida estableciendo plazos precisos para su vigencia o el cumplimiento de ciertas condiciones específicas.

También de excepción puede ser el caso, de la declaración de parte del Poder Judicial de una política de administración de justicia llamada convencionalmente *tregua judicial*. Verbigracia la decretada por el Poder Judicial del Estado de Zacatecas, para atender planteamientos expresos de una organización social y política autodenominada *El Barzón*.

En ambos casos no se trata del dictado de políticas públicas propiamente dichas, en tanto su característica de temporales o coyunturales. Sin que por ello dejen de advertirse las fisuras generadas a la normatividad jurídica y al ámbito jurisdiccional.

d. Magistratura Democrática

Sin que su postura haya alcanzado rangos de institucionalidad o de real orientación a las instituciones, Magistratura Democrática surge en Italia en el año de 1964, resultado de posturas críticas acerca del Derecho y de la administración de justicia, en relación con sectores no favorecidos de la sociedad. Organización vinculada a la Asociación Europea de magistrados para la Democracia y las Libertades.

Bueno traer esta postura en relación con la reforma al Poder Judicial que hoy el régimen político de México se propone. Régimen en tanto que al menos dos de los tres Poderes de la Unión, comparten e impulsan de modo simultáneo una política pública relevante.

No sería en nuestro caso la institucionalización de una magistratura buscando el acceso a la justicia de sectores vulnerables. Se entiende que la Magistratura Democrática italiana, procuraba la apertura de una rendija a través de la cual se advirtiera la realidad de la operación del Derecho en el mundo fáctico. Donde no encuentra plenitud el postulado de que todas y todos somos iguales ante la ley y tras décadas o hasta siglos de vigencia formal del principio, éste no ha encontrado plena materialidad.

Magistratura Democrática no se propuso la realización de reformas sucesivas a las disposiciones jurídicas vigentes, tarea que quedaba fuera de su alcance. Es a través de la judicatura como se podría ofrecer una mejor justicia a los más desfavorecidos o con mayor grado de vulnerabilidad. Trascendente su propósito sin duda, pero en esencia no dejaba de representar la postura si se quiere política de actores jurídicos relevantes actuando por convicción social de abrir espacio para allegar la justicia a los menos privilegiados.

e. Uso alternativo del Derecho y acceso a la justicia a los no privilegiados

Es posible hacer un uso alternativo del Derecho, se ha planteado, como medio o estrategia que posibilite el acceso a la justicia a los no privilegiados. Postura que ya no se ciñe a la magistratura y abarca también las tareas de abogados, asesores jurídicos y más. Una postura política frente al Derecho y ante los justiciables.

No supone la postura del uso alternativo del Derecho la transformación del sistema de las disposiciones jurídicas. Es el resquicio que permitirá allegar justicia a los no privilegiados, poniendo acento en el proceso interpretativo del Derecho. Sistema jurídico que, sin bien ha funcionado para favorecer a los privilegiados, también puede operar en otro sentido, el de una interpretación que a final de cuentas resulte favorable para aquellos tradicionalmente alejados del disfrute de la justicia.

Cambio social y el modelo de justicia para la llamada cuarta transformación

A la fecha no existen suficientes elementos para alcanzar el modelo de justicia que se plantea la llamada Cuarta Transformación.

Se enuncian principios generales a los cuales debe sujetarse todo gobernante; no mentir, no robar y no traicionar al pueblo. Se ejercen recias críticas acerca de la integración y funcionamiento del Poder Judicial mexicano, en el ámbito federal y de las entidades federativas.

Un Poder Judicial, lo dicen, alejado de los intereses del pueblo y de la nación. Asociados o francos representantes de los poderosos encumbrados gracias a su operación amafiada en negocios lícitos y hasta ilícitos. Segmento social cuya condición laboral se vuelve notable gracias a sus abultados ingresos, en sueldos y prestaciones. Receptáculo de generación y mantenimiento de agrupamientos familiares de imposible acceso para otros. Poder que, en uso indebido de su carácter autónomo e independiente, vuelve su tarea oscura ante la sociedad, alejado de cualquier práctica cotidiana de transparencia, sólo por mencionar algunos de sus llamados pecados capitales. No viene al caso en el presente documento debatir acerca de la veracidad o falsedad de tal conjunto de críticas.

La solución avizorada por el régimen de la Cuarta Transformación para atender este denso problema es la elección de la magistratura mediante el voto ciudadano. Dicho de otro modo, se trae a colación la añeja idea o especie de enigma de cómo colocar de mejor manera al Poder Judicial si a la fecha ha carecido de cierta especie de legitimidad al no ser electos de manera directa por el pueblo. Poder Judicial que vuelve a ser históricamente llamado al mantener el carácter, dicho de modo figurado, de hijo pródigo, en el contexto de los Poderes del Estado.

Una aproximación superficial a este escenario de la reforma judicial en México nos permite advertir la ausencia de elementos, de mayores elaboraciones, para emprender una reforma del calado anunciado. Elementos de orden estructural y normativo, pero, se insiste especialmente, en el sustrato o la filosofía que le anima. Del conjunto de instrumentos y valores que habrán de apoyar al juzgador para cumplir su diaria tarea de impartir justicia.

Se ha dicho ya, la necesaria definición para el nuevo paradigma de justicia que viene, si habrá de mantener el sistema de disposiciones jurídicas existentes y su ritmo de transformación digamos pausado, o si se avizora un cambio radical y abrupto. Si el Poder Judicial habrá de mantener, en lo general, la estructura y funciones que hasta hoy ostenta o si habrán de cambiar.

Visto desde los modelos de administración de justicia en este documento enunciados, seguramente de modo insuficiente, el régimen de la Cuarta Transformación no se ha propuesto cambios paulatinos a la conformación humana del Poder Judicial. Es decir, no se trata de una versión socialdemócrata del cambio social y, con ello, lo jurídico, en tanto que la reforma se advierte más abrupta que pausada.

Desde luego que no se trata de seguir el modelo de justicia de los países en transición al socialismo, los que por múltiples razones han casi agotado su vitalidad y hasta su existencia.

Las propuestas de Magistratura Democrática y la relativa al uso alternativo del Derecho y acceso a la justicia a los no privilegiados encuentran para el caso de nuestra reforma en curso, un asunto de enfoque que resulta vital en esencia. Que los modelos son pensados por juristas, en el desempeño de la judicatura o de la abogacía, convencidos de que las puertas de la justicia deben abrirse para los no privilegiados. Digamos una actitud que va de los juristas a los justiciables por distintas razones; convicción política, solidaridad social, acto de generosidad y más. Pero el caso de México que hoy se vive, ya no se trata de un proceso que vaya de los juristas a los justiciables sino de una especie de mandato, genérico o expreso, de que el sistema de justicia se transforme por mandato ciudadano, ciudadanía que de manera mayoritaria y contundente manifestó en las elecciones presidenciales su apoyo al proyecto político y social de la llamada Cuarta Transformación.

Tampoco resultan de gran utilidad para el caso, los modelos transicionales de administración de justicia para casos de excepción o de coyuntura, en tanto que el proyecto de la Cuarta Transformación se propone un proyecto de cambios social de largo aliento.

Se puede advertir que la ciudadanía no voto de modo expreso por una reforma al Poder Judicial. Pero tampoco se podrá negar que ya con antelación a las elecciones presidenciales, la llamada Cuarta Transformación había anunciado su propósito de operar un cambio que transformará a tal Poder, acaso de manera radical, comenzando por la elección ciudadana de ministros y ministras, magistrados y magistradas, juezas y jueces. Se fue puntual en ello. La propuesta política, que incluía la reforma al Poder Judicial, avanzó.

De tal modo que no se acertará a la verdad si vemos en la reforma en curso un modo abrir hendiduras para que la justicia llegue a los no privilegiados. Porque ahora se trata de un modelo de administración de justicia que la sociedad demanda; distinta a la existente, de mejor calidad, para todas y todos. De un Poder Judicial ajeno a los intereses que resulten contrarios al pueblo de México y a su proyecto de nación.

Pero el régimen de la Cuarta Transformación habrá de resolver, en lo inmediato, de qué modo se entiende y en especial, cómo se procesa una administración de justicia que sea favorable al pueblo y a los intereses de nación. Qué del modelo vigente habrá de prevalecer, si es el caso, y aquello de los que habrá de prescindirse.

Reto magnífico, cuando ese verdadero andamiaje sin duda complejo debe estar dispuesto para el inminente día en que la nueva magistratura, electa mediante el voto ciudadano, se instale para resolver de manera pronta y expedita los cientos y miles de casos que a diario se resuelven en los tribunales de este país.

Respecto del caso que se ha pretendido analizar, cuánto hubiera gustado al apreciado Maestro Eduardo Novoa Monreal, observar con mirada cuidadosa este caso de transición en México, a propósito de las relevantes interrogantes que planteó en su obra *El Derecho como Obstáculo al Cambio Social*[9], en la que no dejó de advertir que el Derecho también puede ser instrumento que aliente cambios sociales relevantes.

4.6. Conclusión

El régimen de la llamada Cuarta Transformación se ha propuesto cambios relevantes al Poder Judicial mexicano, tanto en ámbito federal como de las entidades federativas. Cambio de alto calado el que necesariamente debe verse acompañado o soportado por una filosofía que exprese, de la manera más nítida posible, las cualidades del nuevo modelo de administración de justicia que se propone, los mecanismos que deberá operar la nueva magistratura para logar un Poder Judicial que garantice la justicia para el pueblo de México y que la nación demanda. Preocupa seriamente que los plazos para la operación de la reforma vayan corriendo y su filosofía no se haya hecho expresa y socializada suficientemente para alcanzar los propósitos que de tal reforma se esperan.

4.7. Bibliografía

Aristóteles, Ética *nicomáquea, política*, Editorial Porrúa, Colección Sepan Cuantos... no. 70, México, 2007, vigésimo primera edición, versión española e introducción Antonio Gómez Robledo.

Carpizo Mac-Gregor, Jorge, *El presidencialismo mexicano*, México, Siglo XXI, 1978.

Cerroni, Umberto, «¿Qué es la Democracia?» Lección dictada en 1985, en el Liceo Plauto de España, tomada de *Reglas y valores de la democracia*, México, CONACULTA, 1991.

Ferrer Mac-Gregor Eduardo, «Aportaciones de Héctor-Fix-Zamudio al derecho procesal constitucional», https://www.eld.edu.mx/Revista-de-Investigaciones-Juridicas/RIJ-26/Capitulos/10-Aportaciones-de-Hector-Fix-Zamudio-al-derecho-procesal-constitucional.pdf

Habermas, Jürgen, *Teoría de la acción comunicativa* I, (Racionalidad de la acción y racionalización social), Editorial Taurus, España, 1998.

9 *Confere*, Novoa Monreal, Eduardo, *El Derecho como obstáculo al cambio social*, México, Siglo XXI, 1975.

Locke, John, *Ensayos sobre el Gobierno civil*, México, Editorial Porrúa, Colección Sepan Cuantos no. 671, 2004.

Montesquieu, *El espíritu de las leyes*, México, Editorial Porrúa, Colección Sepan Cuantos, no. 191, 2013.

Novoa Monreal, Eduardo, *El Derecho como obstáculo al cambio social*, México, Siglo XXI, 1975.

5.

EL A, B, C, DE LA REFORMA JUDICIAL, COMENTARIOS AL PROCEDIMIENTO DE ELECCIÓN DE LAS PERSONAS JUZGADORAS EN EL PROYECTO DE REFORMA 2024

Mario Alberto González Gómez[1]

SUMARIO: 5.1. Introducción. 5.2. Para entrar en contexto. 5.3. El procedimiento de elección de las personas juzgadoras. 5.4. Postura Personal. 5.5. Conclusiones. 5.6. Bibliografía.

5.1. Introducción

En los primeros días del mes de febrero del año que transcurre, 2024, para mayor precisión, el titular del Ejecutivo Federal, envió al Poder Legislativo, veinte iniciativas de ley con proyectos de reforma, dieciocho de ellos a la Constitución General de la República, en general en temáticas ya abordadas en intentos legislativos previos, en lo que en el contexto popular se conoció como los planes «A» y «B» del presidente de la República, para efectuar modificaciones sustanciales en diversas materias como protección y cuidado animal, protección de la salud, Guardia Nacional, materia penal, pueblos y comunidades indígenas, bienestar, salarios, atención médica integral, universal y gratuita, materia electoral, trabajo, industrias estratégicas, y, materia judicial, por señalar algunas.

---

1 Doctor en Derecho Parlamentario por la Universidad Autónoma del Estado de México, Maestro en Derecho Electoral, Especialista en Justicia Electoral, Licenciado en Derecho por la UNAM; Profesor de Asignatura en la Facultad de Derecho de la Universidad Rosario Castellanos; y en el Programa de Posgrado de la Facultad de Derecho de la Universidad Autónoma del Estado de México. Autor de diversos ensayos en materia electoral, constitucional y Derechos Humanos.

El transito que estas, y otras reformas han llevado por el proceso legislativo y el judicial, después de algunas impugnaciones, ha colocado algunas de las temáticas en el particular interés de la sociedad civil. Muy comentado fue el destino de algunas de estas propuestas de reforma, en el año 2023, en que, vía Acción de inconstitucionalidad, las respectivas propuestas a legislaciones secundarias fueron declaradas inválidas por la Suprema Corte de Justicia de la Nación (SCJN).

Situaciones como estas, y algunos otros factores, como desencuentros específicos entre la reciente titular de la Suprema Corte y el Titular del Ejecutivo Federal, fueron elementos que propiciaron en escenario particularmente enrarecido que pudo influir de alguna forma en la propuesta de reforma judicial que es motivo del presente texto en general y de estas líneas en particular.

5.2. Para entrar en contexto

Disociar Política y trabajo legislativo resultaría no solo ocioso sino un contrasentido; ya que ambas actividades se retroalimentan mutuamente; únicamente con el afán de contextualizar los comentarios motivo del presente ejercicio académico, quisiera traer a la memoria del amable lector, algunos datos que podrían ilustrar un tanto mejor las líneas siguientes.

En el mes de abril de 2022, el Titular del Ejecutivo Federal, envió al Congreso de la Unión una iniciativa de reforma electoral con la que según dijo, buscaría instaurar una democracia limpia y evitar más fraudes en el país.

El dictamen de ese proyecto de reforma constitucional fue conocido popularmente como el «Plan A» del presidente, a favor de una reforma constitucional en materia electoral.

La propuesta se dirigía a convertir el Instituto Nacional Electoral (INE) en el Instituto Nacional de Elecciones y Consultas (INEC), disminuir de 11 a siete consejeros electorales, eliminar el financiamiento a partidos políticos para actividades ordinarias, así como desaparecer a los legisladores plurinominales.

También el objetivo de dicha reforma, según se planteó, era abaratar el costo de la democracia, logrando ahorros por más de 20,000 millones, para ello también se buscaría que el INEC fuera el único organismo encargado de la organización de las elecciones, absorbiendo así las funciones de los Organismos Públicos Locales.

Entre otras cosas se planteaba, cambiar el modelo para elegir legisladores, el voto electrónico, reducir a los integrantes de Congresos locales, reducir el umbral para validar la revocación de mandato, ampliar las excepciones para difundir propaganda gubernamental que se considere relativa a servicios públicos y aquellas de carácter informativo con relación a los procesos electorales, por señalar los más destacados.

Esta primera iniciativa de reforma constitucional no alcanzó a avanzar en el Congreso de la Unión. Así, el 6 de diciembre de 2022, el pleno de la Cámara de Diputados desechó esta primera reforma electoral del presidente de la República con 269 votos a favor, una abstención y 225 votos en contra.

Posteriormente, en los meses de diciembre de 2022[2] y marzo de 2023[3], sendos decretos del Congreso de la Unión, aprobaron reformas a seis normas en materia político electoral; el primero, a las Leyes Generales de Comunicación Social y de Responsabilidades Administrativas, el segundo, a la Ley General de Instituciones y Procedimientos Electorales, la Ley General de Partidos Políticos, la Ley Orgánica del Poder Judicial de la Federación, y se expide la Ley General de los Medios de Impugnación en Materia Electoral; conocido este bloque de reformas, como el «Plan B» del presidente.

Ambos decretos fueron controvertidos por diversos actores[4] ante la Suprema Corte de Justicia de la Nación; en las respectivas resoluciones a las Acciones de Inconstitucionalidad, la Corte determinó la invalidez de los decretos referidos, por violaciones al procedimiento legislativo, particularmente, al principio de deliberación informada y democrática, así como los derechos que asisten a las minorías parlamentarias, conocido como principio democrático[5].

Específicamente, la Corte resolvió que, en ambos decretos, se violó el procedimiento legislativo, principalmente, por la falta de publicidad en la Gaceta Parlamentaria con el tiempo debido y, en consecuencia, la falta de conocimiento de las iniciativas. Además, la Corte refiere, que, no se observaron los

2 Decreto por el que se reforman, adicionan y derogan diversas disposiciones de la Ley General de Comunicación Social y de la Ley General de Responsabilidades Administrativas. Publicado en el Diario Oficial de la Federación el 27 de diciembre de 2022, consultable: https://dof.gob.mx/nota_detalle.php?codigo=5675885&fecha=27/12/2022#gsc.tab=0

3 Decreto por el que se reforman, adicionan y derogan diversas disposiciones de la Ley General de Instituciones y Procedimientos Electorales, de la Ley General de Partidos Políticos, de la Ley Orgánica del Poder Judicial de la Federación, y se expide la Ley General de los Medios de Impugnación en Materia Electoral, publicado en el Diario Oficial de la Federación el dos de marzo de 2023, consultable: https://dof.gob.mx/nota_detalle.php?codigo=5681325&fecha=02/03/2023#gsc.tab=0

4 Ambos Decretos fueron controvertidos por los partidos políticos de la Revolución Democrática, Acción Nacional, Revolucionario Institucional y Movimiento Ciudadano, así como por integrantes de la LXV Legislatura del Congreso de la Unión ante la Suprema Corte de Justicia de la Nación; mediante las Acciones de Inconstitucionalidad número 29/2023 y sus acumuladas 30/2023, 31/2023, 37/2023, 38/2023, 43/2023 y 47/2023, para el primer decreto; y, 71/2023 y sus acumuladas 75/2023, 89/2023, 90/2023, 91/2023, 92/2023 y 93/2023, para el segundo Decreto.

5 GONZÁLEZ, Mario; «el principio democrático, garantía de la representación de las minorías»; *Revista Cuadernos Manuel Giménez Abad*; Año 2023, Número 26. Fundación Manuel Giménez Abad de Estudios Parlamentarios y del Estado Autonómico; Aragón, España. https://www.fundacionmgimenezabad.es/sites/default/files/Publicar/publicaciones/documentos/26_cuadernos_diciembre2023_0.pdf.

demás criterios definidos en los Reglamentos de las Cámaras de Diputados y de Senadores para el trámite de las iniciativas ordinarias, como lo establece el artículo 72 constitucional.

Por otra parte, sostiene la Corte, que no se acreditaron las condiciones establecidas en los Reglamentos de la Cámara de Diputados y de Senadores, así como en diversos criterios de la propia Corte, para calificar las iniciativas como de urgente u obvia resolución y, con ello, dispensar los trámites legislativos; es decir, que exista y se acredite una condición de urgencia en la discusión y aprobación de una iniciativa de ley o decreto.

En el caso, la Corte resolvió que el procedimiento legislativo definido en la Constitución es la base del régimen democrático y no un mero formalismo, ya que exige que el órgano legislativo observe y proteja los principios de legalidad, representatividad y democracia deliberativa.

En sus respectivas resoluciones, la Corte precisó, en relación con las violaciones invalidantes y no invalidantes a los procedimientos legislativos, que los criterios del propio Tribunal Constitucional han tenido una evolución encaminada a la flexibilización, de tal manera que si bien en diversas acciones de inconstitucionalidad[6] se declaró la invalidez de los procedimientos legislativos en ellas analizados con base en criterios más rígidos sobre el incumplimiento de reglas parlamentarias, lo cierto es que en los precedentes más recientes, esos criterios se han venido moldeando a fin de privilegiar la subsistencia de los procesos legislativos, siempre y cuando se haya respetado el derecho a la participación de todas las fuerzas políticas con representación parlamentaria, en condiciones de libertad e igualdad, así como, de manera general, el cumplimiento de las reglas parlamentarias (especialmente las referidas a las votaciones) y el principio de publicidad de las sesiones.

Del mismo modo, la Corte se ha pronunciado insistentemente en que la urgencia que lleva a una dispensa de trámites legislativos siempre debe obedecer a una causa real y que quede debidamente justificada.

---

6 Como son las acciones de inconstitucionalidad: 36/2013. El Tribunal Pleno declaró la invalidez de las normas impugnadas al advertir que no se había respetado el derecho a la participación deliberativa en relación con la correcta aplicación de las reglas de votación establecidas, porque los Diputados integrantes de la Legislatura habían tenido conocimiento del dictamen respectivo hasta las diez horas con treinta minutos del mismo día de la celebración de una sesión extraordinaria, cuya convocatoria no versaba sobre dicho punto y que adicionalmente no había sido incluido en la orden del día con una anticipación de por lo menos veinticuatro horas, con la inclusión de los documentos correspondientes (en cualquier formato) ni había sido entregado al menos con treinta y seis horas con anticipación ante la Dirección de Procesos Legislativos del Congreso del Estado (de Jalisco). Y no existió una motivación reforzada o justificada que sostuviera la incorporación del dictamen de la Comisión de Derechos Humanos del Congreso Local en el orden del día, como un asunto urgente a ser tratado en la multicitada sesión extraordinaria de treinta y uno de octubre de dos mil trece.

Además, este Tribunal Constitucional ha sustentado que para el caso de notoria urgencia en la continuación del procedimiento legislativo con dispensa de trámites legislativos, se deben acreditar, por lo menos, la existencia de determinados hechos que generen una condición de urgencia en la discusión y aprobación de una iniciativa de ley o decreto; la relación medio-fin, esto es, que tales hechos necesariamente generen la urgencia en la aprobación de la iniciativa de ley o decreto de que se trate, pues de no hacerse así, ello traería consecuencias negativas para la sociedad; y, que tal condición de urgencia evidencie la necesidad de que se omitan ciertos trámites parlamentarios, sin que en ningún caso se traduzca en afectación a principios democráticos.

En el caso específico, en su conjunto, los dos decretos descritos, implicaban una serie de cambios legales que modificarían sustancialmente la estructura organizacional de las instituciones encargadas de organizar las elecciones en México, además de la emisión de una nueva ley de medios de impugnación en materia electoral, lo cual también resultaría en cambios sustanciales en el sistema de justicia electoral.

Los temas de fondo en la reforma propuesta a las Leyes Generales de Comunicación Social, de Responsabilidades Administrativas, General de Instituciones y Procedimientos Electorales, General de Partidos Políticos, Orgánica del Poder Judicial de la Federación, y la expedición de la Ley General de los Medios de Impugnación en Materia Electoral; han sido motivo de diversos análisis domésticos en México, pues, en principio, rompen con una línea de reformas que han seguido a cada proceso electoral federal, generalmente instadas desde las oposiciones políticas, y en reacción de las minorías, logradas o consensuadas con la fuerza política en el gobierno, la más reciente del año 2014, que cambio el modelo y diseño de elecciones federales a un modelo nacional con una concentración de atribuciones en el Instituto Nacional Electoral, en detrimento de los institutos electorales de las entidades federativas. Contrario a esa línea de reformas que surgía como reclamo de las minorías, la propuesta en esta ocasión surgió desde la Presidencia de la República y adoptada por el partido mayoritario y sus aliados políticos, plantea en lugar de la búsqueda de equilibrios, la preservación de las condiciones de ventaja que implican encontrarse en el poder público y político.

Después del desenlace de ese paquete de reformas, ocurrieron diversos acontecimientos jurídicos y políticos en nuestro país, de los más relevantes, entre ellos, el desarrollo del proceso electoral para la renovación de los poderes, ejecutivo y legislativo federal; la mayoría de las tendencias apuntaban a la victoria por amplio margen tanto de la Presidencia de la República como de ambas Cámaras del Congreso General por parte del partido político morena y sus aliados políticos; aunado al relevo en la Presidencia de la Suprema Corte de Justicia de la Nación, por la salida anticipada del ministro presidente con motivo de su renuncia al cargo.

La llegada de una nueva Presidenta de la Corte, trajo algunos desencuentros con el titular del Ejecutivo Federal, que abiertamente cuestionó la pertinencia y eficacia del Poder Judicial, más allá de posturas políticas, en los meses previos al inicio de las campañas electorales federales, desde el ejecutivo federal, se promovió la idea de la necesidad de que los integrantes del Poder Judicial particularmente las personas integrantes de la Suprema Corte de Justicia de la Nación, fueran elegidas de forma directa mediante voto popular. Con lo que se anticipaba lo que posteriormente sería conocido como el «Plan C» del presidente, que implicaba la posibilidad de obtener mayoría calificada en el Congreso de la Unión, y con ello, lograr una serie de reformas constitucionales, antes de concluir se ejercicio el 30 de septiembre de 2024, aprovechando el primer mes del primer periodo ordinario de sesiones de la nueva legislatura.

En este contexto, el pasado 5 de febrero de 2024, fue publicado en la Gaceta Parlamentaria de la Cámara de Diputados del Congreso de la Unión, un paquete de veinte iniciativas con proyecto de decreto, dieciocho de ellas con propuestas de reforma a la Constitución Política de los Estados Unidos Mexicanos, en diversas materias, incluidas reformas en materia electoral y al Poder Judicial.

5.3. El procedimiento de elección de las personas juzgadoras

Abordaremos algunos de los aspectos de los proyectos de reforma que en particular atañen al Poder Judicial, en su vinculación directa con el mecanismo de elección propuesto, en su relación con la materia electoral. Atendiendo en principio, de forma general, el objetivo de la Reforma en este particular, en su desarrollo operativo que implicaría necesariamente la implementación de la reforma electoral, por ser en esta materia en que se cimenta el nuevo mecanismo propuesto para la elección de jueces, magistrados y ministros.

Para centrar el tema motivo del presente documento, es pertinente precisar la perspectiva abordada por la Comisión de Puntos Constitucionales de la Cámara de Diputados, publicado en la Gaceta Parlamentaria el día primero de agosto del presente año 2024, respecto de la Iniciativa con Proyecto de Decreto por el que se propone la modificación de diversos artículos de la Constitución Política de los Estados Unidos Mexicanos, en materia de Justicia. En la que sustancialmente se argumenta, conforme a la exposición que la propia iniciativa del Ejecutivo Federal se sostiene, que una de las principales causas estructurales de la desigualdad económica y social que ha padecido México en las últimas décadas, ha sido la ausencia de una verdadera independencia de las autoridades encargadas de la administración e impartición de justicia.

Con énfasis particular en conjeturas como que esta situación ha provocado un distanciamiento profundo entre la sociedad mexicana y las autoridades jurisdiccionales y que el desempeño de los tribunales carezca de credibilidad y de legitimidad.

Se destaca en la exposición, que el hecho de que los órganos jurisdiccionales muestren desinterés en cumplir con sus deberes constitucionales y dirección en sus funciones en favor de los intereses de los grupos del poder ha ocasionado que existan escenarios de corrupción, impunidad, nepotismo, tráfico de influencias y negligencia al interior del sistema judicial mexicano.

De igual forma, en el dictamen se afirma que el proceso actual de designación de titulares de los órganos jurisdiccionales ha ocasionado que la impartición de justicia se haga enfocada a los intereses de las clases gobernantes y no en observancia de las exigencias sociales, económicas, políticas y culturales.

En el mismo sentido se refiere que, el hecho de que las personas titulares de los órganos del Poder Judicial sean designadas mediante procedimientos políticos y no a través de un proceso electoral, ha traído como efecto que se ponga en duda la legitimidad de las decisiones de este Poder, así como su facultad para suspender o prohibir la aplicación de ciertas normas.

Asimismo, la iniciativa sostiene que el Consejo de la Judicatura Federal, ha sido incapaz de cumplir con su obligación de combatir la corrupción, la impunidad y los abusos que ocurren al interior del Poder Judicial, pues su actuación no ha sido suficiente para para vigilar con objetividad, independencia e imparcialidad las actividades de las y los integrantes de los órganos jurisdiccionales.

Por lo que, el proyecto sostiene, que es indispensable replantear la existencia del Consejo de la Judicatura Federal y la posibilidad de sustituirlo por órganos especializados que estén envestidos de legitimidad democrática. Asegura, además, que los órganos jurisdiccionales federales y locales han inobservado lo previsto en el artículo 17 constitucional en materia de impartición de justicia pronta y expedita, principalmente en materia fiscal y penal. Esto, desde su perspectiva, ha generado, entre otras cuestiones, una tardía resolución de los procesos penales y fiscales; una transgresión al derecho humano de acceso a la justicia y la pérdida de la confianza ciudadana en las autoridades jurisdiccionales.

Por otra parte, la iniciativa refiere que, en los últimos años, la Suprema Corte de Justicia de la Nación y los tribunales federales han obstaculizado la aplicación de normas generales, a través de suspensiones arbitrarias y sustentadas en interpretaciones y criterios erróneos. Lo anterior ha generado, en su opinión, que, entre otras cuestiones, se ponga en duda la labor del Poder Legislativo al momento de la discusión y aprobación de las normas impugnadas; se privilegie la voluntad de las y los ministros en vez de la voluntad popular representada en el Congreso de la Unión y en su actividad legislativa y, se atente contra el principio de división de poderes, como la actividad legislativa.

Por lo que sostiene que, a efecto de asegurar el principio de División de Poderes, es procedente establecer que:

A. En la admisión de controversias constitucionales y acciones de inconstitucionalidad no sea procedente la suspensión de la norma impugnada; y

B. Que las sentencias de juicio de amparo que resuelvan la inconstitucionalidad de una norma no podrán tener efectos generales.

Bajo los anteriores argumentos, con la reforma a diversos artículos de la Constitución Federal, la iniciativa pretende:

1. Reducir la conformación de la SCJN, al pasar de once a nueve integrantes.
2. Extinguir la Primera y Segunda Sala de la SCJN.
3. Reducir el requisito de ocho a seis votos para que sean obligatorias las sentencias dictadas por el Pleno de la SCJN.
4. Establecer que la remuneración de las y los ministros de la SCJN no podrá ser mayor a la establecida para el presidente de la República.
5. Reducir de quince a doce el número de años que duraran las y los ministros de la SCJN en su encargo.
6. Eliminar la pensión por retiro para las y los ministros.

Uno de los aspectos centrales del proyecto de reforma, estriba en el mecanismo de designación de las y los ministros de la SCJN, al establecer que serán electos por la ciudadanía a nivel nacional.

Y que, al efecto, el Senado emitirá la convocatoria; de manera paritaria; donde los tres poderes de la Unión participarán en la propuesta, de forma que el Poder Ejecutivo postulará hasta diez personas aspirantes; el Poder Legislativo hasta cinco personas por cada Cámara; y el Poder Judicial hasta diez personas; en el caso, el Senado recibirá y calificará las postulaciones, para posteriormente enviarlas al Instituto Nacional de Elecciones y Consultas a efecto de que organice y realice el proceso electoral correspondiente.

Dentro de las generalidades, se precisa que se amplían las facultades del Tribunal Electoral del Poder Judicial de la Federación (TEPJF) al establecer que éste será el órgano jurisdiccional responsable de resolver de forma definitiva e inatacable las impugnaciones en las elecciones locales. Las personas magistradas electorales que integren la Sala Superior serán elegidas mediante voto directo y secreto de la ciudadanía a nivel nacional. Las personas magistradas electorales que integren las salas regionales serán elegidas popularmente mediante voto directo y secreto por regiones, en los términos y modalidades que determine la legislación única en materia electoral y conforme al procedimiento aplicable para las magistraturas de la Sala Superior. Se reduce de nueve a seis el número de años que durarán en el cargo las y los magistrados del TEPJF.

De esta forma, la propuesta del presidente de la República pretende dar un giro a la manera en que los integrantes del poder judicial, particularmente las altas jerarquías, son elegidos, con el ánimo de que estos jueces, según expresa el Dictamen de la Comisión de Puntos Constitucionales, surjan de la voluntad popular con una legitimidad democrática sean idóneos y cuenten con un mayor grado de independencia, al surgir de la voluntad ciudadana, y no de algún poder fáctico.

Así, la propuesta del proceso electoral para la elección ciudadana de los jueces consistiría en seis etapas vinculadas entre sí:

a) Convocatoria, realizada y emitida por la Cámara de Senadores del Congreso de la Unión o el Órgano de Administración de Justicia, según corresponda, que contendrá todas las etapas de la elección.

b) Propuesta de candidaturas, presentada de manera paritaria por el presidente de la República, la Suprema Corte de Justicia de la Nación y las Cámaras del Congreso de la Unión.

c) Calificación de idoneidad (elegibilidad) de candidaturas, realizada por la Cámara de Senadores y comunicación al Instituto Nacional de Elecciones y Consultas.

d) Instrumentación del proceso electoral, a partir de que el Instituto Nacional de Elecciones y Consultas reciba la comunicación de idoneidad de las candidaturas postuladas, incluyendo las etapas ordinarias de todo proceso, incluso la de impugnación, para finalmente comunicar a la Cámara de Senadores los resultados obtenidos.

e) Conteo y publicación de resultados, a cargo de la Cámara de Senadores del Congreso de la Unión, previo conteo y sumatoria.

f) Toma de protesta a los candidatos por la propia Cámara de Senadores.

De las diversas aristas que plantea la reforma judicial, sin duda, la que mayor revuelo en la opinión pública ha generado, es la relativa al mecanismo de designación, y probablemente en un futuro ya no muy lejano, el de elección de las altas jerarquías del Poder Judicial. Al respecto se ha debatido o al menos se han presentado diversas posturas sobre el particular. Y al tratarse el presente texto, de un ejercicio académico de opinión. Con el contexto hasta ahora presentado, nos permitiremos exponer la que sostenemos al respecto.

5.4. Postura personal

El mecanismo de elección de las personas juzgadoras por medio del voto popular, que describe la propuesta de reforma judicial aquí medianamente detallada, presenta diversas particularidades las cuales personalmente consideramos que, lejos de alcanzar el objetivo de legitimidad e independencia que se pretende, pueden, al menos *a priori*, arrojar un resultado precisamente contrario al buscado.

Me explico; si tomamos en cuenta que, el electorado promedio pudiera no dimensionar el papel de los juzgadores en el funcionamiento de su país, y esa es la premisa que se debe ponderar, las elecciones judiciales no pueden llevarse a cabo en naciones donde se carece de cultura judicial; tampoco se trata únicamente del derecho a elegir, sino de lo que implica en la vida cotidiana. Pues, no se debiera plantear una solución homogénea para los poderes judiciales, sino pensar en reformas específicas.

Para los ministros de la Suprema Corte de Justicia de la Nación, probablemente se requiera una reforma que permita transitar a un mecanismo que garantice tanto la independencia política como la competencia técnica de las personas que la conforman. Para una modificación real del sistema de justicia hay que discutir el funcionamiento de los tribunales, también los locales, junto con los sistemas de seguridad pública y de procuración de justicia, pues no se trata de cuestiones aisladas.

La reforma planteada atiende a una intención política que estriba en dotar de legitimidad a las personas juzgadoras, sin embargo, el actual diseño constitucional, les dota de esa legitimidad política, al estar precisamente dos de los Poderes de la Unión, involucrados en la designación de los ministros de la Corte, por un lado el Titular del Ejecutivo Federal, con la facultad de propuesta, y el Senado de la República, con la atribución para designar de entre las propuestas enviadas por el Ejecutivo, es decir, los Poderes involucrados en el procedimiento de designación, gozan de esa legitimidad democrática que los electores les dimos al votar por ellos en elecciones democráticas, por lo que esa buscada legitimidad democrática que se pretende para los juzgadores, les está conferida por el propio procedimiento de designación normado en la Constitución.

En cambio, pretender obtener esa legitimidad democrática a través de una votación popular, donde el origen de la postulación estuvo también a cargo de los Poderes de la Unión, pareciera un despropósito, pues buscar reconocimiento popular, después de haber sido postulado por representantes populares, resta valía precisamente a la propia legitimidad democrática de los postulantes, como si requiriesen necesariamente de validación en sus decisiones.

Por otra parte, la pretendida búsqueda de autonomía, a través del mecanismo de voto popular, resulta al menos cuestionable, ya que si lo que se busca es total independencia, el hecho de proceder de propuestas de los Poderes de la Unión, deja en duda esa pretendida independencia. Sabemos y es ciertamente razonable, que, en el actual modelo de designación, las propuestas del Ejecutivo Federal le sean afines, por ello la pertinencia de las designaciones escalonadas, para que el proponente no cuente con demasiados «adeptos» durante su ejercicio.

No obstante, esa probable afinidad entre las personas propuestas y los proponentes siempre estará latente, pues es también razonable suponer que cualquiera de los Poderes de la Unión, propondrá a las personas que le sean de alguna forma afines, y de las que conozca trayectoria, competencias, y capacidad técnica para el ejercicio de la judicatura. En caso contrario, podrían acceder a las propuestas, simples simpatizantes o allegados a determinado proyecto político. Con el riesgo de contar únicamente con simpatías y capacidades para desarrollar campaña, lo cual podría resultar en detrimento del ejercicio jurisdiccional y de la ciudadanía, que a la postre es el beneficiario y perjudicado de las resoluciones judiciales. Sin importar que estas puedan referirse a litigios en materia de derechos humanos, o en actos mercantiles, que al final del camino, uno u otro repercuten en algún aspecto social.

La reforma judicial que se comenta, se encuentra estrechamente vinculada, y en buena medida depende en su instrumentación, al menos en ese proceso de elección de las personas juzgadoras de alta jerarquía, con la eventual reforma constitucional en materia electoral, que hemos ya conocido en su desarrollo, inclusive más profundamente que la reforma judicial que no había entrado a escena, sino hasta el bloque de reformas de febrero de este 2024; pues la reforma electoral, ha recorrido el camino completo de los planes A, B y C, a que nos hemos referido páginas atrás.

En su vinculación con la designación de las personas juzgadoras, la reforma electoral resulta determinante, al tratarse, la elección, de una tarea encomendada al que eventualmente sería el Instituto Nacional de Elecciones y Consultas, encargado de organizar la elección extraordinaria para la primera integración de la Suprema Corte de Justicia de la Nación, así como de las y los magistrados de la Sala Superior del Tribunal Electoral del Poder Judicial de la Federación; y, para el caso particular, aunque la reforma a la Ley General de Instituciones y Procedimientos Electorales, de 2 de marzo de 2023, fuera declarada invalida por la Corte en la Acción de Inconstitucionalidad 29/2023 por violaciones al principio democrático[7], es razonable asumir, que su contenido será replicado en la futura reforma secundaria a la señalada Ley Electoral Nacional.

En estas condiciones, si bien se ha señalado que la elección de las personas juzgadoras señalada deberá tener alcance nacional, si lo que también se pretende es disminuir de alguna forma los costos de las elecciones en general, emprender una elección nacional, para determinar las nueve posiciones de la Suprema Corte de la Nación y las siete del Tribunal Electoral del Poder Judicial de la Federación, podría resultar un ejercicio presupuestalmente alto. Cuyos mecanismos de financiamiento probablemente puedan amortiguarse con los ahorros que implique la reducción del financiamiento a los partidos políticos que también prevé la reforma electoral.

En el particular consideramos que el mecanismo que se plantea en la reforma puede no ser el más idóneo, pero esto seguramente el tiempo y la

7 *Supra* 3

experiencia lo determinará; personalmente consideramos que, si la pretensión primaria de la reforma es dotar de legitimación democrática a las personas juzgadoras, está ya la poseen derivada de la propia legitimidad democrática de que gozan tanto el ejecutivo como el legislativo. Sin embargo, sin desdeñar la propuesta de reforma en cuanto al mecanismo de elección por voto popular, estamos convencidos que el ejercicio profesional de las personas juzgadoras, tiene entre sus características principales la capacidad técnica, la cual no debiera sacrificare, y que bien podría, en otro tipo de ejercicio de selección, probablemente con la misma posibilidad de propuesta para los tres Poderes de la Unión, con la validación que exámenes de conocimientos con el respaldo de instituciones públicas y privadas de reconocida probidad pudieran realizar. Determinar a las personas con los perfiles más idóneos, de una forma similar a la que se realiza hoy para acceder a algunas magistraturas, pero con la intervención de los otros poderes y con el respaldo de instituciones académicas.

Dejando el voto popular para las autoridades que ejercen una representación popular, y cuya virtud no puede necesariamente requerir de otras capacidades técnicas que la judicatura sí necesita.

Aunado a estos sencillos planteamientos, no deberíamos dejar de largo, la responsabilidad que, en el concierto internacional, tiene nuestro país y consecuentemente su sistema jurídico entero; pues si bien en relación con el proceso de nombramiento, aunque el Derecho internacional no establece un mecanismo específico para la selección las personas juzgadoras, sí reconoce una serie de requisitos mínimos que deben cumplirse para garantizar un Poder Judicial independiente. Esos requisitos incluyen que los métodos de selección sean públicos, objetivos y justos, que se fundamenten en el mérito, particularmente en lo que respecta a las cualificaciones, la integridad, la capacidad, la eficiencia, la imparcialidad y la independencia, y que sean transparentes y accesibles[8].

Tanto los Principios Básicos de las Naciones Unidas[9] relativos a la Independencia de la Judicatura como los Principios de Bangalore sobre la Conducta Judicial establecen la integridad, la idoneidad y la formación o cualificación jurídica adecuada como elementos preponderantes en el nombramiento de las personas juzgadoras.

---

8 Estatuto Universal del Juez; ONU: Consejo de Derechos Humanos. Estatuto Universal del Juez - 1999 - IAJ-UIM; Informe de la Relatora Especial sobre la independencia de los magistrados y abogados, Sra. Gabriela Knaul. A/HRC/17/30 (29 de abril de 2011), párr. 49 10051.pdf (acnur.org)

9 ONU: Asamblea General. Resoluciones 40/32 (29 de noviembre de 1985) y 40/146 (13 de diciembre de 1985). «Principios básicos relativos a la independencia de la judicatura», Principio 10. https://www.ohchr.org/es/instruments-mechanisms/instruments/basic-principles-independence-judiciary

Del mismo modo, el Comité de Derechos Humanos de las Naciones Unidas ha reconocido que la selección de personas juzgadoras debe hacerse exclusivamente sobre la base del mérito personal y la capacidad profesional, a través de mecanismos objetivos de selección y permanencia en el cargo que tengan en cuenta la naturaleza específica de las funciones a desempeñar.

Para asegurar que la selección se base en méritos y capacidades, los relatores especiales de Naciones Unidas sobre la independencia de jueces y abogados han recomendado que los procesos de selección sean llevados a cabo por una autoridad independiente y que garanticen la participación efectiva de la sociedad civil y los ciudadanos. Adicionalmente, la Comisión Interamericana de Derechos Humanos ha reconocido a los concursos públicos. Recordemos que, en nuestro país, el sistema actual para el nombramiento de las y los jueces de distrito, así como de las magistraturas federales se realiza a través de un riguroso proceso de selección que incluye concursos abiertos y exámenes, y se centra en el mérito y la capacidad, conforme dispone el artículo 97 de la Constitución General de la República. Por lo que, considerar la elección popular de las personas juzgadoras podría comprometer su independencia e imparcialidad al pretender alinear sus decisiones con la opinión popular que les gane simpatías, en lugar de ajustarse estrictamente a la ley y a los principios constitucionales.

5.5. Conclusión

Hasta este punto, hemos señalado brevemente, de forma general, lo que consideramos alguno de los puntos más relevantes en la propuesta de reforma judicial, con un contexto previo de las condiciones sociales y políticas en las que surge, así como la postura personal respecto del que se ha posicionado como uno de los aspectos más relevantes de esta propuesta de reforma, es decir, el mecanismo de elección de las altas jerarquías del Poder Judicial; no sin señalar que sin desdeñar los méritos globales que pueda tener la propuesta, estimamos que los objetivos pretendidamente buscados, como son precisamente la legitimidad democrática y la independencia de las personas juzgadoras, se encuentran ya presentes en los actuales mecanismos de designación y por supuesto, en los procedimientos establecidos en la Constitución y en la leyes secundarias para acceder a la judicatura a través del mérito vía concursos públicos.

Estamos convencidos, que las decisiones legislativas tienen siempre un contexto social y político, necesariamente deben responder a determinadas situaciones a las que debe darse cause y solución, las normas tiene esa finalidad, resolver una problemática presente, o prevenir una futura. Se trata de cuestiones elementales de sociología, ciencia política y teoría del Estado, el justo equilibrio entre los Poderes del Estado es uno de los pilares de la democracia, no podríamos concebir nuestro desarrollo como sociedad sin la independencia de alguno de ellos.

La legitimidad democrática con la que se ejerce el poder es un bono que permite a las autoridades de elección popular realizar su labor ejecutiva o parlamentaria, según corresponda, con la holgura o la estreches que el respaldo en las urnas le proporcionó. En cambio, el ejercicio del Poder Judicial no requiere ese bono democrático, su legitimidad le es conferida por el propio diseño constitucional, su ejercicio requiere, sin embargo, de otros atributos, de capacidad y competencias técnicas, que no se vinculan con los mecanismos de elección popular, la valoración de su ejercicio está en otros mecanismos diferentes a la expresión en las urnas.

Pueden encontrarse otros mecanismos, si lo que se pretende es integrar los órganos jurisdiccionales de otra forma, en la que se vincule o se amplie la participación de todos los poderes del Estado, así como a la sociedad civil a través de instancias especializadas en la valoración del conocimiento y la experiencia con que cuenten quienes aspiren a la impartición de la justicia. Es válido intentar otros diseños administrativos y mecanismos de control como el que se propone en la reforma judicial para sustituir al Consejo de la Judicatura.

Se han planteado alternativas en los diversos foros de análisis abiertos al escrutinio público con motivo de esta propuesta de reforma en específico, la sociedad en sus distintos sectores se ha pronunciado. La legitimidad democrática y el bono que la acompaña está en manos de la legislatura de la Unión, en su área de responsabilidad se encuentra la posibilidad de la mejor decisión.

En estas breves líneas, nos hemos limitado a esbozar uno de los amplios tópicos que la reforma judicial plantea, tal vez el de los que más comentarios ha motivado, pero no necesariamente el que más repercusiones pueda tener; hay aspectos tan relevantes como la implementación de un nuevo órgano administrativo y otro de vigilancia y control; la imposibilidad de aplicación *erga omnes* en algunas resoluciones de los tribunales federales. La desaparición de los tribunales electorales locales. Se trata pues, de una reforma de amplia trascendencia, y cuyo análisis *a priori*, siempre será limitado.

Por nuestra parte, asumimos la responsabilidad de continuar con su análisis previo y posterior; como sociedad civil, tenemos todos la responsabilidad de involucrarnos en el diseño de nuestras instituciones, en la crítica respecto de su funcionamiento, en la propuesta para su mejora. En la eventual implementación de la reforma judicial y de las que la sucedan, debemos mantenernos informados, experimentaremos ejercicios novedosos, mecanismos innovadores, será nuestra responsabilidad informarnos, y en consecuencia tomar las decisiones que como electores nos correspondan.

Un auténtico ejercicio democrático involucra no solo la posibilidad de elegir, sino la responsabilidad de hacerlo, con el conocimiento previo que madure y determine una decisión informada.

5.6. Bibliografía

ALANÍS, F. M. (2015). «Democracia deliberativa». México: *UNAM* Instituto de Investigaciones Jurídicas.

CANSINO GÓMEZ, R. (2009). «Política deliberativa, un concepto procedimental de la democracia». México: *Revista de la Facultad de Derecho*.

GARITA ALONSO, M. A. (2011). «Democracia representativa en el estado mexicano». México: *UNAM* Instituto de Investigaciones Jurídicas.

GONZÁLEZ, M.; «El principio democrático, garantía de la representación de las minorías»; *Revista Cuadernos Manuel Giménez Abad*; Año 2023, Número 26. Fundación Manuel Giménez Abad de Estudios Parlamentarios y del Estado Autonómico; Aragón, España. https://www.fundacionmgimenezabad.es/sites/default/files/Publicar/publicaciones/documentos/26_cuadernos_diciembre2023_0.pdf.

HADDAD LINERO, Y. (2006). *La democracia deliberativa, perspectiva critica.* Bogotá: Instituto de Estudios Constitucionales Carlos Restrepo.

HESSE, K. (1999). *Gründzuge des Verfassungsrechts der Bundesrepublik Deutschland.* Müller: Gewicht.

KELSEN, H. (1977). *Esencia y valor de la democracia.* Barcelona: Labor.

MARTÍN REYES, J. (2023). «Radiografía del plan b, la reforma electoral de 2023 a examen». México: *UNAM* Instituto de Investigaciones Jurídicas.

ONU. ASAMBLEA GENERAL. «Informe de la Relatora Especial sobre la independencia de los magistrados y abogados», Sra. Gabriela Knaul. A/HRC/17/30. 29 de abril de 2011, párr. 49. Disponible en: 10051.pdf (acnur.org)

ONU. DERECHOS HUMANOS. «Principios básicos relativos a la independencia de la judicatura», 1985 https://www.ohchr.org/es/instruments-mechanisms/instruments/basic-principles-independence-judiciary

ONU. INTERNATIONAL ASSOCIATION OF JUDGES. «Estatuto Universal del Juez»; 17 de noviembre de 1999. Disponible en: Estatuto Universal del Juez - 1999 - IAJ-UIM

PUENTE, K. (2023). «El Proceso Legislativo Para La Aprobación Del Plan «B»», en *Radiografía del Plan B: la reforma electoral de 2023 a examen. Serie Opiniones Técnicas sobre Temas de Relevancia Nacional,* núm. *64.* México: UNAM, Instituto de Investigaciones Jurídicas.

SALAZAR, L., Y WOLDENBERG, J. (2020). *Principios y valores de la democracia.* México: Instituto Nacional Electoral.

Fuentes de consulta

- Decreto por el que se reforman, adicionan y derogan diversas disposiciones de la Ley General de Comunicación Social y de la Ley General de Responsabilidades Administrativas. Publicado en el Diario Oficial de la Federación el 27 de diciembre de 2022, consultable: https://dof.gob.mx/nota_detalle.php?codigo=5675885&fecha=27/12/2022#gsc.tab=0
- Decreto por el que se reforman, adicionan y derogan diversas disposiciones de la Ley General de Instituciones y Procedimientos Electorales, de la Ley General de Partidos Políticos, de la Ley Orgánica del Poder Judicial de la Federación, y se expide la Ley General de los Medios de Impugnación en Materia Electoral, publicado en el Diario Oficial de la Federación el dos de marzo de 2023, consultable: https://dof.gob.mx/nota_detalle.php?codigo=5681325&fecha=02/03/2023#gsc.tab=0

Acciones de inconstitucionalidad

- Acción de inconstitucionalidad 71/2023 y sus acumuladas 75/2023, 89/2023, 90/2023, 91/2023, 92/2023 y 93/2023, consultables en: https://www.scjn.gob.mx/sites/default/files/proyectos_resolucion_scjn/documento/2023-06/A.I.%2071.pdf
- Acción de inconstitucionalidad 29/2023 y sus acumuladas 30/2023, 31/2023, 37/2023, 38/2023, 43/2023 y 47/2023, consultable en: https://www.scjn.gob.mx/sites/default/files/proyectos_resolucion_scjn/documento/2023-05/AI%2029-2023%20Y%20ACUM%20LGCS%20PROYECTO%20PARA%20PLENO.pdf

6.

ELECCIÓN POPULAR DE LOS JUECES: REFLEXIONES SOBRE LA INICIATIVA DE REFORMA CONSTITUCIONAL EN MATERIA DEL PODER JUDICIAL Y SU IMPACTO EN LOS PRINCIPIOS DE INDEPENDENCIA E IMPARCIALIDAD

Raúl Montoya Zamora[1]

SUMARIO. 6.1. Introducción. 6.2. La independencia judicial. 6.3. Principios básicos tendentes a garantizar la independencia judicial. 6.4. La elección popular de ministros, magistrados y jueces del Poder Judicial de la Federación, y de juzgadores de las entidades federativas. 6.5. Análisis de las implicaciones de la propuesta de elección de los ministros, magistrados y jueces del Poder Judicial de la Federación en los principios de independencia e imparcialidad. 6.6. Conclusiones y propuesta. 6.7. Bibliografía.

6.1. Introducción

Con fecha 5 de febrero de 2024, el presidente de la República Mexicana, Andrés Manuel López Obrador, presentó iniciativa con proyecto de decreto, con el propósito de reformar algunas disposiciones constitucionales en materia del Poder Judicial de la Federación, entre las cuales, se encuentran las relacionadas con la designación de los ministros de la Suprema Corte de Justicia de la Nación (SCJN) y de los magistrados y jueces que integran el

1 Doctor en Derecho por la Universidad Juárez del Estado de Durango; Especialista en Justicia Constitucional y Procesos Constitucionales (2011) y Especialista en Justicia Constitucional, interpretación y aplicación de la Constitución (2023), por la Universidad de Castilla la Mancha, campus Toledo, España; Perfil deseable PRODEP, y miembro del Sistema Nacional de Investigadores del CONAHCYT, nivel II.

Poder Judicial de la Federación, así como magistrados y jueces de los Poderes Judiciales de las entidades federativas en México[2].

En la parte de exposición de motivos se aduce categóricamente sin ninguna evidencia que respalde tales afirmaciones, que la impunidad y ausencia de justicia que ha tenido nuestro país en las últimas décadas obedece a la falta de una verdadera independencia de los órganos encargados de la impartición de justicia, así como al alejamiento profundo que existe entre la sociedad y los órganos judiciales. Y que tal situación, resta credibilidad y pérdida de legitimidad a los juzgadores federales[3].

También se afirma sin ningún sustento, que los órganos responsables de impartir justicia muestran incapacidad y desinterés en cumplir con sus facultades, y que privilegian los intereses de grupos de poder contrarios al interés público[4].

Por lo anterior, se señala que el objetivo de la iniciativa es reformar el Poder Judicial de la Federación, para que la ciudadanía participe en los procesos de elección de los ministros de la SCJN, y de los magistrados y jueces que integran dicho poder, así como de quienes integran sus órganos disciplinarios. Ello, con la finalidad de que sus integrantes sean responsables de sus decisiones frente a la sociedad, para que sean sensibles a los problemas que tienen los ciudadanos[5].

Como se ve, la propuesta plantea un nuevo modelo de elección de los jueces en México, con la finalidad de que sean electos democráticamente con el pueblo. Tal situación, hace que se planteen algunas dudas relacionadas con la independencia judicial, esto es, la independencia de los jueces mexicanos y en particular, de la Suprema Corte de Justicia de la Nación, frente a los poderes del Estado y los poderes fácticos. Esto es, en otros términos ¿Cuáles serían los principios mínimos para garantizar la independencia de los jueces constitucionales desde la perspectiva del derecho internacional de los derechos humanos? ¿La propuesta de reforma constitucional presentada por el presidente de México en materia de designación de los jueces del país, cumple con los estándares internacionales relacionados con la independencia judicial?

Se justifica la discusión y análisis del tema en estudio, ya que dicha propuesta de reforma constitucional es susceptible que se retome por la nueva

---

2 Cámara de Diputados, LXV legislatura, «Iniciativa del Ejecutivo federal con proyecto de decreto, por el que se reforman, adicionan y derogan diversas disposiciones de la Constitución Política de los Estados Unidos Mexicanos, en materia de reforma del Poder Judicial», en *Gaceta Parlamentaria*, año XXVII, número 6457-15, del lunes 5 de febrero de 2024.

3 *Idem.*

4 *Idem.*

5 *Idem.*

presidenta de México recién electa, la Dra. Claudia Sheinbaum y por los partidos aliados a su proyecto dentro del seno del Congreso de la Unión, quienes se han mostrado interesados en continuar con el proyecto encabezado por el presidente Andrés Manuel López Obrador[6]. Incluso, se pretende que la iniciativa sea aprobada por la nueva legislatura antes de que el presidente de la república concluya su mandato constitucional.

Por lo que a continuación se responderá a los planteamientos formulados, con apoyo en los métodos dogmático jurídico y exegético, y análisis de caso en la jurisprudencia Corte Interamericana de Derechos Humanos (Corte IDH); precisando en primer orden, un apartado teórico y jurídico sobre la independencia judicial, y en segundo lugar, se analiza el contenido de la propuesta de reforma constitucional, y finalmente, se efectuará el análisis crítico correspondiente, donde se destaca como conclusión principal, que la propuesta de reforma constitucional de cuenta, no cumple con los estándares internacionales tendentes a garantizar la independencia judicial. Y finalmente, se realiza una modesta propuesta sobre la manera en que pudieran ser designados los jueces del país, en atención a los estándares internacionales en materia de derechos humanos referidos[7].

6.2. La independencia judicial

La enciclopedia jurídica en línea Biz14, define la independencia judicial como: «principio que en un Estado Social y democrático de Derecho supone garantía de la separación de los poderes del Estado y autogobierno del Poder Judicial»[8].

La citada enciclopedia menciona que, dentro del derecho procesal, la independencia se puede definir como una:

> cualidad de la que, en el ejercicio de la función jurisdiccional, deben gozar los jueces y que consiste en absoluta soberanía y falta de dependencia, no ya respecto de los sujetos interesados en los procesos, sino del poder ejecutivo, del poder legislativo, de

6 Migueles, Rubén, «Repunta dólar arriba de 18.50 pesos tras conferencia de Sheinbaum». en *El Universal*. Disponible en https://www.eluniversal.com.mx/cartera/repunta-dolar-arriba-de-1850-pesos-tras-conferencia-de-sheinbaum/?utm_source=web, [recuperado el 11 de junio de 2024].

7 En un ensayo anterior, denominado: «Hacia un nuevo modelo de designación de jueces en México: un análisis desde el derecho internacional de los derechos humanos», publicado en *LATAM Revista Latinoamericana de Ciencias Sociales y Humanidades* 5 (4), 2024, 1183-1198. https://doi.org/10.56712/latam.v5i4.2324, se abordó buena parte de lo que se escribe en este capítulo. Pero en este ensayo se presentan algunos otros argumentos que refuerzan nuestra hipótesis y se realiza una propuesta concreta sobre la manera en que pudieran designarse a los jueces en México, con especial énfasis en los ministros de la Suprema Corte de Justicia de la Nación.

8 Enciclopedia jurídica en línea, Biz14. Disponible en http://www.enciclopedia-juridica.biz14.com/d/independencia-judicial/independencia-judicial.htm, consultada el 9 de julio de 2024.

los órganos jurisdiccionales de superior categoría, de los órganos de gobierno administrativo de los tribunales y de cualesquiera otras personas físicas y jurídicas[9].

Por su parte, Luis María Diez[10], refiere que la independencia judicial se encuentra estrechamente conectada con el Estado de Derecho, ya que es uno de sus elementos fundamentales. De tal suerte que, a partir de estas nociones, se deriva un concepto amplio de la independencia judicial, siendo este, el que la impartición de justicia no debe de estar sometida a los órganos del poder político.

Del mismo modo, el autor en cita señala que se puede concebir una doble concepción de la independencia judicial, a saber: la denominada *independencia funcional* —que se refiere a una idea valorativa de la independencia judicial—, y la *independencia como garantía*[11].

La primera de las concepciones implica una regla fundamental de cualquier sistema jurídico, que informa que el juez, en ejercicio de su función, debe de someterse al principio de legalidad. Mientras que la independencia judicial, como garantía, envuelve una serie de mecanismos tendentes a salvaguardar y realizar ese valor, incluso, por medio de principios distintos al de la independencia[12].

Siguiendo a Luis Diez, se precisan a continuación tres subcategorías dentro de la independencia judicial como garantía:

a) La independencia personal. —entendida como las características derivadas de la Constitución, sobre la situación del juzgador individualmente considerado, que tienden a protegerlo de presiones ejercidas por los otros poderes del Estado—;

b) La independencia colectiva. —la cual se refiere a la protección de la judicatura en su conjunto (poder judicial), frente a los demás poderes del Estado—, y

c) La independencia interna. —que tiende a proteger al juez en lo individual, frente al resto de la estructura judicial[13]—.

Siimon comparte la idea expresada por Luis Diez señalando que la independencia también puede ser enfocada desde el ámbito personal del juez[14].

9 *Idem*.

10 DIEZ PICAZO, Luis María, «Notas de Derecho Comparado sobre la Independencia Judicial», en *Revista Española de Derecho Constitucional*, año 12, número 34, enero-abril 1992, p. 20. Recuperado de: https://dialnet.unirioja.es/servlet/articulo?codigo=79448

11 *Idem*.

12 *Ibidem*, p. 21.

13 *Idem*.

14 SIMON, Dieter, *La independencia del juez*, Ed. Ariel, Barcelona, 1985, p. 42.

De igual modo, la doctrina distingue entre independencia personal y funcional, y también entre independencia externa —la que se da frente a otros poderes estatales o fácticos— e interna —al interior del poder judicial[15]—. Así como independencia objetiva y subjetiva, política y jurídica, individual y colectiva[16].

Por lo que la definición de independencia judicial, de acuerdo con Requejo, es relativa y referencial, en tanto que presupone una pluralidad de circunstancias entre las que no existe vínculo alguno[17].

Con todo, se puede comprender la independencia judicial como la capacidad de tomar decisiones sin injerencia, presiones o interferencias de otras personas que deformen el proceso de toma de decisión del juzgador[18].

Ahora bien, en el ámbito sistema interamericano de protección de los derechos humanos, de los artículos 8 y 25 de la Convención Americana de Derechos Humanos, se derivan determinadas garantías que los Estados deben de otorgar a los jueces para asegurar su ejercicio independiente, tal como la garantía de no estar sujeto a libre remoción, lo que conlleva a que los procesos disciplinarios seguidos contra los jueces, deben de respetar las garantías del debido proceso, y debe ofrecerse a los perjudicados un recurso efectivo.

Respecto de las garantías que los Estados deben de otorgar para reforzar la independencia judicial, se pueden agrupar en dos facetas: la institucional o de sistema y, la funcional o del ejercicio individual de los operadores de justicia. Sobre el particular, la Corte Interamericana ha distinguido entre la independencia de jure y de facto, precisando que: «se requiere no sólo independencia jerárquica o institucional, sino también independencia real»[19].

Por cuanto hace a la faceta institucional, la Comisión Interamericana de Derechos Humanos la ha comprendido en el sentido de que existan garantías suficientes que permitan que la institución o entidad de justicia, no sea sometida a abusos o restricciones indebidas por parte de los otros poderes del Estado. Por lo que toda situación en que las competencias del poder judicial y ejecutivo no fueran claramente distinguibles o en la que éste último

15 González, Piedad, *Independencia del Juez y control de su actividad,* Ed. Tirant Lo Blanch, Valencia 1993, p. 15.

16 Prieto Castro, Leonardo, *Derecho de tribunales: organización, funcionamiento, gobierno,* Ed. Aranzadi, España 1983, p. 270.

17 Requejo Pagés, Juan Luis, *Jurisdicción e independencia judicial,* Ed. Centro de Estudios Constitucionales, Madrid 1989, p. 116.

18 Torres Pérez, Aída, «La independencia de los Tribunales Internacionales de Derechos Humanos: El caso de la Corte Interamericana de Derechos Humanos», 2013, p. 1, Disponible en https://law.yale.edu/sites/default/files/documents/pdf/sela/SELA13_Torres_CV_Sp_20130524.pdf [consultada el 28 de junio de 2024].

19 Corte IDH. Caso Zambrano Vélez y otros Vs. Ecuador. Fondo, Reparaciones y Costas. Sentencia de 4 de julio de 2007. Serie C No. 166, párr. 122.

estuviera en posibilidad de controlar al primero, no resulta compatible con la acepción de tribunal independiente[20].

En lo que concierne a la faceta personal o del ejercicio individual de la judicatura, se refiere además de los procedimientos y las cualificaciones para la designación de los jueces, a las garantías relacionadas con la seguridad de su encargo hasta la edad de la jubilación obligatoria o terminación de su periodo, y a las condiciones que normas los ascensos, traslados, suspensión, cesación de funciones, y la independencia real del poder judicial respecto de los poderes ejecutivo y legislativo[21].

Por otra parte, conviene destacar en el presente apartado, que en el ámbito que compete a las naciones unidas, la Asamblea General en el año de 1985, aprobó los Principios Básicos de las Naciones unidas relativos a la Independencia de la Judicatura, los que determinan las garantías mínimas que deben respetarse para asegurar la independencia de la función judicial[22].

Igualmente, se han elaborado diversos instrumentos de carácter universal y regional, encaminados a proteger la independencia en la función judicial, tales como: a) instrumento de procedimientos para la aplicación efectiva de los principios básicos, aprobados por la Asamblea General de naciones unidas en 1989; b) los principios básicos de Bangalore —2002—, aprobados por el Consejo Económico y Social de naciones unidas, los que refieren la importancia de contar con una judicatura competente, independiente e imparcial para la protección de los derechos; c) los principios de *Latimer House* para el *Commonwealth* sobre las tres ramas de gobierno; d) la Carta Europea sobre el Estatuto de los jueces de 1998; e) la declaración de principios de Beijing sobre la independencia de la judicatura en la región de Lawasia de 1995; e) el estatuto universal del juez, y f) el estatuto del juez iberoamericano.

En el ámbito contencioso del sistema interamericano de protección de los derechos humanos, además del caso objeto de análisis en el presente tra-

---

20 Naciones Unidas. Comité de Derechos Humanos. CCPR/C/GC/32, informe de Relatora Especial sobre la cuestión de Defensores de la ONU. Folleto No. 29. Los Defensores de los Derechos Humanos: Protección del Derecho a Defender los derechos, párr. 19. Asamblea General. Consejo de Derechos Humanos. Informe del Relator Especial sobre la independencia de los magistrados y abogados, Leandro Despouy, A/HRC/11/41, 24 de marzo de 2009, párr. 18.

21 Naciones Unidas. Comité de Derechos Humanos. CCPR/C/GC/32, informe de Relatora Especial sobre la cuestión de Defensores de la ONU. Folleto No. 29. Los Defensores de los Derechos Humanos: Protección del Derecho a Defender los derechos, párr. 19. Asamblea General. Consejo de Derechos Humanos. Informe del Relator Especial sobre la independencia de los magistrados y abogados, Leandro Despouy, A/HRC/11/41, 24 de marzo de 2009, párr. 52.

22 Adoptados por el séptimo congreso de las naciones unidas sobre prevención del delito y tratamiento del delincuente, celebrado en Milán del 26 de agosto al 6 de septiembre de 1985, y fueron confirmados por la Asamblea General en sus resoluciones 40/32 de 29 de noviembre de 1985 y 40/146 de 13 de diciembre de 1985.

bajo, la Corte Interamericana de Derechos Humanos, también se ha pronunciado respecto de las garantías que derivan de la independencia en la función judicial, en las siguientes controversias: a) Caso del Tribunal Constitucional *vs* Perú. Fondo, Reparaciones y Costas. Sentencia de 31 de enero de 2001. Serie C No. 71; b) Caso Apitz Barbera y otros (Corte Primera de lo Contencioso Administrativo) vs Venezuela. Excepción Preliminar. Fondo, Reparaciones y Costas. Sentencia de 5 de agosto de 2008. Serie C No. 182; c) Caso Chocrón Chocrón *vs* Venezuela. Excepción Preliminar. Fondo, Reparaciones y Costas. Sentencia de 1 de julio de 2011. Serie C No. 227.

Luego entonces, conforme a la jurisprudencia de la Corte IDH y de la Corte Europea, así como de conformidad con los Principios básicos de las Naciones Unidas, relativos a la independencia de la judicatura (en adelante «Principios Básicos»), las siguientes garantías se derivan de la independencia judicial:

a) Un adecuado proceso de nombramiento[23];

b) La inamovilidad en el cargo[24], y

c) La garantía contra presiones externas[25].

6.3. Principios básicos tendentes a garantizar la independencia judicial

Como elementos preponderantes en materia de nombramiento de los jueces, la Corte IDH, ha destacado preponderantes la integridad, idoneidad y formación o calificaciones jurídicas apropiadas[26]. Consecuentemente, se debe seleccionar a los jueces exclusivamente por el mérito personal y su capacidad profesional, a través de mecanismos objetivos de selección y permanencia, que tengan en cuenta la singularidad y especificidad de las funciones que se van a desempeñar.

---

23 Caso del Tribunal Constitucional Vs. Perú, *op. cit., supra*, párr. 75; Caso Palamara Iribarne Vs. Chile, *op. cit., supra*, párr. 156, y Caso Apitz Barbera y otros («Corte Primera de lo Contencioso Administrativo») Vs. Venezuela, *op. cit., supra* párr. 138. Ver también Principio 10 de los Principios básicos de las Naciones Unidas relativos a la independencia de la judicatura adoptados por el Séptimo Congreso de las Naciones Unidas sobre Prevención del Delito y Tratamiento del Delincuente, celebrado en Milán, Italia, del 26 de agosto al 6 de septiembre de 1985, y confirmados por la Asamblea General en sus resoluciones 40/32 del 29 de noviembre de 1985 y 40/146 del 13 de diciembre de 1985.

24 *Idem*. y ver también Principio 12 de los Principios Básicos de las Naciones Unidas, *op. cit. supra*.

25 *Idem*. y ver también Principios 2,3 y 4 de los Principios Básicos de las Naciones Unidas, *op. cit. supra*.

26 *Idem. Principio 10,* y ver también Principios 2,3 y 4 de los Principios Básicos de las Naciones Unidas, *op. cit. supra*.

Además, señaló la Corte, que el procedimiento de selección debe garantizar igualdad de oportunidades a través de una libre concurrencia, de tal forma que todos los ciudadanos que acrediten los requisitos determinados en la ley deben poder participar en los procesos de selección sin ser objeto de tratos desiguales arbitrarios[27].

También, la Corte IDH apuntó que debe tenerse en cuenta que no cualquier procedimiento satisface las condiciones que exige la Convención para la implementación adecuada de un verdadero régimen independiente, puesto que si no se respetan parámetros básicos de objetividad y razonabilidad, resultaría posible diseñar un régimen que permita un alto grado de discrecionalidad en la selección del personal judicial de carrera, en virtud de lo cual las personas escogidas no serían, necesariamente, las más idóneas[28].

Asimismo, la Corte IDH, estableció que la inamovilidad es una garantía de la independencia judicial que a su vez está compuesta por las siguientes garantías:

a) Permanencia en el cargo por periodos establecidos, e inamovilidad hasta que cumplan la edad forzosa de retiro o expire el periodo para el que hayan sido nombrados o elegidos[29];

b) Un proceso de ascensos adecuado, que cuando exista, estará basado en factores objetivos, especialmente en capacidad profesional, integridad y experiencia[30], y

c) No despido injustificado o libre remoción, lo que garantiza que los jueces no sean privados de sus cargos, sino solo por incapacidad o comportamiento que los inhabilite para seguir desempeñando sus funciones y que todo procedimiento para la adopción de medidas disciplinarias, la suspensión o la separación del cargo, se resolverá de acuerdo con las normas establecidas de comportamiento judicial, respetando el derecho de defensa y las formalidades del procedimiento[31]. Por lo que resulta incompatible con la independencia judicial del sistema interamericano, las destituciones de jueces realizadas por el Poder Ejecutivo antes de la expiración del mandato para el que fueron nombrados, sin que se les dé ninguna razón concreta y sin que dispongan de una protección judicial efectiva para impugnar la destitución[32].

---

27 Caso Reverón Trujillo, *op. cit. supra*, párrafo 73.

28 *Ibidem,* párrafo 74.

29 *Idem,* y principios 11 y 12 de los Principios Básicos de las Naciones Unidas.

30 *Idem,* y principio 13 de los Principios Básicos de las Naciones Unidas.

31 *Idem*, y principios 18 y 19 de los Principios Básicos de las Naciones Unidas.

32 *Ibidem,* párrafos 75-79.

Por lo que hace a las garantías contra presiones externas, la Corte IDH, refirió que los principios básicos disponen que los jueces resolverán los asuntos que conozcan «basándose en los hechos y en consonancia con el derecho, sin restricción alguna y sin influencias, alicientes, presiones, amenazas o intromisiones indebidas, sean directas o indirectas, de cualesquiera sectores o por cualquier motivo»[33]. Asimismo, dichos principios establecen que la judicatura «tendrá autoridad exclusiva para decidir si una cuestión que le haya sido sometida está dentro de la competencia que le haya atribuido la ley»[34] y que «no se efectuarán intromisiones indebidas o injustificadas en el proceso judicial»[35].

De las garantías antes descritas, la Corte IDH derivó que la garantía de inamovilidad debe operar para permitir el reintegro a la condición de magistrado de quien fue arbitrariamente privado de ella[36].

Ello lo razonó así, puesto que, de lo contrario, los Estados podrían remover a los jueces, e intervenir de ese modo en el Poder Judicial sin mayores costos o control. Además, esto podría generar un temor en los demás jueces que observan que sus colegas son destituidos y luego no reincorporados aun cuando la destitución fue arbitraria. Dicho temor también podría afectar la independencia judicial, ya que fomentaría que los jueces sigan las instrucciones o se abstengan de controvertir tanto al ente nominador como al sancionador. Por tanto, un recurso que declara la nulidad de una destitución de un juez por no haber sido ajustada a la ley debe llevar necesariamente a la reincorporación.

6.4. La elección popular de ministros, magistrados y jueces del Poder Judicial de la Federación, y de juzgadores de las entidades federativas

A continuación, se procede al análisis particular de la parte donde se propone un nuevo modelo de designación de los juzgadores del Poder Judicial de la Federación y de las entidades federativas, por ser este el tema principal de este ensayo.

Con relación al tema en análisis, la iniciativa plantea una modificación al artículo 94 de la Constitución, para que, en primer lugar, la SCJN se integre por nueve ministros, en lugar de los 11 que la conforman en la actualidad.

33 *Idem.*

34 *Idem,* y principio 3 de los Principios Básicos de las Naciones Unidas.

35 *Idem,* y principio 4 de los Principios Básicos de las Naciones Unidas.

36 Caso Apitz Barbera y otros («Corte Primera de lo Contencioso Administrativo») Vs. Venezuela, *op. cit. supra*, párr. 246.

También se prevé que el funcionamiento sea sólo de manera plenaria, y no en salas como en la actualidad. También se contempla que el periodo de duración en el encargo de ministro sea de 12 años, en vez de los 15 que se establecen actualmente[37].

La iniciativa establece mediante la reforma al artículo 96, que los ministros de la SCJN, magistrados y Jueces que integran el Poder Judicial de la Federación sean electos por el voto popular, de manera directa y secreta, el primer domingo de junio de las elecciones ordinarias del año que corresponda, en atención a las siguientes bases[38].

En el caso de la integración de la SCJN, se prevé que el Senado de la República emita la convocatoria para la conformación del listado de las candidaturas, el mismo día en el que se inicie el primer periodo de sesiones ordinarias del año anterior al de la elección de que se trate. Dicha convocatoria deberá contener las etapas completas del proceso, así como fechas y plazos que no serán prorrogables[39].

La propuesta refiere que el presidente de la república postulará de manera paritaria hasta diez personas aspirantes; el Poder Legislativo, postulará cinco personas por cada Cámara, mediante la votación calificada de dos tercios de los legisladores presentes; y el pleno de la SCJN, por mayoría de seis votos, postulará igualmente diez personas[40].

Luego, se establece que el Senado reciba las postulaciones, verifique que las personas propuestas cumplan con los requisitos de elegibilidad establecidos en la Constitución, y remita tal listado al Instituto Nacional de Elecciones y Consultas, antes de que concluya el año anterior al de la elección que corresponda, a efecto de que organice la elección. También se establece que los poderes de la unión que no remitan sus postulaciones en el plazo previsto en la convocatoria no podrán realizarlo con posterioridad[41].

Finalmente, se prevé que el órgano electoral efectúe los cómputos de la elección y los comunique al Senado, quien a la brevedad realizará y publicará la suma, y enviará los resultados a la Sala Superior del Tribunal Electoral del Poder Judicial de la Federación, quien tiene la competencia de resolver las impugnaciones que se presenten, calificar dicho proceso y declarar los resultados, antes de que el Senado instale el primer periodo ordinario de sesiones del año de la elección que corresponda, fecha en la cual, los ministros electora tomarán protesta ante el mismo Senado[42].

---

37 Cámara de Diputados, LXV legislatura, *op. cit., supra*, pp. 66-88.

38 *Ibidem,* p. 69.

39 *Idem.*

40 *Ibidem,* p. 70.

41 *Idem.*

42 *Ibidem,* pp. 70-71.

En tratándose de los cargos de magistrados de circuito y jueces de distrito, la iniciativa propone que la elección sea realizada por circuito judicial, teniendo en cuenta las particularidades que establezca la legislación, aplicando en lo conducente el procedimiento estipulado para la elección de ministros de la SCJN. Para efecto de la integración de las propuestas a ocupar los espacios, se dispone que el presidente del país postule de manera paritaria dos personas para cada cargo; que el Poder Legislativo proponga dos personas para cada cargo, una por cada cámara, aprobada por votación calificada de dos tercios de los legisladores presentes, y que el pleno de la SCJN postule con una aprobación de seis votos, hasta dos personas por cada cargo[43].

Para la emisión de la convocatoria, se dispone que el órgano de administración judicial remita al Senado el listado que señale el número de vacantes a cubrir, así como la materia y el circuito judicial. También se dispone que los magistrados y jueces durarán en su encargo nueve años y podrán participar para ser reelectos cada que concluya el periodo[44]. Sin referir a quién le corresponde decidir sobre la reelección ni el número de veces en que una persona juzgadora puede reelegirse.

En la iniciativa se dispone que los poderes de la unión deben de procurar que sus postulaciones recaigan en personas que hayan servido con eficiencia, capacidad y probidad en la procuración e impartición de justicia, o bien, se hayan distinguido por su honorabilidad en el ejercicio de la profesión jurídica[45].

Para efectos del periodo de campaña en la elección de los integrantes del Poder Judicial de la Federación, en la iniciativa se plantea que los postulados tendrán derecho a espacios de radio y televisión, conforme a lo que establezca la ley y determine el órgano electoral. Igualmente, se dispone que los candidatos podrán participar en debates organizados por la autoridad electoral dentro de los tiempos oficiales o en aquellos brindados de manera gratuita por algún medio de comunicación de manera equitativa[46].

Llama la atención que la iniciativa establece que, en la elección de los integrantes de todos los cargos dentro del Poder Judicial de la Federación, se encuentra prohibido tanto el financiamiento público como el de origen privado, así como la contratación por sí o por conducto de otra persona, de espacios en radio y televisión para promover a los candidatos. Igualmente, se dispone que los partidos políticos no podrán realizar actos de proselitismo en la elección de dichos cargos[47].

43 *Idem.*

44 *Ibidem,* pp. 71-72.

45 *Idem.*

46 *Idem.*

47 *Ibidem,* pp. 72-73.

El último párrafo de la propuesta de reforma del artículo 96 constitucional, establece que la ley dispondrá del plazo de duración de las campañas para la elección de los cargos del Poder Judicial de la Federación, y que en ningún caso habrá etapa de precampaña[48].

Por su parte, la propuesta de reforma del artículo 98 constitucional dispone que en caso de falta de un ministro de la SCJN que exceda de un mes, o en caso de defunción, renuncia o cualquier motivo de separación definitiva del encargo, el presidente de la república deberá proponer una terna al Senado, con la finalidad de que elija por mayoría calificada de sus integrantes, a la persona que deba cubrir de manera interina la vacante, hasta en tanto tome protesta la persona que fuera electa para el cargo[49].

El mismo precepto en su último párrafo, refiere que en tratándose de las ausencias definitivas de los magistrados de Circuito y Jueces de Distrito, el órgano de administración judicial deberá someter una terna a consideración del Senado, quien, por votación calificada de sus integrantes, elegirá a la persona que interinamente ocupará el cargo hasta en tanto tome protesta el servidor judicial que resulte electo en la siguiente elección ordinaria[50].

Para el caso de los magistrados de la Sala Superior Tribunal Electoral del Poder Judicial de la Federación (TEPJF), la iniciativa plantea una modificación al artículo 99 de la Constitución Federal, a efecto de establecer un procedimiento similar al propuesto para elegir a los ministros de la SCJN, de tal manera que también los magistrados electorales de la Sala Superior, serán electos por la ciudadanía a nivel nacional, en votación directa, el primer domingo de junio del año que corresponda, competiéndole al Senado de la República la emisión de la convocatoria, en la que deberá señalar todas sus etapas, las fechas y plazos improrrogables[51].

De igual modo, las propuestas para conformar dicho órgano judicial electoral, serán realizadas por el presidente de la república, de manera paritaria, en un número de diez; a cada cámara del Congreso de la Unión le corresponderá proponer a cinco personas, mediante la aprobación de la mayoría calificada de las dos terceras partes de los legisladores presentes; y a la SCJN, le competerá postular hasta diez personas, siempre y cuando sean aprobadas las postulaciones por una mayoría de seis votos de los ministros[52].

Como se mencionó, el procedimiento sigue las mismas bases que la propuesta para la elección de los ministros de la SCJN, a excepción del órgano que resultaría competente para resolver las impugnaciones que se presen-

48 *Idem.*

49 *Ibidem,* p. 75.

50 *Ibidem,* p. 76.

51 *Ibidem,* pp. 77-78.

52 *Idem.*

ten con motivo de la elección de los magistrados de la Sala Superior del TEPJF, que en este caso, lo sería la propia SCJN, quien además de resolver las impugnaciones, deberá calificar dicho proceso electivo y declarar los resultados antes de que el Senado de la República instale el primer periodo ordinario de sesiones del año que corresponda a la elección, fecha que las personas electas deberán tomar la protesta ante dicho órgano legislativo[53].

Ahora bien, respecto del procedimiento de designación de los magistrados que integran las Salas Regionales del TEPJF, la modificación propuesta en la iniciativa al artículo 99 de la Constitución Federal, contempla que tales magistraturas serán electas popularmente mediante el voto directo y secreto emitido por región, en los términos y modalidades que determine la legislación única en materia electoral, conforme al procedimiento aplicable para la elección de los magistrados de la Sala Superior de dicho tribunal, y durarán en su encargo seis años improrrogables[54].

Finalmente, se propone que, en caso de renuncia o ausencia definitiva de algún Magistrado electoral, la SCJN proponga por mayoría de seis votos de sus integrantes, una terna a consideración del Senado, el cual elegirá por votación de la mayoría calificada (la propuesta no indica el porcentaje que corresponda a dicha mayoría) a la persona que deberá cubrir la vacante. Dicha persona estará en funciones de manera interina, hasta en tanto tome protesta la persona electa para cumplir con las funciones[55].

En el caso de los juzgadores de las entidades federativas, la iniciativa plantea reformar el artículo 116 constitucional en su párrafo tercero, con la finalidad de que la elección de los magistrados y jueces que integres los poderes judiciales locales, se realicen conforme las bases propuestas para la elección de los juzgadores del Poder Judicial de la Federación, pero en los términos señalados por las Constituciones locales, debiendo garantizar mecanismos transparentes y paritarios de elección[56].

Dicha propuesta también se hace extensiva a la Ciudad de México, mediante la propuesta de reforma al artículo 122, fracción IV, de la Constitución Federal[57].

En cuanto al régimen transitorio de la iniciativa, llama la atención que, conforme al artículo segundo transitorio, se dispone que los ministros, magistrados (tanto de circuito, de apelación, como del Tribunal Electoral del Poder Judicial de la Federación) jueces y consejeros de la Judicatura, concluirán su encargo en el momento en el que tomen protesta las personas electas para

53 *Ibidem,* pp. 78-79.

54 *Idem.*

55 *Idem.*

56 *Ibidem,* p. 58.

57 *Idem.*

dichos cargos[58]. Lo cual supone una destitución arbitraria de dichos juzgadores, y que, por lo tanto, se encontraría prohibida por el marco convencional referido en este trabajo. Sobre este aspecto, abundaremos en el siguiente apartado.

6.5. Análisis de las implicaciones de la propuesta de elección de los ministros, magistrados y jueces del Poder Judicial de la Federación en los principios de independencia e imparcialidad

Como se ve de lo antes expuesto, la propuesta central radica en que todos los jueces del país sean electos de manera directa y secreta por los ciudadanos. Tal planteamiento obedece a evitar el supuesto distanciamiento existente entre los juzgadores y la ciudadanía, y a que los jueces se encuentren legitimados democráticamente al momento de emitir sus resoluciones.

Sin embargo, la propuesta para que sea el pueblo quienes elijan a los jueces del país resulta engañosa, dado que no pueden elegir a cualquier persona que, cumpliendo los requisitos constitucionales y legales para ocupar el cargo, se postule para el mismo; sino que tendrán que votar necesariamente por las personas propuestas por el presidente de los Estados Unidos Mexicanos, por el Congreso de la Unión y por los órganos de los poderes judiciales (federal y local); lo cual, en principio, no resulta tan democrático como se hace ver en la propuesta, ya que se puede llegar al caso extremo donde ni el Congreso de la Unión, ni los órganos judiciales competentes, envíen sus propuestas para ocupar los cargos judiciales, y el pueblo sólo tendría que elegir de entre las propuestas presentadas por el presidente de la república. Lo que resulta un escenario bastante factible, dado que tanto el Congreso de la Unión, como los órganos judiciales competentes en realizar las propuestas para los cargos de juzgador, tienen que aprobarlas por una votación calificada, lo que dificultaría los acuerdos para realizar la postulación, en tanto que, el presidente del país puede hacer las postulaciones de manera completamente libre, arbitraria y discrecional, tal y como sucede en la actualidad para designar a los ministros de la SCJN.

Es más, bajo el diseño propuesto, se estaría en un escenario bastante semejante al que se tiene para el caso de designación de los ministros de la SCJN, previsto en el artículo 96 de la Constitución Federal vigente, los cuáles son electos bajo un esquema discrecional y arbitrario, donde le presidente de la república presenta una terna para el cargo y el Senado elige forzosamente de la terna enviada por el ejecutivo, pudiéndola rechazar en una ocasión, pero de persistir el rechazo, finalmente el presidente del país designa quién ocupará el cargo.

58 *Ibidem,* p. 96.

Ahora, de acuerdo con la iniciativa en análisis, el pueblo estaría eligiendo no sólo a los ministros de la SCJN, sino a todos los jueces del país, tanto federales como locales, pero de entre las propuestas que discrecional y arbitrariamente sean presentadas por los poderes de la unión (a nivel federal) o por los de las entidades federativas a nivel estatal, por lo que en opinión del que escribe, el pueblo sólo tendría que concurrir a ratificar con su voto, a las personas que ocuparán los cargos judiciales del país.

De ahí que se sostenga que la propuesta propiciaría la politización de los cargos judiciales, pues quien aspire a ocupar el cargo de juzgador, deberá ser cercano a la clase política (presidente de la república, partidos políticos, diputados y senadores) para poder ser postulado. Incluso, las postulaciones que realice el pleno de la SCJN se verían afectadas por el mismo problema, ya que las personas que deseen ser parte del Poder Judicial tienen que ser cercanos a los ministros para poder ser aspirantes.

Por ende, se estima que la iniciativa es un retroceso en el caso de designación de los magistrados y Jueces del Poder Judicial de la Federación, incluyendo los del Tribunal Electoral de dicho poder, ya que los primeros, actualmente son nombrados por el Consejo de la Judicatura tomando como referencia criterios objetivos, bajo procedimientos rigurosos de selección, que toma en cuenta la preparación, competencia, capacidad, profesionalismo, independencia y honorabilidad de las personas que aspiran al cargo (en términos de lo prescrito por el artículo 97 constitucional y la Ley Orgánica del Poder Judicial de la Federación y la Ley de Carrera Judicial). Bajo dichos procedimientos, se incluyen concursos por oposición, mediante exámenes que tratan de garantizar que sean los mejores prospectos quienes lleguen a ocupar esos importantes espacios.

Y en el caso de los magistrados del Tribunal Electoral del Poder Judicial de la Federación, si bien son designados por el Senado de la República, por votación calificada de las dos terceras partes de los presentes en la sesión de que se trate, lo cual en principio supone un acto enteramente discrecional, lo cierto es que las propuestas para el cargo, son realizadas por el pleno de la SCJN, teniendo en cuenta elementos de carácter objetivo, como la preparación, experiencia, competencia, de las personas aspirantes a la magistratura (de acuerdo al procedimiento vigente por el artículo 99 de la Constitución Federal).

Por lo anterior, se considera que el modelo propuesto no garantiza el principio de independencia judicial, ni el principio de imparcialidad, habida cuenta que las personas que resulten electas por el voto popular se sentirán vinculados con las personas que realizaron la propuesta para ocupar el cargo. Como se indicó, se trata de un modelo de elección en el que existe una alta dosis de discrecionalidad y arbitrariedad en la realización de las propuestas para ocupar los cargos judiciales, que no toma en cuenta elementos objetivos como la capacidad, el profesionalismo y la competencia de las personas propuestas, y donde no necesariamente los mejores perfiles son los que serán postulados para ocupar el cargo, pero lo más preocupante, es que dichas postulaciones muy probablemente se realice por cuestiones de índole político, lo cual se presta para afectar el principio de independencia judicial e imparcialidad.

Con todo, se considera que la función judicial, es una función especializada del Estado, que no puede dejarse en manos de personas no idóneas para desempeñar el cargo, improvisadas, impreparadas, con falta de independencia, que por el sólo hecho de cumplir con los requisitos de elegibilidad, no significa que realmente se encuentren capacitadas para llevar el cargo con la responsabilidad que ello implica.

Hay que recordar, además, que hoy día, todos los jueces del país son jueces constitucionales y convencionales, lo que significa que tienen una alta responsabilidad social y compromiso con la defensa y protección de los derechos humanos, que no puede dejarse a cualquier persona por el solo hecho de cumplir de manera genérica con los requisitos de ley. El cargo de juzgador lo deben desempeñar personas preparadas para tal efecto, que conozcan no sólo la materia sobre la cual van a juzgar, sino que tengan conocimientos especializados en derechos humanos, control de constitucionalidad y convencionalidad, interpretación y argumentación jurídica, pero, sobre todo, con conocimiento y práctica jurídicas.

En consecuencia, se debe de diseñar un procedimiento para la selección de juzgadores, que pondere la libre concurrencia de todas las personas que cumplan los requisitos de elegibilidad, pero bajo criterios objetivos y racionales que lleven a elegir a los mejores para el cargo.

Sobre el particular, por ejemplo, se puede pensar en la selección a través de méritos, que tenga en cuenta los antecedentes profesionales de los aspirantes, exámenes de conocimientos teóricos y exámenes prácticos relacionados con la función judicial, exámenes psicológicos, exámenes toxicológicos, valoraciones curriculares, y el vínculo que tengan los aspirantes con la sociedad a la que van a servir.

Por otra parte, el modelo propuesto admite la posibilidad de reelección para los cargos de magistrados de Circuito y jueces de Distrito del Poder Judicial de la Federación. Pero la reforma constitucional propuesta es omisa en señalar el número de reelecciones al que pueden aspirar las personas juzgadoras y quién les puede dar la posibilidad de reelección a esos juzgadores federales; si los poderes que realizaron la propuesta o el órgano de carrera judicial. O si queda en potestad de los mismos juzgadores postularse nuevamente para el cargo una vez que concluyan su periodo.

En opinión del que esto escribe, la reelección para los cargos judiciales señalados es un incentivo que afectaría la independencia judicial, porque los juzgadores se sentirán tentados en quedar bien con quien los propuso y en segunda instancia con la población, para continuar gozando de la gracia del que propone para ser nuevamente postulado, o bien, para seguir contando con apoyo popular que lo llevó a ganar la elección. Por lo que se considera, que los jueces del país deben tener un compromiso fundamental no con quien los postula ni con quien los elige, sino con la Constitución, las convenciones internacionales de derechos humanos, y las leyes, por lo que no deben detenerse en miramientos sobre si sus resoluciones van a afectar los intereses de los poderes de la unión, ni si sus resoluciones resultan poco populares. Es por lo que se considera que esa posibilidad de ser reelectos, puede ser un aliciente que afecte la independencia e imparcialidad de los jueces en el país.

Esto no sígnica que se esté en contra de posibilidad de ratificación de dichos juzgadores, antes bien, sería oportuno que la reforma apuntara al establecimiento de un procedimiento de ratificación judicial sustentado en criterios objetivos y racionales, que permita que los mejores juzgadores sean ratificados en el cargo, pues esto se convertiría en una garantía para la sociedad de contar con jueces realmente preparados, profesionales e independientes para desempeñar esa importante función del Estado.

En otro orden de ideas, cabe destacar que, conforme al artículo segundo transitorio, se dispone que los ministros, magistrados (tanto de circuito, de apelación, como del Tribunal Electoral del Poder Judicial de la Federación) jueces y consejeros de la Judicatura, concluirán su encargo en el momento en el que tomen protesta las personas electas para dichos cargos[59]. Lo cual supone una destitución arbitraria de dichos juzgadores, y que, por lo tanto, se encontraría prohibida por el marco convencional referido en este trabajo.

Ello se considera así, ya que conforme al marco convencional de cuenta, una de las garantías fundamentales tendentes a tutelar la independencia judicial, consiste en que los juzgadores se encuentren protegidos contra remociones libres e injustificadas, lo que implica que sólo podrán ser removidos de su cargo solo por incapacidad o comportamiento que los inhabilite para seguir desempeñando sus funciones, y que los procedimientos para la adopción de medidas disciplinarias, la suspensión o la separación del cargo, se resolverán de acuerdo con las normas establecidas de comportamiento judicial, respetando el derecho de defensa y las formalidades del procedimiento.

Por lo que la propuesta de reforma constituye una remoción injustificada prohibida por el marco convencional, que afecta la independencia judicial.

A mayor abundamiento, se tiene que al momento de ser electos los nuevos juzgadores, cesarían en el cargo alrededor de 1580 juzgadores federales, y si se consideran los mismos efectos para cuando sean electos los nuevos jueces de las entidades federativas, terminarían en el cargo alrededor de 5,500

---

59 *Ibidem*, p. 96.

personas juzgadoras[60]. Ello supone la destitución arbitraria de más de 7000 juzgadores en el país, con todo lo que ello implica, a saber: desde cuestiones relacionadas con la indemnización de dichas personas; presentación de demandas nacionales; presentación de demandas ante los organismos internacionales como la Comisión Interamericana de Derechos Humanos y la Corte IDH; afectación a los principios de certeza y seguridad jurídica, entre otros problemas.

Sobre la afectación al principio de certeza y seguridad jurídica, debe considerarse que al momento de ser electos los nuevos juzgadores, se estarían afectando todos los procesos penales en el país, con una clara vulneración a los principios de inmediación y continuidad[61]. Asimismo, se estarían afectando la continuidad de alrededor de 3 millones de casos en el país, dado que los nuevos juzgadores electos, estarían adentrándose al conocimiento y resolución de dichos asuntos, sin una preparación y experiencia previa, lo que muy probablemente ocasionaría retrasos e impactaría en la calidad de las resoluciones de dichos asuntos, ello a pesar de que la iniciativa establezca que todos los asuntos deben de resolverse en un plazo máximo de seis meses[62].

Finalmente, se deja patente la preocupación sobre que la citada propuesta constituye, más que el remedio a una problemática de atención prioritaria, una medida para atacar y debilitar actualmente a la SCJN y al Poder Judicial de la Federación, dados los enfrentamientos que ha tenido el actual presidente de la república y su régimen autodenominado «la cuarta transformación», con dicho poder, ante la evidencia innegable de que la Corte y los jueces federales, se han convertido en la última salvaguarda para evitar instaurar un régimen con tendencias autoritarias.

En efecto, en un ensayo anterior se documentó la evidencia relacionada con el debilitamiento progresivo que ha tenido el principio de división de poderes en México, con especial relevancia en el seno del Poder Judicial de la Federación, durante el régimen presidencial vigente que va de 2018 al 2024[63].

---

60 Suprema Corte de Justicia de la Nación, «Análisis de la iniciativa de reforma al poder judicial en México. Problemas asociados con la iniciativa de reforma constitucional del Poder Judicial presentada el 5 de febrero de 2024», Ed. Centros de Estudios Constitucionales, México, 2024, p. 5.

61 *Idem,* pp. 24-25.

62 *Idem,* pp. 25 y 26.

63 Montoya, Raúl, "La importancia de la división de poderes y de los órganos constitucionales autónomos en el régimen presidencial mexicano 2018-2024", en Molina Piñeiro, Luis J., et. al. (Coordinador). *La función de la división de poderes y los organismos constitucionales autónomos en el presidencialismo carismático en México*, Ed. UNAM Monitor Democrático 2020, pp. 1695-1716.

Asimismo, la disputa con dicho poder, también deriva de la resolución de algunos casos que no le han parecido al presidente de la república, como aquel donde la SCJN decretó la invalidez del llamado plan B, de la reforma electoral[64], mediante el cual se pretendía desmantelar la actual estructura operativa del Instituto Nacional Electoral, so pretexto de abaratar el costo de las elecciones, pero con la clara intención de terminar por capturar al órgano constitucional autónomo encargado de organizar las elecciones federales y locales.

O más recientemente, cuando la segunda sala de la SCJN, con fecha 31 de enero de 2024, al resolver el amparo en revisión 164/2023, determinó la inconstitucionalidad de la reforma de 2021 a la ley de industria eléctrica aprobada por el régimen de la cuarta transformación, por violentar los principios de competencia, libre concurrencia y desarrollo sustentable[65]. Lo anterior, con el voto en contra de las ministras Yasmín Esquivel Moza y Lenia Batres, quienes fueron propuestas al cargo por el presidente Andrés Manuel López Obrador, a pesar de su notoria falta de preparación para desempeñar la función de juez constitucional.

El presidente de la república también entró en controversia con los jueces federales por resolver algunos casos que evidentemente resultaron violatorios a la Constitución, como los amparos concedidos en contra de las obras de construcción del tren maya y de la refinería de dos bocas[66].

Incluso, en el informe 2023 sobre la práctica de los derechos humanos en México, elaborado por el departamento de estado de los Estados Unidos de Norteamérica, documentaron los ataques del presidente Andrés Manuel López Obrador y el partido MORENA a la SCJN. En el citado informe se evidencia los ataques verbales del presidente a los jueces que fallaron en contra de su administración. También se documentó una manifestación en la Ciudad de México donde los partidarios del gobierno quemaron una efigie de la presidenta de la Corte, y la acusaban de corrupción. Igualmente

---

64 Suprema Corte de Justicia de la Nación, «invalida la corte la segunda parte del paquete de reformas político-electorales 2022-2023 por violaciones al procedimiento legislativo», comunicado de prensa del 22 de junio de 2023, disponible en https://www.internet2.scjn.gob.mx/red2/comunicados/noticia.asp?id=7408 [recuperado el 22 de abril de 2024].

65 Suprema Corte de Justicia de la Nación, «Reforma de 2021 a la Ley de la Industria eléctrica; en cuanto introduce nuevas reglas en el orden del despacho de energía, la forma de asignación de los contratos de cobertura eléctrica y el sistema de adquisición de certificados de energías limpias, vulnera los principios de competencia, libre concurrencia y desarrollo sustentable», comunicado de prensa del 31 de enero de 2024, disponible en https://www.internet2.scjn.gob.mx/red2/comunicados/noticia.asp?id=7699 [recuperado el 23 de abril de 2024].

66 El Economista, «Juez concede suspensión definitiva contra Tramo 5 de Cancún a Tulum del Tren Maya», disponible en https://www.eleconomista.com.mx/estados/Juez-concede-suspension-definitiva-contra-Tramo-5-de-Cancun-a-Tulum-del-Tren-Maya-20230207-0096.html [recuperado el 23 de abril de 2024].

se documentó una manifestación que encabezó el gobernador de Veracruz (perteneciente al partido MORENA), en la que llevaron ataúdes de 7 de los 11 ministros de la SCJN, acusándolos de conservadores por fallar en contra de actos de la administración. También se documentaron casos de jueces federales privados de su libertad sin orden de arresto, con la finalidad de intimidarlos por fallar en contra de la administración[67].

Consecuentemente, sería deseable que la discusión sobre un mejor modelo para la designación de jueces en México se diera en un contexto objetivo, sin la intencionalidad de contar con jueces a modo.

Sin duda que es conveniente mejorar el modelo de selección de jueces en el país, y transitar al establecimiento de un esquema en el que se privilegie el mérito, la capacidad, la honorabilidad y la independencia de quienes pretendan dedicarse a la función judicial. Lo que no resulta válido, es pretender enmascarar las reales intenciones del partido en el gobierno, para tratar de minar la independencia judicial, y así contar con jueces alineados al régimen en turno.

6.6. Conclusiones y propuesta

Como se analizó en el presente trabajo, la propuesta central de la iniciativa de reforma en estudio radica en que todos los jueces del país sean electos de manera directa y secreta por los ciudadanos. Tal planteamiento obedece a evitar el supuesto distanciamiento existente entre los juzgadores y la ciudadanía, y a que los jueces se encuentren legitimados democráticamente al momento de emitir sus resoluciones.

Sin embargo, la propuesta para que sea el pueblo quienes elijan a los jueces del país resulta engañosa, dado que no pueden elegir a cualquier persona que, cumpliendo los requisitos constitucionales y legales para ocupar el cargo, se postule para el mismo; sino que tendrán que votar necesariamente por las personas propuestas por el presidente de los Estados Unidos Mexicanos, por el Congreso de la Unión y por los órganos de los poderes judiciales (federal y local), lo cual, en principio, no resulta tan democrático como se hace ver en la propuesta, ya que se puede llegar al caso extremo donde ni el Congreso de la Unión, ni los órganos judiciales competentes, envíen sus propuestas para ocupar los cargos judiciales, y el pueblo sólo tendría que elegir de entre las propuestas presentadas por el presidente de la república.

El modelo propuesto, no es conforme con los principios internacionales para garantizar la independencia judicial, puesto que es notoriamente discre-

67 Departamento de estado de los Estados Unidos de América, «Informes nacionales sobre prácticas de derechos humanos 2023: México», disponible en https://www.state.gov/reports/2023-country-reports-on-human-rights-practices/mexico/ [recuperada el 26 de abril de 2024].

cional y arbitrario, y vulnera el principio de independencia judicial, ya que las personas electas a los cargos judiciales no necesariamente serán las mejor preparadas y capacitadas para ejercer el cargo, esto es, no se elegiría a los jueces del país sobre la base del mérito y la preparación, sino con base en criterios políticos, y, por ende, subjetivos, que afectan la independencia judicial.

Consecuentemente, una propuesta de modelo de designación de jueces acorde a los estándares convencionales tendentes a garantizar la independencia e imparcialidad judicial debe considerar un adecuado procedimiento de nombramientos, que pondere la libre concurrencia de todas las personas que cumplan los requisitos de elegibilidad, pero bajo criterios objetivos y racionales que lleven a elegir a los mejores para el cargo.

Sobre el particular, por ejemplo, se puede pensar en la selección a través de méritos, que tenga en cuenta los antecedentes profesionales de los aspirantes, valoraciones curriculares, exámenes de conocimientos teóricos y exámenes prácticos relacionados con la función judicial, exámenes psicológicos, exámenes toxicológicos, y todos aquellos elementos objetivos que permitan elegir a las mejores personas para los cargos judiciales. Los exámenes de conocimientos tanto teóricos como prácticos, deberían estar a cargo de instituciones académicas externas, independientes a los poderes judiciales correspondientes, ello con la finalidad de dotar de mayor confianza a dichos procedimientos.

Esto resulta especialmente imperioso en tratándose de la elección de los ministros de la SCJN y magistrados de los tribunales superiores de justica de las entidades federativas, que actualmente son designados a través de procedimientos enteramente discrecionales y altamente politizados (partidizados), y que, en consecuencia, tampoco satisfacen los parámetros convencionales relacionados con la independencia judicial.

Incluso, en este tipo de Tribunales superiores o de más alta jerarquía, como la SCJN, la Sala Superior del Tribunal Electoral del Poder Judicial de la Federación, Tribunales Superiores de Justicia de los Estados, debe privilegiarse la carrera judicial en una buena parte de la integración de dichos tribunales (en un cincuenta por ciento, cuando menos), para que sean los juzgadores de carrera, quienes han dedicado la mayor parte de su vida a la función judicial, los que tengan la más alta responsabilidad de integrar y hacer funcionar bien dichos tribunales.

Pero en tratándose de la designación de los magistrados y jueces del Poder Judicial de la Federación, y jueces de las entidades federativas, quienes actualmente son nominados mediante concursos por oposición y teniendo en cuenta la carrera judicial, sería deseable que los exámenes fueran practicados por instituciones académicas externas a los poderes judiciales, ello con la finalidad de dotar de mayor confianza y certidumbre a los resultados. Lo anterior, porque en base a la experiencia, las personas no tienen confianza en los citados concursos por oposición cuando es la misma institución quien practica los exámenes y decide en definitiva quién va a ocupar un cargo judicial.

Adicionalmente, una propuesta tendente a garantizar la independencia judicial debe cumplir con la garantía de inamovilidad, lo cual implica que se debe garantizar:

a) La permanencia en el cargo por periodos establecidos, e inamovilidad hasta que cumplan la edad forzosa de retiro o expire el periodo para el que hayan sido nombrados o elegidos[68].

Sobre el particular, es recomendable que los periodos de nombramiento sobrepasen un periodo sexenal, con la finalidad de evitar la tentación del presidente del país y los gobernadores de los Estados, de incidir en la designación de los jueces (en sentido amplio); por lo que un periodo de 9 años sería razonable para los cargos judiciales.

b) Un proceso de ascensos adecuado, que cuando exista, estará basado en factores objetivos, especialmente en capacidad profesional, integridad y experiencia.

Por lo que, en refuerzo de dicha garantía, sería oportuno que la reforma apuntara al establecimiento de un procedimiento de ratificación judicial sustentado en criterios objetivos y racionales, que permita que los mejores juzgadores sean ratificados en el cargo, pues esto se convertiría en una garantía para la sociedad de contar con jueces realmente preparados, profesionales e independientes para desempeñar esa importante función del Estado, y

c) No despido injustificado o libre remoción, lo que garantiza que los jueces no sean privados de sus cargos, sino solo por incapacidad o comportamiento que los inhabilite para seguir desempeñando sus funciones y que todo procedimiento para la adopción de medidas disciplinarias, la suspensión o la separación del cargo, se resolverá de acuerdo con las normas establecidas de comportamiento judicial, respetando el derecho de defensa y las formalidades del procedimiento[69].

En cumplimiento a dicha garantía, se deben establecer en la Constitución de manera taxativa, las causas bajo las cuáles se les puede suspender, separar, destituir e inhabilitar del cargo a los juzgadores, y los procedimientos que garanticen el derecho de defensa y se respeten todas las formalidades esenciales.

Por último, se deja la preocupación sobre que la citada propuesta constituye, más que el remedio a una problemática de atención prioritaria, una medida para atacar y debilitar actualmente a la SCJN y al Poder Judicial de la Federación, dados los enfrentamientos que ha tenido el actual presidente de la república y su régimen autodenominado «la cuarta transformación», con dicho poder, ante la evidencia innegable de que la Corte y los jueces federales, se han convertido en la última salvaguarda para evitar instaurar un régimen con tendencias autoritarias.

---

68 Principios 11 y 12 de los Principios Básicos de las Naciones Unidas.

69 Principios 18 y 19 de los Principios Básicos de las Naciones Unidas.

6.7. Bibliografía

BIZ14. (2024). *Enciclopedia jurídica en línea.* Disponible en http://www.enciclopedia-juridica.biz14.com/d/independencia-judicial/independencia-judicial.htm, [recuperada el 9 de mayo de 2024].

Cámara de Diputados, LXV legislatura. (2024). «Iniciativa del Ejecutivo federal con proyecto de decreto, por el que se reforman, adicionan y derogan diversas disposiciones de la Constitución Política de los Estados Unidos Mexicanos, en materia de reforma del Poder Judicial», en Gaceta Parlamentaria, año XXVII, número 6457-15.

Corte Interamericana de Derechos Humanos. Corte IDH. (2007). *Caso Zambrano Vélez y otros Vs. Ecuador. Sentencia de 4 de julio de 2007.* Disponible en https://www.corteidh.or.cr/docs/casos/articulos/seriec_166_esp1.pdf. [recuperado el 9 de mayo de 2024].

Corte IDH. (2008). *Caso Aptiz Barbera y otros vs Venezuela. Sentencia de fondo de 5 de agosto de 2008.* Disponible en https://www.corteidh.or.cr/docs/casos/articulos/seriec_182_esp.pdf, [recuperado el 6 de junio de 2024].

Corte IDH. (2009). *Caso Reverón Trujillo Vs Venezuela, sentencia de fondo de fecha 30 de junio de 2009,* disponible en https://www.corteidh.or.cr/docs/casos/articulos/seriec_197_esp.pdf, [recuperado el 9 de mayo de 2024].

Departamento de Estado de los Estados Unidos de Norteamérica. (2024). «Informes nacionales sobre prácticas de derechos humanos 2023: México», disponible en https://www.state.gov/reports/2023-country-reports-on-human-rights-practices/mexico/ [recuperada el 26 de abril de 2024].

Diez Picazo, Luis María, «Notas de Derecho Comparado sobre la Independencia Judicial», en *Revista Española de Derecho Constitucional*, año 12, número 34, enero-abril 1992, p. 20. Recuperado de: https://dialnet.unirioja.es/servlet/articulo?codigo=79448

Migueles, Rubén. (2024). «Repunta dólar arriba de 18.50 pesos tras conferencia de Sheinbaum». en *El Universal.* Disponible en https://www.eluniversal.com.mx/cartera/repunta-dolar-arriba-de-1850-pesos-tras-conferencia-de-sheinbaum/?utm_source=web, [recuperado el 11 de junio de 2024].

El Economista. (2023). «Juez concede suspensión definitiva contra Tramo 5 de Cancún a Tulum del Tren Maya», disponible en https://www.eleconomista.com.mx/estados/Juez-concede-suspension-definitiva-contra-Tramo-5-de-Cancun-a-Tulum-del-Tren-Maya-20230207-0096.html [recuperado el 23 de abril de 2024].

González, Piedad, *Independencia del Juez y control de su actividad.* Ed. Tirant Lo Blanch, Valencia, 1993.

Montoya Zamora, Raúl. «La importancia de la división de poderes y de los órganos constitucionales autónomos en el régimen presidencial mexicano 2018-2024», en Molina Piñeiro, Luis J, *et al.* (Coordinador). Monitor Democrático 2020, *La función de la división de poderes y los organismos constitucionales autónomos en el presidencialismo carismático en M*éxico*,* Ed. UNAM, México, 2020, pp. 1695-1716.

Montoya Zamora, Raúl, «La importancia de la división de poderes y de los órganos constitucionales autónomos en el régimen presidencial mexicano 2018-2024», en Molina Piñeiro, Luis J, *et al.* (Coordinador). La función de la división de poderes y los organismos constitucional*es autónomos en el presidencialismo carismático en México*, Ed. UNAM Monitor Democrático 2020, pp. 1695-1716.

ONU. Asamblea General. (1985). *Principios Básicos de las Naciones unidas relativos a la Independencia de la Judicatura*. Adoptados por el séptimo congreso de las naciones unidas sobre prevención del delito y tratamiento del delincuente, celebrado en Milán del 26 de agosto al 6 de septiembre de 1985, y fueron confirmados por la Asamblea General en sus resoluciones 40/32 de 29 de noviembre de 1985 y 40/146 de 13 de diciembre de 1985.

ONU. Comité de Derechos Humanos. CCPR/C/GC/32. (2009). *Informe de Relatora Especial sobre la cuestión de Defensores de la ONU. Folleto No. 29. Los Defensores de los Derechos Humanos: Protección del Derecho a Defender los derechos, párr. 19. Asamblea General. Consejo de Derechos Humanos. Informe del Relator Especial sobre la independencia de los magistrados y abogados, Leandro Despouy, A/HRC/11/41.*

Prieto Castro, Leonardo, *Derecho de tribunales: organización, funcionamiento, gobierno.* Ed. Aranzadi, España, 1983

Requejo Pagés, Juan Luis, *Jurisdicción e independencia judicial.* Ed. Centro de Estudios Constitucionales, Madrid, 1989.

Siimon, Dieter, La *independencia del juez.* Ed. Ariel, Barcelona, 1985.

Suprema Corte de Justicia de la Nación, «invalida la corte la segunda parte del paquete de reformas político-electorales 2022-2023 por violaciones al procedimiento legislativo», comunicado de prensa del 22 de junio de 2023, disponible en https://www.internet2.scjn.gob.mx/red2/comunicados/noticia.asp?id=7408 [recuperado el 22 de abril de 2024].

Suprema Corte de Justicia de la Nación, «Reforma de 2021 a la Ley de la Industria Eléctrica; en cuanto introduce nuevas reglas en el orden del despacho de energía, la forma de asignación de los contratos de cobertura eléctrica y el sistema de adquisición de certificados de energías limpias, vulnera los principios de competencia, libre concurrencia y desarrollo sustentable», comunicado de prensa del 31 de enero de 2024, disponible en https://www.internet2.scjn.gob.mx/red2/comunicados/noticia.asp?id=7699 [recuperado el 23 de abril de 2024].

Torres Pérez, Aída, «La independencia de los Tribunales Internacionales de Derechos Humanos: El caso de la Corte Interamericana de Derechos Humanos». 2013, Disponible en https://law.yale.edu/sites/default/files/documents/pdf/sela/SELA13_Torres_CV_Sp_20130524.pdf.

7.

ELECCIÓN DE PERSONAS JUZGADORAS MEDIANTE VOTO DIRECTO, SIN INTERVENCIÓN DE PARTIDOS POLÍTICOS, GRUPOS DELICTIVOS O DE FACTO

Ricardo Garduño Pasten[1]

SUMARIO: 7.1 Planteamiento del problema. 7.2. Desarrollo. 7.3. Conclusiones. 7.4. Bibliografía.

7.1. Planteamiento del problema

La justicia es un ideal al que toda persona aspira, en su vida diaria interna y externa.

El maestro Juventino V. Castro[2] señala que de sobra es conocida la definición que de justicia da Ulpiano: «*Constans et perpetua voluntus jui suum cuique tribuendi*». Es decir: «*Justicia es la constante y perpetua voluntad de dar a cada quien lo suyo*».

El problema, menciona, se traslada a discernir: qué es «*lo suyo*», y cuál es, por tanto, «*lo ajeno*».

1 Magistrado de Circuito. Segundo Tribunal Colegiado en Materia Penal del Segundo Circuito. Licenciado en Derecho por la Universidad Autónoma del Estado de México. Se ha desempeñado como abogado postulante y docente.

2 Castro, Juventino V. *Los jueces mexicanos y su justicia.* Segunda Edición. Editorial Porrúa. 2011, págs. 6, 7 y 8.

El jurista Jorge Peralta Sánchez y Rogelio E. Rodríguez Albores[3] sostienen que «lo justo» o «la justicia» no se define, sino se «intuye».

La justicia constituye la garantía de que los derechos y libertades prescritas por las leyes, prevalecerán por encima de cualquier tipo de conducta que las transgreda[4].

A la pregunta «qué es la justicia», el ilustre Ignacio Burgoa Orihuela[5] señaló se podían dar muchas, contrarias y divergentes respuestas; y, precisó que en México, a los abogados y a los jueces, conforme a sus respectivas funciones, les incumbe un quehacer trascendental, que consiste en evitar una crisis más ominosa y más desquiciante para nuestro país: la de la justicia, pues explicó que al margen de la crisis económica, el quebrantamiento de la justicia es una especie de «genocidio moral», que arroja al pueblo al abismo de la abyección y lo convierte en una masa humana sin dignidad ni esperanza.

Eduardo García Máynez[6] sostiene que hacer que la justicia reine es y debe ser aspiración de los creadores, aplicadores y destinatarios de sus normas, porque la justicia es valiosa, y lo valioso debe ser.

El pensador Víctor Manuel Pérez Valera[7] a propósito del tema Justicia, cita que San Agustín expresó: «Sin justicia no hay reino, ni provincia, ni ciudad, ni aldea, ni casa, ni familia, ni siquiera compañía de ladrones y salteadores que puedan subsistir. Omitida la Justicia, ¿Qué son los reinos sino una caterva de ladrones?».

El Código de Ética del Poder Judicial de la Federación —de México—, define a la Justicia como la «virtud que inclina a dar a cada uno lo que le corresponde o pertenece. Aquella que debe hacerse según derecho o razón. Es la virtud por excelencia de los jueces»[8].

En fin, existen muchas y variadas definiciones de Justicia, según la corriente doctrinaria, ideología del autor, incluso, me atrevo a decir, la edad o etapa de la vida de la persona que la escribió. Definiciones de uno y otro libro, que coinciden en esencia en lo que es o implica la Justicia. Muy conve-

---

3 Peralta Sánchez, Jorge y Rodríguez Albores, Rogelio E. *Nociones de derecho positivo mexicano*. México. Editorial Éxodo. 2002, pág. 20.

4 Hernández Flores, Ismael. *Justicia para todos*. 2014. Segunda Edición. Suprema Corte de Justicia de la Nación, pág. 66.

5 Burgoa Orihuela, Ignacio. *El Jurista y el Simulador de Derecho*. 2010. 19.ª Edición. Editorial Porrúa. 2010. págs. 36, 58, 59 y 71.

6 García Máynez, Eduardo. *Filosofía del Derecho*. 1999. Décima Primera Edición. Editorial Porrúa, págs. 414 y 415, 457 y 458, 474 y 475.

7 Perez Valera, Víctor Manuel. *Deontología Jurídica. La ética en el ser y quehacer del abogado*. México. 2001. Editorial Oxford, pág. 123.

8 Poder Judicial de la Federación de México. *El Código de Ética del Poder Judicial de la Federación al alcance de todos*. Primera Edición. México. 2006. Editado por Gama Sucesores, S.A. de C.V, pág. 105.

niente sería que en las Facultades de Derecho se realizara un mayor esfuerzo por mostrar y trasmitir el amplio y complicado tema «Justicia», porque como explica el gran maestro Gustavo Zagrebelsky[9], los estudiantes de la materia suelen dar cuenta de que por años estudian Derecho, pero no Justicia.

El punto es que la justicia que se imparte en los Tribunales es la que de forma material marca vidas y destinos, genera odios y rencores o, confort y agradecimiento. El filósofo Ángel Martínez Pineda[10] señala que las sentencias de los Tribunales deben estar orientadas a la Justicia «como el ojo hacia el color, el oído hacia el sonido y como lo temporal a lo eterno».

La Justicia tiene severas complicaciones, es abstracta, no tiene vida por sí, es intangible en sí misma, requiere ser personificada a través de un juez o jueza.

Con la finalidad de conseguir la anhelada Justicia, en México, su impartición ha superado grandes retos, se han trasformado sistemas que habían prevalecido por décadas; se han creado otros, como ha sucedido en las materias familiar, penal, laboral, mercantil, por citar algunos ejemplos. También, en los procesos de selección de personas

He observado de forma directa cómo se han creado órganos jurisdiccionales a nivel estatal y federal; he apreciado cómo día con día se prioriza la especialización en los mismos; he visto la creación de instituciones que buscan garantizar la administración, vigilancia, disciplina y carrera judicial, de manera que sea posible el funcionamiento correcto de los juzgados y tribunales, con autonomía, objetividad, honestidad, profesionalismo e independencia.

He tenido la fortuna de vivir y aplicar la progresividad en el reconocimiento jurisdiccional de los derechos humanos, pasando de los establecidos textualmente en la Constitución Política de los Estados Unidos Mexicanos, a incorporar los que derivan de los instrumentos internacionales en materia de Derechos Humanos, de los que el Estado Mexicano es parte.

También me ha correspondido observar cómo nuestro país ha recibido condenas por la Corte Interamericana de Derechos Humanos, ante violaciones a derechos fundamentales; y, buscar cómo se cumplen éstas.

De igual forma, puedo afirmar, sin duda alguna, que conozco a personas que como juzgadoras cumplen de forma puntual con su labor de juzgar con estricto apego a Derecho y la Justicia; personas que dejan a un lado su vida privada para entregarse a la sociedad. Cuando aprecio esa situación, me convenzo plenamente de que la forma en que se les seleccionó para ocupar el cargo que detentan, sin duda fue el más adecuado.

---

9 ZAGREBELSKY, Gustavo. *La virtud de la duda. Una conversación sobre ética y derecho con Geminello Preterossi.* Madrid, España. 2012. Editorial Trotta S.A. 2012, pág. 27.

10 MARTÍNEZ PINEDA, Ángel. *Filosofía de la verdad jurídica*. México. 2004. Editorial Porrúa, pág. 23.

No obstante, sostener que la forma de asignar esos altos cargos fue la más adecuada y sigue siendo la más adecuada, sería tanto como afirmar que la sociedad mexicana que existía en 1917 (año en que surge nuestra Carta Suprema), la que existía en 1994 (año en que se crea el Consejo de la Judicatura Federal) y la actual de 2023, es similar, lo cual, de forma evidente sería una gran mentira.

La sociedad cambia en la medida que resulta necesario para garantizar la vida en armonía; me atrevería a decir, que madura y día con día exige más.

Hoy se presenta una cuestión que se ha matizado en los últimos años, al punto de llegar a ser tema central en discusiones por personas vinculadas al Derecho y, personas que ninguna relación tienen con éste: cómo deben ser elegidas y seleccionadas las personas que desempeñarán la función de juzgar.

Es más que evidente e innegable que la sociedad en general considera que la justicia ni es pronta, ni completa, ni gratuita, ni imparcial, como lo mandata el artículo 17 de la Constitución Federal.

En palabras de José Tapia Tovar[11], litigantes, funcionarios y doctrina actual percibe que existe en el sistema mexicano una justicia aparente, incompleta, que no resuelve los conflictos; que se deriva de diversas causas y deja en letra muerta el postulado de la garantía constitucional de «justicia pronta completa e imparcial».

El presidente de México, Licenciado Andrés Manuel López Obrador, ha puntualizado esa situación, la ha secundado la virtual presidenta electa, Doctora, Claudia Sheinbaum Pardo, los partidos políticos también la han expuesto y la población no ha desmentido tal cuestión, por el contrario, si se pregunta al taxista, al obrero, al alumno, albañil, ingeniero, sicólogo, etcétera, reiteran ese sentimiento.

Muchos integrantes del Poder Judicial de la Federación y de los Poderes Judiciales de los Estados, en general, con respeto, son quienes no quieren ver esa realidad; a través de cuestiones técnicas del Derecho Constitucional-Electoral-Internacional y la Doctrina, se oponen a la posibilidad de abrirse a cambios. En realidad, no niegan el sentir de la población, sólo se niegan a cambiar.

Cualquier cambio, es observado, como un riesgo a la independencia judicial, como la incorporación del crimen organizado, de los partidos políticos y de los grupos de hecho al proceso de elección de juzgadoras y juzgadores. Cómo si esto jamás hubiera existido.

A lo largo de mi vida personal y profesional me he caracterizado por ser fiel a mis convicciones.

---

11 Tapia Tovar, José. *Temas de Justicia*. 2014. Primera Edición. Editorial Porrúa, 2014, págs. 42 y 43.

Como persona que desde los diecinueve años ha vivido en el ámbito del Derecho y que ha navegado por la academia, no desconozco el contenido de teorías jurídicas y filosóficas puras, la ideología de grandes pensadores y juristas nacionales y extranjeros, la estructura de los modelos judiciales de países como Estados Unidos de Norteamérica, Alemania, España, Argentina, Italia, Bolivia, por citar algunos casos.

Estoy consciente de que destacados juristas han apostado, en todo momento, a que la elección de juzgadores sea básicamente por exámenes de conocimiento, sustancialmente jurídico, con lo cual, en su momento, comulgué.

Podría cerrar los ojos, hacer oídos sordos y enmudecer mi boca a la demanda social; pero ¡hoy decido no hacerlo! La voz del pueblo mexicano me lleva a reflexionar sobre este tema concreto y, pensar en una propuesta de cambio en la forma de elegir a las personas juzgadoras; una que se ajuste a las necesidades reales y actuales de nuestra Nación.

Como señala el Doctor José Antonio Lozano Díez[12] «en el mundo cada vez es más aceptado que existen vasos comunicantes, puentes de entendimiento y diálogo entre la filosofía realista y la analítica que conducen a soluciones que la característica complejidad del mundo actual requiere con mayor necesidad».

Afirma que ese diálogo supone la posibilidad de un cambio paradigmático en torno a la filosofía y praxis del Derecho que abre enormes posibilidades de respuesta a los planteamientos con que nos reta el mundo actual.

En palabras del epistemólogo Juan de Dios González Ibarra: «A realidades diferentes se requieren teorías y metodologías diferentes»[13].

7.2. Desarrollo

En el ámbito federal, el Consejo de la Judicatura Federal es hoy en día el organismo encargado del proceso de selección de juezas y jueces de Distrito, así como de magistradas y magistrados de Circuito, conforme a los artículos 94, 97 y 101 de la Constitución Política de los Estados Unidos Mexicanos.

De forma lamentable, han existido hechos del conocimiento público que han colocado en tela de juicio la efectividad, objetividad e imparcialidad de esa actividad, al grado de suspender, declarar desiertos diversos concursos o no alcanzar el número de vencedores que se requieren para ocupar las plazas faltantes.

---

12 Tenorio, Guillermo. Coordinador. *Humanismo Jurídico. Ensayos Escogidos*. Editorial Porrúa. México. 2006, págs. IX a XI.

13 González Ibarra, Juan de Dios. *Epistemología Jurídica*. México. 2016, pág. 133.

Día con día, en diferentes foros, medios de comunicación y en la propia calle, se ha comenzado a cuestionar la forma en la que son electas las juezas y los jueces federales, así como las magistradas y los magistrados de Circuito, se cuestiona su legitimación.

Hasta este momento ha imperado el Estado de Derecho, en gran medida, gracias al respeto que se tiene a las resoluciones que emiten los órganos jurisdiccionales y, esa situación es necesaria para vivir en armonía.

La labor del juez consiste en determinar cómo debe aplicarse el Derecho a las peculiaridades de un caso concreto. Lo que diferencia su función del consejo o ejercicio práctico que puede realizar cualquier ciudadano conocedor del Derecho es que el resultado de su actividad, la sentencia, tiene que ser ejecutada, incluso forzosamente, porque es vinculante, apunta Milagros Otero Parga[14].

Enfatiza que los ciudadanos cada día observan más en sus jueces a personas con un encargo concreto dentro de la sociedad que por sí mismo no les da autoridad, sino que precisan «ganarse día a día el respeto social mediante su trabajo serio y responsable».

Agrega que es importante que los jueces sean conscientes de su labor y procuren realizarla de la mejor manera posible, para ganarse la confianza del pueblo a través del ejercicio adecuado de su función, en defensa de la justicia y búsqueda del bien común, evitando la aplicación mecánica de la Ley y procurando la justicia dentro de los elementos legales; esto es, buscando soluciones justas, pero actuando dentro de la Ley.

Es innegable que la población mexicana había permanecido pasiva a la forma de elección de las personas juzgadoras federales, pero, ha decidido no hacerlo más y, por eso, en este momento histórico se hace necesario, indispensable e impostergable legislar al respecto, dándole oportunidad de que activamente decida quienes son las personas que consideran capaces de desempeñar esos altos cargos.

Ahora, México ha tenido grandes avances en la forma de elegir a los juzgadores federales; y, considero, no podría dejarse atrás ese desarrollo, ignorarlo y comenzar de cero. Sería un gran error.

Estimo que el camino andado puede ser de gran utilidad y aprovecharlo; sólo que ahora, no únicamente debemos ocuparnos de que quienes desempeñen un cargo de juez de Distrito o magistrado de Circuito sean personas expertas en Derecho; sino que ahora, la sociedad demanda que, al margen de esa experiencia jurídica que, de suyo, es indispensable, quienes pretendan ocupar esas altas encomiendas, también sean los más idóneos a juicio de la población.

---

14 Otero Parga, Milagros. *Cuestiones de argumentación jurídica*. México. 2014. Editorial Porrúa, págs. 14 a 17, 87 y 88.

Cada Nación tiene su propia historia, su propia composición, se forja en el amanecer, en el trascurso del día, de la tarde y de la noche, pensar en copiar modelos de elección de juzgadores de otros países sería ignorar el reclamo del pueblo mexicano; sin embargo, es necesario plantear una forma de elección propia que naturalmente atienda a los estándares internacionales, por temas como: las inversiones extranjeras y el respeto a los Derechos Humanos que México debe acatar virtud a la serie de instrumentos internacionales que al efecto ha suscrito.

Comprendo que hay infinidad de voces que cuestionan la elección de juzgadores por votación directa, voces que aseguran que no debe existir algún cambio, que la forma en que se hace actualmente es la correcta, que si se permite que los juzgadores sean electos, se vincularán en ese proceso con partidos políticos, con empresarios, y hasta con personas del crimen organizado, lo que de suyo les alejaría de los principios de independencia, imparcialidad y autonomía que rigen la función jurisdiccional. Entre muchos otros comentarios que evidentemente son ajenos al reclamo social.

Debe buscarse un modelo se elección de juzgadores y juzgadoras federales que se aleje por completo de cualquier partido político, de cualquier financiamiento privado; pero que se acerque a la sociedad, conservando la total autonomía, imparcialidad e independencia de las personas juzgadoras; pero con una cuestión adicional, el aval del pueblo mexicano a través de la elección directa. **Cuestión compleja.**

Cierto, como sostiene el jurista Juan de Dios González Ibarra[15], nos encontramos ante una situación social compleja y contradictoria por los avances en materia de política expresados en la confianza, en el respeto del voto ciudadano y la crisis de credibilidad que padecen los partidos políticos, los funcionarios de gobierno, las instituciones públicas y los jueces.

Ese problema se debe solucionar, elevar la seguridad ciudadana; y, «a la pregunta referente a si procede el gobierno de hombres o de leyes respondemos que lo segundo es lo acertado, pero estando conscientes de que sin jueces justos las mejores normas jurídicas son letra muerta».

Ignacio Burgoa Orihuela[16] sostiene que los «buenos jueces», dentro de un auténtico estado de Derecho donde impere realmente el principio de juridicidad, llegan a constituir un importante factor de gobierno en que la sociedad deposita su confianza.

Además, puntualiza que los funcionarios judiciales requieren un sentido de «justicia social» en quienes las desempeñan, no para administrarla, sino para interpretar el Derecho conforme a ese valor; de lo contrario, el juez, cuando mucho, será un frio aplicador de la ley, sin el calor humano que la justicia exige.

---

15 González Ibarra, Juan de Dios. *op. cit.,* pág. 159.

16 Burgoa Orihuela, Ignacio. *op. cit.*, págs. 21, 76, 79.

José Campillo Sáinz sostiene que la aplicación y la realización de la justicia es obra conjunta de litigantes y de juzgadores. El litigante presentando la defensa de su cliente y el juez determinando la justicia del caso concreto, después de escuchar los alegatos de las partes[17].

Norberto Moreno[18], precisa con verdad que, en esta época, la sociedad exige del Poder Judicial —aunque también lo exige de los Tribunales Fiscales, Administrativos y Agrarios— un esfuerzo mayor, quizá más grande que el que le pide a otros poderes y funcionarios del Estado, consciente de la importancia de la tarea que tiene que desarrollar socialmente. Exige de sus jueces una adecuada formación, que proporcione a las sentencias que emiten un respaldo de legitimidad basado en el fiel cumplimiento de los valores, principios y normas, que forman el ordenamiento jurídico, y sobre todo les exige responsabilidad, entendiendo la independencia e imparcialidad, así como la publicidad, oralidad y motivación, como elementos prístinos que ayudan a justificar una especial forma de comportamiento.

En la República Mexicana, de los tres Poderes de la Unión—Legislativo, Ejecutivo y Judicial—[19], la impartición de justicia, por imperativo de los artículos 17 y 21 de la Constitución Política de los Estados Unidos Mexicanos[20], compete por excelencia al Poder Judicial; sin embargo, ello no impide el que exista colaboración y armonía al respecto.

Haré un esfuerzo por exponer la humilde propuesta que nace de la experiencia como servidor público del Poder Judicial de la Federación por más de 25 años, un lapso como abogado postulante, la gran parte de mi vida como amante de la academia; pero, además, como integrante y escucha de la sociedad con la cual me identifico plenamente por mis orígenes.

---

17 CAMPILLO SÁINZ, José. *Dignidad del Abogado. Algunas Consideraciones sobre Ética Profesional*. 2014. Décimoquinta Edición. Editorial Porrúa, 2014, pág. 56.

18 MORENO, Norberto. *Jueces sin rostro*. 2007. Primera Edición. Contraportada Reuters, 2007, págs. 137 y 138.

19 Artículo 49 de la Constitución Federal. «El Supremo Poder de la Federación se divide para su ejercicio en Legislativo, Ejecutivo y Judicial. (...)»

20 «Artículo 17. (...)
Toda persona tiene derecho a que se le administre justicia por tribunales que estarán expeditos para impartirla en los plazos y términos que fijen las leyes, emitiendo sus resoluciones de manera pronta, completa e imparcial. Su servicio será gratuito, quedando, en consecuencia, prohibidas las costas judiciales.
(...)".
"Artículo 21.
(...)
La imposición de las penas, su modificación y duración son propias y exclusivas de la autoridad judicial.
(...)».

Pues bien, en la elección de personas juzgadoras federales, estimo que pudiera implementarse un modelo en el que intervinieran tres instituciones: El **Poder Judicial de la Federación, la Comisión Nacional de Derechos Humanos y el Instituto Nacional Electoral**.

El proceso de elección se integraría por tres etapas subsecuentes; la primera, a cargo del Poder Judicial de la Federación; la segunda, bajo la dirección de la Comisión Nacional de Derechos Humanos; y, la última, del Instituto Nacional Electoral.

Aun cuando adelante se explica en forma detallada el por qué es necesaria la intervención de cada una de esas instituciones; enseguida se explica el proceso en que participaría cada organismo:

A. Primera etapa

El Poder Judicial de la Federación, a través de la Escuela Federal de Formación Judicial, sería el organismo encargado de esta etapa, integrada por dos momentos:

A1. Primer momento. La selección de un Comité que diseñará la forma de escoger a las mejores candidatas y candidatos a ocupar el cargo de jueza y juez de Distrito, así como de magistrada y magistrado de Circuito.

Ese Comité debería estar integrado por una magistrada o magistrado de Circuito de cada Circuito Judicial por materia, elegida(o) por votación directa de entre las magistradas y magistrados de cada Circuito, por materia; y, en aquellos Circuitos sin especialización o semiespecializados, de igual forma, elegida(o) por las magistradas y magistrados de ese Circuito.

Con ello se busca comprometer desde ese momento a las personas que desempeñan la cúspide en el tema legalidad en México, a seleccionar a las magistradas y magistrados que se consideren capaces jurídica y éticamente para representarles en ese comité que seleccionará a las y los futuros juzgadores federales, en cuanto a su capacidad práctica-jurídica.

Con ello de ninguna forma se demerita la actividad de grandes académicos o abogados postulantes, simplemente se busca que aquellos que ya desarrollan la función de juzgar en el ámbito federal, sean quienes determinen la idoneidad de ciertas personas para realizar esa propia función.

La lista de las personas que integrará el Comité deberá ser publicada y se deberá dar un lapso para que la población la objete, supuesto en el cual, la objeción será calificada por el resto de integrantes del propio comité que no hayan sido objetados.

Ese Comité debería reunirse en la sede central del Consejo de la Judicatura Federal cuando exista la necesidad de elegir juzgadoras y juzgadores federales, a convocatoria de la Escuela Federal de Formación Judicial. Una vez reunido, debería elegir un presidente y suplente por mayoría de votos de entre los integrantes para el supuesto en que sea necesario un voto de calidad por existir empate en alguna determinación.

La forma de evaluar los conocimientos jurídicos de aquellas personas que puedan ser candidatas o candidatos a desempeñar los cargos de jueza o juez de Distrito, así como de magistrada o magistrado de Circuito, será determinada por el Comité.

La selección de esas personas deberá ser objetiva, con paridad de género, y, para ello, siempre deberá ser en número par.

La persona designada para integrar el Comité por cada Circuito forzosamente deberá contar con estudios de posgrado, para garantizar no sólo el conocimiento práctico de la persona que pase a la segunda etapa, sino también el conocimiento teórico.

A2. Segundo momento. La Escuela Federal de Formación Judicial deberá organizar el respectivo concurso de selección de candidatas y candidatos, debiendo examinar que cumplan con los requisitos de Ley, entre ellos, el de carrera judicial o su analogía. Lo cual será bajo su más estricta responsabilidad, lo mismo que todo lo relativo a la secrecía de aquello que contendrá el examen o exámenes de conocimientos.

Podrá participar en el concurso cualquier persona interesada que cumpla con los requisitos de Ley, en la inteligencia que deberá exigirse un mínimo de experiencia en la vida jurídica; ya sea a través de la carrera judicial para quienes sean parte del Poder Judicial de la Federación; o, de alguna capacitación que realice la Escuela Federal de Formación Judicial para los aspirantes externos, que de manera forzosa deben conocer lo mínimo de un órgano jurisdiccional.

Como expone el maestro Eduardo Alfonso Guerrero Martínez[21] en su ensayo intitulado *Aplicación de la Ética Jurídica en el Ámbito Jurisdiccional*, la administración de justicia requiere personas que realmente sepan Derecho.

El Comité sería el encargado de calificar los exámenes.

Acorde a las necesidades del servicio determinadas por el Órgano Administrativo del Poder Judicial de la Federación, buscará siempre que el número de plazas a disputar sea en número par, suficientes para cubrir las necesidades y dejar un margen de personas electas que secuencialmente ocupen los espacios que se generen.

Por cada plaza que se busque ocupar, deberán pasar a la siguiente etapa cuatro candidatas o candidatos.

La lista aprobada por la mayoría del Comité o con voto de calidad será inimpugnable.

La Escuela Federal de Formación Judicial será la encargada de toda la logística, de apoyar al Comité y de publicar los resultados de las personas que pasen a la segunda etapa.

---

21 Zaragoza M., Edith M. *Ética y derechos humanos*. México. Editorial Iure Editores, S.A. de C.V. 2012, pág. 130.

B. Segunda etapa

Intervención de la Comisión Nacional de Derechos Humanos.

El Maestro Edgar Bodenheimer[22], señala que el Derecho tiene ciertos «defectos» «inherentes» que siempre ponen en peligro su existencia; de forma que es muy poco probable que el Derecho disfrute de una existencia continua y no perturbada; añade que es uno de los instrumentos más delicados de la civilización y que es difícil conseguir su posesión y fácil perderla.

El Doctor Rodolfo L. Vigo[23], en el Prólogo a su obra: «La interpretación (argumentación) jurídica en el Estado de Derecho Constitucional», afirma que en general, en las Facultades de Derecho predomina una inercia por reproducir una cultura al servicio del Estado de Derecho Legal, a pesar de todos los cambios visibles en la realidad, que hablan de un nuevo modelo de Estado, de Derecho y de jurista, que denomina «Estado de Derecho Constitucional y Democrático».

El Maestro propone que para cubrir esa distancia entre teoría y realidad, desde otros espacios institucionales como son los Poderes Judiciales, se proporcione a los juristas un aparato conceptual idóneo que les permita operar y actuar en el nuevo contexto, porque éste debe saber de qué se habla cuando se hace referencia a principios, derechos humanos, ponderación, argumentación, verdad fáctica, sistema jurídico «débil», crisis de soberanía, discrecionalidad judicial, judicialización, equidad, dogmática jurídica, etcétera; en tanto que, es probable que los juristas más bien hablen de normas, interpretación, dos verdades, casos fáciles, pirámide jurídica, fuentes del Derecho conforme al Código Civil, seguridad jurídica, filosofía jurídica, entre otros temas.

Afirma que se debe despertar del sueño legalista, juridicista, nacionalista y dogmático al cual nos había hundido el Estado de Derecho Legal, para lo cual destaca algunas sentencias, como las del Nuremberg, donde se condenó por cumplir la Ley y violar el Derecho; el delito de prevaricato previsto en el Código Penal español por dictar una sentencia injusta a sabiendas, o en el papel determinados final de los derechos nacionales que ha asumido la Corte Interamericana de Derechos Humanos.

Como indica, no puede darse la espalda a la realidad porque ésta finalmente será irresistible y se impondrá, con el inconveniente de no poder controlarla y guiarla; y, los ciudadanos reclaman que el Derecho dicho por los juristas resulte racional y susceptible de ser aceptado racionalmente.

---

22 BODENHEIMER, Edgar. *Jurisprudence*. Escrita en Nueva York y Londres en 1940. (Traducción: *Teoría del Derecho*; por Vicente HERRERO). Quinta reimpresión en español. México. Editorial Fondo de Cultura Económica, 1976, pág. 30.

23 VIGO. Rodolfo L. *La interpretación (argumentación) jurídica en el Estado de derecho constitucional*. México. 2017. Editorial Tirant to Blanch, 2017, págs. 13 y 14, 18 y 19.

El jurista considera que los problemas legales deben resolverse a través de la argumentación, de forma que el Derecho no se reduzca a voluntad o decisión autoritativa comunicada al destinatario, sino que contenga un esfuerzo justificatorio racional que pueda ser comprendido y aceptado por la razón, por el obligado; de forma que se humaniza el Derecho brindando razones de lo que se prescribe.

A su estima, con ello se reducen los riesgos del error, se valida la repuesta, posibilita el control, legitima la función judicial y al que la ejerce, concreta al Derecho, facilita la eficacia del Derecho, enriquece al Derecho, facilita la estabilidad del Derecho y moraliza el ejercicio de la autoridad.

El jurisconsulto Juan de Dios González Ibarra[24], precisa que ante la corrupción, impunidad y violencia que padecemos, requerimos abogados, desde el litigio hasta la judicatura con elevada moral y capacidad jurídica que contemple a la globalización —como señala contextualizó *Erika Ruiz Sandoval*—, para construir el mejor de los México posible, no un país basado en codigueros que repitan o apliquen mecánicamente artículos[25].

Añade[26]: «La práctica jurídica sin la teoría es ciega, mientras que la teoría sin la práctica es torpe o inútil para su aplicación cotidiana conforme con la realidad socioeconómica, la unión de ambas permite la construcción de un criterio amplio que contempla no sólo al Derecho sino a los fines que éste persigue de acuerdo con su axiología cambiante y viviente», donde, señala, la Epistemología es de gran ayuda.

En esta segunda etapa es necesario superar el tema del conocimiento jurídico para ahora ocuparse de la idoneidad del perfil del juzgador para ocupar tal alto encargo. Es ahí donde estimo es necesaria la participación del organismo con mejor calificación al efecto: La Comisión Nacional de Derechos Humanos.

La Comisión Nacional de Derechos Humanos, recibirá esa lista y, a través de un Comité, como segundo órgano interviniente en la selección de juezas y jueces de Distrito, así como de magistradas o magistrados de Circuito, sería el organismo encargado de determinar las personas de deben llegar a la etapa final, es decir, a la elección directa.

De los cuatro candidatos aprobados para ocupar cada plaza a juzgador federal, deberá seleccionar, por paridad de género, a dos personas que finalmente contenderán en la elección pública y directa para ocupar el cargo de juzgadora o juzgador federal.

---

24 González Ibarra, Juan de Dios. *op. cit.,* pág. 17.

25 *Idem*, pág. 140.

26 *Idem*, págs. 143, 144 y 145.

Para ello, sería necesario que examinaran cada persona en los propios términos que determiné el Comité, buscando siempre la idoneidad para ocupar el cargo; de manera ejemplificativa, pudiera incluir verificar lo relativo al tema de antecedentes penales, así como su posible participación en trasgresiones a Derechos Humanos, la existencia de denuncias y condenas por acoso u hostigamiento laboral o sexual, deudas alimenticias.

Este Comité, al recibir la lista de personas que buscan ser juzgadoras federales, deberá publicarla para que se pueda objetar la candidatura respectiva por la población, al margen de la investigación o análisis que determine efectuar.

Deberían pasar a la siguiente etapa dos personas del mismo género por cada plaza a concursar. Siendo inimpugnable su determinación.

Realizado el proceso de selección, se publicará la lista de personas que pasan a la etapa final.

C. Tercera etapa

El Instituto Nacional Electoral, será el órgano encargado de generar debates públicos y difundirlos por los medios de comunicación públicos, para que la población conozca la postura de candidatas y candidatos respecto de temas de interés general, según la materia de que se trate.

Para optimizar recursos económicos, el proceso de elección pública y directa de juzgadora y juzgador federal, podrá procurarse que coincida con algún proceso electoral federal.

Por cada plaza para ocupar el cargo de jueza o juez de Distrito, así como de magistrada o magistrado de Circuito, el Instituto Nacional Electoral deberá organizar que las dos personas que contiendan por una plaza, sean del mismo género, porque de esa forma se garantiza la paridad en la designación respectiva, en tanto que, si se permite la participación de un hombre contra una mujer en la elección, evidentemente no se lograra esa paridad, pues podría generarse un mayor número de mujeres u hombres vencedores en la contienda electoral.

Finalmente, el resultado de las personas vencedoras será publicado y la protesta respectiva acontecerá ante las ministras y ministros de la Suprema Corte de Justicia de la Nación, así como de los integrantes del Tribunal de Disciplina (cuya creación y vigencia se prevé).

D. Justificación de la participación de las Instituciones mencionadas en la selección de Juzgadores Federales

D1. Escuela Federal de Formación Judicial. La Escuela Federal de Formación Judicial, es:

> «la institución responsable de la capacitación y profesionalización de todas las personas integrantes del Poder Judicial de la Federación, órganos auxiliares y de quienes aspiren a pertenecer a éste...

(Su) … objetivo es desarrollar un nuevo perfil judicial con los más altos estándares técnicos y calidad humana, a través de programas académicos de excelencia y de la impartición rigurosa e imparcial de los concursos de oposición de la carrera judicial»[27].

Tal institución cuenta con presencia en toda la República Mexicana, por lo cual, cualquier persona interesada en ocupar el cargo de juzgadora federal que reuniera los requisitos mínimos de Ley, podría recibir la capacitación respectiva como cuestión análoga a la carrera judicial que permita a los aspirantes conocer el funcionamiento de los órganos jurisdiccionales.

En el caso de las personas que pertenezcan al Poder Judicial de la Federación, es a través de la Escuela que pueden cumplir con el requisito de carrera judicial.

Carrera Judicial:

«Es el sistema institucional basado en el mérito y la igualdad real de oportunidades, que regula el ingreso, permanencia y separación de las personas servidoras públicas del Poder Judicial de la Federación que realizan labores jurisdiccionales, así como su formación, promoción y evaluación de desempeño»[28].

En congruencia con la existencia de la Escuela Federal de Formación Judicial, actualmente se cuenta con la infraestructura material y técnica que le permite organizar esos concursos.

La propuesta que se realiza, si bien implica que ya no será el Pleno del Consejo de la Judicatura Federal el organismo que resolverá sobre la designación de jueces y magistrados federales, busca aprovechar el avance que existe al respecto, como es la existencia de la Escuela Federal de Formación Judicial; vincula la participación del Poder Judicial de la Federación únicamente al proceso de selección de personas juzgadoras federales en lo que respecta a la primera etapa, que es la técnica-jurídica.

En efecto, acota su participación a una etapa, la de selección técnica de las personas expertas en Derecho que en ese rubro cumplen con los conocimientos mínimos que debería tener una o un juzgador federal.

Se expone la necesidad de integrar un comité evaluador de entre juzgadores federales reconocidos por propios juzgadores federales, por ser la actividad que desarrollaran las y los juzgadores federales y, para involucrar precisamente en esa etapa a toda persona que ostente el cargo de Magistrada o Magistrada de Circuito, que son quienes por regla general emiten las resoluciones que en definitiva impactan en el pueblo de México y se estima, sin demérito de académicos y abogados postulantes, cumplen con el estándar técnico de conocimiento en el campo del Derecho.

---

27 https://escuelajudicial.cjf.gob.mx/

28 https://escuelajudicial.cjf.gob.mx/pages/carreraJudicial_1.htm

D2. Comisión Nacional de Derechos Humanos

La interrogante natural es: **¿Por qué la Comisión Nacional de Derechos Humanos es el organismo idóneo para intervenir en el proceso de selección de perfiles de personas aspirantes a Juzgadoras Federales, previo a la votación directa?**

En principio, es necesario establecer que la Comisión Nacional de los Derechos Humanos es un organismo constitucional autónomo que cuenta con autonomía de gestión y presupuestaría, personalidad jurídica y patrimonio propios, y tiene por objeto esencial la protección, observancia, promoción, estudio y divulgación de los derechos humanos que ampara el orden jurídico mexicano, de conformidad con el artículo 2° de la Ley de la Comisión Nacional de los Derechos Humanos.

La defensa y protección de los derechos humanos la realiza de manera no jurisdiccional, su función es conocer de quejas en contra de actos u omisiones de naturaleza administrativa provenientes de cualquier autoridad o servidor público, con excepción de los del poder judicial de la federación, que violen estos derechos, derivado de esto fórmula recomendaciones públicas, no vinculatorias y denuncias y quejas ante las autoridades respectivas; es un medio de defensa no jurisdiccional de los derechos humanos.

La Comisión Nacional de los Derechos Humanos tiene ciertas características que la distinguen, tales como:

a) **Independencia**. Al ser un organismo constitucionalmente autónomo, es independiente de cada uno de los poderes estatales, ejecutivo, legislativo y judicial, por lo que se ubica fuera de la estructura orgánica de los poderes tradicionales, además, esta independencia orgánica se manifiesta con la existencia de autonomía financiera; lo que significa que decide por sí mismo los problemas que investigará, las acciones que practicará y las resoluciones que emitirá.

b) **Autonomía**. Cuenta con autonomía financiera y una paridad de rango con los demás órganos y poderes, de tal forma que no se encuentra subordinados a ellos.

c) **Accesibilidad**. El acceso a la institución es con una reducción de requisitos formales para presentar las quejas.

d) **Carácter no vinculatorio de sus resoluciones**. Sus resoluciones adquieren el carácter de sugerencia, advertencia, recordatorio, crítica o amonestación, pero no tiene potestad coercitiva directa, es decir que dichas decisiones no son vinculatorias para el destinatario, por lo tanto, no pueden revocar ni modificar una actuación proveniente de los funcionarios públicos. Se trata de una «magistratura de disuasión» y no de imposición coercitiva; sin embargo, cuenta con otras armas para imponer sus recomendaciones indirectamente, como la publicidad.

e) **Auctorictas moral.** La *auctorictas* consiste en la autoridad moral y social de quien ocupa el cargo, así el éxito de la institución en cualquier ámbito depende de la persona nombrada, se debe tratar de un jurista de especial integridad, que goce de prestigio ante la sociedad, y que se encuentre al margen de intereses políticos partidistas para que se garantice la imparcialidad de sus decisiones.

f) **Publicidad**. La eficacia de la institución se debe en gran medida a las campañas que realiza sobre la forma en la que funcionan sus oficinas y el tratamiento que se le da a las recomendaciones. La publicidad constituye un medio para incrementar el número de quejas que recibe y para influir en su contenido, además contribuye a dar la necesaria *autorictas* al titular de la Comisión al publicar su labor con el fin de causar impacto en la comunidad social y en los quejosos en particular.

La Comisión Nacional de los Derechos Humanos es una institución de prestigio sólido en nuestro país, por ello es por lo que debe aprovecharse la credibilidad que tiene en la sociedad para que, al coadyuvar en el fortalecimiento de la administración de justicia federal, también que se tenga confianza en las instituciones del Poder Judicial Federal.

Así, la intervención de la Comisión Nacional de Derechos Humanos en el proceso de selección de aspirantes a Juzgadoras y Juzgadores Federales tendrá el carácter de respaldo moral que fortalecerá el prestigio del proceso ante la opinión pública.

Ello, pues la participación de la Comisión será para revisar los expedientes de las personas aspirantes a juzgadoras federales que hayan aprobado previamente el examen de conocimientos para que cumplan con ciertos requisitos y puedan acceder a la siguiente fase que sería la votación directa.

Lo anterior, en aras de fortalecer el proceso de acceso a la judicatura, lo que redundará en una mayor credibilidad de la población en que son los mejores perfiles los que podrán acceder a la votación directa; es decir, se reforzarían los filtros para que las personas que aspiren a ser juzgadoras federales sean las más idóneas, ya que la revisión de expedientes la realizaría un organismo fuera del sistema judicial, lo que elimina la posibilidad de pensar que hubiera abusos o favoritismos si solo actuaran las autoridades judiciales, que desde luego, no puedo ignorar es un reclamo social.

La idea de introducir un cierto control externo sobre el proceso de selección de personas aspirantes a juzgadores federales es acorde con las características de la Comisión, que la convierten en una auténtica magistratura de persuasión e influencia, por lo que puede contribuir a generar mayor confianza en las personas que lleguen a ser juzgadores federales, así como la credibilidad de la Justicia, entendida ésta, como virtud ética individual.

En resumen, las razones de que participe la Comisión Nacional de los Derechos Humanos en el proceso de selección de personas aspirantes a Juzgadoras Federales son:

- La supervisión de perfiles de las personas aspirantes a jueces Federales que previamente hayan aprobado un examen de conocimientos, la haría una institución fuera del Poder Judicial de la Federación, así que no puede existir alguna acusación de que los aspirantes a juzgador federal sean elegidos de entre ellos mismos.
- La Comisión únicamente se ocuparía de la revisión del expediente de la persona aspirante para que esta cumpla con ciertos requisitos antes de pasar a la etapa de votación directa y no estará facultada para revisar el resultado de los exámenes de conocimientos.
- La Comisión es independiente de los tribunales, así como de los partidos políticos; y, por tanto, se puede confiar en que su participación será imparcial.

Lo anterior, contribuiría a dar una respuesta a las exigencias sociales que demandan que los servicios de las instituciones judiciales estén más vinculadas a las necesidades fundamentales de la vida diaria del pueblo, dado que se fortalecería la credibilidad de la sociedad en el sistema judicial, al garantizar a la sociedad el acceso a la etapa de votación directa de personas que cuenten con un perfil idóneo.

Además, permitiría que en ese proceso no se involucraran partidos políticos, grupos de poder, ni el crimen organizado, más allá de lo que puede involucrarse en este momento. De hecho, los perfiles de personas juzgadoras deberían ser mejores.

D3. Instituto Nacional Electoral

El consenso es la principal fuente de legitimidad democrática de las funciones políticas de gobierno[29]. Por lo que, aun cuando no es la fuente de legitimidad de todas las decisiones legislativas y gubernativas, lo cierto es que el consenso por mayoría o unanimidad sí es susceptible de legitimar, en la democracia constitucional, las funciones jurisdiccionales, siempre y cuando tal consenso no vaya en contra de la Constitución.

Ahora, no se soslaya que, como primer fundamento de **legitimidad de la función jurisdiccional**, se tiene a la naturaleza tendencialmente cognitiva que proviene del principio de legalidad al que se somete su ejercicio, lo cual es claramente reconocible por la motivación, de hecho y de derecho, que se exige a toda decisión judicial; lo cual podría considerarse suficiente para no llevarse a cabo la designación de las y los juzgadores, a través de una votación directa.

29 Luigi FERRAJOLI, «Las fuentes de legitimidad de la jurisdicción», *Instituto de Investigaciones Jurídicas de la UNAM*, Traducción de Miguel CARBONELL.

Sin embargo, que más legitimidad habría en la función jurisdiccional, si además de que la misma se alcance al constatarse la verificación de la verdad, o la imparcial mediación en un conflicto, o la verificación de determinados requisitos o presupuestos normativos, y sea producto de haberse sometido al consenso mayoritario.

Y es que, más allá de la naturaleza de la función jurisdiccional, **se debe atender al reclamo social**, para justificar la necesidad del carácter electivo en la legitimidad de los juzgadores.

Actualmente nuestro sistema de justicia atraviesa una fuerte crisis de legitimidad, debido a la desconfianza de la ciudadanía en el funcionamiento interno del sistema y en el modo en que las y los jueces toman las decisiones jurisdiccionales. Nunca antes las y los jueces, ni las y los magistrados habían sido tan cuestionados en su idoneidad ni se habían visto sometidos a tantas condenas mediáticas.

Esa situación ha provocado una suerte de distanciamiento entre el pueblo y la Justicia, y un ferviente reclamo social por un poder judicial más transparente y eficaz, lo que debe ser atendido.

Por ello, dado que la legitimación democrática al ser la legitimación fundamental de los poderes del Estado debe incluir al poder judicial.

Sin que, por ello se pierda la división de poderes e independencia del Poder Judicial en el Estado de Derecho, pues el hecho de que la designación de las y los jueces de Distrito, así como de las y los magistrados de Circuito, se lleve a cabo mediante el consenso mayoritario, no implica someterse a imperativos que no sean los inherentes a la búsqueda de la verdad.

Lo anterior, si se parte de la base de que el **consenso popular** tiene como finalidad el que se exprese la confianza en la imparcialidad en los juicios de las y los jueces, confianza en su honestidad y en su rigor intelectual y moral, confianza en su competencia técnica y en su capacidad de juicio.

Para lograr tales objetivos, se advierte la necesidad de que en la **elección** de las y los operadores jurídicos tenga participación el **Instituto Nacional Electoral**, como ente público y autónomo que organice un **previo debate** entre los candidatos a ocupar el cargo de juezas y jueces de Distrito, así como magistradas y magistrados de Circuito, lo cual daría lugar a que la ciudadanía tuviera la posibilidad de conocer a las personas que han acreditado tener los conocimientos técnico jurídicos, así como la calidad moral para ocupar dichos cargos y que, por ello, son susceptibles de ser elegidos mediante el voto directo. En ningún momento se habla de un tema de campaña electoral, como se dice en foros que se oponen a la reforma de mérito.

Lo conveniente de que sea el Instituto Nacional Electoral el organizador de los debates, es que con ello se garantiza no solamente su producción y financiamiento autónomo, sino, igualmente importante, lo es el que obliga a los concesionarios de la radio y la televisión a transmitirlo simultáneamente en sus frecuencias.

Así, se considera necesario e importante la realización de los debates previos a la elección de quienes fungirán como juezas y jueces de Distrito, así como magistradas y magistrados de Circuito, pues al ser una manera de deliberar en vivo y frente a las cámaras de televisión y distintos medios de comunicación, con relación a diversos temas jurídicos, así como de interés social, cultural y económico, permitirá conocer la forma de pensar y discernir de las y los intervinientes, lo que se traduce en un fenómeno comunicacional de gran aportación democrática, al generar en la sociedad una visión crítica y de entendimiento bien fundamentado bajo un análisis comparado acerca de las personas que contenderán para ocupar un puesto en la función jurisdiccional.

En ese tenor, al ser los debates, desde la perspectiva democrática, afirmaciones de libertad y deliberación, quienes los siguen y participan en la conversación pública en torno a lo que sucede en ellos, lo hacen por la necesidad de obtener información para justificar y dotar de sentido a su propia decisión electoral; de ahí que, tal ejercicio democrático servirá para que la ciudadanía se encuentre en condiciones de elegir, mediante el voto directo, y en los términos que lo establezca la legislación electoral, a quienes fungirán como juezas y jueces de Distrito, así como magistradas y magistrados de Circuito, virtud de haber cumplido con las exigencias contempladas en la legislación orgánica del Poder Judicial de la Federación.

7.3. Conclusiones

1. Si las personas juzgadoras son electas por voto popular, se teme, carezcan de conocimientos jurídicos y que les preceda una campaña patrocinada por un grupo delictivo, un partido político o grupo de hecho, que pueda adueñarse su voluntad, independencia e imparcialidad.

2. La forma de elección que se propone acaba con inquietudes como el que la persona sujeta a votación puede carecer de experiencia jurídica; también, concluye con la suspicacia que existe respecto a que en el proceso de elección pueden intervenir partidos políticos, grupos del crimen organizado o grupos de poder fáctico, porque no habría campaña política.

3. La propuesta que se realiza privilegia el que cualquier ciudadano cuente con la posibilidad de elegir a una persona juzgadora con conocimientos prácticos jurídicos y que, además, cuente con el aval moral de una institución ajena al Poder Judicial. Si se teme que la población no tenga la habilidad para escoger a las mejores personas juzgadoras, no debería ser un tema de intranquilidad, porque cualquiera de las personas candidatas serían idóneas para ocupar el cargo.

4. El costo en la implementación del sistema electivo de personas juzgadoras disminuye, en la medida que se aprovechan instituciones preexistentes con el método que se propone.

5. Desde la Constitución Política de los Estados Unidos Mexicanos debería establecerse la participación del Poder Judicial de la Federación, la Comisión Nacional de Derechos Humanos y el Instituto Nacional Electoral en el proceso de elección de personas juzgadoras federales, no dejarlo a la instrumentación secundaria, porque con el método propuesto se protege la independencia judicial desde la Norma Suprema.

6. Las posturas radicales pueden encontrar un punto de flexión y equilibrio si se optara por un modelo de elección de personas juzgadoras como el que se propone.

7. Con objetividad, a través del modelo de elección de personas juzgadoras que se muestra, queda clara la protección a la independencia judicial.

8. El modelo de elección de personas juzgadoras que se propone sería pionero entre las naciones y podría ser considerado en otros países, en tanto, se preocupa de la calidad jurídica de quien juzga y del perfil ideal de la persona que desarrollará esa actividad.

9. Existe garantía de que el modelo funcionará, en la medida que participa una institución que en los últimos 30 años ha organizado concursos de selección de personas juzgadoras y, en general no se duda de la capacidad jurídica de las personas que juzgan en el ámbito federal; ahora se incorporan dos diversas instituciones, creadas en forma específica, para proteger los Derechos Humanos de las personas y organizar procesos de elección directa.

10. Las reformas a la Constitución, se sugiere, pudieran ser del tenor siguiente:

Artículo	Redacción actual	Propuesta
94	**Artículo 94.** Se deposita el ejercicio del Poder Judicial de la Federación en una Suprema Corte de Justicia, en un Tribunal Electoral, en Plenos Regionales, en Tribunales Colegiados de Circuito, en Tribunales Colegiados de Apelación y en Juzgados de Distrito. (...)	**Artículo 94.** Se deposita el ejercicio del Poder Judicial de la Federación en una Suprema Corte de Justicia, en un Tribunal Electoral, en Plenos Regionales, en Tribunales Colegiados de Circuito, en Tribunales Colegiados de Apelación y en Juzgados de Distrito. Las Magistradas y los Magistrados de Circuito, así como las juezas y los jueces de Distrito serán electos por votación directa con la intervención del Poder Judicial de la Federación, la Comisión Nacional de Derechos Humanos y el Instituto Nacional Electoral, en los términos que dispongan las leyes respectivas. (...)

Artículo	Redacción actual	Propuesta
97	**Artículo 97.** Las Magistradas y los Magistrados de Circuito, así como las Juezas y los Jueces de Distrito serán nombrados y adscritos por el Consejo de la Judicatura Federal, con base en criterios objetivos y de acuerdo con los requisitos y procedimientos que establezcan las disposiciones aplicables. (...)	**Artículo 97.** Las Magistradas y los Magistrados de Circuito, así como las Juezas y los Jueces de Distrito serán nombrados a través del proceso de selección en el que intervendrán el Poder Judicial de la Federación, la Comisión Nacional de Derechos Humanos y el Instituto Nacional Electoral. (...)

7.4. Bibliografía

BODENHEIMER, Edgar. *Jurisprudence*. Escrita en Nueva York y Londres en 1940. (Traducción: Teoría del Derecho; por Vicente HERRERO). Quinta reimpresión en Español. México. Editorial Fondo de Cultura Económica. 1976

BURGOA ORIHUELA, Ignacio. *El Jurista y el simulador de derecho*. 2010. 19.ª Edición. Editorial Porrúa. 2010.

CASTRO, Juventino V. *Los jueces mexicanos y su justicia.* 2011. Segunda Edición. Editorial Porrúa. 2011, págs. 6, 7 y 8.

CAMPILLO SÁINZ, José. *Dignidad del Abogado. Algunas Consideraciones sobre Ética Profesional.* 2014. Décimoquinta Edición. Editorial Porrúa.

FERRAJOLI, Luigi. «Las fuentes de legitimidad de la jurisdicción», *Instituto de Investigaciones Jurídicas de la UNAM*, Traducción de Miguel CARBONELL.

GARCÍA MÁYNEZ, Eduardo. *Filosofía del Derecho*. 1999. Décima Primera Edición. Editorial Porrúa. 1999.

GONZÁLEZ IBARRA, Juan de Dios. *Epistemología jurídica*. México. 2016. Editorial Porrúa. 2016,

HERNÁNDEZ Flores, *Ismael. Justicia para todos*. 2014. Segunda Edición. Suprema Corte de Justicia de la Nación.

MARTÍNEZ PINEDA, Ángel. *Filosofía de la verdad jurídica*. México. 2004. Editorial Porrúa.

MORENO, Norberto. *Jueces sin rostro*. 2007. Primera Edición. Contraportada Reuters. 2007

Otero Parga, Milagros. *Cuestiones de argumentación jurídica*. México. Editorial Éxodo. 2002, pág. 20.

Peralta Sánchez, Jorge Y **Rodríguez Albores**, Rogelio E. *Nociones de derecho positivo mexicano*. México. Editorial Éxodo. 2002, pág. 20.

Pérez Valera, Víctor Manuel. *Deontología jurídica. La ética en el ser y quehacer del abogado*. México. Editorial Oxford. 2001

Poder Judicial de la Federación de México. *El Código de Ética del Poder Judicial de la Federación al alcance de todos*. Primera Edición. México. 2006. Editado por Gama Sucesores, S.A. de C.V.

Tapia Tovar, José. *Temas de Justicia*. 2014. Primera Edición. Editorial Porrúa. 2014

Tenorio, Guillermo. Coordinador. *Humanismo Jurídico. Ensayos Escogidos*. Editorial Porrúa. México. 2006.

Vigo. Rodolfo L. *La interpretación (argumentación) jurídica en el Estado de derecho constitucional*. México. Editorial Tirant to Blanch. 2017.

Zagrebelsky, Gustavo. *La virtud de la duda. Una conversación sobre ética y derecho con Geminello Preterossi*. Madrid, España. Editorial Trotta S.A. 2012.

Zaragoza M., Edith M. Ética y derechos humanos. México. 2012. Editorial Iure Editores, S.A. de C.V. 2012.

https://escuelajudicial.cjf.gob.mx/

https://escuelajudicial.cjf.gob.mx/pages/carreraJudicial_1.htm

8.

DIVISIÓN DE PODERES: TRADICIÓN Y COYUNTURA EN EL CONSTITUCIONALISMO MEXICANO

Ricardo Monreal Ávila[1]

SUMARIO: 8.1. La división de poderes como principio constitucionalista. 8.2. Antecedentes de la división de poderes en el constitucionalismo mexicano. 8.3. La división de poderes a partir de la Constitución Política de 1917. 8.4. El conflicto actual entre el Poder Judicial y el Poder Legislativo. 8.5. Conclusiones. 8.6. Bibliografía.

8.1. La división de poderes como principio constitucionalista

El sistema de división de poderes en México es la estructura limitante del poder mismo a fin de impedir su abuso a cargo de un solo ente o persona, y como consecuencia, garantizar la libertad individual de los gobernados dentro de un Estado de Derecho.

La división de poderes atiende a la encomienda de diversas funciones a cargo del Estado, con la finalidad de asignar a distintos órganos públicos determinadas competencias, de tal forma que se distribuyan las funciones ejecutivas, legislativas y judiciales con el propósito de crear dispositivos de separación, control, colaboración o de mutua vigilancia entre dichos órganos[2]. De esta manera, la división de poderes en el ámbito constitucional se

1 Senador Electo por Representación Proporcional. Doctorado por Universidad Nacional Autónoma de México. Ha sido diputado federal en tres ocasiones y senador en dos periodos, gobernador y jefe delegacional.

2 *Cfr.* Luis Enrique VILLANUEVA GÓMEZ, «La división de Poderes: Teoría y Realidad. Cátedra Nacional de Derecho Jorge Carpizo», en *Reflexiones Constitucionales,* México, Universidad Nacional Autónoma de México, 2004, pp. 149-186.

convierte en un auténtico equilibrio de poderes, de pesos y contrapesos de las funciones públicas que tiene como parámetro de eficacia aquellos principios establecidos en la norma fundamental, a fin de garantizar la rendición de cuentas y colaboración, así como afianzar la concreción de un Estado democrático de derecho.

John Locke fue el primer formulador teórico que consideró al Poder Legislativo como el poder supremo, pues es el encargado de establecer la norma fundamental de todos los Estados Constitucionalistas, y en ese mismo sentido, el Poder Ejecutivo está constituido a efecto de actuar conforme a la ley fundamental decretada por el Constituyente, y la norma constituida por el legislador será el límite de su actuación[3].

Montesquieu, en el siglo XVIII, retomó las nociones de las categorías de gobierno definidas en la antigüedad por Aristóteles y ordenó formas de gobierno según quiénes detentaban el poder soberano y su apego a las leyes. Desde sus categorías, y haciendo referencia a la forma de estructurar su monarquía que tenían los ingleses, en el capítulo sexto del libro XI de su obra *El Espíritu de las Leyes* describió el principio de la división de poderes y sus ventajas para lograr la libertad política, al manifestar que:

> «...todo gobierno puede ser libre si observa la división de poderes de modo que ninguno de ellos pueda predominar sobre los demás... cuando se concentran el Poder Legislativo y el Poder Ejecutivo en la misma persona o en el mismo cuerpo de magistrados no hay libertad... no hay tampoco libertad si el Poder Judicial no está separado del Poder Legislativo y del Ejecutivo; todo se habrá perdido si el mismo cuerpo de notables, o de aristócratas, o del pueblo, ejerce estos tres poderes»[4].

Tal afirmación se entiende desde la experiencia de los gobiernos absolutistas de su época donde se observaba que era prácticamente natural abusar del poder hasta donde se topara con límites, por tanto, para el diseño de un gobierno que propenda a la libertad se debe limitar al poder por el poder mismo en un sistema de contrapesos que impida dar lugar a excesos. Cabe destacar que la libertad era concebida por Montesquieu como la capacidad y derecho de hacer todo lo que las leyes permiten, es decir, es el imperio de la ley la condición necesaria para que un Estado con el equilibrio al que se aspira pueda existir.

El diseño de Montesquieu estaba orientado a la forma de gobierno monárquico, con preponderancia en el Poder Legislativo; sin embargo, inspiró al pensamiento liberal que adoptó la división de poderes como principio esencial y asumió la obligación de garantizar que el poder no se encuentre concentrado en la figura de un solo ente o persona, ya sea de naturaleza política,

3 *Cfr.* Locke, John, *El ensayo sobre el gobierno civil*, México, Porrúa, 2014.

4 Montesquieu, *El espíritu de las leyes*, libro XI, capítulos V y VI, México, Lozada, 2007.

social o particular pues, a falta de esta limitación del ejercicio del poder, se corre el riesgo de asumir las características gubernativas de un Estado totalitario o absolutista, perdiendo totalmente el desarrollo de un Estado democrático de Derecho, obstaculizando la participación y coartando el ejercicio de las libertades individuales impulsadas por el constitucionalismo moderno.

Desde las formulaciones del célebre francés, por el vocablo *poderes* se ha hecho referencia a las tres funciones estatales, a saber: la legislativa, la jurisdiccional y la ejecutiva. La función legislativa es aquella relativa a la producción de normas jurídicas; la función jurisdiccional es aquella en que se individualiza la norma a los casos concretos, es decir, que de ser una norma general y abstracta, se materializa en una consecuencia de derecho aplicable a las personas en una determinada situación que actualiza el supuesto jurídico contenido en la norma, y finalmente, la función ejecutiva, encargada de operar el aparato estatal en función de un proyecto, pero respetando el marco legal.

La Declaración de los Derechos del Hombre y el Ciudadano de 1789, en su artículo 16, estableció que toda la sociedad en la cual la garantía de los derechos no está asegurada ni la separación de poderes establecida, carece de Constitución. Dicho precepto se convertiría en un principio fundamental del inicio de las constituciones escritas, ya que de ahí en adelante tal sería el principal objetivo del establecimiento de las constituciones generadas tras las revoluciones liberales de los siglos XVIII y XIX, una parte para la protección de los derechos naturales y una parte para definir los límites entre los poderes[5].

Hasta este punto es fácil detectar que los principios de legalidad e imparcialidad se conjugan en la separación de poderes. Por un lado, el principio de legalidad permite establecer distinciones y un orden de relaciones de supra-subordinación entre las funciones ejecutiva, judicial y legislativa, lo que permite generar el esquema de pesos y contrapesos. Por otro lado, se incorpora el principio de imparcialidad que se esquematiza en una separación entre las funciones, así como la independencia en su actuar entre los poderes, buscando garantizar la efectiva aplicación de la ley.

8.2. Antecedentes de la división de poderes en el constitucionalismo mexicano

Nuestro primer texto fundamental de corte federalista, la Constitución de 1824, estableció un esquema prácticamente idéntico al estadunidense, lo cual no fue fortuito, sino que derivó de ciertos antecedentes documentales durante el

5 CARBONELL, Miguel & SALAZAR, Pedro, «La División de Poderes: orígenes y perspectivas», *Derecho Constitucional, Documentos de Trabajo del Instituto de Investigaciones Jurídicas*, No. 70, 2005. https://archivos.juridicas.unam.mx/www/bjv/libros/10/4647/12.pdf

proceso de independencia, por ejemplo, del documento denominado *Los Sentimientos de la Nación*, de José María Morelos y Pavón, que daría lugar al *Decreto para la Libertad de la América Mexicana*, firmada en Apatzingán en 1814.

De dicho *Decreto* se rescatan sus numerales 11, 12 y 44, los cuales establecían como atribuciones de la «soberanía»: la facultad de dictar leyes, de hacerlas ejecutar y de aplicarlas a casos concretos, mismos que no pueden ejercerse por una sola persona o corporación y que se depositarían en un Supremo Congreso Mexicano, que era el cuerpo representativo de la soberanía del pueblo; en un Supremo Gobierno y en un Supremo Tribunal de Justicia, es decir, se plasma la teoría de la división de poderes tal como se ha expuesto en el apartado anterior.

Una vez consumada la independencia nacional, y que se hubiera superado el periodo iturbidista, se iniciaron las labores para consolidar el primer proyecto federalista del país, por lo que, en 1823, se procedió a elaborar el *Manifiesto de la Diputación Provincial* determinando como reglas esenciales las siguientes:

a) Cada provincia en que se dividía el virreinato pasaría a ser un Estado independiente, y

b) Los Estados establecerían órganos propios de gobierno: una diputación provincial (poder legislativo) y un gobernador (ejecutivo).

En el *Acta Constitutiva de la Federación* de 1824, la división de poderes se consagró en su numeral 9, que a la letra dice:

> «Artículo 9. El poder supremo de la federación se divide, para su ejercicio, en legislativo, ejecutivo y judicial; y jamás podrán reuniese dos o más de éstos en una corporación o persona ni depositarse el legislativo en un individuo».

Tal precepto fue replicado en el artículo 6 de la Constitución de 1824 y, desde entonces, el principio ha sido respetado en las diversas constituciones casi en su literalidad, sin importar que sea de corte federalista o centralista. Por ejemplo, en el artículo 4.° de las Bases Constitucionales de 1835 (Constitución centralista), se dispuso que el Supremo Poder Nacional continuará dividido en Legislativo, Ejecutivo y Judicial, con la prohibición de que ninguno de los tres traspasará el ámbito de sus competencias. No obstante, en su Segunda Ley instauró, además de los tres poderes clásicos, un Supremo Poder Conservador, que tenía una función de árbitro entre ellos y que tenía la última palabra ante algún conflicto de constitucionalidad.

Durante el siglo XIX fueron constantes los conflictos en que cierta élite política y militar en pugna por el poder conllevaron a dictaduras o a violaciones directas al principio que nos ocupa, derivado de un sistema político cuyos protagonistas buscaron concentrar el poder en el Poder Ejecutivo, tal como lo podemos apreciar en los diversos periodos en que Antonio López de Santa Anna ejerció el poder en calidad de dictador[6].

En este contexto el Constituyente de 1857 definió en el artículo 50 el principio de división de poderes que replicaba casi en su literalidad lo establecido en el artículo 9 del Acta Constitutiva de 1824. Sin embargo, en su texto original, y como diferencia sustancial con el resto de los documentos constitucionales del siglo XIX, el Poder Legislativo se encontraba por encima del Poder Ejecutivo, además se encontraba concentrado en una sola Cámara, la de Diputados, ya que la Cámara de Senadores no se restauraría sino hasta el año 1874[7]. En tal esquema, el poder del Estado tenía las siguientes características:

c) Un Poder Ejecutivo Federal sin derecho de vetar leyes;

d) Un Poder Legislativo unicameral con facultades de control sobre la administración pública a través del refrendo ministerial y comparecencias de los secretarios ante el Congreso, acotando el uso de las facultades extraordinarias del Ejecutivo;

e) Un Poder Judicial incipiente, con muchas dificultades para su consolidación.

Tal situación permitió que el general Porfirio Díaz Mori pudiese concentrar y perpetuarse en el poder más de tres décadas. Tal fue la relevancia de generar un auténtico equilibrio de poderes que sería objeto de un análisis profundo en el constituyente de 1916-1917, centrándose en el listado de facultades, cambiando el diseño del Estado que heredará para el resto del siglo XX y que está vigente en su sustancia hasta la fecha.

8.3. La división de poderes a partir de la Constitución Política de 1917

La Constitución Política de los Estados Unidos Mexicanos, promulgada en 1917, consagró en su artículo 49 como poderes supremos de la federación al Ejecutivo, al Legislativo y al Judicial. Para garantizar que los tres poderes actúen de manera coordinada y dentro del marco legal, en el sistema jurídico mexicano se han establecido una serie de medios por los cuales se han configurado distintos mecanismos de control constitucional y legal entre poderes.

---

6 *Cfr.* ZORAIDA, J. (Coord.). *La consolidación del Estado Mexicano*, 1.ª edición, México: Editorial Patria, 1994.

7 AÑORVE BAÑOS, Manuel. *Restauración del Senado de la República*, Senado de la República, IBD, Imepol, pp. 69 ss. https://bibliodigitalibd.senado.gob.mx/bitstream/handle/123456789/6169/Restauracion%20del%20senado_libro.pdf?sequence=1&isAllowed=y

A continuación, abordaremos los mecanismos establecidos por el Constituyente de 1916-1917 y las modificaciones incorporadas a lo largo de más de un siglo hasta llegar a su configuración actual:

A. El Poder Ejecutivo

La virtud de la Constitución de 1917 fue establecer mecanismos constitucionales que fortalecieron la figura de la persona titular del Poder Ejecutivo Federal frente al resto de poderes, como son:

a) La elección directa del titular de la Presidencia de la República;

b) Restringir las causales del juicio de responsabilidad al presidente de la República únicamente a delitos graves del orden común y traición a la patria, y

c) Derogar las causales de violación expresa de la Constitución y ataques a la libertad electoral.

Respecto a los medios con los que cuenta a su favor el Ejecutivo Federal encontramos las observaciones que, en su caso, realiza a las leyes aprobadas por el Congreso de la Unión, lo cual obliga al Poder Legislativo a valorarlas y votarlas. Asimismo, cuenta con la facultad de expedir reglamentos y decretos, dentro del ámbito administrativo, para la correcta ejecución de las leyes por parte de las autoridades encargadas de su implementación.

En este orden de ideas, no debemos pasar por alto que actualmente es el titular de este poder quien envía al Senado de la República las ternas de personas que ocuparán el cargo de ministros de la Suprema Corte de Justicia de la Nación.

Como restricción incorporada altamente significativa al Poder Ejecutivo que podemos enunciar fue la primera reforma constitucional que recayó al artículo 49 constitucional del año de 1938, promovida por el presidente Lázaro Cárdenas del Río quien buscaba evitar que el Congreso de la Unión pudiera otorgar facultades extraordinarias para legislar al titular de la Presidencia de la República, sobre todo en casos donde no se actualizarán los supuestos definidos en el artículo 29 constitucional que implican la suspensión de garantías individuales[8].

Más adelante, en 1951, se reformó nuevamente la referida norma constitucional para que el Congreso pudiera facultar extraordinariamente al Ejecutivo a gravar mercancías importadas o exportadas, así como reglamentar en todo tiempo e incluso prohibir la circulación de toda clase de efectos sin importar su procedencia, siendo el único supuesto en que la Presidencia de la República puede legislar fuera del supuesto del artículo 29 constitucional[9].

---

8 Diario Oficial de la Federación del 12 de agosto de 1938. Recuperado desde: https://www.diputados.gob.mx/LeyesBiblio/ref/dof/CPEUM_ref_026_12ago38_ima.pdf

9 Diario Oficial de la Federación del 28 de marzo de 1951. Recuperado desde: https://dof.gob.

A pesar de que el texto constitucional en sus primeros años pareciera brindar un equilibrio sano entre los poderes, su espíritu fue modificado para admitir un hiperpresidencialismo a través de sendas reformas aprobadas a lo largo del pasado siglo, aumentándole su injerencia en otros poderes asignándole facultades como: nombrar y remover al titular del departamento administrativo del entonces Distrito Federal; nombrar a los ministros de la Corte (facultad originariamente del Congreso de la Unión); solicitar a la Cámara de Diputados la destitución de los ministros de la Suprema Corte de Justicia de la Nación y jueces federales, así como reglamentar respecto a los diversos ramos de la administración pública.

Las facultades que se le fueron sumando al Ejecutivo Federal iban en función de la evolución del sistema de partido hegemónico que inició con el Partido Nacional Revolucionario, pasando por el Partido de la Revolución Mexicana, hasta el actual Partido Revolucionario Institucional, lo cual conllevó a la implementación de facultades de hecho, mas no de derecho que Jorge Carpizo bautizó como facultades meta-constitucionales, alimentado por prácticas como el clientelismo, el compadrazgo, la dependencia de servidores públicos electos y burocráticos[10].

B. El Poder Legislativo

Por cuanto hace al Poder Legislativo, se conservaron algunas previsiones ya definidas en la Constitución de 1857, por ejemplo[11]:

a) Reducir los periodos de sesiones a uno solo.

b) Facultar al Senado de la República para conocer en segunda instancia y como jurado de sentencia de los juicios de responsabilidad de los «funcionarios públicos».

c) Restringir las facultades de la Comisión Permanente para convocar al Congreso a sesiones extraordinarias.

Además de lo anterior, se incorporaron otras facultades que pueden ser identificadas como parte de su facultad de control en tres vertientes, a saber[12]:

1. El control de legislación, referente a la implementación de medidas a través de decretos o leyes con el propósito de regular el manejo de recursos y el actuar de los servidores públicos.

---

mx/nota_to_imagen_fs.php?codnota=4462667&fecha=28/03/1951&cod_diario=188839

10 Aguayo Quezada, Sergio. *La Transición en México. Una historia documental 1910-2010*, FCE, COLMEX, México, 2010.

11 Hernández, M. del P. «La División de Poderes en la Constitución de 1917». *Boletín Mexicano De Derecho Comparado*, vol. 1, n.° 92, enero de 1998, p. 354-362.
https://revistas.juridicas.unam.mx/index.php/derecho-comparado/article/view/3542/4233

12 *Ibid.*

De este medio se desprenden las facultades que tienen las Cámaras del Congreso de la Unión, en lo individual, de ratificar nombramientos y, en su caso, de aprobar la renuncia de servidores públicos; así como recibir y analizar informes periódicos que rindan los titulares de ciertas autoridades, entre otros;

1. El control presupuestal, inherente a la aprobación inicial y la verificación de la cuenta anual, en atención al principio de rendición de cuentas, y
2. El control político, ejercido hacia los secretarios de Estado y titulares de organismos en razón de la facultad de exigir su comparecencia ante las cámaras a informar su desempeño, facultad otorgada en la Constitución Federal en su artículo 93.

Por otra parte, cuenta con la facultad de desahogar juicio político en contra de servidores públicos que, en ejercicio de sus funciones, incurran en actos u omisiones que redunden en perjuicio de los intereses públicos fundamentales o de su buen despacho.

C. El Poder Judicial

Sobre los medios en favor del Poder Judicial Federal, debe decirse que descansan aquellos que garantizan la supremacía del Estado de Derecho, pues se encarga de resolver asuntos sobre los que se presume existe un abuso de poder respecto de las autoridades, de ahí que figuras como el juicio de amparo, la acción de inconstitucionalidad, las controversias constitucionales y el juicio para la protección de los derechos político-electorales destaquen como grandes estandartes de la función de este poder.

La primera reforma que sufrió el Poder Judicial, posterior a la promulgación de la Constitución de 1917, fue la del 20 de agosto de 1928, donde la Suprema Corte de Justicia de la Nación pasó a integrarse de 11 a 16 ministros como consecuencia de la creación de una Tercera Sala. Seis años después se aumentó a 21 el número de ministros, con la creación de una Cuarta Sala encargada de atender los asuntos en materia laboral[13].

Entre 1951 y 1967 se constituyeron los tribunales colegiados, aumentándose a 26 el número de ministros de la Corte con la creación de una Sala Auxiliar. Asimismo, en 1987 se ajustaron las competencias entre la Suprema Corte y los Tribunales Colegiados de Circuito, a manera de que los problemas de legalidad quedaran bajo la jurisdicción de estos últimos.

No obstante, las reformas constitucionales de diciembre de 1994 fueron las de mayor trascendencia porque transformaron profundamente la estruc-

---

13 López Contreras, Felipe. «Evolución Histórica del Poder Judicial de la Federación». *Ensayos y Conferencias de los forjadores de la Suprema Corte de Justicia de la Nación*, 2004. Recuperado desde: https://www.scjn.gob.mx/sites/default/files/publicaciones_scjn/publicacion/2016-10/51287_0.pdf

tura del Poder Judicial de la Federación, en lo particular, respecto al papel del Pleno de la Suprema Corte de Justicia de la Nación, otorgándole el papel de árbitro en conflictos entre poderes y ejerciendo un control sobre normas generales que pudieran ser contrarias a la Constitución. Así, asume un rol de Tribunal Constitucional con funciones políticas, judiciales y constitucionales. Para cumplir con este papel se le otorgaron dos herramientas principales: las controversias constitucionales y las acciones de inconstitucionalidad.

Las controversias constitucionales verifican que los actos y disposiciones generales de los entes soberanos se ajusten a las competencias que establece la Constitución. Por otro lado, las acciones de inconstitucionalidad permiten al Pleno de la Corte evaluar si una norma general contradice la Constitución Federal, siendo un control abstracto de normas contrarias a la ley fundamental. Este procedimiento legal está destinado a restaurar el orden constitucional cuando ha sido vulnerado por los propios órganos de poder, y los mecanismos protectores de la Constitución han sido insuficientes para prevenir la infracción.

En una reforma posterior en 2011, se introdujo el control de convencionalidad, extendiendo el escrutinio a normas, actos u omisiones que violen derechos humanos, ejerciendo así una doble función: la de legalidad original y la de control del ejercicio constitucional del poder. Esta reforma marcó el inicio de la Décima Época del Semanario Judicial de la Federación.

Además, la función de legalidad implica resolver conflictos y controversias dentro de la competencia del Poder Judicial, según los artículos 104 y 106 de la Constitución Federal. Mientras tanto, la función de control constitucional en el ejercicio del poder protege la Constitución a través de controversias constitucionales y acciones de inconstitucionalidad, conforme a los artículos 105, fracciones I y II, del Texto Fundamental. Estas reformas permitieron que la Suprema Corte pudiera ejercer el control abstracto de constitucionalidad sin necesidad de iniciar un procedimiento de garantías, siempre que sea solicitado por los sujetos legitimados.

Finalmente, con la reforma de 2021, el Poder Judicial de la Federación entró en una nueva fase, dando lugar a la Undécima Época del Semanario Judicial de la Federación. Esta reforma destacó la transición hacia un sistema de precedentes, donde la fuerza argumentativa de una mayoría calificada en una decisión será suficiente para establecer la obligatoriedad y seguridad jurídica de los criterios interpretativos desarrollados por la Suprema Corte.

Ahora bien, no se omite manifestar que, en la práctica, este panorama orgánico y funcional siempre ha dado de qué hablar, pues si bien es cierto que la actuación e interacción entre los Poderes de la Unión han sido altamente cuestionables durante los anteriores gobiernos debido a su dependencia o inoperatividad, también lo es que esta situación afortunadamente tuvo un límite a partir de que, en 2018, el presidente de la República, licenciado Andrés Manuel López Obrador, cambió ese régimen y transformó las instituciones de nuestro país, lo que pudimos constatar a través de la relación de respeto mutuo y de colaboración entre los poderes que ha caracterizado su gobierno.

Sin embargo, en los últimos años, la actuación del Poder Judicial, encabezado ahora por otra presidencia, ha suscitado un debate profundo sobre la división de poderes y su impacto en el trabajo institucional de los demás poderes de la Unión, ya que recientes decisiones y actuaciones del Poder Judicial han planteado interrogantes sobre su interferencia en las funciones principales del Poder Legislativo y del Poder Ejecutivo, visibilizando la necesidad de un cambio de paradigma en sus mecanismos de elección, organización y funcionamiento.

El Poder Judicial, a través de la Suprema Corte de Justicia de la Nación, ha asumido un papel protagónico en la interpretación de la Constitución y en la protección de los derechos humanos; no obstante, esta interpretación ha llevado en ocasiones a decisiones que trastocan la labor del Legislativo y del propio Ejecutivo.

La facultad del Poder Judicial para revisar y, en algunos casos, anular decisiones de los otros poderes ha desencadenado una percepción en el pueblo de desequilibrio en la división de poderes, ya que esta facultad revisora ha transformado al Poder Judicial en un ente que no solo interpreta la Constitución y la ley, sino que también influye de manera directa en la creación y ejecución de políticas públicas, leyes y elección de personas para cargos públicos.

Esta situación se complica aún más cuando consideramos la falta de mecanismos de rendición de cuentas y transparencia en la elección y funcionamiento de los ministros, magistrados y jueces, lo que debilita la legitimidad del Poder Judicial y aumenta las sospechas de parcialidad y politización.

La práctica reiterada de ordenar la inaplicación de leyes con efectos generales ha impedido a la Suprema Corte de Justicia de la Nación realizar un auténtico estudio de fondo, limitándose a señalar vicios del procedimiento legislativo, en ocasiones, invadiendo la esfera competencial de las Cámaras del Congreso de la Unión respecto a su gobierno interior, lo que se traduce en decisiones de contenido y trascendencia política, mas no jurídica.

Los tribunales constitucionales deben fugir como garantes de la efectividad del sistema constitucional, y ante el contexto de los últimos años, es necesario contar con nuevos límites a la función jurisdiccional en relación con el trabajo legislativo.

8.4. El conflicto actual entre el Poder Judicial y el Poder Legislativo

Se ha visto, sobre todo en el actual gobierno progresista, que el Poder Judicial se ha pronunciado por la suspensión de leyes, extralimitando los alcances de las medidas cautelares como lo es la suspensión de la norma con efectos generales, solo por una presunción a priori de inconstitucionalidad, lo cual es incompatible con una auténtica armonía del control de constitucionalidad y el principio de supremacía constitucional, así como de un auténtico sistema de división de poderes.

Decisiones judiciales que podrían tener como consecuencia la inaplicación de normas constitucionales que no solo afectan la autonomía legislativa del Constituyente Permanente o del Congreso de la Unión, sino que también pueden desarticular políticas gubernamentales diseñadas para atender problemas sociales específicos o urgentes.

Para ilustrar lo anteriormente señalado basta recordar los siguientes casos de controversias constitucionales, acciones de inconstitucionalidad, amparos en revisión, juicios de amparos, declaratorias generales de inconstitucionalidad, sentencias del Tribunal Electoral y de otro tipo:

1. La Controversia Constitucional por la que la Suprema Corte de Justicia de la Nación ordenó al Senado de la República nombrar a las personas comisionadas del INAI y permitió sesionar sin el quorum legal a dicho órgano constitucional autónomo.
2. La Controversia Constitucional por la que la Suprema Corte de Justicia de la Nación declaró la invalidez de diversos artículos de la Ley General de Asentamientos Humanos, Ordenamiento Territorial y Desarrollo Urbano vinculando al Congreso de la Unión para legislar lo conducente.
3. La Acción de Inconstitucionalidad por la que la Suprema Corte de Justicia de la Nación consideró que no se respetó el procedimiento legislativo y, por tanto, invalidó el «Decreto por el que se expide la Ley para la Transparencia, Prevención y Combate de Prácticas Indebidas en materia de Contratación de Publicidad», publicado el 3 de junio de 2021.
4. La Acción de Inconstitucionalidad por la que la Suprema Corte de Justicia de la Nación invalidó el «Decreto por el que se reforman, adicionan y derogan diversas disposiciones de la Ley General de Instituciones y Procedimientos Electorales, de la Ley General de Partidos Políticos, de la Ley Orgánica del Poder Judicial de la Federación, y se expide la Ley General de los Medios de Impugnación en Materia Electoral», publicado el 2 de marzo de 2023.
5. La Acción de Inconstitucionalidad por la que la Suprema Corte de Justicia de la Nación invalidó el «Decreto por el que se reforman, adicionan y derogan diversas disposiciones de la Ley General de Comunicación Social y de la Ley General de Responsabilidades Administrativas», publicado el 27 de diciembre de 2022, en materia de propaganda gubernamental.
6. La Acción de Inconstitucionalidad por la que la Suprema Corte de Justicia de la Nación invalidó el «Decreto por el que se interpreta el alcance del concepto de propaganda gubernamental, principio de imparcialidad y aplicación de sanciones», publicado el 17 de marzo de 2022.

7. La Acción de Inconstitucionalidad por la que la Suprema Corte de Justicia de la Nación invalidó diversas disposiciones relativas a la transferencia de la Guardia Nacional de la Secretaría de Seguridad y Protección Ciudadana a la Secretaría de la Defensa Nacional, publicado el 9 de septiembre de 2022.
8. La Acción de Inconstitucionalidad por la que la Suprema Corte de Justicia de la Nación declaró la invalidez de la totalidad del sistema normativo que integra el Decreto de reformas a la Ley Federal de Telecomunicaciones y Radiodifusión, publicado el 16 de abril de 2021, en relación con el Padrón Nacional de Usuarios de Telefonía Móvil.
9. La Acción de Inconstitucionalidad, por la que la Suprema Corte de Justicia de la Nación declaró la invalidez de diversas disposiciones de la Ley General de Partidos Políticos y de la Ley Federal de Presupuesto y Responsabilidad Hacendaria, publicadas el 27 de febrero de 2022, al considerar que es inconstitucional que los partidos políticos puedan reintegrar de forma directa a la Tesorería de la Federación remanentes del ejercicio fiscal de los recursos que reciben para actividades.
10. La Acción de Inconstitucionalidad por la que la Suprema Corte de Justicia de la Nación declaró la invalidez del artículo 10, numeral 1, inciso h) de la Ley General del Sistema de Medios de Impugnación en Materia Electoral, por considerar que la norma no puede impedir a la autoridad jurisdiccional en materia electoral respecto a impugnaciones de cualquier acto parlamentario del Congreso de la Unión, su Comisión Permanente o cualquiera de sus Cámaras, emitido por sus órganos de gobierno, como los concernientes a la integración, organización y funcionamiento internos de sus órganos y comisiones legislativas.
11. La Acción de Inconstitucionalidad por la que la Suprema Corte de Justicia de la Nación declaró la invalidez de diversas disposiciones del Decreto por el que se reforman, adicionan y derogan diversas disposiciones de la Ley Federal contra la Delincuencia Organizada, de la Ley de Seguridad Nacional, del Código Nacional de Procedimientos Penales, del Código Fiscal de la Federación y del Código Penal Federal, al considerar inconstitucional la inclusión de delitos fiscales en el régimen de delincuencia organizada, así como de su prisión preventiva oficiosa.
12. La Acción de Inconstitucionalidad por la que la Suprema Corte de Justicia de la Nación declaró la invalidez de diversas disposiciones de la Ley Federal de Revocación de Mandato, publicada el 14 de septiembre de 2021 al considerar que se incurrieron en diversas omisiones legislativas.
13. La Acción de Inconstitucionalidad por la que la Suprema Corte de Justicia de la Nación declaró la invalidez de los artículos 10, párrafo

segundo y 43, párrafos del primero al cuarto y sexto del Código Militar de Procedimientos Penales, en materia de consultas a pueblos indígenas y afromexicanos.

14. La Acción de Inconstitucionalidad por la que la Suprema Corte de Justicia de la Nación declaró la invalidez de diversos artículos de la Ley Federal de Presupuesto y Responsabilidad Hacendaria, ordenando al Congreso de la Unión que legisle al respecto.
15. La Acción de Inconstitucionalidad por la que la Suprema Corte de Justicia de la Nación declaró la invalidez de los artículos 167, párrafo séptimo, del Código Nacional de Procedimientos Penales; 5, fracción XIII, de la Ley de Seguridad Nacional y 2, párrafo primero, fracciones VIII, VIII Bis y VIII Ter, de la Ley Federal contra la Delincuencia Organizada, vinculando al Congreso de la Unión para legislar lo conducente.
16. El Amparo en Revisión por el que la autoridad judicial federal ordena al Congreso de la Unión legislar tipificando las conductas raciales para garantizar la eliminación de todas las formas de discriminación racial.
17. El Amparo en Revisión por el que se mandata al Congreso de la Unión emitir las reglas y el procedimiento de consulta previa, libre, informada y de buena fe a los pueblos y comunidades indígenas y afromexicanos.
18. El Amparo en Revisión por el que la Suprema Corte de Justicia de la Nación declaró la invalidez de los artículos 330, 331, 332, 333 y 334 del Código Penal Federal, que criminalizan el aborto, dándole efectos generales ordenando al Congreso de la Unión a que legisle al respecto.
19. El Amparo en Revisión por el que la Suprema Corte de Justicia de la Nación declara la invalidez de los artículos 97, 98 y 111 de la Ley de Migración ordenando al Congreso de la Unión a legislar al respecto.
20. El Amparo en Revisión por el que la Primera Sala de la Suprema Corte de Justicia de la Nación declaró la inconstitucionalidad del artículo 142, fracción I, de la Ley de Instituciones de Crédito por considerar que vulnera el derecho a la privacidad en su vertiente del secreto bancario.
21. El Amparo en Revisión por el que la Segunda Sala de la Suprema Corte de Justicia de la Nación declaró la inconstitucionalidad de la reforma a la Ley de la Industria Eléctrica vigente desde el 10 de marzo de 2021, por considerar que establecía barreras que impedían la competencia efectiva en el mercado de generación y comercialización de energía eléctrica.
22. El Amparo por el que el Juzgado Décimo de Distrito en Materia Administrativa en la Ciudad de México determinó llevar a cabo todas las

acciones necesarias para que se expida la Ley que regule el error judicial, por considerar al Congreso de la Unión omiso en esa legislación.

23. El Amparo por el que el juez Décimo Primero de Distrito en el Estado de Oaxaca ordenó al Congreso iniciar el proceso legislativo para emitir la Ley Reglamentaria del artículo 29 de la Constitución, en materia de suspensión de garantías.
24. La Declaratoria General de Inconstitucionalidad por la que la Suprema Corte de Justicia de la Nación determina la inconstitucionalidad de diversos artículos de la Ley General de Salud, así como del Código Penal Federal, en materia de uso lúdico del cannabis.
25. La Declaratoria General de Inconstitucionalidad respecto a la obligación de expedir la ley que reglamente el párrafo octavo del artículo 134 constitucional, en materia de gasto en comunicación social.
26. La Sentencia de la Sala Superior del Tribunal Electoral del Poder Judicial de la Federación por la que declara la inconstitucionalidad de diversos artículos de la Ley Federal de Telecomunicaciones y Radiodifusión, vinculando al Congreso de la Unión para que realice las modificaciones legislativas correspondientes.
27. La liberación del agresor de la C. María Elena Ríos, donde el juez Teódulo Pacheco del Circuito Judicial de la Mixteca, con sede en Huajuapan de León, determinó la prisión domiciliaria del inculpado.
28. La liberación de Abraham Oceguera Cervantes, hermano de «El Mencho», líder del Cártel Jalisco Nueva Generación, por supuestas irregularidades en su captura.
29. La absolución de Alejandro «N», acusado de abuso sexual a una niña, debido a que el juez Juan Manuel Alejandro Martínez Vitela consideró que la menor víctima no mencionó «el tema del lugar, el día, el horario».
30. Recientemente, la Suspensión concedida por el juez Rodrigo de la Peza López, titular del Juzgado Noveno de Distrito en Materia Administrativa en la Ciudad de México, para efecto de que el Pleno de la Sala Superior Tribunal Electoral del Poder Judicial de la Federación designara en 24 horas a dos personas Magistradas electorales de las Salas Regionales para suplir las dos ausencias prevalecientes.

En general, la actuación de la Suprema Corte de Justicia de la Nación, si bien puede verse como protectora de derechos, en realidad crea tensiones innecesarias y un ambiente de inseguridad jurídica que dificulta la gobernabilidad, ya que, incluso, obstruye la aplicación de las normas recién aprobadas a través del procedimiento legislativo ordinario y trunca los acuerdos alcanzados justificándose en ocasiones en interpretaciones de los reglamentos que distan de la práctica parlamentaria.

Kelsen ya advertía sobre la posibilidad de que un tribunal constitucional se involucrara en el quehacer del órgano legislativo:

> «La concepción de la justicia de la mayoría de los jueces de este tribunal (el Tribunal Constitucional) podría estar en oposición completa con la concepción de la mayoría de la población y, por tanto, con la de la mayoría del Parlamento que ha votado la ley. Es obvio que la Constitución no ha querido, al emplear una palabra tan imprecisa y equívoca como la de justicia, o cualquiera otra parecida, hacer depender la suerte de toda ley votada por el Parlamento de la buena voluntad de un colegiado de jueces compuesto de una manera más o menos arbitraria desde el punto de vista político, como lo sería el Tribunal Constitucional. Para evitar un semejante desplazamiento del poder —que la Constitución no quiere y que políticamente, es completamente contraindicado— del Parlamento a una instancia que le es extraña y que puede convertirse en el representante de fuerzas políticas diametralmente distintas de las que se expresan en el Parlamento, la Constitución debe, sobre todo si ella crea un Tribunal Constitucional, abstenerse de ese género de fraseología y, si quiere establecer principios relativos al contenido de las leyes, deberá formularlos de una manera tan precisa como sea posible»[14].

En consecuencia, la función de control constitucional que ha ejercido la Suprema Corte se ha desvirtuado para tener alcances de confrontación que pueden ser, incluso, abiertas posiciones políticas, sobre todo cuando del fondo de las reformas se infiere una afectación directa a los intereses personales, mas no institucionales, de quienes integran al Poder Judicial de la Federación.

Aunado a ello, no hay que olvidar que el artículo 39 constitucional establece que la soberanía nacional reside esencial y originariamente en el pueblo, por lo que todo poder público dimana del pueblo y se instituye para beneficio de éste. Asimismo, que el pueblo tiene en todo tiempo el inalienable derecho de alterar o modificar la forma de su gobierno. De dichas disposiciones se deriva la presunción de legitimidad y constitucionalidad de las leyes que aprueba el Congreso de la Unión, al emanar de la voluntad popular por medio de la deliberación democrática.

Por tanto, la buena fe del procedimiento legislativo y su producto debe ser la primicia con la que se enfrente el juzgador en el análisis de los asuntos que se le presenten. Asimismo, debe hacer el estudio de fondo que permita dilucidar si un dispositivo normativo es inconstitucional en su conjunto o solo requiere ajustes en algunas de sus disposiciones.

Con motivo de los evidentes vicios de los que adolece la actual conformación y funcionamiento del Poder Judicial de la Federación, es que el presidente de la República tuvo a bien enviar una propuesta de auténtica reforma

---

14 KELSEN, H. «La Garantía Jurisdiccional de la Constitución (La Justicia Constitucional)», *Anuario Iberoamericano de Justicia Constitucional*, núm. 15, Madrid, 2011, pp. 249-300.

para atender con visión democrática las problemáticas actuales que impiden a la ciudadanía el acceso a la justicia. Entre los puntos más relevantes de la reforma se encuentran[15]:

a) Cambio en el mecanismo de elección de los integrantes del Poder Judicial con la finalidad de que sean electos por la ciudadanía por voto directo en ejercicios electorales que son concurrentes con las elecciones federales cada tres años. Este mecanismo también deberá ser replicado en las entidades federativas.

b) La Suprema Corte de Justicia de la Nación reducirá su número de integrantes de 11 a 9 ministras y ministros, quienes ejercerán el cargo por 12 años.

c) La Corte únicamente sesionará en Pleno, desapareciendo las dos Salas actualmente en funcionamiento.

d) Se elimina la pensión vitalicia para los actuales y futuros ministros.

e) Ajuste de las y los servidores públicos del Poder Judicial al tope salarial establecido para el presidente de la República, sin excepción.

f) El Consejo de la Judicatura Federal se reemplaza por el Tribunal de Disciplina Judicial y el Órgano de Administración Judicial.

g) El Tribunal de Disciplina Judicial se encargará de recibir denuncias de cualquier persona o autoridad, investigar a ministros, magistrados, jueces y personal judicial por actos contrarios a la ley, al interés público o a la administración de justicia. Las sanciones pueden llegar desde amonestaciones hasta destituciones, con excepción de los ministros de la Corte, los cuales serán sujetos de juicio político ante el Congreso de la Unión.

h) El Órgano de Administración Judicial se integraría por cinco personas designadas por seis años, una nombrada por el Ejecutivo, una nombrada por el Senado y tres nombradas por la Suprema Corte de Justicia de la Nación. Será responsable de las funciones administrativas, de carrera judicial y de control interno, así como de elaborar el presupuesto del Poder Judicial.

i) Por cuanto a las reglas procesales, se establece un plazo de máximo seis meses para la resolución de asuntos fiscales y de un año respecto de delitos penales. Superar dichos plazos implicará que la autoridad judicial informe y justifique las razones del retraso al Tribunal de Disciplina Judicial, que investigará la demora y aplicará las sanciones correspondientes en su caso.

---

15 Gaceta Parlamentaria. «Iniciativa del Ejecutivo Federal con proyecto de decreto, por el que se reforman, adicionan y derogan diversas disposiciones de la Constitución Política de los Estados Unidos Mexicanos, en materia de reforma del Poder Judicial». *Cámara de Diputados*, 5 de febrero de 2024. Consultado en: https://gaceta.diputados.gob.mx/PDF/65/2024/feb/20240205-15.pdf

j) Se prohibirá otorgar suspensiones contra leyes con efectos generales en amparos, controversias constitucionales y acciones de inconstitucionalidad.

Dado este panorama, es imprescindible reconsiderar los mecanismos de elección, organización y funcionamiento del Poder Judicial en México, en donde la creación de un sistema más transparente y participativo para la selección de jueces y magistrados podría fortalecer su independencia y legitimidad; además, es fundamental establecer normas claras que delimiten el alcance de los medios de control del Poder Judicial de modo que no traspase sus competencias y se respete la labor de los otros poderes.

De ahí que sea necesario promover un diálogo interinstitucional constante, como el que ahora se está realizando con los *Diálogos Nacionales por la Reforma al Poder Judicial*, celebrados del 27 de junio al 8 de agosto, que permite la coordinación y cooperación entre los tres poderes, ya que es por medio de espacios de discusión y colaboración como estos, en que se podrían mitigar los conflictos señalados y promover un entendimiento común sobre los límites y responsabilidades de cada poder. Este enfoque colaborativo no solo fortalece la división de poderes, sino que también contribuye a una gobernanza más efectiva y al fortalecimiento de la democracia en México.

8.5. Conclusiones

El sistema de división de poderes fue formulado en contraposición a un contexto de estructura social inamovible y de concentración absoluta del poder en un solo individuo que representaron los Estados Absolutistas que existieron en Occidente hasta entrado el siglo XVIII. Su posición como uno de los pilares del constitucionalismo moderno resultado de los procesos revolucionarios liberales y de la caída del régimen social estamentario, con la finalidad de limitar el poder y evitar su abuso, garantizando así la libertad individual dentro de un Estado de Derecho. Esta división asigna funciones ejecutivas, legislativas y judiciales a diferentes órganos públicos, creando mecanismos de separación, control, colaboración y vigilancia mutua.

John Locke es considerado el primer teórico en proponer un esquema de división de poderes, aunque con la prevalencia del Parlamento como ápice del sistema. Por otro lado, Montesquieu, influenciado por las categorías de gobierno de Aristóteles, destacó la importancia de la separación de poderes para lograr la libertad política, advirtiendo que la concentración de poderes en una sola entidad resultaría en la pérdida de todas las libertades.

Los principios de legalidad e imparcialidad se combinan en la separación de poderes, por un lado, el principio de legalidad establece relaciones de subordinación y permite la creación de un esquema de pesos y contrapesos, mientras que la imparcialidad garantiza la independencia de los poderes y la efectiva aplicación de la ley.

En México, la división de poderes fue una consideración instaurada desde los primeros textos fundamentales redactados y puestos en vigencia tras el proceso de independencia. La Constitución de 1824 de México adoptó un esquema federalista similar al estadounidense, influenciado por documentos previos como «Los Sentimientos de la Nación» de José María Morelos y Pavón y el Decreto para la Libertad de la América Mexicana de 1814. Este decreto establecía la división de poderes en legislativo, ejecutivo y judicial, prohibiendo la concentración de estos en una sola entidad.

Sin embargo, el siglo XIX estuvo marcado por conflictos políticos y militares que llevaron a dictaduras y violaciones del principio de división de poderes, notablemente bajo el régimen de Antonio López de Santa Anna. La Constitución de 1857, y la victoria definitiva alcanzada tras la Segunda Intervención Francesa, reafirmó la división de poderes, pero con un Poder Legislativo unicameral y superior al Ejecutivo; lamentablemente, el sistema implementado no pudo evitar la concentración del poder en manos de Porfirio Díaz por más de tres décadas.

El Constituyente de 1916-1917, en respuesta a estas experiencias, realizó un análisis profundo para establecer un auténtico equilibrio de poderes, cuyo diseño influye en la estructura del Estado mexicano vigente hasta hoy. De esta manera, se estableció en su artículo 49 la división de poderes en Ejecutivo, Legislativo y Judicial, configurando mecanismos de control constitucional y legal entre ellos para asegurar su coordinación y legalidad, principalmente en el equilibrio dentro de la definición de sus facultades.

El Poder Judicial evolucionó adquiriendo más facultades con objeto de garantizar la supremacía del Estado de Derecho, resolviendo abusos de poder a través de instrumentos como el juicio de amparo, la acción de inconstitucionalidad y las controversias constitucionales, otorgando al Pleno de la Suprema Corte de Justicia de la Nación el papel de árbitro constitucional. Reformas adicionales en 2011 introdujeron el control de convencionalidad para proteger derechos humanos, y en 2021 se adoptó un sistema de precedentes para fortalecer la seguridad jurídica.

Sin embargo, la interacción entre poderes ha sido cuestionada, especialmente en los últimos años, debido a la percepción de desequilibrio causado por la influencia del Poder Judicial en las funciones del Legislativo y Ejecutivo. Este escenario subraya la necesidad de revisar y ajustar los mecanismos de elección, organización y funcionamiento del Poder Judicial para garantizar un auténtico equilibrio y respeto entre los poderes de la Unión, asegurando transparencia y rendición de cuentas en su actuación.

El Poder Judicial, particularmente la Suprema Corte de Justicia de la Nación, ha intervenido en una posición abiertamente de contradicción respecto de los otros dos poderes, suspendiendo la aplicación de leyes que a menudo exceden sus competencias, creando un conflicto con el principio de supremacía constitucional y la división de poderes. Esta intervención ha afectado la autonomía legislativa del Congreso de la Unión y desarticulando políticas gubernamentales diseñadas para abordar problemas sociales urgentes.

Casos emblemáticos incluyen controversias constitucionales y acciones de inconstitucionalidad que ilustran esta tendencia, donde la Suprema Corte ha invalidado diversas leyes y decretos, generando inseguridad jurídica y dificultando la gobernabilidad. Para abordar estos desafíos, es crucial reconsiderar los mecanismos de elección, organización y funcionamiento del Poder Judicial en México, promoviendo la transparencia y la participación de los gobernados en la selección y permanencia de los integrantes del Poder Judicial para fortalecer su independencia y, sobre todo, partir de una incuestionable legitimidad. Todo esto acompañado de normas claras que delimiten el alcance de los medios de control judicial, respetando la labor de los otros poderes.

Un diálogo interinstitucional constante es esencial para coordinar y cooperar entre los tres poderes, mitigando conflictos y promoviendo un entendimiento común sobre los límites y responsabilidades de cada uno. Este enfoque colaborativo no solo fortalece la división de poderes, sino que también contribuye a una gobernanza más efectiva y al fortalecimiento de la democracia en México. Solo con transparencia, una clara delimitación de competencias y la colaboración interinstitucional se podrá garantizar un equilibrio adecuado entre los poderes y una gobernabilidad que responda a las necesidades y derechos de los ciudadanos.

La oportunidad de oro que se presenta en los tiempos actuales es que en la LXVI Legislatura del Congreso de la Unión existirá una mayoría progresista suficiente para impulsar la transformación profunda del Poder Judicial de la Federación, esfuerzo detonado con la iniciativa presentada por el presidente de la República el pasado 5 de febrero de 2024, y que se encuentra a la espera de aprobación por la Cámara de Diputados.

8.6. Bibliografía

Aguayo, Sergio. *La Transición en México. Una historia documental 1910-2010*, FCE, COLMEX, México, 2010.

Añorve, Manuel. *Restauración del Senado de la República*, Senado de la República, IBD, Imepol, 2021. Recuperado desde: https://bibliodigitalibd.senado.gob.mx/bitstream/handle/123456789/6169/Restauracion%20del%20senado_libro.pdf?sequence=1&isAllowed=y

Carbonell, Miguel & **Salazar, Pedro**, «La División de Poderes: orígenes y perspectivas», *Derecho Constitucional, Documentos de Trabajo del Instituto de Investigaciones Jurídicas*, No. 70, 2005. Recuperado desde: https://archivos.juridicas.unam.mx/www/bjv/libros/10/4647/12.pdf

DOF Diario Oficial de la Federación del 12 de agosto de 1938. Recuperado desde: https://www.diputados.gob.mx/LeyesBiblio/ref/dof/CPEUM_ref_026_12ago38_ima.pdf

DOF, Diario Oficial de la Federación del 28 de marzo de 1951. Recuperado desde: https://dof.gob.mx/nota_to_imagen_fs.php?codnota=4462667&fecha=28/03/1951&cod_diario=188839

Gaceta Parlamentaria. «Iniciativa del Ejecutivo Federal con proyecto de decreto, por el que se reforman, adicionan y derogan diversas disposiciones de la Constitución Política de los Estados Unidos Mexicanos, en materia de reforma del Poder Judicial». *Cámara de Diputados*, 5 de febrero de 2024. Recuperado desde: https://gaceta.diputados.gob.mx/PDF/65/2024/feb/20240205-15.pdf

Hernández, M.ª Del Pilar. «La División de Poderes en la Constitución de 1917». *Boletín Mexicano de Derecho Comparado*, vol. 1, n.º 92, enero de 1998, p. 354-362. Recuperado desde: https://revistas.juridicas.unam.mx/index.php/derecho-comparado/article/view/3542/4233

Kelsen, H. «La Garantía Jurisdiccional de la Constitución (La Justicia Constitucional)», *Anuario Iberoamericano de Justicia Constitucional*, núm. 15, Madrid, 2011.

Locke, John, *El ensayo sobre el gobierno civil*, México, Porrúa, 2014.

López, Felipe. «Evolución Histórica del Poder Judicial de la Federación». *Ensayos y Conferencias de los forjadores de la Suprema Corte de Justicia de la Nación*, 2004. Recuperado desde: https://www.scjn.gob.mx/sites/default/files/publicaciones_scjn/publicacion/2016-10/51287_0.pdf

Villanueva, Luis Enrique, «La división de Poderes: Teoría y Realidad. Cátedra Nacional de Derecho Jorge Carpizo», en *Reflexiones Constitucionales,* México, Universidad Nacional Autónoma de México, 2004, pp. 149-186.

Montesquieu, *El espíritu de las leyes*, libro XI, capítulos V y VI, México, Lozada, 2007.

Zoraida, J. (Coord.). *La consolidación del Estado Mexicano*, 1.ª edición, México: Editorial Patria, 1994.

9.

REFORMA AL PODER JUDICIAL MEXICANO: PERSPECTIVAS Y DESAFÍOS

Vicente Aldahir Vázquez Pinzón[1]

SUMARIO: 9.1. Introducción. 9.2. La división de poderes en el Estado mexicano y el rol del Poder Judicial. 9.3. ¿Por qué es necesario reformar al Poder Judicial? 9.4. Implicaciones, desafíos y críticas a la reforma. 9.5. Conclusiones. 9.6. Bibliografía.

9.1. Introducción

Cuando en la cotidianidad el término «justicia» es usado en México, cada persona dentro del territorio nacional tiene una acepción diferente. Muy pocas veces el sistema encargado de impartir justicia en el Estado Mexicano ha reconocido que aún tiene mucho trabajo por hacer. Si bien, es cierto que a lo largo de los años han propiciado mejores condiciones para tratar de subsanar el sesgo que existe en la sociedad, también es cierto que existen miles de casos que no han sido resueltos como la legislación mexicana e incluso los estándares internacionales lo prevé. En México, tres poderes son los que administran los ejes del país: El Poder Ejecutivo, el Poder Legislativo y el Poder Judicial, estos entes autónomos son los encargados dentro de sus competencias de procurar el Estado de Derecho que preside al país, sin embargo, cada uno tiene atribuciones específicas dentro de cada esfera a la que pertenecen.

---

1 Licenciado en Derecho por la Universidad Veracruzana, Maestro en Gobierno por El Colegio de Veracruz, Especialista en Derecho Parlamentario y Técnica Legislativa por el Instituto Belisario Domínguez del Senado de la República. Coordinador de la Maestría en Derecho Parlamentario y Técnica Legislativa de El Colegio de Veracruz. Fundador del Semillero de Derecho Parlamentario y Técnica Legislativa de la Universidad Veracruzana. aldahirvazquezpinzon@gmail.com

Cuando es mencionado el sistema de justicia, se habla entonces del Poder Judicial, empero y lamentablemente, no existe un acercamiento adecuado para que cualquier persona, independientemente de pertenecer o no al mundo jurídico, tenga el conocimiento para saber ¿Qué es el Poder Judicial? Por tal motivo y de manera introductoria y puntual cabe señalar que, el Poder Judicial es el órgano encargado de resolver conflictos entre las personas y entre los órganos del poder público, así como de proteger los Derechos Humanos establecidos en la Constitución Federal y los tratados internacionales, además de los derechos político-electorales de las personas. Está conformado por la Suprema Corte de Justicia (SCJN), el Tribunal Electoral del Poder Judicial de la Federación (TEPJF), los Tribunales de Circuito, los Juzgados de Distrito y el Consejo de la Judicatura Federal.

Cuando se habla del Poder Judicial, es necesario hacer una distinción sobre la perspectiva que existe con respecto a los poderes judiciales de cada una de las entidades federativas. En México existen 3 fueros (entendido como jurisdicción): el municipal, el local y el federal. Para entender esta idea, es necesario aludir al concepto de Estado y las finalidades de este. Para que exista el Estado, es necesario que no solo existan individuos agrupados dentro de un territorio, sino que exista una regulación de la actividad de estos, por medio de norma o de leyes[2], los mismos señalarán los límites de la libertad de las personas, esto, con el fin de conceder a cambio de cierta limitación la seguridad, tranquilidad y bienestar social que el Estado debe de procurarles. En este sentido, es por estas limitaciones que se distinguen las tres funciones primarias de un Estado moderno:

a) La determinación del orden jurídico, mediante la creación de normas de derechos para regular las relaciones entre los individuos, que constituye la función legislativa.

b) El mantenimiento de ese orden jurídico, que implica restablecerlo cuando es alterado por algún individuo, que se traduce en la función jurisdiccional.

c) La satisfacción de las necesidades de seguridad, cultura y bienestar general, que constituye la función ejecutiva o administrativa.

En este sentido, el presente artículo alude a hacer la distinción del fuero local o estatal del federal ya que, el mismo ordenamiento prevé la separación de los mismos (otra vez, entendido como jurisdicción) porque precisamente establece limitaciones que cada uno debe seguir. Sus competencias si bien son similares, no son idénticas. En la jurisdicción estatal, es entendida la satisfacción de pretensiones ante una controversia o conflicto, existe dentro de un territorio geográfico en específico que a su vez tiene una réplica de los tres

---

2 José Guadalupe Tafoya Hernández, *El amparo de la justicia local* Consejo de la Judicatura Federal, 2007. Recuperado de: https://archivos.juridicas.unam.mx/www/bjv/libros/11/5229/14.pdf

poderes federales pero, los llamados Poderes Judiciales resuelven las temáticas referentes a cada código penal, civil o de otra índole que es competente a su territorio. Se hallan pues los reglamentos de carácter legislativo y normas jurídicas pertenecientes a cada entidad. En contrataste, la jurisdicción federal implica la totalidad del territorio nacional, ya que en él son ejercidas las facultades y atribuciones de la autoridad federal, incluyendo la función judicial, es la encargada de regir el conjunto de estados mexicanos y se encuentra establecida en la constitución federal (que es el ordenamiento máximo en México). Bajo esta tesitura, cabe señalar que el presente artículo aludirá de manera puntual a la jurisdicción federal: el Poder Judicial de la Federación.

Establecido lo anterior, es pertinente comenzar por desarrollar el tema que, desde el 5 de febrero del presente año, ha tornado un debate que impacta sobre uno de los tres poderes que rige el Estado constitucional del país: la Reforma al Poder Judicial. En primer lugar, es importante señalar que tiene por objetivo y en qué consiste. La iniciativa al Poder Judicial propone modificaciones relacionadas con los ministros de la Suprema Corte de Justicia de la Nación (SCJN) que son: reducir el número de integrantes para pasar de 11 a 9 integrantes; recortar el periodo de su encargo de 15 a 12 años; eliminar la pensión vitalicia para actuales y futuros ministros, y que sus remuneraciones se ajusten al tope máximo establecido para el presidente. Sobre la SCJN, establece que la primera y segunda sala del máximo tribunal de justicia sean eliminadas, y sólo sesione el Pleno y que las sesiones deberán ser públicas. En el caso de la conformación del Tribunal Electoral del Poder Judicial de la Federación (TEPJF) se reducirá a 5 magistrados, quienes durarán seis años y no cinco como actualmente marca la ley, y serán sustituidos de manera escalonada y no podrá ser electos para un nuevo periodo; asimismo desaparecerá el Consejo de la Judicatura Federal y será suplido por el Tribunal de Disciplina Judicial. Finalmente, el punto principal y que ha provocado confrontaciones entre los partidos políticos es que los ministros, magistrados y jueces sean elegidos por voto directo, pues actualmente son designados[3].

9.2. La división de poderes en el estado mexicano y el rol del Poder Judicial

La teoría de la división de poderes, desde su diseño original, ha implicado dos grandes condiciones para ser efectiva: el equilibrio entre los diversos poderes y la existencia de pesos y contrapesos[4]. El primer principio postula

3 «¿Qué es la reforma al Poder Judicial de AMLO y en qué consiste?», *Política Expansión*, última modificación el 17 de junio de 2024, consultado el 2 de agosto de 2024, https://politica.expansion.mx/congreso/2024/06/17/reforma-al-poder-judicial-en-que-consiste

4 Marcos Alejandro Celis Quintal, «El papel del poder judicial en el esquema de división de poderes de las entidades federativas» *Instituto de investigaciones jurídicas de la UNAM* (2016): 289.

que ninguno de los órganos detentadores del poder público debe situarse jerárquicamente por encima de los otros, lo que trae como consecuencia lógica que éstos no deben estar subordinados a otro poder. Además, implica una división equilibrada de competencias que impida que uno de los poderes tenga preeminencia funcional sobre los otros. Una condición fundamental para el equilibrio de poderes es la existencia de mecanismos que aseguren la protección de cada poder contra la injerencia indebida de los otros en el ejercicio de las atribuciones que cada uno tiene encomendado[5]. Bajo esta tesitura, el esquema conocido sobre las funciones principales de cada poder es:

a) El Poder Legislativo: es el encargado de traducir las demandas de la ciudadanía en leyes, en asignación de recursos a las áreas consideradas como prioritarias, hace contrapeso efectivo al Poder Ejecutivo, es el espacio para negociar con las distintas fuerzas políticas y grupos de presión las transformaciones promovidas y, en general, es el depositario de la representación política plural que procesa las leyes y busca atender las expectativas de la sociedad; permite hacer converger los intereses particulares con los nacionales, incentiva la participación activa del legislador en aras del bien colectivo y es escenario de negociación, acuerdos y disidencias.

b) El Poder Ejecutivo: es el encargado de la conducción y gestión política del Estado, es decir, es el encargado de tomar decisiones y llevar a cabo acciones en beneficio de la sociedad. La responsabilidad principal del poder ejecutivo es la administración y ejecución de la voluntad popular, es decir, llevar a cabo las acciones y políticas que han sido elegidas por el pueblo a través de elecciones democráticas.

c) El Poder Judicial: es el encargado de velar por la justicia y el cumplimiento de la ley. El artículo 49 de la Constitución Política de los Estados Unidos Mexicanos, establece que: «El Supremo Poder de la Federación se divide para su ejercicio en Legislativo, Ejecutivo y Judicial»[6]. Por su ámbito de acción hay un poder Judicial Federal y 32 poderes judiciales (uno por cada estado y la Ciudad de México).

Por otra parte, el segundo principio a su vez tiene dos vertientes. Una se refiere a la flexibilidad en la distribución de competencias y la otra a los mecanismos recíprocos de control entre los diversos poderes. La primera implica que las competencias de cada poder no son absolutas, por lo que cada uno de ellos puede ejercer, materialmente, algunas atribuciones que formalmente corresponden a otro poder. Por ejemplo, el Poder Legislativo realiza funciones

5 Marcos Alejandro Celis Quintal, «El papel del poder judicial en el esquema de división de poderes de las entidades federativas» *Instituto de investigaciones jurídicas de la UNAM* (2016): 289.

6 *Constitución Política de los Estados Unidos Mexicanos*, CPEUM, Diario Oficial de la Federación [DOF] 05-02-1917, última reformas DOF 28/05/2021

materialmente jurisdiccionales al conocer del juicio político contra los altos funcionarios; el Poder Ejecutivo realiza funciones legislativas al emitir, a través de los reglamentos, normas generales, entre muchos otros ejemplos.

Por lo que se refiere a la segunda vertiente, para que exista una auténtica división de poderes es necesario que existan determinados mecanismos de control recíproco entre los diversos poderes estatales, a fin de que ninguno de ellos pueda ejercer de manera ilimitada sus funciones. De esta manera, el sistema de frenos y contrapesos se refiere a una serie muy variada de mecanismos de control recíprocos entre los detentadores del poder público. Podemos señalar algunos ejemplos de ellos. El Poder Legislativo controla a los otros poderes mediante:

a) La determinación de las normas mediante las cuales los poderes habrán de ejercer y cumplir las atribuciones que la Constitución les otorga.

b) El mecanismo de fiscalización de los recursos públicos, sancionando, sin importar su adscripción orgánica ni su jerarquía, a los servidores públicos que hubieren incurrido en irregularidades.

c) El mecanismo de juicio político y declaración de procedencia de los servidores públicos.

d) El nombramiento de ministros de la Suprema Corte de Justicia de la Nación, del procurador general de la República y de diplomáticos.

El Poder Ejecutivo ejerce su control sobre los otros poderes mediante:

a) La expedición de reglamentos para concretizar las disposiciones que el Poder Legislativo establezca en relación con la esfera de atribuciones del propio Poder Ejecutivo.

b) La recaudación y administración de los recursos públicos.

c) El control de la fuerza pública.

d) El monopolio, a través del Ministerio Público, de la persecución de los delitos.

e) La facultad de veto de los proyectos de ley aprobados por el Poder Legislativo

f) La facultad de proponer ternas para el nombramiento de ministro de la Suprema Corte de Justicia de la Nación.

A su vez, el Poder Judicial controla a los otros mediante:

a) El control constitucional de las leyes y actos de los detentadores del poder público.

b) El control de la legalidad de los actos del poder público.

c) En algunos casos, en la determinación de la responsabilidad de los servidores públicos y, en otros, en la aplicación de las sanciones correspondientes.

En México, es sabido que tradicionalmente el Poder Judicial no había sido un órgano que controle a los otros poderes, excepto, de manera no tan cercana, solo a través del juicio de amparo, y sí, por el contrario, era muy vulnerable a la intromisión indebida por parte de los otros. A partir de la reforma al Poder Judicial de 1994, esta situación ha cambiado y el Poder Judicial de la Federación se ha convertido en un auténtico contrapeso de los otros poderes. Ello se debe principalmente al nuevo papel de la Suprema Corte de Justicia como tribunal constitucional con facultades para resolver acciones de inconstitucionalidad y controversias constitucionales[7].

Con todo lo anteriormente establecido, es posible establecer que, para que un poder pueda ser denominado como tal, en sentido material, se requieren dos condiciones fundamentales:

a) La existencia de mecanismos institucionales que garanticen la protección del poder contra injerencias arbitrarias por parte de los otros poderes.

b) La existencia de facultades de cada uno de los poderes para ejercer actos de control sobre los otros poderes.

Lo anterior conduce a la afirmación de que, salvo contadas excepciones, en las entidades federativas no se cuenta con auténticos poderes judiciales, sino con órganos jurisdiccionales, como fue señalado con anterioridad. Esto es debido a que, por una parte, no existen condiciones que aseguren la protección contra las intromisiones de los otros poderes y, por el otro, no cuentan con mecanismos propios de contrapeso que les permitan ejercer funciones de control sobre los otros poderes. Desafortunadamente, en las entidades federativas, el Poder Judicial no ha dejado de ser vulnerable a las presiones políticas de los otros poderes y aún no puede ser visto como un órgano que controle a los otros poderes, pues en la gran mayoría de los casos carece de facultades para ello. Es por ello por lo que en la primera parte del presente artículo se ha hecho hincapié en diferenciar los poderes judiciales estatales del fuero federal.

La historia reciente de los conflictos entre los poderes judiciales locales y los poderes ejecutivos o las legislaturas, demuestra que en las entidades federativas los poderes judiciales siguen siendo muy vulnerables a la presión de los gobernantes en turno, sin embargo es importante señalar que siempre debe de existir una visión crítica al respecto y no caer en discursos que lleven a juicios valorativos, el propósito del presente texto es fortalecer el orden

7 Marcos Alejandro CELIS QUINTAL, «El papel del poder judicial en el esquema de división de poderes de las entidades federativas» *Instituto de investigaciones jurídicas de la UNAM* (2016): 291

jurídico mexicano y darle al pueblo lo que realmente se merece, aunque de cierto modo parezca una utopía. Empero, en tanto continúe dicha situación, no es posible hablar de auténticos poderes judiciales. Pareciera que la controversia constitucional, a cargo de la Suprema Corte, es la opción adecuada para solucionar esta problemática, pues es evidente que se trata de un mecanismo destinado a remediar las violaciones constitucionales entre órganos públicos, pero en el caso que nos ocupa, sigue latente la carencia de mecanismos institucionales destinados a fortalecer al Poder Judicial local. En la tarea de impartir justicia, existe una serie de condiciones necesarias para asegurar la independencia y la imparcialidad de los jueces. Son un dique para agentes externos o internos que pretendan inmiscuirse indebidamente en la actuación jurisdiccional. A través de las mismas, el apego a derecho y la actuación justa de los tribunales se convierten en una normalidad que evidencia y sanciona cualquier desviación.

Con las anteriores precisiones, podemos definir a las garantías de la función jurisdiccional, citando a Fix-Zamudio, como el «conjunto de instrumentos establecidos por las normas constitucionales con el objetivo de lograr la independencia y la imparcialidad del juzgador». Siguiendo a Fix-Zamudio, podemos encontrar en el objeto de las garantías de la función jurisdiccional dos enfoques: el enfoque del juez (en el sentido lato de la palabra) y el enfoque del gobernado (justiciable según Fix-Zamudio). A pesar de la tendencia de la doctrina a considerar a las garantías de la función jurisdiccional únicamente como un parapeto de la autoridad judicial contra injerencias internas y externas, es importante precisar que las garantías a que se refiere este trabajo entrañan no sólo una serie de privilegios para el juzgador, sino que implican una serie de obligaciones, e inclusive sanciones, en caso de desviaciones. Con base en lo anterior, consideramos conducente apartarnos de la clasificación común de las llamadas garantías judiciales y categorizarlas según su destinatario. Desde este punto de vista, una clasificación aceptable sería: a) independencia, b) autonomía funcional y financiera, c) estabilidad y permanencia en el cargo (inamovilidad), d) unidad y exclusividad de la jurisdicción, e) carrera judicial, f) responsabilidad, g) imparcialidad y h) publicidad[8].

9.3. ¿Por qué es necesario reformar al Poder Judicial?

Si bien, como ha sido mencionado con anterioridad, es cierto que el poder judicial implica un cuidado al sistema de pesos y contra pesos, pero, también es cierto que existen caso que no han sabido manejar con La justicia es

8 Marcos Alejandro CELIS QUINTAL, «El papel del poder judicial en el esquema de división de poderes de las entidades federativas» *Instituto de investigaciones jurídicas de la UNAM* (2016): 293

el pilar fundamental sobre el cual descansa la estabilidad y el progreso de cualquier sociedad. En México, el poder judicial enfrenta numerosos desafíos que amenazan su eficacia y su integridad, lo que subraya la urgencia de una reforma profunda y efectiva. La reforma del poder judicial no solo es importante, sino esencial para garantizar un sistema de justicia que sea transparente, imparcial y eficiente. El presente texto desarrolla las razones por las cuales es crucial llevar a cabo dicha reforma, abordando aspectos como la corrupción, la impunidad, la falta de confianza pública y la necesidad de modernización, a continuación, se señalan las variables sobre las que versa la justificación de la reforma de manera necesaria.

1. Corrupción

Uno de los problemas más graves del sistema judicial mexicano es la corrupción. Casos documentados han demostrado cómo algunos funcionarios judiciales se han visto involucrados en prácticas corruptas que distorsionan el sistema de justicia. La corrupción mina la confianza pública en el poder judicial y perpetúa un ciclo de impunidad. La reforma es crucial para establecer mecanismos más estrictos de supervisión y control interno que prevengan y castiguen la corrupción, asegurando que la justicia se administre de manera imparcial y equitativa. Aunado a esto, es importante señalar que la corrupción además de entenderse como un problema que verse sobre el dinero, también es importante señalarlo como el ejercicio indebido de facultades ocurre cuando las instituciones y funcionarios, incluyendo el poder judicial, actúan más allá de sus competencias legales o alteran el equilibrio de poderes. En México, este fenómeno se manifiesta de diversas maneras. En el contexto judicial, la corrupción se evidencia cuando jueces y magistrados toman decisiones influenciadas por presiones externas, intereses personales o políticos, en lugar de basarse únicamente en la ley y los hechos. Esta situación no solo compromete la imparcialidad del sistema judicial, sino que también da lugar a una percepción de injusticia y arbitrariedad.

A nivel legislativo y ejecutivo, el ejercicio indebido de facultades puede incluir la promulgación de leyes o la implementación de políticas que afectan el poder judicial de manera indebida. Por ejemplo, los poderes legislativo y ejecutivo pueden intentar influir en la selección y el nombramiento de jueces, manipulando procesos para garantizar que se coloquen en el poder personas que respondan a sus intereses. Este tipo de interferencia erosiona la independencia del poder judicial y socava el principio de separación de poderes, fundamental para un sistema democrático fuerte y estable.

La independencia del poder judicial es esencial para la separación de poderes y el funcionamiento adecuado de una democracia. Sin embargo, en México, la independencia judicial se ve comprometida por el ejercicio indebido de facultades por parte de otros poderes del Estado. Los intentos de influir en la selección y promoción de jueces, así como la presión política o económica sobre el poder judicial, son ejemplos claros de cómo otros poderes intentan ejercer facultades que no les corresponden. Esta interferencia no solo socava la autonomía judicial, sino que también fomenta un ambiente de corrupción y favoritismo, donde las decisiones se toman en función de intereses externos en lugar de principios legales. El impacto de la corrupción y el ejercicio indebido de facultades en el poder judicial es profundo y perjudicial. La falta de independencia y la influencia indebida en las decisiones judiciales pueden dar lugar a una justicia parcial, donde los casos no se resuelven de manera equitativa. La impunidad se convierte en una consecuencia directa de este ambiente corrupto, ya que los casos de corrupción y abuso de poder a menudo quedan sin castigo. Esta situación perpetúa un ciclo de desconfianza y cinismo entre los ciudadanos, quienes ven el sistema judicial como un instrumento de poder en lugar de una garantía de justicia.

Para abordar estos problemas, es fundamental implementar reformas estructurales en el poder judicial que fortalezcan su independencia y reduzcan la influencia indebida de otros poderes. Entre las reformas necesarias se incluyen:

1. Revisar y fortalecer los mecanismos de selección y nombramiento de jueces: Establecer procedimientos transparentes y basados en méritos para la selección y promoción de jueces, evitando la influencia política y asegurando que los jueces sean seleccionados por sus capacidades y no por sus lealtades.
2. Implementar controles y supervisiones efectivas: Crear organismos independientes que supervisen las actuaciones del poder judicial y evalúen el desempeño de los jueces, garantizando que actúen de acuerdo con la ley y no bajo presiones externas.
3. Promover la transparencia y la rendición de cuentas: Establecer medidas que aumenten la transparencia en los procesos judiciales y permitan una rendición de cuentas efectiva para los jueces y otros funcionarios judiciales, asegurando que cualquier abuso de poder sea debidamente investigado y sancionado.
4. Fortalecer la separación de poderes: Asegurar que cada poder del Estado opere dentro de sus competencias y evite interferir en los asuntos de otros poderes, promoviendo un equilibrio que garantice una justicia justa e imparcial.

2. Restaurar la confianza pública

La confianza de los ciudadanos en el poder judicial es fundamental para la legitimidad del sistema de justicia. Sin embargo, numerosos estudios y encuestas han mostrado que los mexicanos a menudo perciben al sistema judicial como ineficaz e injusto. Las reformas pueden ayudar a restaurar esta confianza al garantizar la transparencia en los procesos judiciales, promover la rendición de cuentas y asegurar que los jueces y otros funcionarios actúen con integridad. La falta de conducta judicial deshace el lienzo de lo que es necesario para un poder judicial funcional: ciudadanos que crean que sus jueces son justos e imparciales. El poder judicial no puede existir sin la confianza y la fe de las personas. Por lo tanto, los jueces deben rendir cuentas ante los estándares éticos y legales. Al responsabilizarlos por su comportamiento. Más que ninguna otra rama del gobierno, el poder judicial se erige sobre los cimientos de la confianza pública: los jueces no dirigen ejércitos de fuerzas policiales, no tienen poder sobre el presupuesto para financiar iniciativas y no pueden aprobar leyes. En cambio, dictan sentencias a partir de la ley. Sentencias que las personas deben creer que provienen de oficiales judiciales competentes, legítimos e independientes. Le corresponde al poder judicial apoyar las medidas que los hagan rendir cuentas. Mientras que la mayoría de los jueces se desempeñan con honor, las faltas éticas deben corregirse y los abusos graves de la confianza deben reconocerse. El poder judicial debe tener la voluntad de ayudar a implementar las normas éticas y ser una parte activa de cualquier mecanismo de ejecución.

Es de suma importancia señalar que el presente escrito no atañe a la idea de generalizar, puesto que no es tema del presente autor señalar que todos los integrantes del sistema de justicia no propicien la confianza pública, sino que, comiencen a hacer el derecho más accesible para todos. Un sistema judicial reformado y enfocado en la propagación de información alude entonces a que los ciudadanos sientan pertenencia y confíen en los integrantes del mismo puesto que genera una mayor familiaridad con el sistema de justicia y fomenta a su vez una mayor participación ciudadana en los procesos legales. La reforma podría, en lugar de buscar demoler el poder judicial actual, hacer asequible la información sobre lo que hacen los órganos jurisdiccionales dentro del territorio mexicano. Si bien no existe un atajo o una respuesta correcta ante esta situación, si existen iniciativas que podrían eliminar los secretismos sobre lo que verdaderamente hace el poder judicial. En el pasado, se mantenía mucha cautela alrededor de los trabajadores sobre los salarios o por el simple hecho de trabajar en cualquiera de los órganos, esto versaba sobre la idea de la seguridad para los mismos trabajadores y sus familias, ya que al final también son personas con una vida cotidiana como todos los demás, y los todos los asuntos que resuelven competen sobre los derechos de otras personas que tienen que cuidar y proteger.

3. Mejorar la eficiencia y la efectividad

El poder judicial en México enfrenta una sobrecarga de casos y una administración ineficiente de los mismos. Los largos tiempos de espera y la acumulación de casos pendientes no solo retrasan la justicia, sino que también afectan negativamente a las personas y a las empresas que dependen de decisiones judiciales rápidas y justas. La reforma del sistema judicial puede incluir también la modernización de los procedimientos judiciales, la implementación de tecnologías para la gestión de casos y la capacitación continua de los jueces y personal judicial. Esto contribuiría de cierta manera a la creación de un sistema más ágil y eficiente, capaz de responder con rapidez a las demandas de justicia. Al final de todo, las personas trabajadoras dentro de los diferentes órganos son personas que necesitan descanso y una vida digna, no son máquinas que puedan trabajar las 24 horas del día.

9.4. Implicaciones, desafíos y críticas a la reforma

Ahora bien, es importante entender en totalidad todas las variables que ofrece la reforma al poder judicial, toda propuesta en cualquier ámbito debe de contener un análisis que permita la evaluación, el debate y fortalecimiento para su eventual aceptación o rechazo. Esto es un signo esencial de la democracia y una regla para la mejor convivencia y el avance en todas las áreas del saber humano.

Una de las principales implicaciones de la reforma es la elección por ministros, magistrados y jueces por voto popular, de manera que sigue el esquema presentado a continuación:

A. Selección de candidaturas

Las y los ministros de la SCJN, magistrados del Tribunal Electoral y magistrados del Tribunal de Disciplina se elegirán a nivel nacional en las elecciones ordinarias a partir de 30 candidaturas paritarias propuestas por los tres Poderes de la Unión.

- El Poder Ejecutivo propondrá hasta 10 candidaturas;
- El Poder Legislativo propondrá hasta 5 candidaturas por cada Cámara (Diputados y Senadores), por mayoría calificada;
- El Poder Judicial propondrá hasta 10 candidaturas a través del Pleno de la Suprema Corte, por mayoría de 6 votos.
- En el caso de los 1,633 magistrados de Circuito y jueces de Distrito, se elegirán en cada uno de los 32 circuitos judiciales en las elecciones ordinarias, a partir de 6 candidaturas paritarias por cargo (2 por cada Poder de la Unión).

B. Proceso electoral y resultados de la elección

- El Senado de la República verificará que las candidaturas cumplan con los requisitos de ley. El Instituto Nacional de Elecciones y Consultas (INEC) organiza la elección.
- Las campañas durarán 60 días. No habrá etapa de precampañas.
- No se permite el financiamiento público o privado. Las personas candidatas tendrán acceso a tiempos de radio y televisión para difundir sus propuestas y podrán participar en foros de debate.
- Los partidos políticos no podrán realizar proselitismo a favor o en contra de las candidaturas.

- El Tribunal Electoral del Poder Judicial resolverá las impugnaciones y declarará los resultados, salvo cuando se trate de sus propios integrantes, cuya resolución corresponderá a la SCJN[9].

En este sentido, una implicación importante sobre esquema propuesto no sería la opción más tangible. En la historia del Poder Judicial, han existido diversas modificaciones a la manera en la que los ministros, magistrados y jueces han sido designados, por ejemplo, el texto original de la Constitución de Querétaro establecía que el nombramiento de jueces y magistrados correspondería a la Suprema Corte de Justicia de la Nación, que estaría integrada por once ministros. Los requisitos para desempeñar el cargo los fijaría la ley, duraban cuatro años y no podrían ser removidos sin previo juicio de responsabilidad o incapacidad para desempeñarlo conforme a la ley. Tiempo después, durante la Constitución de 1917, la Suprema Corte de Justicia tuvo a su cargo el nombramiento y adscripción de los jueces de distrito y magistrados de circuito, así como de los funcionarios auxiliares de los juzgadores, específicamente los secretarios de estudio y cuenta de ministros, los magistrados y jueces y los actuarios. No existían reglas objetivas ni prácticas de concursos o exámenes para la selección de los que demostraran mayores capacidades. La formación profesional de los funcionarios sujetos a ascensos no jugaba un papel determinante en las promociones o en las adscripciones de los juzgadores[10]. Para alcanzar el estado de derecho es indispensable que existan órganos jurisdiccionales autónomos, con funcionarios independientes, seleccionados objetivamente y bien calificados desde el punto de vista técnico-jurídico, pero de igual manera en su actuar ético y moral. La designación de jueces de distrito y de magistrados de circuito del Poder Judicial de la Federación se hace a partir de la reforma judicial de 1994 por un órgano constitucional, en el momento de su creación autónomo: el Consejo de la Judicatura Federal[11].

El Consejo de la Judicatura Federal (CJF) en México juega un papel decisivo en la administración y supervisión del Poder Judicial de la Federación. Su importancia radica en los siguientes aspectos fundamentales:

1. Independencia del Poder Judicial

El CJF contribuye a la independencia del Poder Judicial al gestionar asuntos administrativos y operativos que no deben ser influenciados por las presiones políticas o externas. Al manejar aspectos administrativos, el CJF permite que los jueces y magistrados se concentren en sus funciones jurisdiccionales sin interferencias externas.

---

9 «Reforma al Poder Judicial», Gobierno de México, última modificación, 12 de febrero de 2024, consultado el 3 de agosto de 2024, https://www.gob.mx/cms/uploads/attachment/file/892010/REFORMA_AL_PODER_JUDICIAL__2_CS.pdf

10 Mario Melgar Adalid, «Designación de Jueces de Distrito y Magistrados de Circuito», en *Separación de Poderes* (Ciudad de México: INEHRM, 2016), 186.

11 Mario Melgar Adalid, «Designación de Jueces de Distrito y Magistrados de Circuito», en *Separación de Poderes* (Ciudad de México: INEHRM, 2016), 187.

2. Selección y carrera judicial

El CJF tiene la responsabilidad de supervisar el proceso de selección, evaluación y promoción de jueces y magistrados. Asegura que estos procesos se realicen de manera transparente y meritocrática, garantizando que los jueces sean seleccionados y promovidos en base a sus capacidades y desempeño, no a favoritismos o influencias políticas.

3. Disciplina y control

El CJF también es responsable de la disciplina dentro del Poder Judicial. Supervisa la conducta de los jueces y magistrados, y puede iniciar procedimientos disciplinarios en casos de mal comportamiento o incumplimiento de deberes. Esto ayuda a mantener altos estándares éticos y profesionales en la judicatura.

4. Administración y gestión de recursos

El CJF se encarga de la administración de recursos y presupuesto del Poder Judicial, asegurando una distribución equitativa y eficiente. Maneja el presupuesto para infraestructura, personal y tecnología, lo que es fundamental para el buen funcionamiento y modernización del sistema judicial.

5. Promoción de la transparencia

El CJF promueve la transparencia y rendición de cuentas dentro del Poder Judicial. A través de mecanismos de supervisión y auditoría, se asegura que los recursos sean utilizados de manera adecuada y que las operaciones del Poder Judicial sean claras para el público y las instituciones.

6. Fortalecimiento de la justicia y la equidad

Al supervisar y gestionar el funcionamiento interno del Poder Judicial, el CJF contribuye al fortalecimiento de la justicia y la equidad en la administración judicial. Asegura que los jueces y magistrados tengan las herramientas y el apoyo necesarios para realizar su trabajo de manera efectiva y justa.

7. Desarrollo y capacitación

El CJF también tiene un papel en la formación continua de jueces y magistrados. Organiza programas de capacitación y desarrollo profesional para asegurar que los miembros del Poder Judicial estén actualizados con las últimas tendencias y conocimientos en derecho y jurisprudencia.

8. Innovación y modernización

El CJF impulsa la modernización del Poder Judicial a través de la implementación de nuevas tecnologías y procesos. Esto incluye la mejora de sistemas de gestión de casos, digitalización de documentos y otras iniciativas para aumentar la eficiencia y accesibilidad del sistema judicial. Este órgano es fundamental para la operatividad y la integridad del Poder Judicial en México. Su función abarca desde la administración y disciplina hasta la promoción de la transparencia y la modernización, contribuyendo significativamente a la independencia y eficacia del sistema judicial.

Gracias a la reforma de 1994, también de formación judicial y los concursos de oposición. En México, el proceso de selección de jueces y magistrados del Poder Judicial es crucial para garantizar la integridad y eficacia del sistema judicial. El concurso de oposición se ha establecido como un mecanismo fundamental para asegurar que quienes ocupen estos cargos sean seleccionados de manera justa, transparente y basada en el mérito. La importancia de este proceso radica en varios aspectos clave:

1. **Garantía de imparcialidad y justicia:** El concurso de oposición asegura que los candidatos sean evaluados de manera objetiva y rigurosa, minimizando el riesgo de favoritismos o influencias políticas en la selección. Esto es esencial para mantener la imparcialidad de los jueces y magistrados, quienes deben tomar decisiones basadas en la ley y no en presiones externas.
2. **Mejora de la calidad del servicio judicial:** Al seleccionar a los candidatos más calificados a través de un concurso de oposición, se eleva el nivel de competencia y profesionalismo dentro del Poder Judicial. Esto se traduce en una administración de justicia más eficiente y con mayores estándares de calidad, lo que fortalece la confianza pública en el sistema judicial.
3. **Transparencia y confianza pública:** El proceso de concurso de oposición es transparente, ya que se basa en criterios claros y objetivos para la evaluación de los candidatos. Esto ayuda a construir confianza en el sistema judicial, al demostrar que los jueces y magistrados no han sido nombrados por razones arbitrarias o corruptas, sino por sus méritos y capacidades.
4. **Prevención de la corrupción:** Un proceso de selección riguroso y competitivo reduce las posibilidades de corrupción dentro del Poder Judicial. Al implementar exámenes y evaluaciones estandarizadas, se disminuye la influencia de prácticas corruptas y se promueve un entorno en el que la ética y la integridad son prioritarias.
5. **Fortalecimiento del Estado de derecho:** La selección adecuada de jueces y magistrados mediante un concurso de oposición contribuye al fortalecimiento del Estado de derecho. Un Poder Judicial independiente y competente es esencial para la protección de los derechos humanos, la justicia y el cumplimiento de la ley, elementos fundamentales para el desarrollo democrático y la estabilidad del país.
6. **Desarrollo profesional y capacidad:** Este proceso no solo evalúa el conocimiento jurídico de los candidatos, sino también su capacidad para enfrentar situaciones complejas y tomar decisiones fundamen-

tadas. Esto asegura que los jueces y magistrados seleccionados tengan la formación y la experiencia necesarias para cumplir con sus funciones de manera efectiva.

La selección de jueces y magistrados por concurso de oposición es fundamental para garantizar la calidad, la justicia y la transparencia del sistema judicial en México. Este proceso contribuye a la independencia del Poder Judicial, fortalece el Estado de Derecho y asegura que el servicio de administración de justicia sea realizado por los profesionales más capacitados y comprometidos, a diferencia de la elección popular de jueces, magistrados y ministros que si bien, puede parecer una forma democrática y directa de seleccionar a quienes ocupan cargos judiciales. Es cierto que existen varias desventajas asociadas a este método, como lo ilustra el caso de Bolivia.

Uno de los elementos que más preocupan dentro de la reforma presentada para el poder judicial es la politización del poder judicial. En sistemas donde los jueces y magistrados son elegidos por voto popular, hay un riesgo elevado de politización. Los candidatos pueden verse obligados a alinearse con ciertos partidos o intereses para ganar votos, lo que compromete su independencia y puede llevar a decisiones judiciales influenciadas por consideraciones políticas en lugar de principios legales. En Bolivia, la elección popular de jueces se introdujo en 2009 mediante una reforma constitucional. Esta medida ha llevado a la percepción de que el poder judicial está fuertemente influenciado por la política, con críticas sobre la influencia de los partidos en las decisiones judiciales. Un caso que podría sostener la idea anterior es el caso del feminicida beneficiado con prisión domiciliaria en Bolivia. Formaba parte de un conjunto donde se reveló una red compleja de casos de corrupción de jueces elegidos por el pueblo. La investigación reveló que al menos 135 personas condenadas fueron favorecidas ilegalmente con detención domiciliaria, incluyendo personas privadas de su libertad de alta peligrosidad[12]. Si bien Bolivia no es México, la ejemplificación sobre lo que sucede ayuda de gran manera a visibilizar los posibles escenarios que existen como resultado a la reforma.

Otro punto importante es el tema de la posible falta de experiencia y conocimiento jurídico. Los candidatos a jueces y magistrados en un sistema de elección popular a menudo deben enfocarse en campañas para ganar votos, en lugar de demostrar su capacidad y experiencia jurídica. Esto puede llevar a la selección de individuos menos calificados o con habilidades judiciales cuestionables, en detrimento de la calidad de la administración de justicia. De nuevo, el ejemplo boliviano habla sobre la implementación de la elección popular y la generación de preocupaciones sobre la calidad y la competencia de algunos jueces y magistrados electos, quienes pueden no tener la experiencia adecuada para cumplir con sus funciones judiciales de manera efectiva.

12 Alejandro Fuentes, «Bolivia, el único país donde los jueces federales son elegidos por voto, ¿cómo le ha ido?», *Excelsior*, 13 de junio de 2024, https://www.excelsior.com.mx/global/bolivia-unico-pais-elige-jueces-por-voto/1657334

Actualmente, en México, el proceso para convertirse en juez de distrito es extenso y exige un alto nivel de competencia y preparación. Desde el cumplimiento de requisitos previos hasta la evaluación exhaustiva por parte del CJF y la ratificación del Senado, cada etapa está diseñada para asegurar que solo los candidatos más calificados y éticos ocupen estos importantes cargos judiciales. Este proceso busca garantizar la independencia, imparcialidad y profesionalismo en la administración de justicia. En primer lugar, antes de postularse, los aspirantes deben de cumplir con ciertos requisitos generales:

- **Nacionalidad**: Ser mexicano por nacimiento.
- **Edad**: Tener al menos 35 años de edad.
- **Título y Experiencia**: Contar con una licenciatura en Derecho, y generalmente se requiere tener experiencia profesional en el ámbito jurídico, que suele ser de al menos 5 años.

Después de ello, los aspirantes deben estar pendientes en las emisiones de convocatorias. El proceso de selección comienza con la publicación de una convocatoria para la vacante de juez de distrito. Esta convocatoria es emitida por el Consejo de la Judicatura Federal (CJF), el organismo encargado de la administración y supervisión del Poder Judicial de la Federación. Los aspirantes interesados deben registrarse en el proceso de selección dentro del plazo establecido en la convocatoria. Deben presentar la documentación requerida, que puede incluir:

- **Currículum vitae**: Detallando su experiencia profesional y académica.
- **Documentos personales**: Identificación oficial, comprobante de nacionalidad, etc.
- **Carta de motivación**: Explicando por qué desean ocupar el cargo.

Como tercer punto, está el filtro que sin duda escoge a los candidatos mejor preparados: el examen de oposición. Los candidatos deben presentar un examen de oposición, el cual suele ser escrito y puede incluir temas sobre derecho constitucional, derecho administrativo, derecho penal, entre otros. Este examen evalúa el conocimiento jurídico y la capacidad para resolver casos. Existen casos en donde los aspirantes pasan muchos años para poder acceder al cargo debido a que les falta formación, el aspirante al cargo debe alcanzar cierto grado de perfección a nivel utópico, ya que, si bien es un ser humano, los derechos y decisiones que competen a la integridad de las demás personas es lo que estará en juego, y además claro, el bienestar de la sociedad. Aunado al examen escrito, se realiza una evaluación de competencias que puede incluir entrevistas y pruebas adicionales para medir las habilidades prácticas y el perfil profesional del candidato. El CJF evalúa la idoneidad del candidato mediante:

- **Entrevista personal:** Donde se examina la capacidad del candidato para desempeñar el cargo y se evalúa su experiencia y actitud profesional.

- **Revisión de méritos:** Se revisan los logros académicos y profesionales del candidato.

En el caso de los magistrados específicamente en los tribunales colegiados de circuito, sigue un procedimiento similar al de los jueces de distrito, pero con algunas diferencias clave debido al nivel de responsabilidad y la complejidad del cargo. Los candidatos deben presentar un examen de oposición, que evalúa su conocimiento en áreas relevantes del derecho, como derecho constitucional, derecho administrativo, derecho penal, entre otros. Este examen puede ser escrito y/o oral y está diseñado para medir la capacidad de los candidatos para enfrentar casos complejos. Los candidatos que superan las etapas anteriores son revisados por el CJF, que realiza una evaluación final para determinar quiénes son los más adecuados para el cargo de magistrado. El CJF presenta una lista de candidatos recomendados para su ratificación. Después de asumir el cargo, los magistrados participan en programas de capacitación y actualización continua para mantenerse al tanto de las últimas reformas legales, jurisprudencia y mejores prácticas en el ámbito judicial.

Como último tópico de la reforma están las nuevas reglas procesales que son las siguientes:

- Justicia expedita. Se establece un plazo máximo de 6 meses para la resolución de asuntos fiscales, y de 1 año para asuntos penales. En caso de rebasar estos plazos, la autoridad judicial debe informarlo al Tribunal de Disciplina Judicial, que podrá investigar y sancionar la demora.
- Suspensiones. Se prohíbe otorgar suspensiones contra leyes con efectos generales en amparos, controversias constitucionales y acciones de inconstitucionalidad.
- Justicia local. Los Poderes Judiciales de las entidades federativas deberán establecer reglas para la elección directa de sus magistrados y jueces, así como órganos de administración y disciplina independientes.
- Fideicomisos del Poder Judicial. Una vez que concluyan los juicios pendientes, deberán reintegrarse al Fondo de Pensiones paras el Bienestar. Se respetan los derechos y prestaciones de los trabajadores[13].

Aunque las nuevas reglas procesales propuestas por la reforma al Poder Judicial en México tienen el potencial de modernizar y mejorar el sistema judicial, también presentan desafíos y riesgos que deben ser abordados con cuidado. La implementación eficiente, la equidad en el acceso a la justicia, la

13 «Reforma al Poder Judicial», *Gobierno de México*, última modificación, 12 de febrero de 2024, consultado el 3 de agosto de 2024, https://www.gob.mx/cms/uploads/attachment/file/892010/REFORMA_AL_PODER_JUDICIAL__2_CS.pdf

prevención de la politización, la gestión de la complejidad, la adaptación al cambio y la evaluación continua son aspectos cruciales para asegurar que las reformas cumplan con sus objetivos y no generen efectos adversos imprevistos. Una supervisión rigurosa y un enfoque equilibrado serán fundamentales para maximizar los beneficios de la reforma y garantizar una administración de justicia más eficaz y equitativa.

9.5. Conclusiones

La reciente reforma al Poder Judicial en México representa un esfuerzo significativo para transformar y modernizar el sistema judicial, abordando desafíos históricos y buscando mejorar la eficacia, transparencia y equidad en la administración de justicia. Sin embargo, su impacto en el equilibrio de poder y en el estado constitucional merece una reflexión profunda y crítica, dado que las reformas judiciales son siempre un punto de inflexión en la estructura del poder estatal.

El Poder Judicial es una piedra angular del sistema de equilibrio y control de poderes en cualquier democracia. En México, donde el sistema de separación de poderes está diseñado para prevenir el abuso de autoridad y asegurar la justicia, cualquier reforma en el Poder Judicial tiene el potencial de reconfigurar significativamente este equilibrio. La reforma actual busca hacer más eficiente y accesible la justicia, y esto es innegablemente positivo. La modernización de procedimientos, la implementación de nuevas tecnologías y la mejora en la transparencia prometen una administración judicial más ágil y justa. Sin embargo, el impacto real de estas reformas en el equilibrio de poder dependerá de cómo se gestionen y de su implementación efectiva. Uno de los principales riesgos es que la reforma podría, sin una supervisión adecuada, desbalancear el poder judicial en favor de otras ramas del gobierno. La introducción de nuevas reglas y procedimientos, si no se maneja con cuidado, podría llevar a una mayor politización o a un debilitamiento de la independencia judicial. Por ejemplo, si los mecanismos de rendición de cuentas y supervisión se utilizan para influir en las decisiones judiciales, se podría minar la autonomía de los jueces, afectando el equilibrio de poder y, en última instancia, la justicia misma.

Desde la perspectiva del estado constitucional, la reforma al Poder Judicial debería fortalecer la aplicación y el respeto de la Constitución y los derechos fundamentales. La justicia accesible y equitativa es esencial para garantizar el estado de derecho, y la reforma busca precisamente esto al proponer una administración más transparente y eficiente. La protección de los derechos humanos y el debido proceso, pilares del estado constitucional, son áreas que se benefician de las mejoras propuestas. No obstante, la implementación de las nuevas reglas procesales debe ser monitoreada de cerca para evitar que la búsqueda de eficiencia comprometa los principios fundamentales del estado constitucional. La simplificación de procedimientos y la modernización tecnológica deben ir acompañadas de garantías que aseguren que no se sacrifiquen los derechos de las personas ni la calidad del debido proceso. La transparencia en la toma de decisiones y la imparcialidad de los jueces deben ser preservadas para mantener la confianza pública en el sistema judicial.

Definitivamente, la reforma al Poder Judicial en México representa un paso significativo hacia la modernización y mejora del sistema de justicia. Su impacto en el equilibrio de poder y en el estado constitucional dependerá de cómo se gestione su implementación y de los mecanismos de supervisión y evaluación que se establezcan. Es crucial que estas reformas se lleven a cabo con un enfoque equilibrado, que asegure la preservación de la independencia judicial y el respeto a los derechos fundamentales. Solo a través de un proceso de implementación transparente y una supervisión rigurosa se puede garantizar que las reformas contribuyan positivamente al fortalecimiento del sistema judicial y al mantenimiento del equilibrio de poderes en el estado constitucional. La reforma tiene el potencial de generar beneficios significativos, pero es imperativo que se aborden los desafíos y riesgos asociados para que el sistema judicial cumpla con su papel esencial en la democracia mexicana.

9.6. Bibliografía

Celis, Marcos Alejandro. «El papel del poder judicial en el esquema de división de poderes de las entidades federativas» *Instituto de investigaciones jurídicas de la UNAM* (2016): 289-293.

CPEUM, *Constitución Política de los Estados Unidos Mexicanos*, CPEUM, Diario Oficial de la Federación [DOF] 05-02-1917, última reformas DOF 28/05/2021

De la rosa, Yared «¿Qué es la reforma al Poder Judicial de AMLO y en qué consiste?», *Política Expansión*, última modificación el 17 de junio de 2024, consultado el 2 de agosto de 2024, https://politica.expansion.mx/congreso/2024/06/17/reforma-al-poder-judicial-en-que-consiste

Fuentes, Alejandro «Bolivia, el único país donde los jueces federales son elegidos por voto, ¿cómo le ha ido?», *Excelsior*, 13 de junio de 2024, https://www.excelsior.com.mx/global/bolivia-unico-pais-elige-jueces-por-voto/1657334

Melgar, Mario «Designación de Jueces de Distrito y Magistrados de Circuito», en *Separación de Poderes* (Ciudad de México: INEHRM, 2016), 186-189

Gobierno de México, «Reforma al Poder Judicial», última modificación, 12 de febrero de 2024, consultado el 3 de agosto de 2024, https://www.gob.mx/cms/uploads/attachment/file/892010/REFORMA_AL_PODER_JUDICIAL__2_CS.pdf

Tafoya, José Guadalupe. *El amparo de la justicia local*. Consejo de la Judicatura Federal, 2007. Recuperado de: https://archivos.juridicas.unam.mx/www/bjv/libros/11/5229/14.pdf

10.

LA CRISIS DEL PODER JUDICIAL EN MÉXICO, LA CRÓNICA DE UNA REFORMA ANUNCIADA. UN ANÁLISIS A LA INICIATIVA PRESENTADA POR EL PRESIDENTE AMLO, EL 5 DE FEBRERO DE 2024[1]

Víctor Alejandro Wong Meraz[2]

10.1. Introducción

El presente artículo analiza una de las cuestiones más importantes que se encuentra en discusión tanto en los ámbitos políticos, académicos y en sí en

---

1 Agradezco los comentarios y la ayuda brindada por la Lic. Dulce Ivonne Rojas Mendieta y Mtro. Eduardo Romero para la elaboración del presente trabajo.

2 Doctor por la Universidad Complutense de Madrid, Profesor Investigador de la Universidad Autónoma del Estado de México, Miembro del Sistema Nacional de Investigadores, secretario general del Centro de Estudios en Ciencias Constitucionales.

la sociedad general en México, que es la Reforma al Poder Judicial, iniciativa presentada el pasado 5 de febrero de 2024, curiosamente en el día en que se celebra el día de la Constitución mexicana[3]. Como en todas las modificaciones constitucionales, existen voces a favor, otras en contra, y hemos unos que consideramos necesaria la reforma, pero con algunos matices, que vienen a bien considerar. En este sentido va dirigido el presente trabajo, en encontrar las benevolencias de la iniciativa, y haciendo algunas sugerencias para tratar de mejorar en beneficio de la institución judicial, y por ende de todo México.

En este tenor de ideas, somos partidarios que la Reforma Constitucional es el primer mecanismo y más importante de defensa de la Constitución, ya que es la que permite que ella siga vigente, adecuándose a las nuevas realidades, este contexto que es completamente distinto después de la elección del 2 de junio de 2024. Sin embargo, estas modificaciones a la Norma Fundamental, siempre se deben hacer pensando en la mejora de las instituciones, y no en beneficiar o perjudicar a ciertas personas.

Uno de los cuestionamientos en relación a las reformas constitucionales es, ¿cuándo es el momento preciso para llevar a cabo una de ellas?, y la pregunta, que en un principio puede ser fácil de contestar, la respuesta se puede tornar ciertamente confusa y abstracta, no obstante, consideramos que debe apelar a dos cuestiones o instancias, cuando es políticamente necesaria, y jurídicamente posible, siempre que tenga esos dos elementos se debe llevar una modificación constitucional. Bajo esta premisa desarrollaremos el presente trabajo, utilizando una metodología cualitativa, ya que se analizarán distintos textos y ordenamientos internacionales en el sentido de la estructuración de los poderes judiciales y el mecanismo para integrarlos.

10.2. Planteamiento del problema

El pasado 5 de febrero de 2024 en la celebración 107 aniversario de nuestra Constitución, el presidente Andrés Manuel López Obrador presento una serie de reformas al texto, haciendo hincapié en el Poder Judicial.

Las modificaciones constitucionales al Poder Judicial se engloban en 4 objetivos:

1. Una nueva Integración de la Suprema Corte de la Nación. Esto con el objetivo de lograr una Eficiencia, Austeridad, y transparencia en el máximo Tribunal.
2. Elección popular de ministros, magistrados y jueces. Para obtener una legitimidad democrática de las y los impartidores de justicia.

---

3 El 5 de febrero es el día de la Constitución mexicana, ya que la de 1857 entra en vigor en ese día, y la de 1917, se termina de redactar ese en esa fecha, y su entrada en vigor es el 1 de mayo.

3. Sustitución del Consejo de la Judicatura Federal. Órganos administrativos y disciplinarios independientes.
4. Nuevas reglas procesales. Esto para obtener una justicia expedita y equilibrio de Poderes[4].

El presente trabajo se limitará a analizar principalmente los puntos 1 y 2 de la propuesta, en donde se plantea la una nueva integración del máximo tribunal de este país, y el proceso para la elección de estos, ya que se tratan dos elementos de suma importancia para el derecho constitucional que son la de inamovilidad de los jueces y la incorporación de la democracia participativa en los procesos de los nombramientos de los integrantes del Poder Judicial.

Además, hay que resaltar que el presidente presenta estas modificaciones constitucionales en pleno proceso electoral, siendo este el más grande en la historia de este país.

También hay que resaltar que en distintos países se están planteando reformas al Poder Judicial, entre estas, la más importante, la que acaba de presentar el presidente Biden de los Estados Unidos de América[5], que al igual que la que estamos discutiendo, se hace en medio del proceso electoral y uno de los más complejos por el contexto político en el que se encuentran.

El presidente AMLO presentó su iniciativa en medio del proceso electoral de 2024, el cual fue la más grande de la historia de este país, entre los puestos que se disputaron fueron 9 gobernaturas, todos los Congresos locales, la renovación en su totalidad del Congreso de la Unión que se de 500 diputados y los 128 Senadores, además, del puesto más importante, que es la presidencia de la República. Se puede afirmar que la discusión de estas pasadas elecciones era sobre la continuidad del proyecto de nación del presidente López Obrador, o si la oposición política, lograría regresar por sus fueros, aunado, que las candidatas mejor posicionadas, por primera vez en la historia iba a ser mujer.

---

4 https://www.gob.mx/cms/uploads/attachment/file/892010/REFORMA_AL_PODER_JUDICIAL__2_CS.pdf

5 A finales del mes de julio de 2024 el presidente Biden de los Estados Unidos de América presenta una iniciativa en torno al Poder Judicial y en específico de la Corte Suprema de ese país. Entre las modificaciones al más Alto Tribunal se pueden destacar lo siguiente:
La eliminación de la inmunidad o fuero por los delitos cometidos por un presidente en el cargo. Esto a que nadie se encuentra por encima de la ley y la Constitución.
Establecer un límite en el cargo a los jueces de la Corte Suprema. Como es de todos conocidos, estos jueces tienen la modalidad de ser vitalicios, es por ello, que esta iniciativa pretende limitar a los jueces, ya que es la única democracia constitucional en el mundo que sigue teniendo tiempo vitalicio, y establecer un límite de hasta 18 años.
Establecer un Código de Ética de Conducta para los jueces de la Corte Suprema.
https://www.whitehouse.gov/briefing-room/statements-releases/2024/07/29/fact-sheet-president-biden-announces-bold-plan-to-reform-the-supreme-court-and-ensure-no-president-is-above-the-law/

Los resultados de esta elección fueron sorprendentes[6], donde no sólo se ratificó, sino que se amplió la brecha entre Morena y sus opositores, ya que, en esta elección, este partido político obtuvo casi el 60 % de los votos con Claudia Sheinbaum, y el Frente Amplio Opositor, conformada esta coalición por los tres partidos tradicionales PRI, PAN y PRD postulando a Xóchitl Gálvez, con apenas el 30 % de los votos. Lo más patético de esta contienda electoral, es que estuvo más cercano el segundo lugar sobre el tercero con Movimiento Ciudadano con Jorge Álvarez Máynez, que por el triunfo de la elección. Este resultado electoral fue devastador para la oposición, principalmente para el PRD[7] que va a perder su registro como partido político nacional al no alcanzar el umbral del 3 % de los votos.

Este resultado histórico, es de llamar la atención, ya que si bien es cierto nadie dudaba que la abanderada por MORENA Claudia Sheinbaum iba a ganar la contienda, y que esto iba a tener un impacto en los demás procesos electorales, especialmente en la contienda por el Poder Legislativo, si la Coalición formada por este partido junto con el Verde Ecologista y el Partido del Trabajo, lograría tener los escaños suficientes para tener una mayoría calificada[8] y llevar a cabo una Reforma Constitucional.

10.3. El Poder Judicial y su confrontación con el Poder Ejecutivo

Según lo anterior, el debate electoral se centró en una modificación a la estructura del Poder Judicial, la cual no se había llevado a cabo desde hace casi 30 años en una renovación integral de ministros, además, de la disminución de los Corte de 25 a 11, y cabe mencionar, que esto no fue debate en el

6 https://computos2024.ine.mx/presidencia/nacional/candidatura

7 De acuerdo con el último corte, el PRD va a obtener menos del 2 % de los votos emitidos. https://computos2024.ine.mx/presidencia/nacional/partido-politico-candidatura-independiente
Consultado el día 7 de junio de 2024.

8 Al momento de redactar este trabajo, la discusión se centra sobre si esta Coalición lograra la mayoría calificada en el Congreso de la Unión, es decir las 2/3 partes tanto en la Cámara de Diputados como Senadores. Los primeros números son aplastantes ya que, entre Morena, el Partido del Trabajo y el Verde Ecologista obtendrían entre 337-365 diputados federales, esto una vez que se haya hecho la repartición de los diputados plurinominales. El debate se ha centrado en que, si la repartición se haría por Coalición o por Partidos Políticos, y consideramos de acuerdo a la Constitución en su artículo 54 en sus fracciones IV y V, se habla de partidos políticos, y bajo este criterio, estos si lograrían el número necesario para tener una mayoría de calificada ya que superarían los 334 curules. En el Senado de la República, estos partidos en su conjunto obtendrían 83 espacios, faltándoles dos para tener la mayoría calificada en esta de cámara que se requieren 85.

proceso electoral de 1994, ya que la reforma se hizo una vez que se integró el gobierno y el poder legislativo, la cual retomaremos más adelante en el trabajo. Hay que destacar que, en el debate político, tanto el presidente como los candidatos de la Coalición ganadora, no ocultaron su escepticismo o desconfianza hacia los integrantes del Poder Judicial, tanto ministros, magistrados y jueces, llegando casi a externar «Que se vayan todos»[9], haciendo referencia del recelo y animadversión hacia este poder.

Podemos afirmar, que este resentimiento no fue reciente, y remontarnos al 2017 con los integrantes de la Sala Superior del Tribunal Electoral del Poder Judicial de la Federación. Hay que recordar que el 30 de octubre de 2016 el Senado de la República, en ese entonces con aplastante mayoría por parte del PRI, PAN y PRD aprobó el dictamen para el nombramiento de los magistrados de este órgano electoral a las siguientes personas: José Luis Vargas Valdez e Indalfer Infante Gonzáles por un periodo de 3 años, terminando su encargo el 31 de octubre de 2019; Felipe Alfredo Fuentes Barrera y Reyes Rodríguez Mondragón, por un periodo de 6 años, culminando el 31 de octubre de 2022; y los otros 3 magistrados, Felipe de la Mata Pizaña, Mónica Aralí Soto Fragoso y Janine Madeline Otálora Malassis, por 9 años finalizando el 31 de octubre de 2025. En esa misma fecha se les tomo protesta a los nuevos magistrados que conformarían la nueva Sala Superior, de los cuáles de una forma u otra tenían vínculos con los 3 partidos que en ese entonces dominaban la Cámara Alta[10].

Sin embargo, la cuestión de los tintes políticos en la designación de estos magistrados se agudizó, ya que días posteriores se presentó una iniciativa para ampliar los periodos de las mismas personas que como hemos dicho, acababan de tomar protesta, y en ese tenor a los magis-

9 Este grito de frustración «Que se vayan todos» fue emblemático en el 2001, donde el pueblo de Argentina salió a las calles su decepción de la clase política, derivado de las crisis económicas y políticas de aquel entonces.
https://tn.com.ar/politica/2021/12/19/crisis-de-2001-que-fue-el-movimiento-que-se-vayan-todos/

10 Al momento de conformar esta integración se podía afirmar que había 2 grupos, y esto de acuerdo con los grupos políticos que impulsaron las distintas candidaturas. Los afines al PRI eran José Luis Vargas (quien había sido abogado electoral y llevado el caso de la gobernatura de Colima), Felipe Fuentes Barrera (magistrado de circuito, pero con nexos muy cercanos al PRI del Estado de México), Mónica Soto (magistrada de la Sala Regional de Guadalajara, pero cercana al PRI que controlaba el Senado); y el otro bloque afín al PAN-PRD, Felipe de la Mata (magistrado de la Sala Especializada, y cercano al magistrado Luna Ramos, quien siempre estuvo identificado con el PAN), Reyes Rodríguez (magistrado de la Sala Regional Monterrey, pero antes había sido secretario técnico de la comisión de Justicia en el Senado, y que fuera presidida por el Senador Roberto Gil, líder del grupo Parlamentario del PAN) y Janine Otalóra (Magistrada de un Colegiado y cercana al PRD de Miguel Ángel Mancera Jefe de la Ciudad de México). El magistrado Indalfer Infante provenía del Poder Judicial como magistrado de un Colegiado.

trados que fueron propuestos por 3 años se les amplió a 6 años, y a los de 6 se les extendió a 8 años[11]. Esta ampliación se publicó a menos de una semana de la toma de protesta, así que no podría dejar de esperar que vinieran impugnaciones por parte de MORENA, y en esa ocasión se sumaría el PRD, interponiendo una Acción de Inconstitucionalidad por la ampliación del periodo de los mencionados magistrados, con los números 99/2016 y su acumulada 104/2016[12]. A la postre la Suprema Corte de la Nación declararía infundados los argumentos de los partidos políticos inconformes, avalando la constitucionalidad de dicho artículo transitorio, y, por lo tanto, la validez de la ampliación del periodo de las autoridades electorales[13].

La resolución de la SCJN fue muy cuestionada, pero como se establecía en ese entonces la sentencia es definitiva pero muy controvertida, ya que la votación fue prácticamente dividida 5 votos a favor de declarar la inconstitucionalidad de la ampliación, contra 6, es decir, no se dio un criterio dominante para resolver dicha cuestión.

Es por lo anterior, que consideramos que se puede ver claramente la posición de los ministros de la Corte en el debate de discusiones, ya que el ministro ponente Gutiérrez Ortiz Mena propuso la invalidez del Decreto que reformo la Ley Orgánica del Poder Judicial de la Federación, en cuyo 4 transitorio se estableció una forma escalonada de los magistrados del Tribunal Electoral. Los ministros a favor del proyecto fueron Piña Hernández, Záldivar Lelo de Larrea, Franco González Salas, Cossío Díaz y el ponente Gutiérrez Ortiz Mena.

Los ministros en contra del proyecto fueron Luna Ramos, Pardo Rebolledo, Medina Mora, Laynez Potisek, Pérez Dayan y Aguilar Morales. Como lo hemos mencionado, la votación quedó 5 votos a favor de declarar la invalidez, y 6 en contra de esta, y de acuerdo con la Constitución en su artículo 105 el número requerido para poder declarar inválida una norma es de 8 votos, por lo tanto, esto no se alcanzó y siguió en vigor la modificación impugnada.

Y haciendo una recapitulado de lo anterior y como siempre lo hemos dicho, en política no existen coincidencias, es de llamar la atención que a

11 Mejía Garza, R. M., y Rojas Zamudio, L. P., «El Acto Político de la Ampliación del periodo de la duración de cuatro magistrados de la Sala Superior del Tribunal Electoral avalado por la Suprema Corte. Acción de inconstitucionalidad 99/2016 y su acumulada 104/2016», en AA. VV. *NI Tribunal ni Electoral,* coordinadores (Juan Jesús Garza Onofre y Javier Martín Reyes), UNAM, México, 2021, págs. 3 y ss.

12 https://www.te.gob.mx/sai/NotaInformativa.aspx?ID=248

13 Véase a Mejía Garza, Raúl Manuel, y Rojas Zamudio, Laura Patricia, para más información sobre el desarrollo de las sesiones de la Corte en relación a la discusión sobre estas acciones de inconstitucionalidad, en la cual se puede ver claramente la postura que tuvieron los ministros

pocos días que había se habían nombrado y tomado protesta estos magistrados electorales, se viene a través de una iniciativa y se amplía el periodo, en un acuerdo principalmente entre los partidos dominantes del momento el PRI y el PAN. Por tal motivo, podemos afirmar que es aquí el primer desencuentro con el Poder Judicial, ya que, a toda luz, se debió haber declarado inconstitucional, sin embargo, consideramos que fue un razonamiento más por intereses políticos, por lo cual los ministros votaron en contra de la invalidez. Esto porque, de haberse quedado con los periodos que en un principio fueron nombrados estos jueces electorales, al actual presidente AMLO, en su gestión le hubieran tocado llevar a cabo el proceso de renovación de 4 de los 7 magistrados que integran la Sala Superior del Tribunal Electoral.

Se puede vislumbrar que, desde finales del 2016, se percibía que el candidato de esa entonces oposición AMLO tenía muchas posibilidades de ganar la presidencia de la República para el periodo del 2018 al 2024. De ser así, AMLO estaría en posibilidades de que en su gestión se nombraran dos magistrados en el 2019 y otros dos en el 2022, así que se acrecentó el temor del PRI y el PAN, ya que, de ser así, podría tener el control del tribunal electoral para los comicios de 2024, por lo que llevaron a cabo esta modificación para ampliar los periodos, y solamente se pudieran renovar 2 en lugar de 4.

Esto ocasionó que tanto el presidente AMLO, al igual que los legisladores de Morena tuvieran un desdén hacia el Poder judicial, y con el afán de no legitimar a este poder, no llevaron a cabo ningún nombramiento de magistrado de Sala Superior o de Sala Regional[14].

Como lo señalamos en líneas anteriores, dos magistrados de Sala Superior terminaron su encargo en el 2022, al igual que un magistrado de cada una de las 5 Salas Regionales, además de uno de la Sala Especializada, que también culminaron ese mismo año. El Senado no ha llevado a cabo dichos nombramientos, ya que desde ese momento se empezó a fraguar la Reforma al Poder Judicial, y bajo la lógica de «para que lo nombramos, si lo vamos a quitar en la reforma», esas posiciones han quedado acéfalas.

Es en este suceso, donde se percibe claramente la confrontación entre el Poder Judicial y MORENA, y como lo hemos mencionado en líneas anteriores, el proceso electoral de 2018 llevaría a este partido político al poder, logrando triunfos en todo el país, cuestión que se volvió a confirmar en la pasada elección de 2024, pero ahora con un ingrediente más polémico, que

14 Como lo señalamos en líneas anteriores dos magistrados de Sala Superior terminaron su encargo en el 2022, y 1 magistrado de cada una de las cinco Salas regionales, además de uno de la Sala Especializada, que también culminaron ese mismo año. El Senado no ha llevado a cabo dichos nombramientos, ya que siempre han considerado que de hacerlo estarían legitimando a ese órgano jurisdiccional electoral.

fue la de cuestionar constantemente a las autoridades judiciales, refiriéndose a ellas como el último poder que requiere la verdadera transformación de este país.

Si bien es cierto, después de este evento existieron varias confrontaciones entre el Poder Judicial contra el Poder Ejecutivo y el Legislativo, no obstante, consideramos que fue este suceso que detono la animadversión que existe hoy en día en relación de estos poderes.

10.4. La iniciativa a la reforma al Poder Judicial

El presidente de la república en el marco del aniversario 107 de la Constitución mexicana, presentó una serie de modificaciones a la conformación del poder Judicial. Esta iniciativa se centra en 4 objetivos

1. Una nueva Integración de la Suprema Corte de la Nación. Esto con el objetivo de lograr una Eficiencia, Austeridad, y transparencia en el máximo Tribunal.
2. Elección popular de ministros, magistrados y jueces. Para obtener una legitimidad democrática de las y los impartidores de justicia.
3. Sustitución del Consejo de la Judicatura Federal. Órganos administrativos y disciplinarios independientes.
4. Nuevas reglas procesales. Esto para obtener una justicia expedita y equilibrio de Poder.

Sobre la primera parte de la iniciativa que respecta a la nueva integración de la Suprema Corte de la Nación se destacan los siguientes puntos:

a) Se reduce el número de 11 a 9.

b) Se reduce el periodo de su encargo de 15 a 12 años.

c) Se eliminan las dos Salas. La Corte solamente sesionará en Pleno y sus sesiones deberán ser públicas.

d) Se elimina la pensión vitalicia (haber de retiro) para actuales y futuros ministros y ministras.

e) Sus remuneraciones deben ajustarse al tope máximo establecido por el presidente de la República sin excepción.

Para efectos del presente trabajo, nos limitaremos a analizar solamente algunos aspectos de la iniciativa, puntos que consideramos importantes para la mejora de dicha enmienda.

10.5. Nueva integración de los integrantes de la Suprema Corte de justicia de la Nación, reducción de 11 a 9 ministros

De acuerdo con la presente iniciativa se pretende reducir el número de integrantes que conforman la Suprema Corte, reduciéndola de 11 a 9 ministros. Muchos sectores se han manifestado en contra de esta medida ya que se estaría atentando en contra de la independencia del Poder Judicial, ya que el número es un elemento de garantía de la autonomía que puedan tener los jueces constitucionales.

La composición de la Suprema Corte de la Nación ha variado en el transcurso de los años de la entrada en vigor de la Constitución de 1917, en principio estaba compuesta por 11 ministros. Sin embargo, con una modificación al poder Judicial del 20 de agosto de 1928 se aumentó a 16 ministros distribuidos en 5 ministros en cada una de las tres Salas. En la reforma judicial de 1934 se vuelve a elevar el número de ministros a 21 y con la modificación constitucional del 25 de octubre de 1967 se establecen 21 ministros numerarios y 5 supernumerarios que nos da un total de 26 jueces del más alto tribunal[15].

Hoy se cuestiona bastante la iniciativa presentada por AMLO, ya que se están reduciendo el número de integrantes, y entra suspicacia de que a través de la reforma se puede dejar fuera a los ministros «incómodos» y nombrar toda una nueva integración *ad hoc* a los intereses del gobierno. No obstante, no es la primera vez que sucede que se renuevan prácticamente a la totalidad de los ministros, hay que recordar que el 31 de diciembre de 1994 se llevó a cabo una reforma al artículo 94[16] de la Constitución que trastocaba

---

15 https://gaceta.diputados.gob.mx/PDF/65/2024/feb/20240205-15.pdf

16 Antes de la reforma de 1994, el procedimiento se establecía en el artículo 96 y era el presidente de la República quien proponía al Senado el nombre de quien debería ser ministro de la Corte y el Senado solamente ratificaba dicha propuesta. Hay que recordar que estábamos saliendo de la Revolución mexicana y se daba el inicio de lo que se conoce como el Presidencialismo mexicano, y este era una figura omnipotente que controlaba todas las esferas políticas del país. Véase Carpizo, J., *El Presidencialismo Mexicano,* 18.ª ed., Siglo XXI, México, 2004, pág. 95.

el procedimiento y el número de integrantes de la Suprema Corte de Justicia de la Nación, reduciéndola de 26[17] ministros a 11, y de 5 Salas a 2[18].

17 Los ministros que conformaban la Suprema Corte de la Nación en 1994 son los siguientes:
- Lanz Cárdenas José Trinidad (Renunció al cargo de ministro el 9 de mayo de 1994 por haber sido postulado como candidato a senador por el Estado de Campeche).
- González Martínez Anastasio (Ejerció su función hasta el 31 de diciembre de 1994).
- Fernández Doblado Luis (Ejerció su función hasta el 31 de diciembre de 1994).
- López Contreras Felipe (Ejerció su función hasta el 31 de diciembre de 1994).
- Moreno Flores Fausta (Ejerció su función hasta el 31 de diciembre de 1994).
- Adato Green Victoria (Ejerció su función hasta el 31 de diciembre de 1994).
- Castañón León Noé (Ejerció su función hasta el 31 de diciembre de 1994).
- Chapital Gutiérrez Sergio Hugo (Ejerció su función hasta el 31 de diciembre de 1994).
- Chávez padrón Marta (Retiro voluntario el 16 de diciembre de 1994).
- Schmill Ordoñez Ulises Sergio (Presidente de la Suprema Corte de Justicia de la Nación desde 1991 reelecto en 1992 1993 y 1994 ejerciendo su cargo hasta el primero de febrero de 1995 funciones se prolongaron de acuerdo con lo establecido en el artículo sexto transitorio del decreto de reformas constitucionales que entraron en vigor el primero de enero de 1995).
- García Velázquez Carlos (Ejerció su función hasta el 31 de diciembre de 1994).
- Villagordoa Lozano José Manuel (Ejerció su función hasta el 31 de diciembre de 1994).
- Alba Leyva Samuel (Ejerció su función hasta el 31 de diciembre de 1994).
- Cue Sarquis de Duarte Irma (Ejerció su función hasta el 31 de diciembre de 1994).
- Gil Guillén de Lester Clementina (Ejerció su función hasta el 31 de diciembre de 1994).
- Llanos Duarte José Antonio (Ejerció su función hasta el 31 de diciembre de 1994).
- Magaña Cárdenas Ignacio (Ejerció su función hasta el 31 de diciembre de 1994).
- García Domínguez Miguel Ángel (Ejerció su función hasta el 31 de diciembre de 1994).
- Gutiérrez Vidal Luis (Ejerció su función hasta el 31 de diciembre de 1994).
- Cal y Mayor Gutiérrez Ignacio Moisés (Ejerció su función hasta el 31 de diciembre de 1994).
- Montes García Miguel (Ejerció su función hasta el 31 de diciembre de 1994).
- Tempé Minvielle Carlos (Ejerció su función hasta el 31 de diciembre de 1994).
- Duarte Cano José de Jesús (El 22 de septiembre de 1994 rindió protesta como ministro supernumerario de la Suprema Corte de justicia de la nación nombrado por el presidente de la república Carlos Salinas de Gortari en la plaza vacante de la entonces sala auxiliar con motivo de la jubilación del señor ministro Guillermo Guzmán Orozco).
- Valadés Ríos Diego (El 31 de mayo de 1994 rindió protesta como ministro numerario de la suprema corte nombrado por el presidente de la república Carlos Salinas de Gortari en la plaza vacante con motivo de la renuncia del señor Licenciado José Trinidad Lanz Cárdenas al cargo de ministro numerario del alto tribunal efectuado el 9 de mayo de 1994).
- Silva Nava Carlos (En 1984 fue nombrado ministro numerario de la suprema corte de justicia de la nación por el presidente de la república Miguel de la Madrid Hurtado por acuerdo del tribunal en pleno pasó a integrar la primera sala. Posteriormente integró la segunda sala donde ejerció su función hasta la fecha de su retiro el 31 de enero de 1995).
- Díaz Romero Juan (Permaneció en el tribunal tras las reformas de 1994, se desempeñó como ministro de la suprema corte de justicia hasta el 30 de noviembre de 2006).
- Azuela Huitrón Mariano (El 10 de mayo de 1983 fue designado ministro Numerario de la Suprema Corte de Justicia, por el presidente de la República, Miguel de la Madrid Hurtado. Ejerció esta función hasta el 31 de diciembre de 1994. El 26 de enero de 1995, el Senado de la República lo designó nuevamente ministro, por un periodo que concluyó el 30 de noviembre de 2009).

Véase AA. VV. *Ministros, Semblanzas 1917-1994*, Tomo I y II, SCJN, México, 2002. También consúltese AA. VV. *Semblanzas de los Ministros de la Suprema Corte de la Nación (1917-2013). Breve recorrido de la vida y obra, a través de las Épocas del Seminario Judicial de la Federación*, SCJN, México, 2013.

18 https://www.dof.gob.mx/nota_to_imagen_fs.php?cod_diario=205917&pagina=3&seccion=1

Irónicamente, hace 30 años también veníamos de un proceso electoral y de uno de los momentos más turbulentos de este país[19], y el presidente Zedillo el 5 de diciembre de 1994, a escasos días de haber tomado protesta[20] como titular del Ejecutivo, presentaría una reforma constitucional en cumplimiento de una promesa de campaña[21], enviaría al Senado y para finales de mes los 3 partidos políticos más importantes PRI, PAN y PRD lograron ponerse de acuerdo y llevar a cabo una reconfiguración del Poder Judicial, especialmente a la composición de la Suprema Corte y sus integrantes.

Es de llamar la atención que la iniciativa de 2024 fue presentada por el presidente de la República AMLO en el mes de febrero, en medio del proceso electoral y que para todos los mexicanos era conocido que el resultado de dicho proceso iba a tener implicaciones en la reforma al poder Judicial. Por parte de MORENA y los otros dos partidos que conformaron la coalición, no ocultaban su desconfianza al poder judicial, y era reiterado en los distintos foros políticos, y hoy en que se redacta este trabajo, todavía no se ha aprobado ni siquiera en su dictamen la modificación propuesta. Todo lo contrario, a lo vivido en 1994, ya que como lo mencionamos en líneas anteriores, el presidente Zedillo presenta la iniciativa el 5 de diciembre y es aprobada para el 31 del mismo mes, es decir, en menos de 30 días o un mes, debatieron, discutieron y lograron poner de acuerdo las grandes fuerzas electorales para llevar una de las reformas de mayor calado a la Constitución de 1917.

La reforma presentada por AMLO lleva meses en las discusiones tanto políticas como académicas, se han realizado distintos foros y se han publicado diversos libros en favor y en contra de la reforma. Se puede afirmar que fue un punto de discusión de las pasadas elecciones de 2024.

Como es de destacar, la iniciativa de 1994 resulto de lo más controvertida, ya que planteaba el retiro forzoso y anticipado de 26 de los ministros de la Suprema Corte de Justicia de la Nación, argumentando que con la reducción del número de integrantes sería más factible el funcionamiento del ahora Tribunal Constitucional[22]. Cabe mencionar que, de estos 26 ministros, solamente 2 trascendieron

19 El año de 1994 ha sido uno de los más turbulentos en la historia reciente de este país. Hay que recordar que el 1 de enero tuvimos el levantamiento armado de Chiapas, uno de los momentos más icónicos de este país. El 23 de marzo sucedió el lamentable magnicidio del candidato del PRI Luis Donaldo Colosio Murrieta; el 28 de septiembre el asesinato del Diputado José Francisco Ruiz Massieu, quien había sido secretario general del PRI, e iba coordinar a la fracción parlamentaria de ese partido en la Cámara baja y, por último, a finales de ese año, una de las devaluaciones más fuertes que hemos tenido en México, lo que se conoció como el «error de diciembre».

20 Con la reforma a la Constitución al artículo 83 en el 2014, se cambió la toma de protesta del presidente de 1 de diciembre al 1 de octubre.

21 El 14 de julio de 1994, el entonces candidato del PRI Ernesto Zedillo en un acto de campaña presentó 10 propuestas que giraban en torno al Poder Judicial.

22 Fix-Zamudio, H., «La Reforma Judicial en México: ¿De dónde viene? ¿Hacia dónde va?»,

y fueron incorporados en la nueva composición, y nos referimos a los jueces constitucionales de Mariano Azuela Güitrón y Juan Díaz Romero, los otros 24 fueron jubilados con el haber de retiro de ministros de la Corte.

Bajo el argumento del mejor funcionamiento de un Tribunal de estas características, la reforma hoy presentada por el presidente AMLO se puede justificar, ya que el número de 11 sigue siendo un número alto para una Corte Constitucional.

Entre los países donde el número de integrantes del Tribunal o Corte Constitucional es menor a 11 se destacan los siguientes:

Argentina 5 integrantes (art. 99); Perú 7 (art. 201); Guatemala 10, siendo 5 de la Corte Constitucional, la cual se puede elevar otros dos más cuando se conozcan asuntos sobre la inconstitucionalidad de la Corte Suprema Justicia, el Congreso de la República, el presidente o vicepresidente de la República (art. 269); Chile 10 (art. 92); Ecuador 9 (art. 432); Colombia 9 (art. 239); Costa Rica 7 (art. 157), Uruguay 5 (art. 250); Paraguay 9, de los cuáles 3 conforman la Sala Constitucional (art. 258) y los Estados Unidos de América 9[23].

Entre los países que tienen 11 o más de integrantes del máximo tribunal sobresalen los siguientes:

Brasil con 11[24] (art. 102); Grecia 11 (art. 100); España 12 (arts. 159-165); Italia 15 (art. 135); Alemania 16 (art. 94); Portugal 13 (art. 222).

Otros de las cuestiones que se critica sobre una nueva composición de la Suprema Corte de la Nación es que se va a remover a la totalidad de sus integrantes, aunque en la iniciativa se prevé que los actuales ministros no los excluye para ser elegibles en la nueva conformación.

La renovación total de los integrantes de un ente no es nada nuevo en la historia reciente de este país, como ya hemos mencionado la Reforma al Poder Judicial de 1994, donde solamente 2 de la pasada integración lograron estar en la nueva composición. No obstante, cabe mencionar las de 2007 cuando se cambió de Instituto Federal Electoral (IFE) a Instituto Nacional Electoral (INE), al igual que el Instituto Federal de Acceso de la Información Pública (IFAI) al Instituto Nacional de Acceso de Información Pública (INAI), y la tan cuestionada integración de la Sala Superior del Tribunal Electoral del Poder Judicial de la Federación en el 2017.

---

en AA. VV., *Art. 105, Veinte años no es nada. La Suprema Corte y la Justicia Constitucional antes y después de la Reforma Judicial de 1994,* Camilo Emiliano SAAVEDRA HERRERA (compilador), SCJN, México, 2018, pág. 265

23 La propia Constitución de los Estados Unidos de América no específica el número de integrantes de la Corte Suprema, sin embargo, en la *Circuit Judges Act* de 1869 se estableció el número de 9.

24 Cabe resaltar que en este país se ha modificado el número de componentes del Supremo Tribunal, ya que en la Constitución de 1891 estaba compuesta por 16, luego se redujo a 11, para posteriormente en 1965 se aumentó a 15, para que, en 1969, se volviera a los 11 integrantes como se encuentra actualmente.

10.6. La reducción del periodo de su encargo

Otro de los temas controvertidos de la reforma constitucional al Poder Judicial es la reducción del tiempo en su encargo a los ministros, ya que se pretende disminuir de 15 años a 12 años.

En el Constituyente de 1917 en el artículo 94 se estableció que los ministros fueran inamovibles y solamente podrían ser removidos por mala conducta o juicio de responsabilidad. Con la modificación a la que hemos hecho referencia de 1994 se estipulo un límite de 15 años, ya que sería benéfico que los jueces constitucionales fueran acotados en el tiempo, de lo contrario en una institución con tanto poder, no poder controlarlos con el tiempo podría conllevar a un abuso del propio poder.

En este sentido, consideramos correcto la reducción del término a 12 años, ya que les da una estabilidad, pero también da la posibilidad de que se renueve y principalmente se refresque u oxigene la Corte. Los 12 años que se pretenden siguen siendo altos en comparación de algunos textos constitucionales.

En el derecho comparado existen distintas fórmulas entre ellas se establece la inamovilidad, vitalicio, o con periodos que varían entre los 5 y 15 años, y en algunos casos con la posibilidad de reelección.

Guatemala son 5 años (art. 269); con el mismo número esta Perú que durarán en el encargo 5 años y con la posibilidad de reelección, pero esta no puede ser inmediata (art. 201).

Con 8 años se encuentran Colombia sin posibilidad de reelección (art. 239); Costa Rica con posibilidad de reelección (art. 158).

El periodo que más se repite es de 9, ya que con este número de años se destacan Chile (art. 92); Ecuador sin reelección inmediata (art. 432); España (art. 159); Italia (art. 135); Grecia (art. 100); Portugal (art. 222).

Con un periodo más largo se destaca Alemania, el cual durarán en su encargo 12 años (art. 94), y el caso más emblemático es de la Corte Suprema de los Estados Unidos que el cargo es vitalicio.

10.7. Elección por el voto popular de ministros, magistrados y jueces

Tal vez de toda la iniciativa que ha presentado el presidente AMLO, esta parte resulta la más polémica, ya que abre las puertas a que sea a través de la democracia participativa donde la ciudadanía decida en la parte final del proceso de selección de las personas que compondrán los órganos judiciales de todo el país.

En la presente iniciativa se pretende establecer que en el año 2025 se lleve a cabo una elección extraordinaria para renovar a todos los ministros, jueces y magistrados del Poder Judicial. Las personas que actualmente ocupan estos cargos podrán participar en estos procesos.

De acuerdo con la iniciativa este proceso tiene varias etapas.

A. Selección de Candidaturas

Los ministros, magistrados tanto Electoral como Disciplinario, se elegirán a nivel nacional con las elecciones ordinarias a partir de 30 candidaturas paritarias propuestas por los tres Poderes de la Unión.

- El Poder Ejecutivo propondrá hasta 10 candidaturas.
- El Poder Legislativa propondrá hasta 5 candidaturas por cada Cámara (Diputados y Senadores), por mayoría calificada.
- El Poder Judicial propondrá hasta 10 candidaturas a través del Pleno de la Suprema Corte, por mayoría de 6 votos.

En el caso de los 1633 magistrados de Circuito y jueces de Distrito, se elegirán en cada uno de los 32 circuitos judiciales en las elecciones ordinarias a partir de 6 candidaturas paritarias por cargo (2 por cada Poder de la Unión).

Como lo señalamos, es aquí donde se encuentra la mayor reticencia a dicha reforma, ya que existe un escepticismo hacia los mecanismos de democracia participativa, al menos en el proceso de nombramiento de las autoridades judiciales, ya que el pueblo o ciudadanía no tendría los elementos técnicos para poder establecer quien y quien no podría ser un buen juzgador.

No obstante, existe la tendencia actual a nivel mundial de permitir que la sociedad sea cada vez más participativa en la toma de decisiones, y no se limite a ser consultada nada más en los procesos electorales para le elección del Ejecutivo y del Parlamento. Así que hoy resultaría bastante complejo cerrar la puerta para que, de una forma u otra, el pueblo participe en el proceso de elección de las autoridades que conforman el poder judicial, y más cuando hace meses se planteó de esa forma y se llevaron a cabo las elecciones para renovar todos los Parlamentos de este país, y el voto que obtuvieron, en principio les dan los números para llevar a cabo dicha modificación.

Morena, P. T. y Verde Ecologista jamás ocultaron sus intenciones de llevar a cabo esta reforma donde introducen a la democracia participativa para la elección de las autoridades judiciales.

No obstante, antes de establecer si es correcto o no este mecanismo, es necesario entender las causas que llevan a pensar que la democracia participativa puede ser más benéfica que seguir con la democracia representativa, entendiendo que la crisis[25] de esta última es la que ha llevado a sembrar las esperanzas en la primera.

10.8. La crisis de la democracia representativa, la democracia participativa como salida fácil al problema

La Democracia Constitucional descansa fundamentalmente en el concepto de representación política, en otras palabras, no podemos hablar de democracia sino es a través de la democracia representativa. Para Stuart Mill, el sistema representativo es la más grande creación que ha hecho el individuo[26]. Sobre los fundamentos planteados por Montesquieu, Sieyès establece la distinción entre democracia y gobierno representativo. El teórico de la Revolución Francesa afirma que, para la utilidad común, se deben designar representantes más capaces o preparados que las personas comunes, ya que los primeros conocerán mejor el interés general y así podrán interpretar la voluntad general[27]. Los diputados representan a la Nación entera.

Desde las revoluciones de 1789 y 1848, se convirtió el ideal democrático de un postulado del pensamiento político que impacto en la sociedad, siendo éste el motor de los movimientos sociales de esa época. Sin embargo, la lucha de clases en este periodo se agudizo entre la burguesía y el proletariado, sin que hubiera discrepancias sobre la forma democrática del Estado, ya que en esta materia no existía diferencia sustancial del liberalismo y el socialismo. Va a ser la democracia la consigna que durante los siglos XIX y XX dominará el estudio político[28].

En este sentido, Carré de Malberg afirma que lo que se encuentra en el régimen representativo no es un sistema de representación personal y de la voluntad nacional, sino precisamente un sistema de organización de voluntad y de la persona nacional[29].

Resulta interesante el planteamiento de Stuart Mill, cuando afirma que el desplazamiento de las Ciudades-Estado a Estado-Nación, provocó que fuera imposible la toma de decisiones directamente por el pueblo, así que algo

25 Wong Meraz, V. A., «El Referéndum Constitucional la dialéctica entre la democracia representativa y la participativa», en *Anuario de la Facultad de Derecho de la Universidad de la Coruña,* n.° 19, Universidad de la Coruña, España, 2015, pág. 303 y ss.

26 Stuart Mill, J., *Del Gobierno Representativo,* 4.ª ed., Tecnos, Madrid, 2007, 124.

27 Sieyès, E. J., ¿Qué es el Tercer Estado?, 3.ª ed., UNAM, México, 1989, págs. 77 y ss.

28 Kelsen, H., *Esencia y Valor de la Democracia,* Colofón, 2.ª ed., México, 2002, págs. 11-13.

29 Carré De Malberg, R., *Teoría General del Estado,* 2.ª ed., FCE, México, 1988, págs. 936 y ss.

que surgió de la aristocracia venía a complementar a la democracia, que es el sistema representativo. Esta gran innovación solucionaría los problemas de las exorbitantes dimensiones de territorio en la nueva conformación de las estructuras políticas. Con este sistema no existe país o Estado que sus características territoriales se convierten en un obstáculo para llevar a cabo este sistema de democracia[30].

De acuerdo con líneas anteriores, cuando en la teoría democrática de la representación se plantea el vocablo pueblo, éste se entiende como un ente real de personas con voluntad propia y singular. No obstante, aquellas se encuentran con necesidades de intermediación representativa[31], pero siempre a partir de las voluntades singulares e iguales, para crear mediante el derecho, una real voluntad política coherente y operativa. El pueblo no existe como realidad con capacidad de decidir, quien decide es un sector del pueblo.

El poder de construir o poder constituyente puede significar cosas distintas, según el término que utilicemos de Constitución; ya que no es lo mismo construir una sociedad política que elaborar, aprobar y promulgar el documento más importante para un pueblo que es su «Constitución».

En un sentido muy general «Constitución» es un ordenamiento unificador en oposición a la anarquía, ya que lo que pretende esta codificación es dirigir las relaciones de los actores en el Estado. Por tal motivo, la norma fundamental no es sólo objetiva, sino también limitativa de los poderes del Estado. En el estado constitucional, todo poder estatal es legal solamente en la medida en que se puede fundar en una norma derivada de la Constitución.

La democracia constitucional se sustenta fundamentalmente en el concepto de representación política[32], en la cual el legislador representa a la Nación entera y no sólo a una porción. El mandato que se les hace a los representantes es de carácter general, es decir, no se encuentra limitado a cuestiones concretas. Se trata de un mandato libre, puesto que el representante opina lo que le parece conveniente, no estando sujeto a ninguna instrucción ni mandato imperativo alguno. No es responsable ante nadie, ya que sus electores no lo pueden revocar. El legislador no sólo va a velar por

---

30 DAHL, R., *Democracy and its Critics,* Yale, E.U.A., 1989, pág. 217.

31 HAMILTON, MADISON Y JAY, *The Federalist,* The University of Texas, E.U.A, 1974, pág. 150.

32 Para Pitkin, el concepto de representación se configura, así como una continua tensión entre el ideal y el logro. Esta tensión no debería arrastrar ni abandonar el ideal, retrocediendo a una definición operativa que acepta todo lo que hace aquellos que comúnmente son designados como representantes, ni abandonar su institucionalización y escapar de la realidad política. Antes al contrario, esa tensión debería hacer presente un desafío continuo, aunque no desesperanzado: construir instituciones y con tales aprendizajes con el fin de que siempre se muestren abiertos a posteriores interpretaciones y reformas. PITKIN, H., *El Concepto de Representación,* Centro de Estudios Constitucionales, Madrid, 1986, p. 266.

los intereses de las personas que lo eligieron, del distrito que representa o de su partido político, sino de la Nación entera[33].

Sí seguimos la línea, no podemos plantear la discusión de la democracia representativa si no es a través de los partidos políticos, ya que estos son una respuesta a la masificación de las decisiones ciudadanas, es la forma en que la democracia funciona y se mantiene[34], son los canales de ascenso para las necesidades sociales y para que las propuestas entren a la competencia ante el árbitro que es la ciudadanía[35].

Sin embargo, el mandato imperativo que se encuentra prohibido en la mayoría de los ordenamientos constitucionales modernos, se ha convertido en una realidad indiscutible de la actual democracia representativa, en la que los representantes se ven obligados a seguir los dictados de los partidos políticos sin poder actuar de una forma espontánea y libremente[36], es lo que Michels definió como la Ley de Hierro de la oligarquía dentro de los partidos políticos[37].

Para Loewenstein, desde la aparición de los partidos políticos el mandato imperativo se ha convertido en un fenómeno común, ya que el representante está sujeto a una disciplina más o menos estricta, que le obliga a votar según las decisiones de liderazgo del partido político al que pertenece. De esta manera, el mandato imperativo prohibido en la Constitución en realidad se produce en la práctica[38].

En este sentido, Bobbio afirma que la clara diferencia entre Constitución forma y real, desde el punto de vista de la superioridad del particularismo sobre el principio de unidad orgánica, es la práctica inoperante de la prohibición del mandato imperativo, ya que en la actualidad la forma en que se toman las decisiones en los parlamentos, donde los legisladores están obligados a observar una disciplina de partido, y en cuanto se alejan de ella no lo hacen para defender intereses nacionales contra intereses parciales, dado que obedecen a grupos de presión que en cierto sentido representan intereses más particulares que los de los propios partidos[39].

---

33 BURKE, E., *Textos Políticos,* FCE, México, 1996, págs. 312-313

34 DUVERGER, M., *Instituciones Políticas y Derecho Constitucional,* 5.ª ed., Ariel, España, 1970, págs. 135 y ss.

35 DI TELLA, T., *Crisis de la representatividad y sistema de Partidos Políticos,* Grupo Editorial Latinoamérica, Argentina, 1988, págs. 16 y ss.

36 VEGA GARCÍA, P. de, *La Reforma Constitucional y la Problemática del Poder Constituyente,* 5.ª ed., Tecnos Madrid, 2000, pág. 186.

37 Para Michels, la gran mayoría de los seres humanos tenemos la necesidad de someternos al dominio de una pequeña minoría a una condición de tutela permanente. MICHELS, R., *Los Partidos Políticos, Vol. II,* Amarrortu Editores, Argentina, 2003, pág. 176.

38 LOEWENSTEIN, K., *Teoría de la Constitución,* 4.ª reimpresión, Ariel, Barcelona, 1986, pág. 224.

39 Para Bobbio, la redacción del artículo 67 de la Constitución italiana, que establece: «Todo miembro del Parlamento representa la Nación», suena del todo falso e inclusive es hasta

También hay que agregar que en toda democracia representativa los actores políticos buscan el consenso, y es precisamente en ese momento en que la negociación política cobra una gran fuerza, ocasionando un juego de prestación y contraposición entre los partidos políticos, los cuales buscaran lo que más convenga a su partido, y no necesariamente lo que más beneficia a la Nación.

En consecuencia, teóricamente se plantea la democracia representativa a partir de los partidos políticos. Una parte fundamental es que estos organismos logran hacer lo heterogéneo de una sociedad en homogéneo, por ser los encargados de ir creando o elaborando esa voluntad política. Para Dahl «el pueblo» no es un cuerpo perfectamente homogéneo con los mismos intereses, sino que normalmente se encuentro divido en cierta manera con características aristocráticas u oligárquicas y con un componente democrático o popular[40]. En este sentido es que se ubica la importancia de los partidos políticos.

Los partidos políticos son parte esencial de esta idea de democracia representativa, ya que no podemos concebir democracia sin ellos, pues la democracia moderna descansa sobre los partidos políticos[41]. Sin embargo, la teoría de representación queda profundamente modificada cuando los sujetos del proceso democrático ya no son los ciudadanos individualmente considerados, sino son los partidos políticos. Por tanto, hoy en la relación entre ciudadanos y gobierno, se han interpuesto los partidos políticos.

Se ha planteado que estos entes políticos, sin ser órganos del Estado, son su osamenta, la cual se da una semejanza fisiológica no trasladable al ámbito de la Teoría de la Constitución, ya que el precepto que constitucionaliza a los partidos políticos es una parte vital de la Norma Fundamental y, como tal, garantía política de los derechos fundamentales. En este sentido, Partidos y Derechos son el oxígeno y el sistema de inmunidad del constitucionalismo democrático[42].

Sin embargo, el Derecho Constitucional anterior a la Segunda Guerra Mundial ignoró la realidad de los partidos políticos y la formulación legal del concepto de representación continuó en términos generales, siendo la misma

ridícula. Ya que al momento en que la democracia representativa busca el voto, esto se traduce en una contienda electoral en busca de un mercado, por tal motivo el legislador interpondrá los intereses de la Nación, por los intereses de quien otorgue más votos y le ayude a ganar la elección. Bobbio, N., *El Futuro de la Democracia,* FCE, México, 1992, págs. 154 y ss.

40 Dahl, R., *op. cit.* pág. 24.

41 Kelsen, H., *Esencia y Valor de la Democracia,* Colofón, 2.ª ed., México, 2002, pág. 16.

42 Caamaño, F., «Mandato Parlamentario y Derechos Fundamentales (Nota para una Teoría de la Representación Constitucional adecuada)», en *Revista Española de Derecho Constitucional,* año 12, N.° 36, septiembre-diciembre, España, 1992, pág. 139.

que se manifestó en la Constitución francesa de 1791 Sección III Artículo 7[43]. Lo que suponía sólo el intento de hacer subsistir históricamente un régimen que desconoce las exigencias de la realidad social[44].

Por otra parte, el equilibrio inestable entre cultura e instituciones políticas provocó desde el último tercio del siglo XX a la fecha, un fenómeno entre las democracias occidentales consistente en la figura de alineación política y alejamiento de los individuos con respecto a las instituciones políticas. Las expresiones más claras de este fenómeno se reflejan en el desinterés por los asuntos políticos, una pérdida de confianza en el Estado y sus instituciones políticas, insatisfacción con el funcionamiento de la democracia, el debilitamiento de las lealtades partidistas y el incremento de la volatilidad electoral[45].

Lo anterior ha ocasionado una crisis en la democracia[46], provocando que todas las instituciones que giran alrededor de ésta se vean afectadas por esta desconfianza. Sin embargo, no se puede ocultar la importancia en la vida política de los Partidos Políticos, pese a que se ha escrito bastante sobre su decadencia y falta de ideología. Como todas las instituciones, éstos también han ido evolucionando ya que de ser organizaciones de masas con una ideología perfectamente identificable ya sea de izquierda o de derecha, se han transformado en partidos del Centro, debido a que es el centro en donde se encuentra el grosor de los electorados o votos. En este sentido, dejan de ser partidos de ideología y se convierten en partidos que se preparan para enfrentar un proceso electoral. En este sentido ya no se da la dialéctica entre ideologías sino una guerra por conseguir la mayor parte de los sufragios.

La crisis en la democracia representativa provocada por la inestabilidad ideológica de los partidos políticos ha abierto la puerta para que con más frecuencia se utilicen los mecanismos de democracia participativa.

43 Sección III, Artículo 7: Los representantes nombrados en los departamentos no serán representantes de un departamento particular, sino de la Nación entera, y no podrá dárseles mandato alguno.

44 Vega García, P. de, «Significado Constitucional de la Representación Política», en *Revista de Estudios Políticos,* N.° 44, marzo-abril, Madrid, 1985, pág. 35.

45 Herrera Gómez, M. y Jaime Castillo, J. M., «Sistema Político y Sociedades Complejas Estabilidad y Cambio», en *Revista de Estudios Políticos,* (Nueva Época), N.° 126, octubre-diciembre, Madrid, 2004, pág. 197 y ss.

46 La noción de que existe una crisis en la Democracia Representativa no es nada nuevo, hace casi un siglo Barthélemy ya lo había puesto de manifiesto, esto en relación a la crisis del sistema parlamentario europeo. Véase a Barthélemy, J., *Crise de la Démocrate Représentative,* Marcel Giard, 1928, págs. 70 y ss.

10.9. La democracia participativa, y la tendencia en los textos latinoamericanos

Para Habermas un pueblo es más democrático en tanto se emplea más el razonamiento, la reflexión y el espíritu crítico en la regulación de los asuntos públicos. Y a la inversa, resulta menos democrático cuanto se da un mayor peso a lo inconsciente y a los perjuicios que se sustraen a cualquier crítica[47].

Por todo lo anterior, la discusión ya no se va a centrar en el sistema democrático, sino en qué tipo de democracia estamos buscando, la democracia participativa o la democracia representativa. Es en este debate, en el que se va a posicionar el referéndum constitucional y en su caso la consulta popular, ya que por un lado se plantea la idea de que aparezcan mecanismos con la intención de salvaguardar el principio democrático, en el cual se reconozca al pueblo una función activa dirigida a la formación de ciertas decisiones estatales. En tal caso, el pueblo no se limita a expresar la opción electoral, sino que también adopta algunas decisiones gubernamentales que indican diversamente sobre la orientación de los órganos representativos[48].

En cuanto a la democracia participativa, se fundamenta en otorgar mayor participación al pueblo, con la introducción de mecanismos especiales en las Constituciones de los Estados. Actualmente, este fenómeno lo encontramos más patente en las Cartas Magnas de la mayoría de los países latinoamericanos[49].

La posibilidad que pueda tener un pueblo de decidir hoy en día no es suficiente, ya que esa autodeterminación no basta para poder tomar una decisión coherente, que vaya con la intención a salvaguardar los intereses colectivos de una sociedad. Además de la posibilidad de definirse por una opción u otra, el individuo debe tener acceso a toda la información pública de calidad que pueda allegarse, para que con ella pueda tomar una decisión consciente y estudiada. Por eso hoy en día los medios de comunicación son un elemento indispensable de la democracia, la calidad de ésta se puede medir con el nivel que muestren los órganos de comunicación[50], aunado a la posibilidad que tenga el pueblo de poner en la mesa de la discusión su agenda política, la cual va a ser decidida en el proceso democrático[51].

---

47 Habermas, J., *Facticidad y Validez, Sobre el derecho y el Estado Democrático de Derecho en términos de la teoría del Discurso,* Trotta, 6.ª ed., Madrid, 2010, pág. 146.

48 Vergottini, G. de, *Derecho Constitucional Comparado,* UNAM, México, 2004, pág. 253.

49 Para más información véase a Soto Barrientos, F., «El Referéndum en Latinoamérica: un análisis desde el Derecho Comparado», en *Boletín Mexicano de Derecho Comparado,* Nueva Serie, año XLVI, número 136, enero-abril, UNAM, México, 2013.

50 Para más información véase a Sartori, G., *Homo Videns, la Sociedad Teledirigida*, Taurus, Argentina, 1997.

51 Dahl, R. *op. cit.,* pág. 113.

La tendencia actual en Latinoamérica, de introducir en sus constituciones, mecanismos de participación popular, podemos mencionar los casos de Brasil, (arts. 14, 18, 49); Bolivia, (arts. 11 y 411); Chile (arts. 5, 117 y 119); Colombia, (arts. 103, 104, 155 y 379); Costa Rica, (arts. 102, 105 y 195); Cuba, (arts. 75 inciso b, 90 inciso e, 131 y 137); Ecuador (arts. 103, 106, 420, 441, 442, 443 y 444); Guatemala (arts. 277 inciso d, y 280); Honduras, (art. 5); Nicaragua, (arts. 2, 7, 49, 168, y 173); Panamá, (arts. 239, 314, 325); Perú, (arts. 2 apartado 17, 31, 32 y 206); República Dominicana (arts. 2, 22, 203, 208, 210 y 272), Uruguay, (arts. 79, 82, 304, y 331); y Venezuela (arts. 16, 62, 70, 71, 72, 73, 74, 187, 197, 218, 236 apartado 22, 341, 342, 343, y 344), y el más reciente es México en su artículo 35, fracción VIII, donde se establece la consulta popular.

Tenemos que en agosto de 2012 se adiciono al artículo 35 constitucional la fracción VIII que incorpora la Consulta popular, al establecerse que es un derecho ciudadano votar en las consultas populares sobre temas de trascendencia nacional. En marzo de 2014 se aprobó la respectiva Ley Federal de Consulta Popular. Con esto se da inicio, después de algunas décadas, a la posibilidad de que el «pueblo» pueda discutir directamente sobre temas de trascendencia nacional.

A raíz de la crisis de la democracia representativa, la tendencia en nuestra región ha sido ir introduciendo mecanismos de democracia participativa, en el cual México ha sido el último país en abrazar este tipo de instrumentos, con el objetivo de la consulta popular de acercar más al ciudadano a la toma de decisiones.

La tendencia de utilizar los mecanismos de democracia participativa se debe a que la representativa y en sí los partidos políticos se encuentran inmersos en una crisis, y esto ha sido aprovechado por los *Leaders* para legitimar su toma de decisiones, lo que lamentablemente en muchas ocasiones son arbitrarias y contrarias al bien común.

10.10. La participación de la ciudadanía en el nombramiento de los ministros y de los magistrados electorales

De acuerdo con lo hemos ido desarrollando en líneas anteriores, desde la introducción en el 2012 de la democracia participativa en nuestro texto constitucional, se abrió la puerta para que el pueblo participe de forma más activa. Con la presente iniciativa sería la primera en más de un siglo que se incorpore este ingrediente en México para el nombramiento de los jueces del más alto Tribunal y en sí de todo el Poder Judicial.

Para efectos de este trabajo, nos limitaremos a estudiar el proceso de nombramiento de los ministros de la Suprema Corte de la Nación y de los magistrados electorales, ya que es donde queremos centrar nuestra atención, en virtud, que es el máximo tribunal y donde deberían estar los perfiles más altos para ocupar los respectivos puestos y los jueces electorales, simplemente por que deciden quien gobierna este país.

Como hemos dicho, en México, han existido intentos de introducir la democracia participativa en el proceso del nombramiento de los ministros de la Corte. En la Constitución de 1824 las legislaturas de los estados escogían a los 11 ministros y al fiscal de la Suprema Corte por mayoría absoluta de votos. El Computo era realizado por la Cámara de Diputados.

En las Leyes Centralistas de 1836 los Departamentos, a partir de ternas enviadas por la Cámara de Diputados, elegían con base en las propuestas de la Corte el presidente y el Senado.

Es de llamar la atención, ya que existió un proyecto del Acta Constitutiva y Reformas de 1847, donde se apelaba a un voto directo, pero no se llegó a ejercer. El entonces presidente José Joaquín Herrera promulgó un decreto que descartó la elección directa y dejo intacto el mecanismo de las Leyes de 1824.

En el texto constitucional de 1857, se apeló a una elección indirecta con electores, es decir, el pueblo dividido en distritos escogería a sus respectivos electores quienes, reunidos en Colegio Electoral, votarían por los ministros de la Corte.

En la Constitución de 1917 es donde encontramos distintos mecanismos para el nombramiento de los ministros de la Corte. De acuerdo con el Constituyente de 1917, se estableció a través del voto de la mayoría absoluta del Congreso de la Unión en funciones de Colegio Electoral, a partir de las listas de candidatos formada con las propuestas de las legislaturas estatales, conforme a sus leyes locales.

Sin embargo, en un momento muy álgido en la vida política de este país, se planteó una serie de reformas a la Constitución, que van a ser parte fundamental para la dinámica que se tuvo con el partido hegemónico, el presidencialismo y las facultades metaconstitucionales en México. Nos referimos a la reforma Judicial del 20 de agosto de 1928[52], en la que el todavía presidente Plutarco Elías Calles presenta que, es el Titular del Ejecutivo quien realizará los nombramientos y los cuales serán sometidos para su aprobación a la Cámara de Senadores, la cual otorgará o negará esa aprobación, dentro del

52 El año de 1928 fue bastante complejo por decir lo mensos, ya que nos encontrábamos a finales de la gestión de Plutarco Elías Calles, ya había sido electo para su reelección Álvaro Obregón, sin embargo, el 17 de julio de ese año fue asesinado, y prácticamente en menos de un mes de fatídico día, se da esta reforma que modifica sustancialmente el procedimiento del nombramiento de los ministros de la Suprema Corte de Justicia de la Nación. Como es de todos el conocimiento, es con Calles que se inicia el partido hegemónico PNR que a la postre se convertiría en PRI, y uno de los elementos esenciales para tal fuerza era que todos los puestos dentro del Estado tendrían que ser avalados por el presidente, y los jueces del más Alto Tribunal no iban a ser la excepción. CARPIZO, J. *op. cit.* págs. 123 y ss.

improrrogable término de 10 días. Si la Cámara no resolvía dentro de dicho término, se tendría por aprobados dichos nombramientos.

En las reformas de 1934, 1944, y 1967 el proceso para el nombramiento de los ministros de la Suprema Corte, no fue modificado.

Y como hemos mencionado en líneas anteriores, el 31 de diciembre de 1994 se da una nueva reforma al Poder Judicial en la que se modifica sustancialmente el procedimiento del nombramiento de los ministros de la Corte. El presidente de la República someterá una terna al Senado, la cual sería aprobada por mayoría calificada, en caso de que no se alcance el consenso, el presidente volverá a someter otra terna a la misma Cámara Alta, y de no alcanzar el número, el titular del Ejecutivo podrá nombrar directamente a la persona que ocupe en la Corte[53].

De acuerdo con la presente iniciativa el proceso será el siguiente:

- El Senado analizará los requisitos de idoneidad o que se cumplan con los requisitos de ley. El Instituto Nacional de Elecciones y Consultas (INEC)[54].
- Las campañas durarán 60 días y no habrá precampaña.
- No se permitirá financiamiento público o privado. Las personas candidatas tendrán acceso a tiempos de radio y televisión para difundir sus propuestas y podrán participar en foros de debate.
- Los partidos políticos no podrán realizar proselitismo ni a favor o en contra de las candidaturas.
- El Tribunal Electoral del Poder Judicial resolverá las impugnaciones y declarará los resultados, salvo cuando se trate de sus propios integrantes cuya resolución corresponderá a la SCJN.

En la iniciativa se establecen algunas reglas específicas en el sentido de que, en caso de ausencia definitiva de ministros, magistrados o jueces, el Senado por mayoría calificada la persona interina para que ocupe el cargo hasta que se realice la siguiente elección ordinaria:

- Para ministros de la SCJN y magistrados del Tribunal de Disciplina el Ejecutivo Federal propondrá terna.
- Para magistrados de Circuito y jueces de Distrito, el órgano de administración propondrá la terna.
- Para magistrados electorales, será la SCJN quien propondrá la terna.

---

53 Solamente en una ocasión no se ha logrado el consenso, es decir la mayoría calificada y que el presidente designe directamente a un ministro, y es en el más reciente proceso donde la actual ministra Lenia Batres fue nombrada el pasado 14 de diciembre de 2023.

54 De acuerdo con la presente iniciativa, el Instituto Nacional de Elecciones y Consultas (INEC) vendrá a sustituir al Instituto Nacional Electoral (INE) en la realización de los comicios.

Como se visualiza en la presente iniciativa, la idea de la participación de la ciudadanía en el proceso del nombramiento de los ministros de la SCJN es algo que se encuentra incrustado en los artífices de esta reforma. En este sentido, se ve complicado que se elimine esta parte del proceso, ya que prácticamente fue una promesa de campaña o al menos así lo hicieron saber. Por tal motivo, y en aras de hacer una crítica constructiva a la iniciativa, nos aventuramos a hacer una propuesta, la cual desarrollaremos en el siguiente apartado.

10.11. La sustitución de la palabra elección por la de ratificación

Como lo hemos mencionado anteriormente, somos escépticos a los distintos mecanismos de democracia participativa; sin embargo, somos conscientes que la tendencia no sólo en México, sino a nivel mundial es utilizarla cada vez más para legitimar ciertas decisiones. El peligro de que también lleguen personas a estos puestos más por popularidad que por capacidad, y en el mayor de los peligros, que sean intereses ajenos a la sociedad, por decir algo, que impongan candidatos que defiendan sus intereses. En este sentido, vamos a plantear algunas soluciones al planteamiento de que sea precisamente el pueblo quien elija a las autoridades judiciales.

A estas alturas, resulta bastante difícil cerrar la puerta a que el pueblo participe en este proceso de nombramiento de las autoridades judiciales, así que este escrito va en sentido, de salvaguardar la idea de la democracia participativa, pero bajo un control parlamentario, como órgano político y de filtro a los impulsos del pueblo.

La propuesta que nosotros estamos planteando, es que se modifique la palabra elección por ratificación, en el que un órgano parlamentario, en este caso el Senado de la República, sea quien presente a la ciudadanía una fórmula de los 9 ministros, y el pueblo decida si está de acuerdo o no con esa integración. La ratificación que haría la ciudadanía sería por el total de los integrantes que ha postulado la Cámara Alta, y no caso por caso, así se deja a la nueva integración de ministros voten por quien los presida y evitamos que se piense que la persona quien haya tenido más votos del pueblo este legitimado para presidir ese órgano jurisdiccional Colegiado.

Así se salva la promesa de campaña de que participe el pueblo en este proceso, pero bajo un aspecto controlado por el ente político y parlamentario como es el Senado de la República. En este tenor de ideas, hacemos una propuesta para el proceso de nombramiento de los ministros de la Suprema Corte de Justicia de la Nación.

10.12. Propuesta para nombramiento de los ministros de la Suprema Corte de Justicia de la Nación y los magistrados electorales

Entre los requisitos que ya se tienen establecidos en la propia Constitución, y que no se modifican en la iniciativa del presidente AMLO, y para asegurar una verdadera independencia judicial agregaríamos los siguientes:

1. **Que la persona no haya ocupado un lugar en la Administración Pública o entes del Poder Legislativo 2 años antes de ser electo ministro o magistrado electoral**

Además de los puestos que ya se encuentran estipulados en la Constitución, nosotros extendemos la limitación para cualquier persona que este en la Administración, no sólo secretarios o Subsecretarios de Estado, sino a cualquiera que sea parte de esta. Así que se incluye a directores generales, Embajadores etc., ya que, de lo contrario, no se garantiza efectivamente una independencia, ya que tendrán nexos con los que en su momento les ofrecieron un puesto o cargo público. Si hoy en día se tuviera esta limitante, pocos de los 11 ministros[55] actuales podría haber ocupado ese encargo.

En relación con el Poder Legislativo, no se limita solamente a los legisladores, sino que también se incluye a las personas que hayan ocupado un puesto dentro de la administración de este poder, ya sean contralores, oficiales mayores, y secretarios de mesa directiva o de comisiones[56]. Esto porque la persona tiene contacto directo con los legisladores que en principio les van a ayudar a llegar al puesto Jurisdiccional.

---

55 De haber existido esta limitante del tiempo para poder ocupar el puesto de ministro, varios de los recientes jueces constitucionales hubieran estado impedidos para ocupar el cargo:
- José Fernando Franco González-Salas antes de ser ministro era Subsecretario del Trabajo y Prevención Social de la Secretaria del Trabajo y Prevención Social (2000-2005)
- Alfredo Gutiérrez Ortiz Mena, jefe de Servicio de la Administración Tributaria (2008-2012)
- Eduardo Medina Mora (Embajador de México ante los Estados Unidos de América (2013-2015). Cabe mencionar que antes había ocupado los puestos de secretario de Seguridad Pública Federal, Procurador de la República.
- Javier Laynez Potisek (Procurador Fiscal de la Federación 2008-2015).
- Ana María Ríos Farjat (jefa del Servicio de Administración Tributaria 2018-2019).
- Lenia Batres Guadarrama (consejera Adjunta de Legislación y Estudios Normativos de la Consejería Jurídica del Ejecutivo Federal 2021-2023).
- Cabe mencionar que la ministra Loretta Ortiz Ahif fue diputada federal por parte de Morena en la LXII Legislatura del 2012-2015.

56 Si hubiera existido esta limitante, no hubiera podido ser electo como magistrado de Sala Regional Monterrey el hoy Juez de la Sala Superior Electoral, ya que estaba como secretario técnico de la Comisión de Justicia dentro del Senado, cuando fue electo para su primer puesto jurisdiccional.

Esta limitante temporal no cabría, si la persona proviene del mismo Poder Judicial, de Organismos Constitucionales Autónomos, o de las Universidades Públicas, ya que en principio no tienen de manera directa relación con los partidos políticos.

2. **Las propuestas de las ternas a ministros de la Corte y magistrados electorales las hará la Cámara de Diputados y las propondrá a la Cámara de Senadores. Estas última elegirá con mayoría calificada del total de los integrantes entre las ternas que le han enviado, para someter toda la fórmula de los 9 ministros o magistrados electorales, según sea el caso a una ratificación por pueblo**

Esta ratificación se hará en una elección especial organizada por el Instituto Nacional y de Elecciones dentro de los 60 días que el Senado haya aprobado la fórmula. En dicho proceso o se acepta toda la fórmula o se desecha, ya que la votación se hará por el total de la conformación y no por persona individualmente.

Los beneficios de que se haga por fórmula, primero, para que se haya logrado un acuerdo en el Senado por parte de todas las fuerzas políticas, implica que, al momento de someterse a la ratificación, todos impulsarán que se apoye el total de la integración. Así se da una corresponsabilidad de todos los partidos políticos apoyar con su electorado la ratificación de los perfiles que se están sometiendo al pueblo.

Segundo, así se evita que ciertos liderazgos o perfiles más carismáticos piensen que por ser los más votados, tendrían el derecho de presidir la Corte o las Salas Electorales. La decisión de quien presidirá estos órganos jurisdiccionales debe recaer únicamente entre los miembros de dicho organismo.

3. **En caso de falta de alguno de los integrantes de la SCJN o de las Salas Electorales se seguirá el mismo procedimiento que el anterior. Cuando haya la ausencia definitiva de algún ministro o magistrado electoral, se utilizará el mismo procedimiento, es decir será la Cámara de Diputados quien proponga una terna a la Cámara de Senadores, y una vez que se haya nombrado a alguien por mayoría calificada, será sometida a una ratificación por parte del pueblo. Esto dentro de los mismos plazos que se mencionaron anteriormente**

10.13. Conclusiones

1. Es necesaria una reforma al Poder Judicial que lo actualice frente a los nuevos retos del siglo XXI. De los 3 poderes, este poder se ha caracterizado por ser opaco o hermético.

2. Es importante tener en cuenta que una reforma siempre tiene cumplir con 2 condicionantes, que sea políticamente necesaria y jurídicamente posi-

ble. La iniciativa presentada por el presidente AMLO en febrero de 2024, cumple con este postulado. Primero porque se presenta en medio del proceso electoral, y los partidos ganadores siempre tuvieron en su discurso político, la reestructuración del Poder Judicial, y las urnas respaldaron dicho proyecto de modificación. Además, durante este sexenio salieron a relucir cuestiones bastante lamentables en relación al Poder Judicial, principalmente en el área de lo electoral, donde por hubo una gran inestabilidad, ya que se tuvieron 5 presidentes de la Sala Superior en un lapso de 7 años. Esta inestabilidad de los jueces electorales, permeo también la Suprema Corte de Justicia de la Nación. Segundo, la necesidad jurídica, las instituciones tienen que estarse actualizando para enfrentar los nuevos retos y solucionar problemas latentes en la estructura que tienen.

3. La reducción de 11 a 9 ministros va en la tendencia de los Tribunales Constitucionales, ya que se considera que, con un número más reducido, estos pueden funcionar mejor a la hora de la discusión de los asuntos que se les turnen.

4. La reducción de 15 a 12 años se pude considerar correcta, ya que también va en la tendencia del derecho comparado, en virtud, de los jueces constitucionales no es propicio que duren mucho tiempo en el encargo, porque con periodos prolongados, puede ocasionar que se desvirtué el sentimiento constitucional, en otras palabras, se debilite el puesto y se fortalezca la persona que lo ocupa.

5. La democracia participativa ha venido para quedarse, sin embargo, debemos tomarla con cautela, ya que históricamente esta se ha utilizado para legitimar las decisiones ya tomadas. En este sentido, proponemos que la participación ciudadana sea más de ratificación que de elección. Que sea un órgano colegiado y político como es el Senado de la República quien someta a la ciudadanía la fórmula que deberá ratificar dentro de las reglas procesales electorales.

6. Para lograr una verdadera independencia se debe establecer un requisito que las personas que, a ser ministros o magistrados electorales, no hayan ocupado un cargo dentro de la Administración Pública o dentro del organigrama del Poder Legislativo, 2 años antes de la elección.

10.14. Bibliografía

AA. VV. *Ministros, Semblanzas 1917-1994,* Tomo I y II, SCJN, México, 2002.

AA. VV. *Semblanzas de los Ministros de la Suprema Corte de la Nación (1917-2013). Breve recorrido de la vida y obra, a través de las Épocas del Seminario Judicial de la Federación,* SCJN, México, 2013.

Barthélemy, J., *Crise de la Démocrate Représentative,* Marcel Giard, 1928.

Burke, E., *Textos Políticos,* FCE, México, 1996.

Caamaño, F., «Mandato Parlamentario y Derechos Fundamentales (Nota para una Teoría de la Representación Constitucional adecuada)», en *Revista Española de Derecho Constitucional,* año 12, N.° 36, septiembre-diciembre, España, 1992

Carpizo, J., *El Presidencialismo Mexicano,* 18.ª ed., Siglo XXI, México, 2004.

Carré de Malberg, R., *Teoría General del Estado,* 2.ª ed., FCE, México, 1988.

Dahl, R., *Democracy and its Critics,* Yale, E.U.A., 1989.

Di Tella, T., *Crisis de la representatividad y sistema de Partidos Políticos,* Grupo Editorial Latinoamérica, Argentina, 1988.

Duverger, M., *Instituciones Políticas y Derecho Constitucional,* 5.ª ed., Ariel, España, 1970.

Fix-Zamudio, H., «La Reforma Judicial en México: ¿De dónde viene? ¿Hacia dónde va?», en AA. VV., Art. *105, Veinte años no es nada. La Suprema Corte y la Justicia Constitucional antes y después de la Reforma Judicial de 1994,* Camilo Emiliano Saavedra Herrera (compilador), SCJN, México, 2018.

Habermas, J., *Facticidad y Validez, Sobre el derecho y el Estado Democrático de Derecho en términos de la teoría del Discurso,* Trotta, 6.ª ed., Madrid, 2010.

Hamilton, Madison y Jay, *The Federalist,* The University of Texas, E.U.A, 1974.

Herrera Gómez, M. y Jaime Castillo, J. M., «Sistema Político y Sociedades Complejas Estabilidad y Cambio», en *Revista de Estudios Políticos,* (Nueva Época), N.° 126, octubre-diciembre, Madrid, 2004.

Kelsen, H., *Esencia y Valor de la Democracia,* Colofón, 2.ª ed., México, 2002.

Loewenstein, K., *Teoría de la Constitución,* 4.ª reimpresión, Ariel, Barcelona, 1986.

Mejía Garza, R. M., y Rojas Zamudio, L. P., «El Acto Político de la Ampliación del periodo de la duración de cuatro magistrados de la Sala Superior del Tribunal Electoral avalado por la Suprema Corte. Acción de inconstitucionalidad 99/2016 y su acumulada 104/2016», en AA. VV. *NI Tribunal ni Electoral,* coordinadores (Juan Jesús Garza Onofre y Javier Martín Reyes), UNAM, México, 2021.

Michels, R., *Los Partidos Políticos, Vol. II,* Amarrortu Editores, Argentina, 2003

Pitkin, H., *El Concepto de Representación,* Centro de Estudios Constitucionales, Madrid, 1986.

Sartori, G., *Homo Videns, la Sociedad Teledirigida*, Taurus, Argentina, 1997.

Sieyès, E. J., ¿Qué es el Tercer Estado?, 3.ª ed., UNAM, México, 1989.

Soto Barrientos, F., «El Referéndum en Latinoamérica: un análisis desde el Derecho Comparado», en *Boletín Mexicano de Derecho Comparado,* Nueva Serie, año XLVI, número 136, enero-abril, UNAM, México, 2013.

Stuart Mill, J., *Del Gobierno Representativo,* 4.ª ed., Tecnos, Madrid, 2007.

Vega García, P. de, *La Reforma Constitucional y la Problemática del Poder Constituyente,* 5.ª ed., Tecnos Madrid, 2000.

«Significado Constitucional de la Representación Política», en *Revista de Estudios Políticos,* N.° 44, marzo-abril, Madrid, 1985.

Vergottini, G. de, *Derecho Constitucional Comparado,* UNAM, México, 2004.

Wong Meraz, V. A., «El Referéndum Constitucional la dialéctica entre la democracia representativa y la particpativa», en *Anuario de la Facultad de Derecho de la Universidad de la Coruña,* n.° 19, Universidad de la Coruña, España, 2015.

COMENTARIOS CRÍTICOS

11.

LA REFORMA AL PODER JUDICIAL Y SU IMPACTO EN LA JUSTICIA LOCAL. UN ANÁLISIS DESDE LA PERSPECTIVA DEL FEDERALISMO

Morelos Canseco Gómez[1]

11.1. Introducción

En la Gaceta Parlamentaria de la Cámara de Diputados del 5 de febrero de 2024 se publicó la iniciativa del presidente de la República que propone reformas, adiciones y derogaciones a diversas disposiciones de la Constitución Política de los Estados Unidos Mexicanos, en materia de reforma del Poder Judicial.

Se plantean modificaciones a 16 artículos de la Ley Fundamental y 11 disposiciones de carácter transitorio. En particular, atañen a las funciones, estructura y organización de los poderes judiciales de las entidades fede-

---

1 Abogado por la Escuela Libre de Derecho y Maestro de Derecho Constitucional por la Universidad Autónoma de Tamaulipas. Profesor de Derecho Parlamentario y Técnica Legislativa en la Maestría de Derecho Constitucional de la Escuela Libre de Derecho. Ha sido servidor público de la Federación y del estado de Tamaulipas, tanto en sus poderes ejecutivos como legislativos.

rativas los planteamientos relativos a los artículos 17 párrafo segundo, 20 apartado B párrafo segundo, 110 párrafo segundo, 111 párrafo quinto, 116 fracción III párrafos segundo, tercero, cuarto, quinto y sexto, 122 apartado A fracción IV párrafos primero y tercero, y transitorios séptimo, octavo, noveno y décimo del proyecto de decreto contenido en la iniciativa.

Si bien la exposición de motivos de la iniciativa reúne consideraciones sobre (i) los antecedentes de la integración de la Suprema Corte de Justicia de la Nación y del Consejo de la Judicatura Federal, al tiempo de presentar (II) el contenido de las propuestas de reforma al Poder Judicial, enfatizándose los apartados de la elección de ministros, magistrados y jueces por voto popular, de la creación del Consejo de la Judicatura Federal, del objetivo de la impartición de justicia pronta y expedita y de lo que llama otras reformas pertinentes (suspensión como medida cautelar de que dispone el órgano judicial y la remuneración de las y los servidores de los poderes judiciales), no se presenta ningún tipo de reflexión específica sobre la situación de los poderes judiciales de las entidades federativas para sustentar la pertinencia de las reformas que les atañen.

A su vez, en (III) la descripción del contenido de la iniciativa sus apartados se concretan a abordar los aspectos de la elección de ministras y ministros, magistradas y magistrados y jueces y juezas del ámbito federal por voto popular, la reforma al Consejo de la Judicatura Federal, la impartición de justicia pronta y expedita y el régimen transitorio propuesto.

Este estudio tiene el propósito de realizar un análisis general sobre la naturaleza de las modificaciones que, a la luz de los planteamientos para introducir reformas al sistema de impartición de justicia de la Federación y, en particular, a las normas de elección de quienes tienen a su cargo el ejercicio de la función jurisdiccional en el Poder Judicial de la Federación y de organización de la gestión administrativa y de la facultad disciplinaria en dicho poder de la Unión, estarían compelidos a realizar los órganos revisores de las constituciones políticas de las entidades federativas si el órgano revisor de la Constitución General de la República aprueba y ordena la vigencia de las adecuaciones constitucionales actualmente sometidas a su valoración y determinación.

11.2. Propuesta con obligaciones, sin diagnóstico de las condiciones locales

En la iniciativa presidencial se plantean modificaciones a los artículos 116 y 122 constitucionales, fracciones III y IV, respectivamente, que establecen las bases para el establecimiento, funcionamiento y organización de los poderes judiciales de los estados y de la Ciudad de México.

En específico se plantean las siguientes reformas, presentadas aquí en sendos cuadros comparativos:

Texto vigente	Texto de la iniciativa
Artículo 116. ...	Artículo 116. ...
...	...
I. y II. ...	I. y II. ...
III. ...	III. ...
La independencia de los magistrados y jueces en el ejercicio de sus funciones deberá estar garantizada por las Constituciones y las Leyes Orgánicas de los Estados, las cuales establecerán las condiciones para el ingreso, formación y permanencia de quienes sirvan a los Poderes Judiciales de los Estados.	La independencia de los magistrados y jueces en el ejercicio de sus funciones deberá estar garantizada por las Constituciones y las Leyes Orgánicas de los Estados, las cuales establecerán las condiciones para su **elección por voto directo y secreto de la ciudadanía; la creación de un Tribunal de Disciplina Judicial y de un órgano de administración judicial con independencia técnica, de gestión y para emitir sus resoluciones, conforme a las bases establecidas en esta Constitución para el Poder Judicial de la Federación; así como del ingreso,** formación y permanencia de quienes sirvan a los Poderes Judiciales de los Estados.
Los Magistrados integrantes de los Poderes Judiciales Locales, deberán reunir los requisitos señalados por las fracciones I a V del artículo 95 de esta Constitución. No podrán ser Magistrados las personas que hayan ocupado el cargo de secretario o su equivalente, Procurador de Justicia o Diputado Local, en sus respectivos Estados, durante el año previo al día de la designación.	Los Magistrados integrantes de los Poderes Judiciales Locales, deberán reunir los requisitos señalados por las fracciones I a V del artículo 95 de esta Constitución. No podrán ser Magistrados las personas que hayan ocupado el cargo de secretario o su equivalente, Procurador de Justicia o Diputado Local, en sus respectivos Estados, durante el año previo al día de la **elección**.

Texto vigente	Texto de la iniciativa
Los nombramientos de los magistrados y jueces integrantes de los Poderes Judiciales Locales serán hechos preferentemente entre aquellas personas que hayan prestado sus servicios con eficiencia y probidad en la administración de justicia o que lo merezcan por su honorabilidad, competencia y antecedentes en otras ramas de la profesión jurídica.	**Las propuestas de candidaturas y la elección** de los magistrados y jueces integrantes de los Poderes Judiciales Locales **se realizarán conforme a las bases que establece esta Constitución para el Poder Judicial de la Federación y en los términos y modalidades que establezcan las Constituciones locales respectivas, garantizando mecanismos transparentes y paritarios de elección. Las candidaturas se harán** preferentemente entre aquellas personas que hayan prestado sus servicios con eficiencia y probidad en la administración de justicia o que lo merezcan por su honorabilidad, competencia y antecedentes en otras ramas de la profesión jurídica.
Los magistrados durarán el ejercicio de su encargo el tiempo que señalen las Constituciones Locales, podrán ser reelectos, y si lo fueren, sólo podrán ser privados de sus puestos en los términos que determinen las Constituciones y las Leyes de Responsabilidades de los Servidores Públicos de los Estados.	Los magistrados durarán en el ejercicio de su encargo el tiempo que señalen las Constituciones locales, podrán ser reelectos y, si lo fueren, sólo podrán ser privados de sus puestos **por el Tribunal de Disciplina Judicial y** en los términos que determinen las Constituciones y las Leyes de Responsabilidades de los Servidores Públicos de los Estados.
Los magistrados y los jueces percibirán una remuneración adecuada e irrenunciable, la cual no podrá ser disminuida durante su encargo.	Los magistrados y los jueces percibirán una remuneración adecuada e irrenunciable, la cual no podrá ser **mayor a la establecida para el presidente de la República en el presupuesto correspondiente y no será** disminuida durante su encargo.
IV. a X. …	IV. a X. …

Texto vigente	Texto de la iniciativa
Artículo 122. ...	Artículo 122. ...
A. ...	A. ...
I. a III. ...	I. a III. ...
IV. El ejercicio del Poder Judicial se deposita en el Tribunal Superior de Justicia, el Consejo de la Judicatura y los juzgados y tribunales que establezca la Constitución Política de la Ciudad de México, la que garantizará la independencia de los magistrados y jueces en el ejercicio de sus funciones. Las leyes locales establecerán las condiciones para el ingreso, formación, permanencia y especialización de quienes integren el poder Judicial.	IV. El ejercicio del Poder Judicial se deposita en el Tribunal Superior de Justicia, **el Tribunal de Disciplina Judicial local, el órgano de administración judicial** y los juzgados y tribunales que establezca la Constitución Política de la Ciudad de México, la que garantizará la independencia de los magistrados y jueces en el ejercicio de sus funciones. Las leyes locales establecerán las condiciones para **su elección por voto directo y secreto de la ciudadanía y para el funcionamiento de órganos de administración y disciplina con independencia técnica, de gestión y para emitir sus resoluciones, conforme a las bases establecidas en esta Constitución para el Poder Judicial de la Federación; así como del** ingreso, formación, permanencia y especialización de quienes integran el poder Judicial.
...	...
Los magistrados durarán en el ejercicio de su encargo el tiempo que establezca la Constitución Política de la Ciudad de México; podrán ser reelectos y, si lo fueren, sólo podrán ser privados de sus puestos en los términos que establezcan esta Constitución, así como la Constitución y las leyes de la Ciudad de México. Los magistrados y los jueces percibirán una remuneración adecuada e irrenunciable, la cual no podrá ser disminuida durante su encargo.	Los magistrados durarán en el ejercicio de su encargo el tiempo que establezca la Constitución Política de la Ciudad de México; podrán ser reelectos y, si lo fueren, sólo podrán ser privados de sus puestos **por el Tribunal de Disciplina Judicial y** en los términos que establezcan esta Constitución, así como la Constitución y las leyes de la Ciudad de México. Los magistrados y los jueces percibirán una remuneración adecuada e irrenunciable, la cual no podrá ser **mayor a la establecida para el presidente de la República en el presupuesto correspondiente y no será** disminuida durante su encargo.

Texto vigente	Texto de la iniciativa
V. a XI. ...	V. a XI. ...
B. a D. ...	B. a D. ...

De manera dogmática y ajena a cualquier análisis de la situación que guardan los poderes judiciales de las entidades federativas, por ejemplo, la dimensión de sus órganos jurisdiccionales, el personal investido de la función judicial y el personal auxiliar de la misma o con tareas de carácter administrativo y disciplinario, la carga de los asuntos y sus tiempos de resolución en un período retrospectivo razonable, el presupuesto asignado históricamente en los últimos dos lustros y los tabuladores de las remuneraciones previstas para sus integrantes y colaboradores, se propone transpolar los planteamientos que se formulan para introducir reformas al Poder Judicial de la Federación. Es decir, la elección por voto popular de las personas magistradas y juezas, la desaparición del Consejo de la Judicatura, el establecimiento de un órgano con integrantes designados por los tres poderes locales a cargo de la administración del Poder Judicial, el establecimiento de un Tribunal de Disciplina Judicial de elección popular y la previsión de un límite para las remuneraciones de titulares de magistraturas y judicaturas.

Es poco lo que se plantea en el texto de las modificaciones a los artículos 116 y 122 constitucionales, pero es mucho lo que está implícito y sus previsibles desarrollos, a la luz de la nula ausencia de estudio, valoración y sustentación de esas propuestas.

También tienen implicaciones, desde luego, las modificaciones que la iniciativa propone a fin de establecer la temporalidad de seis meses para que los tribunales administrativos resuelvan sobre asuntos tributarios, conforme a su cuantía; así como para dictar sentencia en los asuntos penales dentro de los períodos hoy constitucionalmente previstos, con base en la duración máxima de la pena de prisión por el delito imputado.

Dejemos, por ahora, las derivaciones relativas al límite de las remuneraciones y a los planteamientos vinculados al objetivo constitucional de impartición pronta y expedita de la justicia, que ofrecen pautas nítidas para los órganos revisores de las constituciones y el legislador locales.

Pongamos la dimensión de la reforma planteada para los poderes judiciales de las entidades federativas en términos de la elección de las personas titulares de las magistraturas y de los juzgados locales, de la elección de las personas titulares de las magistraturas del Tribunal de Disciplina Judicial local y de la designación de las personas integrantes del órgano responsable de la administración y control interno del poder judicial local.

Se hace notar que, a la luz de otra iniciativa de modificaciones en materia electoral a la Constitución General de la República presentada por el presidente de la República el propio 5 de febrero de 2024, la función estatal electoral dejaría de ser concurrente entre la Federación y las entidades federativas para atenderse de manera unitaria por el orden federal, de tal suerte que los actuales órganos públicos locales electorales y tribunales electorales de las entidades federativas verían concluida su existencia para que sus funciones se asuman integralmente por una nueva institución encargada de la organización de las elecciones, consultas populares y revocaciones de mandato en todo el país, así como por la estructura del Tribunal Electoral del Poder Judicial de la Federación, cuya integración devendría de procesos de elección popular[2].

Así, la reforma propuesta para los poderes judiciales de las entidades federativas implicaría:

a) La integración con base en un órgano superior —pensemos en el Tribunal Superior de Justicia o el Supremo Tribunal de Justicia—, que podría seguir actuando en pleno y en salas[3]; órganos de conocimiento y resolución de controversias jurisdiccionales; un Tribunal de Disciplina Judicial[4] y un órgano de administración judicial[5], que sustituirían a los actuales Consejos de la Judicatura locales. Es pertinente preguntarse sobre el número de integrantes de este último Tribunal y del órgano de administración, pues las bases para los hipotéticos homólogos de la Federación tendrían cinco integrantes cada uno, y existen diferencias fácilmente apreciables entre la dimensión de los poderes judiciales de las entidades federativas, de conformidad con el número de sus habitantes.

b) El establecimiento de normas para la postulación y la elección mediante el sufragio popular de las personas integrantes del órgano superior de impartición de justicia, los juzgados y el Tribunal de Disci-

2 Esta iniciativa presidencial está publicada en la Gaceta Parlamentaria de la Cámara de Diputados del 5 de febrero de 2024.

3 Como se vio, la previsión expresa para las Constituciones locales se refiere a la elección por voto popular de las personas titulares de magistraturas y de juzgados, la creación de un Tribunal de Disciplina Judicial y de un órgano de administración judicial «conforme a las bases establecidas en esta Constitución para el Poder Judicial de la Federación», lo que no implica obligación para esos órganos en el sentido de que únicamente puedan sesionar en pleno, como se propone para la Suprema Corte de Justicia de la Nación.

4 A imagen y semejanza de lo previsto para la Federación en los textos propuestos para los párrafos primero, segundo, tercero, cuarto, quinto, sexto y séptimo de la reforma que se pretende al artículo 100 constitucional.

5 En términos de lo previsto en los párrafos octavo, noveno, décimo, undécimo, duodécimo, décimo tercero, décimo cuarto, y nuevos párrafos décimo quinto, décimo sexto (a partir de la derogación de los actuales décimo quinto y décimo sexto) y décimo séptimo de la reforma que se pretende al artículo 100 constitucional.

plina Judicial, garantizándose la paridad entre los géneros y conforme a las previsiones planteadas para las elecciones de personas impartidores de justicia e integrantes del órgano de disciplina judicial en el ámbito de la Federación[6].

c) La previsión de limitar la remuneración a las personas titulares de una magistratura o de un juzgado a no ser mayor que la prevista presupuestalmente para el presidente de la República. Sobre esta cuestión, el artículo séptimo transitorio de la iniciativa plantea que las remuneraciones de quienes sirvan a los poderes judiciales de las entidades federativas y que se encuentren en funciones al momento de entrar en vigor las reformas planteadas, no podrán ser mayores a la establecida para la persona titular de la presidencia de la República y se ajustarán en consecuencia con los parámetros establecidos por el artículo 127 constitucional, que también es objeto de otra iniciativa de modificaciones constitucionales planteadas por el Ejecutivo Federal el 5 de febrero de 2024[7].

Por otro lado, resulta relevante lo dispuesto por el artículo octavo transitorio, a la luz de lo previsto por el artículo primero transitorio, que ordena la entrada en vigor del decreto de reformas, adiciones y derogaciones constitucionales al día siguiente de su publicación en el Diario Oficial de la Federación. En la primera de las disposiciones transitorias invocadas, se prescribe lo siguiente:

> El Congreso de la Unión y las Legislaturas de las entidades federativas tendrán un plazo de ciento ochenta días naturales a partir de la entrada en vigor del presente Decreto para realizar las adecuaciones a las leyes federales y constituciones locales que correspondan para dar cumplimiento al mismo. **Entretanto, se aplicarán en lo conducente de manera directa las disposiciones constitucionales en la materia**. (Destacado propio).

Es posible entender el período relativamente breve para implementar las reformas propuestas a la Constitución General de la República en las constituciones de las entidades federativas, pues se aspira a que el cumplimiento

6 Para el órgano superior y para la titularidad de los juzgados, esos términos figuran en las propuestas de modificación a los artículos 96, 97, 98 y 100 constitucionales.

7 En más de un sentido, las 18 iniciativas de reformas y adiciones a la Constitución Política de los Estados Unidos Mexicanos presentadas por el presidente de la República al órgano revisor de la Ley Fundamental el 5 de febrero de 2024 se refuerzan en sus objetivos y propósitos entre unas y otras, al grado de que algunas iniciativas plantean adecuaciones coincidentes con el contenido de otras, como en el caso que nos ocupa. Quizás por la discusión pública de cómo se integra la remuneración del presidente de la República, la iniciativa de modificaciones al artículo 127 constitucional sustrae de la cuantificación de dicha remuneración las prestaciones en especie que se asignan a la persona titular de ese cargo.

de las normas modificadas inicie en un período razonablemente cercano a su expedición, y quizás también para procurar la organización de una sola jornada para la elección de las personas titulares de órganos de impartición de justicia y de disciplina judicial en los ámbitos de la Federación y de las entidades federativas. Llama más la atención lo relativo a la aplicación directa «en lo conducente» de las disposiciones constitucionales reformadas.

Se abre ante la ciudadanía y los órganos a cargo de implementar el conjunto de modificaciones en cuestión un panorama de relativa incertidumbre que requiere precisión, con base en el análisis y la adopción de decisiones. Si se ordena en las adecuaciones a los artículos 116 y 122 constitucionales la ejecución de determinadas reformas, adiciones y derogaciones para proceder a la elección de ciertas autoridades con funciones jurisdiccionales y de disciplina judicial, las cuales deben seguir las bases que se propone establecer en esos aspectos para el Poder Judicial de la Federación, ¿qué comprende la aplicación directa de las disposiciones constitucionales en la materia?

Y lo anterior también atañe a la conformación de los nuevos órganos de administración judicial de las entidades federativas, puesto que, junto con los Tribunales de Disciplina Judicial locales, deberán iniciar sus funciones en la fecha en que tomen protesta las personas titulares de las magistraturas en cada uno de dichos Tribunales.

La forma en que se ha previsto la modificación de la organización de los poderes judiciales de las entidades federativas y la elección de las personas que tendrían funciones jurisdiccionales y de disciplina judicial y la disposición sobre la aplicación de manera directa «en lo conducente» de las normas modificadas para el Poder Judicial de la Federación, abre la puerta a múltiples interrogantes, en particular si la expresión «en lo conducente» se aplica a las previsiones transitorias de las normas cuya reforma se plantea.

En particular se hace referencia a las normas transitorias para la elección de integrantes con funciones jurisdiccionales y de disciplina judicial del Poder Judicial de la Federación. En efecto, en el párrafo segundo del artículo segundo transitorio de la iniciativa presidencial en cuestión se dispone que: *El Senado de la República, por única ocasión, tendrá un plazo de treinta días naturales posteriores a la entrada en vigor del presente Decreto para emitir la convocatoria para integrar el listado de las personas aspirantes que participen en la elección extraordinaria para renovar los cargos de mando del Poder Judicial de la Federación señalados en el párrafo anterior*[8]*. Los Poderes de la Unión postularán al número de personas aspirantes a los que tengan derecho, en los*

8 Se trata de las ministras y ministros de la Suprema Corte de Justicia la Nación, las magistradas y magistrados de circuito, las juezas y jueces de distrito y las consejeras y consejeros del Consejo de la Judicatura Federal, entre otros encargos jurisdiccionales, que se encuentren en funciones al entrar en vigor el Decreto de modificaciones que nos ocupa.

términos previstos en los artículos 96, 99 y 100 de este Decreto, y verificará que las postulaciones cumplan los requisitos de elegibilidad aplicables a cada cargo. Una vez que el Pleno del Senado apruebe el dictamen de elegibilidad correspondiente por mayoría simple de votos de sus integrantes presentes, remitirá los listados respectivos al organismo público electoral a que se refiere el Apartado A de la fracción V del párrafo tercero del artículo 41 constitucional, el cual deberá organizar, convocar y realizar el proceso electivo extraordinario en un plazo no mayor a un año contado a partir de la fecha de entrada en vigor del presente Decreto.

En el párrafo tercero de esa misma disposición se agrega lo siguiente: *Una vez concluida la jornada electoral, el organismo público electoral efectuará los cómputos de la elección y los comunicará al Senado de la República, que de inmediato realizará y publicará la suma, y enviará los resultados a la Sala Superior del Tribunal Electoral del Poder Judicial de la Federación, la cual resolverá las impugnaciones, calificará el proceso y declarará sus resultados. Las personas servidoras públicas electas tomarán protesta de su encargo ante el Senado de la República.*

Esta aplicación directa «en lo conducente» de las disposiciones constitucionales reformadas hasta en tanto se adecuen las normas constitucionales locales a las previsiones aprobadas por el órgano revisor de la Constitución General de la República, ¿incluye la consideración de la actuación del Senado para emitir la convocatoria a la integración de los listados locales de las entidades federativas que no culminen el proceso de reforma constitucional local dentro de los 30 días naturales posteriores a su entrada en vigor? ¿Correspondería al Senado formular esa convocatoria, recibir las postulaciones que competan a los poderes legislativo, ejecutivo y judicial locales y verificar su elegibilidad y remitir los listados al organismo público electoral nacional para que lleve a cabo el proceso electoral extraordinario dentro del año posterior a la entrada en vigor de las reformas constitucionales propuestas en torno a los poderes judiciales de la Federación y de las entidades federativas?

Si la previsión sobre la aplicación directa «en lo conducente» de las reformas propuestas a la Constitución General de la República incluye las normas transitorias en cuestión, existe una condición de presión a los órganos revisores de las constituciones locales para llevar a cabo las adecuaciones necesarias al orden jurídico de la entidad federativa en un plazo menor a los 30 días naturales del artículo segundo transitorio, a fin de determinar el plazo —se colige que de treinta días— en el cual la Legislatura local emitiría la convocatoria correspondiente, llevaría a cabo la recepción y verificación del cumplimiento de requisitos de elegibilidad de las personas postuladas y remitiría a la institución nacional electoral los listados para que se lleven a cabo los comicios extraordinarios de las personas con funciones jurisdiccionales y de disciplina judicial en el Poder Judicial local correspondiente. En otras palabras, que las previsiones de la iniciativa en cuestión parecen constreñir a los órganos revisores de las constituciones locales a un plazo extremadamente breve para actuar y, en caso de no hacerlo, a la sustitución de las funciones que deberían corresponder a la Legislatura local por parte del Senado de la República.

En todo sentido, cabe preguntarnos no sólo sobre la idoneidad de la Cámara de Senadores para realizar estas funciones, sino también de su capacidad de gestión para llevar a cabo esta tarea, habida cuenta el número de personas titulares de magistraturas y de juzgados que serían materia de elección popular, si consideramos que por cada magistratura se requerirá una pluralidad de candidaturas para elegir a cada una de las personas titulares[9], así como de al menos seis candidaturas para la elección de cada persona titular de juzgado[10], y, a su vez, de 960 postulaciones para la elección de 120 integrantes de los tribunales de disciplina judicial locales, a razón de cinco integrantes en cada uno de ellos.

Y si por razones de planeación coincidente para evitar excesivos llamados a las urnas a la ciudadanía y el «cansancio» que puede identificarse en la ciudadanía ante la repetición y corto espacio de tiempo entre una elección y otra, aún en el entendido de que su objeto es distinto, se llega a buscar la unificación de una sola fecha para la jornada electoral relativa a las personas con funciones jurisdiccionales y de disciplina judicial en el Poder Judicial de la Federación y los poderes judiciales de las entidades federativas, tendríamos una mayor tensión hacia las capacidades de gestión del Senado de la República en la función de convocar a las postulaciones locales, recibir y verificar el cumplimiento de los requisitos en cada una de ellas y preparar los listados que llevarán a la actuación del organismo electoral nacional.

11.3. Adecuación normativa, estructural y presupuestal

En términos de la iniciativa presidencial de reformas constitucionales sobre los poderes judiciales de la Federación y de las entidades federativas, en un período muy breve se requeriría a los órganos de revisión de las constituciones locales llevar a cabo la adecuación normativa que les corresponde,

9 Si para elegir nueve integrantes de la Suprema Corte de Justicia de la Nación se requieren 30 candidaturas (10 propuestas por la persona titular de la presidencia de la República, 10 por el Poder Legislativo —cinco por cada una de las Cámaras— y 10 por la propia Suprema Corte), ¿qué número de candidaturas se plantearían por cada persona integrante del Supremo Tribunal de Justicia o del Tribunal Superior de Justicia de la entidad federativa que corresponda? Ver la propuesta de fracción I para el artículo 96 de la iniciativa presidencial.

10 En la fracción II de la reforma propuesta al artículo 96 se plantea que para elegir a la persona titular de cada juzgado de distrito deberá haber seis personas postuladas, dos por parte del poder ejecutivo, una por cada una de las cámaras federales y dos por la Suprema Corte de Justicia de la Nación.

de tal suerte que establezcan en términos de las disposiciones propuestas para normar al Poder Judicial de la Federación, las reglas para la postulación de candidaturas a la elección de integrantes del Tribunal Superior de Justicia o del Supremo Tribunal de Justicia, con base en una proporción acorde al número de magistraturas.

Si para la elección de nueve personas integrantes de la Suprema Corte de Justicia de la Nación, se plantea la postulación de 30 candidaturas (10 por parte de la presidencia de la República, cinco por parte de cada una de las cámaras del Congreso de la Unión, con mayoría calificada de las dos terceras partes de las y los legisladores presentes y 10 por parte de la propia Suprema Corte, con mayoría de seis de sus integrantes, que sería la mayoría absoluta con la composición actual y las dos terceras partes con la composición propuesta), existe una relación de poco más de tres candidaturas por cada cargo a elegir. En principio, habría que seguir la misma consideración para las postulaciones de candidaturas a las magistraturas de los poderes judiciales locales y hacerlo con respeto al principio de la paridad entre los géneros. Y, en su caso, establecer en tercios las postulaciones que corresponden a la persona titular del ejecutivo local, el Congreso de la entidad federativa y el propio órgano superior jurisdiccional del poder judicial local, con las mayorías de postulación ya aludidas para órganos colegiados.

Adicionalmente, correspondería a la Legislatura de la entidad federativa actuar como el órgano responsable de emitir la convocatoria a la presentación de postulaciones, hacer su validación, establecer la elegibilidad de las personas postuladas y remitir a la institución nacional electoral el listado correspondiente para que se organicen los comicios del caso.

Tratándose de las personas titulares de juzgados habría que establecer las normas para la postulación de dos personas bajo el principio de paridad entre los géneros por parte de cada uno de los poderes locales, a fin de completar tres candidaturas de mujeres y tres candidaturas de hombres por cada juzgado, correspondiéndole a la propia Legislatura local validar las postulaciones, establecer la elegibilidad de las personas propuestas y remitir el listado a la institución nacional electoral para la realización de los comicios respectivos.

Adicionalmente, deberá preverse que las postulaciones se hagan en favor de personas que «hayan servido con eficiencia, capacidad y probidad en la procuración e impartición de justicia, o bien, que se hayan distinguido por su honorabilidad, competencia y antecedentes profesionales en el ejercicio de la actividad jurídica».

Dada la asunción por parte de la iniciativa que nos ocupa de la aprobación de la propuesta presidencial para la centralización de la materia electoral, no resultaría necesaria la realización de adecuaciones al respecto. Los comicios estarían a cargo de una autoridad nacional sin participación de las autoridades de la entidad federativa, tanto por lo que hace a su organización como a la resolución de eventuales controversias.

Ahora bien, sí sería menester adecuar las normas constitucionales locales en lo relativo a las hipótesis de la vacante en la titularidad de las magistraturas y de los juzgados de los poderes judiciales locales, a fin de establecer que en caso de defunción, renuncia u otra causa de separación definitiva, correspondería a la persona titular del ejecutivo local presentar una terna la consideración del Congreso de la entidad federativa para que mediante la mayoría calificada de sus integrantes[11] se elija a quien cubrirá el interinato hasta la siguiente elección ordinaria de las personas integrantes del órgano jurisdiccional que corresponda. Además, deberán preverse las hipótesis sobre renuncias y licencias de las personas titulares de magistraturas y de juzgados.

A la luz de la propuesta supresión del Consejo de la Judicatura local y el establecimiento de un órgano de administración judicial y de un Tribunal de Disciplina Judicial, ambos en el ámbito de cada entidad federativa, la adecuación del orden constitucional y legal local incluye el establecimiento de dicho Tribunal, que estaría compuesto por cinco integrantes electos por la ciudadanía, con base en la convocatoria que expida la Legislatura local, las postulaciones con paridad entre los géneros que correspondería realizar a los poderes de la entidad federativa (10 personas por parte de la persona titular del poder ejecutivo, otras 10 por parte del poder legislativo con votación calificada de dos tercios de sus integrantes presentes y 10 más por parte del pleno del Supremo Tribunal de Justicia o Tribunal Superior de Justicia, con una mayoría absoluta de sus integrantes, al menos hasta la renovación de la Corte como efecto de la iniciativa de reformas que nos ocupa y de las dos terceras partes con posterioridad a la concreción de las modificaciones planteadas). Correspondería a la institución nacional electoral organizar los comicios correspondientes. Las adecuaciones normativas incluyen precisar que quienes resulten electos durarían en el cargo seis años sin posibilidad de un nuevo período y cuya renovación deberá preverse de manera escalonada cada dos años, al tiempo de contemplar que sus integrantes elegirán a quien deberá presidir el Tribunal por un periodo de dos años, sin posibilidad de reelección para el período inmediato posterior.

---

11 Se hace notar que las referencias a la mayoría calificada del Senado de las propuestas de reforma para el artículo 98 constitucional no precisan si estamos ante el necesario voto de las dos terceras partes de sus integrantes presentes en el Pleno, u otro tipo de mayoría calificada, como se hace para el artículo 96, o si puede establecerse otra mayoría calificada, verbigracia la establecida en el artículo 6.° constitucional para superar la objeción presidencial al nombramiento de personas para fungir como comisionadas del organismo garante en materia de transparencia, información pública y protección de datos personales, que es de tres quintas partes de las personas integrantes del Senado que se encuentren presentes en la sesión correspondiente. Sólo se señala para enfatizar el descuido de la redacción de la iniciativa en cuestión, pues al menos en nuestra Constitución existen dos tipos de mayoría calificada.

Por otro lado, cabría hacer una adecuación sustantiva al orden constitucional local para establecer la función del Tribunal de Disciplina Judicial: conocer, investigar, sustanciar y, en su caso, sancionar a las personas servidoras públicas del poder judicial local que incurran en actos u omisiones contrarias a la ley, el interés público o a la adecuada administración de justicia, incluyendo aquellas vinculadas con hechos de corrupción, tráfico de influencias, nepotismo, complicidad y encubrimiento de presuntos delincuentes, o cuando sus determinaciones no se ajusten a los principios de objetividad, imparcialidad, independencia, profesionalismo o excelencia, además de los asuntos que la ley determine. En este punto resultaría indispensable precisar en la ley el alcance de lo que constituye un acto u omisión en contra de la ley, del interés público o de la adecuada administración de justicia, pues si bien se señalan conductas descritas en la legislación penal y en la Ley General de Responsabilidades Administrativas, como los hechos de corrupción, el tráfico de influencias, la complicidad, el encubrimiento de presuntos delincuentes o el nepotismo, es indispensable determinar en la ley el alcance de las expresiones genéricas, como por ejemplo lo hacen las leyes locales al precisar en qué consisten los «actos u omisiones que redunden en perjuicio de los intereses públicos fundamentales o de su buen despacho», a que se refiere la fracción I del artículo 109 constitucional en materia de responsabilidades de las personas servidoras públicas. Valga decir que la expresión que adiciona como funciones la atención de «los asuntos que la ley determine», se interpretaría en favor del otorgamiento de atribuciones para el cumplimiento de su función sustantiva.

Además, deberá adecuarse la normatividad para establecer el catálogo de sanciones a disposición del Tribunal de Disciplina Judicial, que en la iniciativa presidencial para el párrafo cuarto del artículo 100 constitucional se establecen en términos ambiguos entre la potestad legislativa y la de sanción, con el catálogo que incluye la amonestación, la suspensión, la sanción económica, la destitución y la inhabilitación de la persona servidora pública a quien se le finquen responsabilidades. El Tribunal estaría dotado de la facultad de requerir información, llamar a comparecer y apercibir a personas servidoras públicas del poder judicial de la entidad federativa, presentar denuncias ante el Ministerio Público por la posible comisión de ilícitos penales y solicitar el procedimiento de juicio político a las personas titulares de magistraturas del órgano jurisdiccional superior. Si bien se hace la previsión en torno a que la sanción a las personas titulares de dichas magistraturas sólo cabría realizarse a través de las previsiones constitucionales locales en materia de responsabilidades de las personas servidoras públicas, se pretende investir al Tribunal de la categoría de órgano de única, definitiva e inatacable instancia sobre las sanciones que le compete aplicar, lo que constituye una restricción a la esfera de los derechos de las personas sometidas a su jurisdicción.

En forma similar a las previsiones aplicables a las personas titulares de magistraturas en el órgano superior con funciones jurisdiccionales de la entidad federativa, habría que incorporar el régimen aplicable a las licencias temporales y vacantes definitivas de quienes formen parte del Tribunal de Disciplina Judicial, quienes sólo podrían ser separados de sus cargos en los términos que señale la Constitución local en sus disposiciones sobre responsabilidades de las personas servidoras públicas.

En lo relativo al órgano de administración judicial, la normatividad constitucional y legal de la entidad federativa tendría que prever sus características —independencia técnica y de gestión—, funciones —administración judicial, formación y carrera judicial y control interno del poder judicial—, así como la determinación de la eventual división territorial en circuitos y las competencias por territorio y materia. También pretende dotarse a este órgano del carácter de ámbito de decisión definitiva e inatacable; es decir, que contra sus determinaciones no proceda medio ni recurso alguno. Este órgano estaría conformado por cinco personas con criterio de integración paritaria y períodos de desempeño de seis años improrrogables, cuyas designaciones se harían por la persona titular del poder ejecutivo para un sitial, por la Legislatura local con una votación de las dos terceras partes de sus integrantes presentes para otros dos y por el Pleno del Tribunal Superior de Justicia o Supremo Tribunal de Justicia local, también por mayoría de las dos terceras partes de sus integrantes, para los tres espacios restantes. Su presidencia sería rotativa en períodos de dos años, en los términos que establezca la ley.

De igual forma, tendrían que preverse los requisitos que deberán cumplir las personas que sean propuestas para integrar el órgano de administración judicial: ser mexicanas por nacimiento, en pleno ejercicio de sus derechos civiles y políticos; tener 35 años cumplidos el día de su designación; acreditar experiencia profesional mínima de 10 años; contar con título profesional relacionado con las actividades del órgano de administración judicial con antigüedad mínima de cinco años; y no haber sido inhabilitadas para desempeñar un cargo en el servicio público o condenadas por delito doloso con sanción privativa de la libertad[12]. En las adecuaciones normativas también habría que prever que quienes integren el órgano en cuestión estarían sujetos al régimen de responsabilidades de las personas servidoras públicas y sólo podrían ser removidas de su cargo en los términos aplicables en materia de juicio político y de declaración de procedencia de la Constitución local.

Dentro de la competencia del órgano de administración judicial local quedarían adscritas la Escuela de Formación Judicial de la entidad federativa, a cargo de la formación, capacitación y actualización del personal jurisdiccional y administrativo, incluidos los concursos de oposición para acceder a las distintas categorías de la carrera judicial no electivas; y el servicio de defensoría pública en asuntos del fuero local, a través del Instituto de Defensoría Pública de la entidad federativa.

12 Resulta curioso que se pida una experiencia profesional mínima de 10 años, pero con una antigüedad del título profesional de sólo cinco años. ¿Podemos válidamente admitir que la experiencia profesional se adquiere con antelación a contar con el título que permite, como tal, el ejercicio de la profesión?

Dentro de las funciones a cargo de este órgano, se encontraría la elaboración del presupuesto del poder judicial de la entidad federativa, al tiempo de que quedaría prohibida la creación y mantenimiento de fondos, fideicomisos, mandatos o cualquier contrato análogo que no se encuentre expresamente previsto en la ley, a partir de los recursos que correspondan al ejercicio presupuestal del propio poder judicial local.

Si bien ya se ha implicado, habría que disponer que quienes formen parte del Tribunal de Disciplina Judicial y del órgano de administración judicial locales serían sujetos de juicio político y gozarían de la inmunidad procesal transitoria frente a la imputación de ilícitos penales, por lo que sólo podría procederse en su contra si la Legislatura local así lo autoriza.

Como puede apreciarse, las implicaciones para las entidades federativas de la reforma constitucional propuesta entrañan modificaciones estructurales de sus respectivos poderes judiciales: la forma de postular y elegir a las personas titulares de magistraturas y de juzgados; la distinción de la responsabilidad de administrar y ejercer el control interno de los órganos del poder judicial y la de aplicar las normas de disciplina a las personas integrantes de dicho poder ante eventuales apartamientos de la normatividad; y la ausencia de instancia para impugnar las decisiones del órgano de administración judicial y del Tribunal de Disciplina Judicial.

En otro orden de ideas, es de considerarse el impacto presupuestal de las reformas constitucionales propuestas a los poderes judiciales de las entidades federativas, a la luz de las previsiones de gasto para su cumplimiento inmediato y en el tiempo por venir. Aunque podríamos asumir que la implementación de las modificaciones en materia de elección por voto popular de las personas titulares de las magistraturas con función jurisdiccional, de los juzgados y de las magistraturas con función disciplinaria correrían a cargo de los recursos asignados a la institución nacional electoral y ello implica repercusiones en el Presupuesto de Egresos de la Federación del ejercicio fiscal anual correspondiente y la planeación presupuestal subsecuente en los años donde deban realizarse elecciones de integrantes de los poderes judiciales de las entidades federativas, se trata de una cuestión que, en todo caso, habría de precisarse en las adecuaciones a la Ley General de Instituciones y Procedimientos Electorales. Es algo discernible a futuro, pero con repercusiones en el ámbito del gasto público.

Aunque podría parecer que la reforma constitucional implica esas erogaciones y que las asignaciones presupuestales para los actuales consejos de la judicatura locales se reconducirían hacia el órgano de administración judicial y el Tribunal de Disciplina Judicial que se han propuesto, se asoma un ligero incremento de encargos en dichas instituciones (10 integrantes), con respecto al número de integrantes de los consejos que se extinguirían (siete integrantes e incluso menos en algunas entidades federativas). Adicionalmente cabe considerar los mandatos para la conformación y funcionamiento de la Escuela de Formación Judicial y del Instituto de Defensoría Pública, que sin duda son indispensables, pero que tenderían a homologar sus estructuras y funciones con las instituciones homólogas de la Federación, con eventuales implicaciones en la planeación, autorización y ejercicio del gasto público local correspondiente, de acuerdo con los antecedentes respectivos.

No es de dudarse que el impacto presupuestal sería distinto en cada entidad federativa a la luz de la forma en que han integrado hasta ahora las funciones correspondientes al Consejo de la judicatura local y a los ámbitos responsables de la formación judicial y de la defensoría pública. Sin embargo, la iniciativa no contiene ninguna información al respecto.

En este contexto, es conocido lo previsto por el artículo 18 de la Ley Federal de Presupuesto y Responsabilidad Hacendaria, en el sentido de que la persona titular de la presidencia de la República «realizará una evaluación del impacto presupuestario de las iniciativas de ley o decreto que presente a la consideración del Congreso de la Unión». En todo sentido se trata de una previsión aplicable a las iniciativas que implican normatividad expedida por el Congreso de la Unión que se sustenta en la erogación de recursos previstos o previsibles en el Presupuesto de Egresos de la Federación. Sin embargo, al encontrarnos ante una iniciativa de reformas constitucionales que comprende no sólo al Poder Judicial de la Federación, sino también a los poderes judiciales de las entidades federativas, ¿en qué forma debería atenderse la evaluación del impacto presupuestario?

En principio cabe señalar lo endeble de la evaluación del impacto presupuestario que el presidente de la República presenta a la Cámara de Diputados en el ejercicio de funciones que corresponden a niveles medios de la administración pública federal en el ramo de la hacienda pública y que señala dogmáticamente que la iniciativa que nos ocupa «no tienen un impacto presupuestario adicional a lo manifestado por la SEGOB», opinión que consiste en que el proyecto de modificaciones no tiene impacto de esa naturaleza «ya que no considera la creación o modificación de unidades administrativas y plazas, o en su caso, creación de nuevas instituciones dentro de las dependencias y entidades de la Administración Pública Federal»[13].

Debe hacerse notar la interpretación restrictiva de las autoridades administrativas de los ramos de la gobernación y de hacienda sobre la obligación presidencial de realizar y presentar al Poder Legislativo de la Unión «una evaluación del impacto presupuestario de las iniciativas de ley o decreto que presente». Si a la persona titular de la presidencia de la República corresponde la presentación del proyecto de decreto del Presupuesto de Egresos

13 Ver los oficios emitidos por personas servidoras públicas en la esfera de la Subsecretaría de Egresos de la Secretaría de Hacienda y Crédito Público que se acompañan como anexos de la iniciativa presidencial y que se publican en la Gaceta Parlamentaria de la Cámara de Diputados.

de la Federación para su análisis, dictamen, discusión y votación por parte de la Cámara de Diputados, en el cual se incluye la totalidad del gasto público federal o de los tres poderes de la Unión y de los organismos constitucionales autónomos federales, parece ilógico que la evaluación del impacto presupuestal de las iniciativas presidenciales está llamada a comprender cualquier incidencia de sus iniciativas en el Presupuesto de Egresos de la Federación y no sólo en las previsiones de gastos de la administración pública federal a su cargo. En los hechos las disposiciones aplicables del Reglamento de la Ley Federal de Presupuesto y Responsabilidad Hacendaria[14], sustraen de contenido a la obligación legal al limitar la evaluación del impacto presupuestario al ámbito de la administración pública federal, que se estima no es la intención de la norma legal cuyo desarrollo reglamentario se realiza.

Resulta por demás evidente el impacto presupuestal de la iniciativa presidencial en cuestión por el hecho de que se plantea la realización de comicios para la elección de las personas responsables de la función jurisdiccional en los poderes judiciales de la Federación y de las entidades federativas, así como la creación de sendos tribunales de disciplina judicial para la Federación y para las entidades federativas, cuyos integrantes también serán electos popularmente. Se trata de nuevos procesos electorales que necesariamente demandarían asignaciones presupuestales por parte de la Federación. Así, es de dudosa veracidad de incluso falaz la opinión de las áreas administrativas dependientes del Poder Ejecutivo sobre la ausencia de impacto presupuestal federal de la iniciativa en cuestión. Independientemente de esta cuestión, no existe ningún componente en la iniciativa que permita afirmar la consideración sobre las previsiones presupuestales que deberían realizar las entidades federativas, con la colaboración de los tres poderes locales, para el cumplimiento de las modificaciones constitucionales propuestas.

A la luz de esta consideración, parece consistente afirmar que el impacto presupuestal de las adecuaciones normativas, estructurales y organizacionales de los poderes judiciales de las entidades federativas no fue consultado con los órganos competentes de las entidades federativas y tampoco fue objeto de una evaluación para su ejecución inicial y en los años por venir.

11.4. Federalismo simulado

Es indudable que la iniciativa presidencial que nos ocupa contiene implicaciones relevantes para la organización de la función de la impartición de justicia en las entidades federativas. Aún sobre la base de reducir la consideración y atención de los problemas que presenta el acceso a la justicia conmutativa en nuestro país y, en específico, en el ámbito local, pues no existen consideraciones sobre la llamada justicia cívica o en el ámbito de la autori-

14 Ver lo previsto por los artículos 18, 19 y 20 de este ordenamiento.

dad administrativa municipal o de las demarcaciones territoriales en la Ciudad de México que aplican los denominados reglamentos de policía y buen gobierno, ni para la investigación de conductas presuntamente constitutivas de delito y la persecución de las personas a quienes se impute su comisión, el conjunto de la propuesta de modificaciones no encuentra sustento en una reflexión informada y analítica de la situación que guardan el ejercicio de la función jurisdiccional en las entidades federativas y de la función de administrar, vigilar y disciplinar los poderes judiciales locales.

Simplemente se pretende inferir que la forma en que se encuentran organizadas esas funciones para el Poder Judicial de la Federación y las soluciones que se plantean —elección por voto popular de las personas a cargo de la función jurisdiccional federal en ese poder, desvinculación de las funciones de administración, vigilancia y disciplina de la persona a cargo de presidir el máximo órgano de impartición de justicia en la Federación y distinción en cuerpos independientes de las tareas de administrar el poder judicial y de vigilar y disciplinar a quienes lo integran— resultan idóneas para el ámbito local.

Aun asumiéndose las ventajas de homologar las normas para sustentar la conformación, elección de sus miembros con funciones jurisdiccionales y de disciplina judicial y funcionamiento de los poderes judiciales de las entidades federativas a las previsiones impulsadas para normar el Poder Judicial de la Federación, en la iniciativa se aprecia una ausencia de vinculación total sobre la situación que presentan los poderes judiciales locales, los problemas que enfrentan para cumplir con su función jurisdiccional esencial y sus funciones de administración, vigilancia y disciplina, así como la pertinencia y viabilidad de las soluciones que se requieren. No está presente ningún diagnóstico de carácter local, sea en lo particular de cada entidad federativa o en torno al conjunto de ellas.

Habría sido deseable que para la elaboración y presentación de la iniciativa en cuestión se presentara una especie de radiografía fáctica de los poderes judiciales de las entidades federativas: integración y facultades del Tribunal Superior de Justicia o del Supremo Tribunal de Justicia; requisitos y procedimientos de nombramiento de sus integrantes y normas sobre la duración en el cargo; facultades de las personas titulares de juzgados que conocen la primera instancia de las controversias jurisdiccionales; requisitos y procedimientos de su nombramiento; señalamiento del número de órganos con funciones jurisdiccionales, razonable retrospectiva histórica de asuntos planteados y resueltos, y relación entre el número de órganos a cargo de la función jurisdiccional y el número de habitantes de la entidad federativa. En otras palabras, la información básica que se hubiere considerado como fuente de la propuesta para homologar a las entidades federativas lo planteado para el Poder Judicial de la Federación.

En los hechos estamos ante una concepción centralista de la organización de la función jurisdiccional en el Estado mexicano y de las funciones relativas a la administración, vigilancia y disciplina de los poderes judiciales. No pretende negarse que la normatividad vigente en las fracciones III del artículo 116 y IV del apartado A del artículo 122 constitucionales encuentran su inspiración y lógica en las modificaciones realizadas en diciembre de 1994 al Capítulo IV del Título Tercero de la Constitución General de la República; es decir, la forma de elección de los integrantes de la Suprema Corte de Justicia la Nación por parte de la actuación corresponsable de la persona titular de la presidencia de la República y del Senado, el sistema de nombramiento de personas a cargo de la función jurisdiccional en los tribunales y juzgados de la Federación, la creación del Consejo de la Judicatura Federal y la autonomía de este órgano con respecto al pleno de la Suprema Corte, si bien bajo la presidencia de quien tiene esa función en el máximo órgano jurisdiccional del Poder Judicial de la Federación.

Aun bajo la influencia de ese antecedente, simplemente se ha asumido una transpolación de las insuficiencias y deficiencias que se aduce haber identificado en este poder de la Unión para proponer las modificaciones conducentes en las entidades federativas.

¿Es la elección popular de las personas titulares de magistraturas locales y de juzgados la forma más adecuada para seleccionar e integrar a quienes habrán de desempeñar la función jurisdiccional? ¿Es esa la mejor forma para seleccionar y conformar a quienes integrarán el órgano de disciplina judicial?

En el ámbito federal se ha aducido que la elección popular de quienes ejerzan la función jurisdiccional y la función de disciplina judicial permite establecer una insuperable legitimidad de origen en las personas que obtengan los votos necesarios. Sin embargo y sin prejuicios sobre eventuales planteamientos de requisitos para acreditar el conocimiento y la competencia técnica de las personas propuestas en los ámbitos de los poderes legislativo, ejecutivo y judicial de la Federación, ha existido una valoración baja sobre los efectos netamente políticos —control de postulaciones, actuación de estructuras partidistas e influencias externas de diferente naturaleza sobre las postulaciones y los desempeños de las personas electas— de introducir la elección de las personas impartidoras de justicia y a cargo de la disciplina judicial. Es una valoración ausente para el ámbito de las entidades federativas, cuyas dinámicas políticas no deberían ser asumidas de forma homologa con las de la Federación.

Podríamos colegir que tratándose de ciertos encargos judiciales —titulares de magistraturas de circuito y de juzgados de distrito en el ámbito federal y que tendría una consideración homóloga para los titulares de juzgados en el ámbito local— está abierto el espacio para la legitimación del desempeño mediante la posibilidad de la reelección, sin embargo, se trata de una valoración que corresponderá hacer a los poderes con la facultad de postulación.

En el fondo, la cuestión lleva a considerar el sistema de elección propuesto a la luz del valor de la ausencia de injerencias indebidas en el criterio de quienes ejercen la función jurisdiccional o, en su caso, de disciplina judicial. La pregunta que salta es si el sistema planteado afecta la indispensable independencia de quienes asumirían esas funciones. Los procesos de postulación a cargos de elección popular implican, de forma natural y necesaria, el establecimiento de compromisos con quienes postulan y, por supuesto, con quienes inciden en los criterios de las personas electoras.

Adicionalmente, en el contexto de la notoria incidencia de la inseguridad pública en distintas regiones del país y la creciente evidencia de acciones identificadas y atribuibles a personas y grupos que se dedican a delinquir a la luz de la aspiración del control territorial para la producción, tránsito y comercialización de drogas, en contra de quienes aspiran a las postulaciones para la elección de autoridades de carácter municipal[15]. Esta es una circunstancia de indispensable ponderación para proceder al establecimiento de la elección popular de las personas titulares de magistraturas y de juzgados con competencia para conocer y resolver sobre asuntos penales. En todo caso, sería razonable tomar en consideración el nivel de riesgo para las personas postuladas y la eventual infiltración de la delincuencia organizada local —desagregada por regiones en las entidades federativas— en favorecer alguna postulación y, desde luego, los resultados de los comicios. En la iniciativa presentada no existe ninguna consideración sobre estas circunstancias de riesgo derivadas del contexto presente.

En este sentido y a la luz de la experiencia de los comicios federales y locales celebrados en nuestro país en 2024, todo indicaría que habría una carga adicional a las tareas de seguridad pública en la entidad federativa para proteger y brindar condiciones de seguridad a las personas que aspiran a la postulación o que sean postuladas a un cargo electivo en la función jurisdiccional o en la función de la disciplina judicial.

Ante la ausencia de diálogo al interior de la pluralidad política en el ámbito federal y entre los poderes de la Unión para sustentar la iniciativa presidencial de reformas a los poderes judiciales de la Federación y de las entidades federativas, así como ante la evidencia de la ausencia de intercambio de impresiones entre el ámbito federal y el de las propias entidades federativas para la elaboración de las propuestas que contiene, la sociedad mexicana parece encontrarse ante planteamientos francamente centralistas, pues no aparece ninguna consideración sobre el diverso y rico mosaico de las circunstancias, condiciones y situaciones que se presentan para el cumplimiento de la función jurisdiccional en cada una de las entidades federativas de nuestro país.

15 La información disponible de la violencia en contra de personas aspirantes a una candidatura o personas candidatas en los comicios federales y locales de 2015, 2018, 2021 y 2024 arroja no sólo el incremento de hechos de amedrentamiento y privación de la vida, sino de su concentración en el ámbito electoral municipal. Quienes así actúan buscan establecer relaciones de control sobre esas autoridades y sus funciones.

11.5. Retos para los poderes judiciales locales

Parece evidente que el primer gran reto fundamental de los poderes judiciales locales es subsanar las deficiencias que para adecuar el orden constitucional local se desprenden de la hipotética aprobación de la iniciativa presidencial. Contar con un diagnóstico lo más completo posible y en forma rápida sobre la situación que guarda cada uno de los poderes judiciales de las entidades federativas resultaría de la mayor importancia. En otras palabras, ante la eventual obligación constitucional reformadora que derivaría de la entrada en vigor de las modificaciones a que se ha hecho referencia, parece conveniente fortalecer el cumplimiento de las disposiciones aplicables con base en la información veraz, sistematizada y jerarquizada sobre la situación que se observa en los órganos del poder judicial local y las exigencias de las reformas planteadas.

En realidad, no podemos afirmar que exista evidencia sobre algún planteamiento de carácter local en torno a la pertinencia de la elección popular de las personas titulares de las magistraturas y de los juzgados. El planteamiento de origen y los objetivos estrictamente políticos de la iniciativa presidencial para la Federación se traslada por entero a las entidades federativas. Y si bien desde luego cabe reconocer que la impartición de justicia en las entidades federativas enfrenta problemas, insuficiencias y deficiencias, los componentes de su atención y superación no parecerían derivar de la modificación de los procedimientos para la integración de los órganos responsables de la función jurisdiccional.

En ese sentido, parecería pertinente contemplar en el diagnóstico de la situación de la justicia conmutativa en las entidades federativas que corresponde al poder judicial local, el análisis y la propuesta de, al menos, dos componentes directamente vinculados con la percepción pública de las transgresiones al orden jurídico y el acceso a la justicia: el estado de la justicia cívica o la que corresponde a los municipios y las alcaldías, en el caso de la Ciudad de México, con relación a las infracciones de los reglamentos de policía y buen gobierno; y la cadena entre el conocimiento de hechos probablemente constitutivos de delito y las actuaciones que corresponden a las instituciones de seguridad pública y de procuración de justicia.

En el primero de esos apartados no sólo se toma una percepción puntual de la ciudadanía sobre la atención oportuna, competente y diligente de la autoridad administrativa, sino que a la vez se dirige en un espacio natural de prevención y contención de conductas ilícitas consideradas de mayor gravedad por la ley. En el segundo, resulta indudable que la actuación de los órganos jurisdiccionales en el ámbito penal está íntimamente ligada y, en ocasiones, incluso limitada por el desempeño previo del personal de seguridad pública y del Ministerio Público, en su sentido más amplio.

No cabe descartar que los planteamientos de reformas a los poderes judiciales locales se acompañaran con el impulso de la revisión y atención de los espacios institucionales relacionados con la justicia cívica y con la justicia penal en su acepción más amplia.

Por la forma en que se encuentra elaborada la iniciativa presidencial y el cumplimiento que habrían de darle los órganos revisores de las constituciones locales, el tiempo para actuar será relevante. Se destaca la necesaria coordinación entre los poderes locales y la determinación estratégica sobre la forma y términos en que se dará la ejecución inicial: bajo la conducción y la responsabilidad de la entidad federativa o a partir de la aplicación directa «en lo conducente» de las reformas constitucionales, lo que implicaría la participación del Senado de la República para el proceso de postulación y subsecuente elección de las personas titulares de magistraturas y de juzgados con función jurisdiccional, así como de magistraturas con funciones de disciplina judicial.

Un componente relevante de reflexión para las entidades federativas es el desarrollo normativo de los requisitos para el ejercicio de las funciones de elección popular en el poder judicial local. Desde luego, se parte del supuesto del cumplimiento —por parte de los magistrados locales— de los requisitos previstos para poder ser integrante de la Suprema Corte de Justicia de la Nación del artículo 95 constitucional y la adaptación local de lo dispuesto por la fracción VI de dicho precepto; y en el contexto de la iniciativa presidencial en cuestión, de las previsiones planteadas en el segundo párrafo del artículo 97 como requisitos para personas titulares de magistraturas de circuito o de juzgados de distrito. En todo caso, se trata de requisitos genéricos relevantes sobre la vinculación de la persona al Estado mexicano, edad, formación profesional y antigüedad en su ejercicio, buena reputación, residencia mínima anterior a la elección en la que se le postula y no desempeño en el año anterior en cargos que se consideran incompatibles por posibles ventajas en el proceso electivo. Sin embargo y adicionalmente al seguimiento de ese conjunto de requisitos para poder acceder al cargo, las propuestas de modificaciones constitucionales destacan la pertinencia de que las postulaciones «recaigan en personas (que) hayan servido con eficiencia, capacidad y probidad en la procuración e impartición de justicia, o bien, que se hayan distinguido por su honorabilidad, competencia y antecedentes profesionales en el ejercicio de la actividad jurídica»[16].

En nuestra opinión existe un espacio para que dentro de la libertad de configuración normativa de los órganos revisores de las constituciones locales y de los poderes legislativos de las entidades federativas, se establezcan previsiones que permitan fortalecer la evaluación de las cualidades de apreciación subjetiva de las personas que serían postuladas. En general, las previsiones de requisitos constitucionales que se contendrían en la Ley Fundamental de la República atienden a condiciones objetivas, salvo la de «gozar de buena reputación». En cambio, se requiere de elementos de apreciación sobre las cualidades de las personas si la evaluación para la postulación implica elementos como la eficiencia, capacidad y probidad en la procuración e impar-

16 Ver lo dispuesto en el párrafo cuarto del texto propuesto por el artículo 96 constitucional.

tición de justicia, con distinciones como persona honorable, competente y profesional reconocidas en el ejercicio de las actividades jurídicas.

Adicionalmente y en forma independiente a la elección de las personas titulares de magistraturas y juzgados con funciones jurisdiccionales o de magistraturas con funciones de disciplina judicial, no cabe descartar la emisión de normas sobre su formación y capacitación permanentes, su evaluación periódica y la difusión pública de esos procesos, como un control social indirecto sobre la calidad del desempeño de las personas electas. Esto resultaría de mayor importancia en el contexto de la posible reelección de las personas titulares de magistraturas y de juzgados con funciones jurisdiccionales, quienes eventualmente al ser reelectos podrían alcanzar la inamovilidad hasta la edad de retiro, salvo la instauración de procedimientos de responsabilidad que llevaran a su destitución.

Sin demérito de los retos de la adecuación de la normativa local, la eficiencia de esas modificaciones tendrá una relación muy estrecha con la revisión de los recursos presupuestales disponibles para elevar la calidad de los servicios en los poderes judiciales locales y, desde luego, en los ámbitos vinculados a esa fase del sistema de justicia; es decir, los ámbitos de la justicia cívica y de la cadena entre la actuación de los cuerpos de seguridad pública y el Ministerio Público y los servicios técnicos y periciales que requiere. Una parte importante de las deficiencias que enfrenta el sistema de justicia en los ámbitos federal y de las entidades federativas, está detonada por la falta de recursos para contar con el personal capacitado suficiente que se requiere para atender la incidencia de la demanda de conocimiento y resolución de violaciones a la ley que demanda la intervención del poder judicial en algunas de sus instancias, así como de las capacidades materiales y técnicas razonablemente necesarias para elevar la calidad de los servicios que prestan a la sociedad.

Y de acuerdo con la situación presenten los órganos de formación judicial y de defensoría pública en cada entidad federativa, sería necesario adoptar las previsiones de adecuación normativa y de asignación de recursos presupuestales para el adecuado cumplimiento de ambas funciones.

Un reto no menor para las entidades federativas será el de la prevención y contención de los agentes de la delincuencia organizada en los procesos electivos de personas titulares de magistraturas y juzgados a cargo de los asuntos penales. No suponemos que la criminalidad estará ausente de generar presiones a las personas impartidores de justicia en otras materias, como la civil o la laboral, donde también habría que adoptar las previsiones necesarias, pero toda la evidencia apunta a que el caso de la materia penal habrá situaciones de riesgo, amedrentamiento y eventual violencia contra la integridad física de las personas postuladas y eventualmente electas.

Por otro lado, está el reto del desarrollo normativo de la función sustantiva del Tribunal de Disciplina Judicial, a fin de precisar los conceptos laxos del texto constitucional propuesto para sustentar sus funciones de sanción y para imponer la que resulte más apropiada ante eventuales incumplimientos de la normatividad. En materia sancionatoria deberán describirse con precisión las conductas susceptibles de reproche legal y los criterios para la aplicación de la sanción pertinente.

Finalmente, se destaca la necesidad de que la legislación local establezca la cuantía de los asuntos de carácter tributario local a cargo del Tribunal de Justicia Administrativa de la entidad federativa, que deberían resolverse en un máximo de seis meses contados a partir del conocimiento del asunto. De no realizarse es adecuación, tendería a imperar el criterio que establezca el Congreso de la Unión para los órganos del Poder Judicial de la Federación y el Tribunal Federal de Justicia Administrativa.

11.6. Conclusiones

Del análisis de la iniciativa presidencial se desprende una ausencia total de información y consideraciones analíticas en torno a la situación que presentan los poderes judiciales de las entidades federativas. Sin valorar la diversidad de condiciones, capacidades, retos, programas de trabajo y avances en su ejecución que existe en la riqueza de los órganos la función jurisdiccional local en las entidades federativas, simplemente se ha hecho un ejercicio de transferencia mecánica de la propuesta realizada para la reforma del Poder Judicial de la Federación.

Es evidente que esto revela una deficiencia grave, particularmente por la naturaleza distinta de la impartición de justicia en el ámbito federal y la impartición de justicia en el ámbito local; es decir, que en este último no se ejerce la función del control de la regularidad constitucional a través del juicio de amparo, la controversia constitucional o la acción de inconstitucionalidad. Sin dejar de considerar que en distintas entidades federativas existen normatividad y órganos a cargo de control de la regularidad constitucional local, el juicio de amparo es exclusivo de los tribunales de la Federación. Nos referimos a que, en la exposición de motivos de la propuesta presidencial, el énfasis sobre la pertinencia de establecer la elección de las personas con funciones jurisdiccionales en el Poder Judicial de la Federación se coloca en el rechazo al ejercicio de la función de control de la regularidad constitucional por sus órganos ante las determinaciones de carácter legislativo o de carácter ejecutivo de la representación popular electa para asumir esas funciones.

Nos encontramos ante una reforma a los poderes judiciales de las entidades federativas que no parte de un estudio ni de una reflexión sobre sus condiciones, circunstancias, problemas y eventuales soluciones, y tampoco contempla ninguna planeación del ejercicio de recursos públicos y de objetivos medibles y evaluables para mejorar los servicios de la impartición de justicia en los poderes judiciales locales.

La visión de la concentración del poder en el poder ejecutivo de la Unión y en una mayoría afín en el poder legislativo federal que campea en la iniciativa presidencial para disminuir la función de control de la regularidad constitucional que corresponde al Poder Judicial de la Federación, ha permeado negativamente hacia las entidades federativas con la propuesta de modificaciones a los artículos 116 y 122 constitucionales.

Chalmita, Estado de México, 9 de agosto de 2024.

12.

EL IMPACTO DE LA REFORMA EN LA JUSTICIA LOCAL A LA LUZ DEL FEDERALISMO

Olga María Sánchez Cordero Dávila[1]

«En la federación, los atributos de la autoridad central se especializan y se restringen, disminuyen en número, obran de una manera menos inmediata...En los gobiernos centralizados, por el contrario, las atribuciones del poder supremo se multiplican, se extienden, se ejercen de uña manera más inmediata y van haciendo entrar en la competencia del príncipe los negocios de las provincias».

Pierre-Joseph Proudhon

SUMARIO: 12.1. Introducción. 12.2. Planteamiento del problema. 12.3. Desarrollo. 12.4. Conclusiones. 12.5. Bibliografía.

12.1. Introducción

El 5 de febrero de 2024 el Ejecutivo Federal remitió a la Cámara de Diputados del H. Congreso de la Unión 20 iniciativas, entre las cuales 18 fueron diseñadas con la intención de reformar, adicionar o derogar 53 artículos de la Constitución Política de los Estados Unidos Mexicanos, en distintos ámbitos de la vida pública nacional.

Entre los aspectos que se busca modificar a través de estas propuestas se encuentra la estructura, responsabilidades, funciones y modo de selección

1 Senadora Electa por Representación Proporciona. Maestra en Política Social y Administración. Se desempeñó como magistrada numeraria del Tribunal Superior de Justicia. Asimismo, fungió como ministra de la Suprema Corte de Justicia de la Nación. Fue diputada constituyente de la Ciudad de México.

de las y los integrantes del Poder Judicial de la Federación y las judicaturas locales. Esto planteando cambios e innovaciones entre los que se encuentran la elección directa de juzgadoras y juzgadores como método de designación y permanencia; la disolución del Consejo de la Judicatura Federal, y la creación de un Tribunal de Disciplina Judicial y un Órgano de Administración Judicial, instancias proyectadas para realizar diversas funciones entre las que destacan la de vigilancia y administración del poder judicial de la federación; la reducción de la integración de la Suprema Corte de Justicia de la Nación de 11 a 9 ministras y ministros, y la eliminación del trabajo en salas dentro de la Suprema Corte de Justicia de la Nación, entre otros cambios.

El 8 de febrero las iniciativas iniciaron su proceso de dictaminación en comisiones. En cuanto a la reforma en materia de justicia, la Comisión de Puntos Constitucionales de la Cámara de Diputados inició un proceso de análisis y consulta sobre esta propuesta y 18 propuestas adicionales que entre 2023 y febrero de 2024 presentaron diversas legisladoras y legisladores de distintos grupos parlamentarios[2]. Asimismo, al trabajo de análisis para la dictaminación se fueron incorporando las observaciones e ideas de distintos actores sociales que se han expresado a través de Foros de Diálogo Nacional dispuestos por la Junta de Coordinación Política de la Cámara de Diputados del Congreso de la Unión el 20 de febrero de 2024[3].

Derivado de todo lo anterior, quedó en evidencia que independientemente de la afinidad o discrepancia que pudiese tenerse con respecto a las distintas propuestas de decreto implícitas en las iniciativas, todos los temas tenían como común denominador la existencia muchas áreas de oportunidad, la detección de aspectos que debían discutirse en el espacio público, y que, independientemente de los importantes aportes que hayan podido generarse en el estado actual de nuestras instituciones judiciales, a lo largo de los últimos 30 años han surgido inercias dentro de la judicatura federal y los poderes judiciales locales que no necesariamente son deseables en nuestra vida pública.

---

2 Proyecto de Dictamen de la reforma en materia de justicia publicado por la Comisión de Puntos Constitucionales de la Cámara de Diputados del H. Congreso de la Unión, disponible en https://portalhcd.diputados.gob.mx/PortalWeb/Comision/3b06de2c-0960-4f24-805b-e32f76f6533b/Foros/49b83364-b3ef-4002-a5a5-de6a4e351ad2/ArchivosGenerados/53f8907b-e8d7-4fda-82b1-eeea5d9ad8c1.pdf

3 En total con respecto a todos los temas e independientemente de que se promovieran nuevos temas, se llevaron a cabo 5 foros auspiciados por la JUCOPO, 5 regionales impulsados por congresos locales y la Comisión de Puntos Constitucionales y 32 foros adicionales. Disponible en el Proyecto de Dictamen de la reforma en materia de justicia publicado por la Comisión de Puntos Constitucionales de la Cámara de Diputados del H. Congreso de la Unión, disponible en https://portalhcd.diputados.gob.mx/PortalWeb/Comision/3b06de2c-0960-4f24-805b-e32f76f6533b/Foros/49b83364-b3ef-4002-a5a5-de6a4e351ad2/ArchivosGenerados/53f8907b-e8d7-4fda-82b1-eeea5d9ad8c1.pdf

En este orden de ideas, con independencia de las definiciones políticas que se puedan tomar sobre la redacción de nuestro texto constitucional, a partir de la reforma, se aprecia de gran relevancia la discusión pública de la agenda legislativa y administrativa sobre las instancias de impartición de justicia en nuestro país. Asimismo, algo que sin duda debería preocupar y ocupar a quienes nos desempeñamos en la academia, la sociedad civil, la administración pública o el poder legislativo son los impactos que puedan tener estas iniciativas en el sistema federal mexicano.

Consecuentemente el presente artículo ofrece una reflexión sobre el reto que plantea la reforma constitucional en materia de justicia, con respecto a nuestro federalismo.

12.2. Planteamiento del problema

Etimológicamente el origen del vocablo Federalismo proviene del latín *foedus-oris* que significa unión, alianza, pacto, acuerdo. En este sentido, el término federalismo hace referencia al «arreglo político institucional basado en una distribución funcional y territorial del poder entre un ámbito central y ámbitos locales (estados, provincias o territorios) independientes o federados, los cuales participan de un pacto que se sustenta en la Constitución»[4].

Para Alexis de Tocqueville el federalismo implica la unión de estados soberanos que, en conjunto, integraban la federación —«el gran cuerpo de la Unión»[5]—. Por su parte, para Charles de Secondat, Barón de Montesquieu, el federalismo comprende la necesidad de contrapesar el poder de los distintos niveles de gobierno de una manera vertical y horizontal, para lo cual, basándose en la teoría de pesos y contrapesos, fragmenta cada nivel de gobierno en tres poderes independientes y auto-regulables (poderes ejecutivo, legislativo y judicial en los niveles federales y estatales).

Al respecto, es necesario destacar la posición de Hans Kelsen que considera al federalismo como una descentralización acentuada que se opone al Estado unitario. Esto es, para Kelsen «el federalismo se debe explicar como un fenómeno de descentralización administrativa, jurídica y política»[6]. No obstante, el federalismo adquirió su justo valor hasta que fue plasmado como sistema práctico de gobierno en la Constitución de los Estados Unidos de América en 1787, convirtiéndose en poco tiempo en el prototipo de la mayoría de los sistemas federales modernos.

4 Laura Baca Olamendi *et. al.* (comps.), *Léxico de la política*, FCE, México, 2000, pág. 238.

5 Jorge Carpizo MacGregor, *La Constitución mexicana de 1917*, UNAM, México, 1994, pág. 276.

6 Enrique Quiroz Acosta, *Lecciones de Derecho Constitucional*, Porrúa, México, 2002, pág. 197.

La Constitución Política de los Estados Unidos Mexicanos, en su artículo 40[7], establece el carácter federal de la organización política mexicana y reconoce al federalismo como un arreglo institucional que se distingue por la división de poderes entre un gobierno federal y los gobiernos de los estados miembros. Un Estado federal se caracteriza por la competencia constituyente que en él tienen los estados miembros.

El pacto federal se encuentra regulado en el artículo 124 de la Constitución Política de los Estados Unidos Mexicanos:

> «Artículo 124. Las facultades que no están expresamente concedidas por esta Constitución a los funcionarios federales, se entienden reservadas a los Estados o a la Ciudad de México, en los ámbitos de sus respectivas competencias».

En consecuencia, se debe analizar lo establecido en el mismo texto constitucional respecto de las facultades con las que cuentan los poderes de la unión, así como las que dota a los demás institutos y órganos que conforman al estado mexicano.

Respectivamente el artículo 49 señala como se conforma el estado, señalando que, para el adecuado funcionamiento de nuestra nación, contamos con tres poderes, el Legislativo, Ejecutivo y Judicial, mismos que deben actuar conforme a sus atribuciones y sin invadir las competencias de los otros poderes.

Respectivamente las facultades de estos poderes se señalan en los artículos 73, 74, 75, 76, 77 y 78 para el poder Legislativo; 89 para el poder Ejecutivo, y 94, 99, 100, 103, 104, 106 y 107 para el poder Judicial.

Mientras que, para las entidades y municipios, se distribuyeron sus competencias y facultades en los artículos 115, 116 y 122.

En ese sentido, se debe señalar que el pacto federal al que se refiere el artículo 124 del citado ordenamiento permite dirimir las competencias de los poderes de la unión, que actúan de carácter federal, y las competencias para las autoridades de carácter estatal o municipal.

En este contexto se puede afirmar que la Constitución Política de los Estados Unidos Mexicanos dibuja plenamente el funcionamiento de nuestro sistema federal, pues además de los aspectos anteriormente referidos, entreteje una serie de procesos específicos, como la participación de las dos cámaras federales y el 50 % más uno de las legislaturas de las entidades federativas con mayorías calificadas, de manera tal que implícitamente reconocen el carácter político de la constitución y la consecuente posibilidad de reformas

7 **Artículo 40.** Es voluntad del pueblo mexicano constituirse en una República representativa, democrática, laica y federal, compuesta por Estados libres y soberanos en todo lo concerniente a su régimen interior, y por la Ciudad de México, unidos en una federación establecida según los principios de esta ley fundamental.

estructurales al Estado Mexicano con respecto a necesidades generacionales. Esto es viable toda vez que «La Constitución no es el conjunto de normas jurídicas de un Estado —dice Schmitt— sino los principios políticos fundamentales que determinan su organización»[8].

Derivado de lo anterior, sin duda las iniciativas de reformas planteadas el 5 de febrero de 2024 por el Ejecutivo Federal en general y la iniciativa de reforma constitucional en materia de justicia en particular, entran en la hipótesis de cumplir todos los requisitos planteados por el Constituyente de 1917 para que el constituyente permanente pudiera realizar las transformaciones que mejor considere[9].

Así, las mayorías legislativas generadas en 2024 cubren los requisitos para los cambios propuestos. Sin embargo, aún queda la pregunta con respecto a si las repercusiones dispuestas en la iniciativa constitucional en materia de justicia transgreden o no el principio de «Garantía Federal». Esta, entendida como la posibilidad de que la Federación intervenga en la vida interna de los estados, siempre que se presente alguno de los siguientes factores de crisis: «1.º Cuando un estado sufra un ataque a su forma republicana de gobierno, 2.º Cuando un estado sea víctima de cualquier clase de invasión; entiéndase que al no hacer distinción, el ordenamiento comprende la hipótesis de invasión extranjera y la de otro estado, 3.º Cuando un estado pida el auxilio de la Federación con motivo de alguna rebelión o alteración del orden público que sufra la entidad» o bien si estamos ante la posibilidad de que mediante una reforma constitucional, en los ámbitos y modos en que se ha planteado pudiera estar poniendo en riesgo la estructura del Estado Federal a partir de una omisión, al no considerar adecuadamente los parámetros de respeto a la autonomía de las entidades federativas para replicar el texto que se pretende incorporar a la Constitución Política de los Estados Unidos Mexicanos[10]. Es decir, cabe la reflexión para revisar si el texto propuesto en la iniciativa excede o no los alcances del ámbito federal en detrimento de la esfera competencial del ámbito local, con respecto al diseño constitucional de las judicaturas locales.

---

8 Enrique SÁNCHEZ BRINGAS, *Derecho Constitucional*, Porrúa, México, 2007, pág. 109.

9 «En nuestro concepto no es exacto que el "poder constituyente" solo emerja en momentos coyunturales de un pueblo. Los valores políticamente predominantes se manifiestan y se transforman permanentemente, por ello, la manera como el "poder constituyente" se expresa es variada: puede ser a través de una rebelión, de una guerra civil y de una guerra internacional; pero nada indica que no pueda hacerlo mediante órganos constituidos. Podría manifestarse a través del órgano reformador de la Constitución o mediante leyes e interpretaciones judiciales».

10 La Garantía Federal son hipótesis ampliamente revisadas por académicos como Porfirio Marquet Guerrero, Gonzalo Calderón o Sánchez Viamonte. Véase a Enrique SÁNCHEZ BRINGAS, *Derecho Constitucional*, Porrúa, México, 2007, pág. 331.

Para poder revisar este importante aspecto del análisis sobre la iniciativa de reforma constitucional en materia de Justicia de febrero de 2024, es necesario revisar el texto propuesto dentro de la reforma, en lo concerniente a la manera en que esta se busca reflejar las innovaciones propuestas en la iniciativa hacia el orden jurídico de cada entidad federativa. Al respecto, la iniciativa menciona lo siguiente:

> «Artículo 116. ...
>
> ...
>
> I. y II. ...
>
> III. ...
>
> La independencia de los magistrados y jueces en el ejercicio de sus funciones deberá estar garantizada por las Constituciones y las Leyes Orgánicas de los Estados, las cuales establecerán las condiciones para **su elección por voto directo y secreto de la ciudadanía; la creación de un Tribunal de Disciplina Judicial y de un órgano de administración judicial con independencia técnica, de gestión y para emitir sus resoluciones, conforme a las bases establecidas en esta Constitución para el Poder Judicial de la Federación; así como del ingreso**, formación y permanencia de quienes sirvan a los Poderes Judiciales de los Estados.
>
> Los Magistrados integrantes de los Poderes Judiciales Locales, deberán reunir los requisitos señalados por las fracciones I a V del artículo 95 de esta Constitución. No podrán ser Magistrados las personas que hayan ocupado el cargo de Secretario o su equivalente, Procurador de Justicia o Diputado Local, en sus respectivos Estados, durante el año previo al día de la **elección**.
>
> **Las propuestas de candidaturas y la elección** de los magistrados y jueces integrantes de los Poderes Judiciales Locales **se realizarán conforme a las bases que establece esta Constitución para el Poder Judicial de la Federación y en los términos y modalidades que establezcan las Constituciones locales respectivas, garantizando mecanismos transparentes y paritarios de elección. Las candidaturas se harán preferentemente entre aquellas personas que hayan** prestado sus servicios con eficiencia y probidad en la administración de justicia o que lo merezcan por su honorabilidad, competencia y antecedentes en otras ramas de la profesión jurídica.
>
> Los magistrados durarán en el ejercicio de su encargo el tiempo que señalen las Constituciones Locales, podrán ser reelectos y, si lo fueren, sólo podrán ser privados de sus puestos por **el Tribunal de Disciplina Judicial** y en los términos que determinen las Constituciones y las Leyes de Responsabilidades de los Servidores Públicos de los Estados.
>
> Los magistrados y los jueces percibirán una remuneración adecuada e irrenunciable, la cual no podrá **ser mayor a la establecida para el Presidente de la República en el presupuesto correspondiente y no será** disminuida durante su encargo.
>
> IV. a X. ...

Artículo 122. ...

A. ...

I. a III. ...

IV. El ejercicio del Poder Judicial se deposita en el Tribunal Superior de Justicia, el **Tribunal de Disciplina Judicial local, el órgano de administración judicial** y los juzgados y tribunales que establezca la Constitución Política de la Ciudad de México, la que garantizará la independencia de los magistrados y jueces en el ejercicio de sus funciones. Las leyes locales establecerán las condiciones para **su elección por voto directo y secreto de la ciudadanía y para el funcionamiento de órganos de administración y disciplina con independencia técnica, de gestión y para emitir sus resoluciones, conforme a las bases establecidas en esta Constitución para el Poder Judicial de la Federación; así como del** ingreso, formación, permanencia y especialización de quienes integren el poder Judicial.

...

Los magistrados durarán en el ejercicio de su encargo el tiempo que establezca la Constitución Política de la Ciudad de México; podrán ser reelectos y, si lo fueren, sólo podrán ser privados de sus puestos **por el Tribunal de Disciplina Judicial** y en los términos que establecen esta Constitución, así como la Constitución y las leyes de la Ciudad de México. Los magistrados y los jueces percibirán una remuneración adecuada e irrenunciable, la cual no podrá **ser mayor a la establecida para el Presidente de la República en el presupuesto correspondiente y no será** disminuida durante su encargo.

V. a XI. ...

B. a D. ...

Transitorios

Primero a Séptimo. ...

Octavo. El Congreso de la Unión y las Legislaturas de las entidades federativas tendrán un plazo de ciento ochenta días naturales a partir de la entrada en vigor del presente Decreto, para realizar las adecuaciones a las leyes federales y constituciones locales que correspondan para dar cumplimiento al mismo. Entre tanto, se aplicarán en lo conducente de manera directa las disposiciones constitucionales en la materia.

Noveno a Décimo primero. ...».

12.3. Desarrollo

A partir de revisar la redacción planteada en la iniciativa se aprecia que la propuesta esboza cambios estructurales generales y dispone que deberán replicarse en las entidades federativas como bases generales, pero dejando abierto a las entidades federativas la selección de las posibilidades de modos de elección, números de integrantes de las instancias de disciplina, administración y el número y forma para integrar a la cúpula del poder judicial que corresponda. Únicamente genera la obligación de que los procesos que dispongan las constituciones locales «garantizando mecanismos transparentes y paritarios de elección», disposición que nuevamente es general, pero además deseable. Asimismo, deja en el ámbito local la implementación y desarrollo de leyes secundarias locales.

Al respecto, si recordamos al expresidente y constitucionalista norteamericano Woodrow Wilson, en el sentido de que «El principio de la división de los poderes entre los gobiernos federal y de los estados, es muy sencillo cuando se formula en sus términos más generales(...)en que las legislaturas locales deberán encargarse de legislar sobre todo asunto general de legislación respecto a los derechos privados de todo género de los intereses locales y de todo lo que se relacione directamente con sus poblaciones consideradas como comunidades; elección libre con respecto a todos los asuntos sobre reglamentación y desarrollo locales, reservándose el Congreso la competencia sobre aquellas materias relativas a la paz y al comercio del país en general»[11]. Entonces podemos valorar que no hay una transgresión del marco competencial de los poderes de las entidades federativas pues justamente, el texto propuesto en el decreto de la iniciativa en comento plantea que los congresos locales determinen la reglamentación de esta reforma, en cuanto a los aspectos específicos que hagan viable la implementación de los cambios generales que deberán alinear con la constitución federal.

En estricto sentido el federalismo podría ceñirse a la concepción del modelo estadounidense que es uno de los modelos de federalismo más reconocidos a nivel mundial, y quizá uno de los más rigurosos en lo concerniente a que para determinar los límites del ámbito federal con respecto al ámbito local la medida sería que las modificaciones del ámbito federal no transgreden el pacto federal «siempre que se trate de las facultades que las que explícitamente le concede la Constitución Federal o las que lógicamente puedan deducirse como consecuencia natural o necesaria de las facultades que de un modo indiscutible le otorguen ella»[12].

Aun bajo esta perspectiva la redacción de la propuesta mantiene el respeto del federalismo pues se están cambiando profundamente los aspectos estructurales, y organizacionales del Poder Judicial de la Federación, situación que política, administrativa, jurídica y funcionalmente justifica la búsqueda de homologar los cambios federales y locales. Esto, se puede entender como aquellas disposiciones que —como se cita líneas arriba— «son consecuencia natural o necesarias» del cambio planteado en el ámbito federal.

---

11 Woodrow Wilson, *El gobierno constitucional en los Estados Unidos*, Editorial Cultura, México, 1922. P. 175

12 Woodrow Wilson, *El gobierno constitucional en los Estados Unidos*, Editorial Cultura, México, 1922. P. 175

Así, si bien habrá quien argumente que no existe disposición constitucional expresa que habilite al Congreso de la Unión o al Ejecutivo Federal para proponer legislación que obligue directamente a las entidades federativas a realizar cambio alguno a la estructura de los poderes judiciales locales. Es importante considerar que de no hacerse la homologación pueden propiciarse efectos no deseados en cuanto a la certeza jurídica que brinda el país, y por otra parte un criterio radical en este sentido estaría más cercano a la perspectiva de una Confederación que a la de una federación.

Al respecto, sobre este exceso en la interpretación federalista que nos llevaría a una perspectiva de confederación, resulta pertinente recordar a Felipe Tena Ramírez quien afirmaba que «El Estado federal ocupa un sitio intermedio entre el Estado unitario y la Confederación de estados...En la federación los Estados-miembros pierden totalmente su soberanía exterior y ciertas facultades interiores en favor del gobierno central; pero conservan para su gobierno las facultades no otorgadas al gobierno central»[13].

Derivado de todo lo anterior, podemos afirmar que la iniciativa de reforma constitucional en materia judicial que se presentó en 2024 se ajusta a los límites de la interpretación federalista, toda vez que lo que le concierne en ella a las entidades federativas es una derivación natural y lógica que busca homologar aspectos generales del cambio estructural que sí se detalla y profundiza en el ámbito Federal sobre uno de los poderes de la Unión.

12.4. Conclusiones

1. El texto de la iniciativa de reforma constitucional en materia judicial presentada el 5 de febrero de 2024 se ajusta a los límites que tanto la teoría constitucional como el texto mismo de la Constitución Política de los Estados Unidos Mexicanos disponen, manteniendo intacto el orden federal de nuestra república.

2. El esquema de controles constitucionales implícitos en el proceso legislativo de cualquier reforma constitucional es un candado legal que refuerza el carácter federalista de los Poderes de la Unión, toda vez que deposita en mayorías calificadas de la representación nacional, la representación de la federación y de las propias soberanías de las entidades federativas, depositadas en las legislaturas locales.

---

13 Felipe Tena Ramírez, *La estructura constitucional del Estado Mexicano*, INJ, UNAM, México 1975, pág. 111.

12.5. Bibliografía

Baca, Laura, *et al.* (comps.), *Léxico de la política*, FCE, México, 2000.

Carpizo, Jorge, *La Constitución Mexicana de 1917*, UNAM, México, 1994.

Proudhon, Pierre-Joseph, *El principio federativo*, Los grandes pensadores-SARPE, Madrid, 1985.

Proyecto de Dictamen de la reforma en materia de justicia publicado por la *Comisión de Puntos Constitucionales de la Cámara de Diputados del H. Congreso de la Unión*, disponible en https://portalhcd.diputados.gob.mx/PortalWeb/Comision/3b06de2c-0960-4f24-805b-e32f76f6533b/Foros/49b83364-b3ef-4002-a5a5-de6a4e351ad2/ArchivosGenerados/53f8907b-e8d7-4fda-82b1-eeea5d9ad8c1.pdf

Quiroz Acosta, Enrique, *Lecciones de Derecho Constitucional*, Porrúa, México, 2002.

Sánchez, Enrique, *Derecho Constitucional*, Porrúa, México, 2007.

Tena, Felipe, *La estructura constitucional del Estado Mexicano*, INJ, UNAM, México 1975

Wilson, Woodrow, *El Gobierno Constitucional en los Estados Unidos*, Editorial Cultura, México, 1922.

13.

EL PODER EN MÉXICO EN EL CONTEXTO DE LA REFORMA AL PODER JUDICIAL, 2024

Publio Rivera Rivas[1]

SUMARIO: 13.1. Introducción. 13.2. Desarrollo. 13.3. Conclusión.

13.1. Introducción

El triunfo electoral de Claudia Sheinbaum para llegar a la Presidencia de la República representa un hecho histórico en la vida democrática de nuestro País, no sólo por ser la primera mujer en alcanzar este espacio, sino por la forma en cómo llega: siendo la presidenta más votada desde que tenemos elecciones libres y democráticas con un grado mayúsculo de legitimidad electoral al obtener más del 50 % del total de la votación válida emitida, esto es, con el apoyo de más de 35 millones de personas mexicanas en condiciones de votar; lo que representa un incuestionable grado de legitimidad política que le permitirá además contar con mayorías fuertes en ambas cámaras del Congreso.

Relevante también el resultado electoral en las entidades federativas, lo que le permite al partido en el gobierno mantener la mayoría de los gobiernos en los estados afines a la política impulsada desde la Presidencia de la República.

1 Profesor de la División de Estudios de Posgrado de la UNAM, especialista en Asuntos Constitucionales, Políticos y Parlamentarios.

13.2. Desarrollo

La llegada del Movimiento de Regeneración Nacional (Morena) al gobierno representó entonces para la oposición una contraposición a la política pública, fundamentalmente con la desaparición de los mecanismos mediante los cuales se administraban los recursos y fondos públicos para concentrar los recursos en una sola bolsa a cargo de la federación y con ello simplificar la forma en que se entregan los apoyos y programas sociales a la población. Esto, sin duda, representó el principal punto de quiebre entre quienes ejercían el poder y tendían acceso a otorgar los programas sociales.

Si a ello agregamos que fue el gobierno de Morena encabezado por el presiente Andrés Manuel López Obrador quien impulsó el reconocimiento constitucional de los programas sociales y la obligación del Estado de sufragarlos y otorgarlos a la población, especialmente a aquella identificada en grupos en situación de vulnerabilidad, la ecuación resulta definitivamente atractiva para una sociedad desigual y molesta con sus gobiernos y gobernantes, por los múltiples abusos y malversación de recursos en los programas; máxime si anteriormente había que realizar una larga cadena de trámites y someterse a procedimientos de selección para obtenerlos, cuestión que este gobierno ha simplificado.

Ante ello, se construyó un guion durante prácticamente todos los casi 6 años de gobierno de golpeteo a la investidura presidencial y al partido en el gobierno. Debates llenos de narrativa de odio y acusaciones de una parte y otra, que sin duda genera una imagen de repudio de parte de la ciudadanía frente a sus representantes. En ésta hay una cuestión que no es menor.

Mientras la disputa por el poder lleva años en México, hubo una etapa que se consideró de «transición democrática» y que se instaura como un momento que parecía permanente en una sociedad diversa y pluricultural como la mexicana. Durante este periodo sucedieron varios momentos en la historia de la República que merecen la pena recordar y poner en el centro del debate, porque a ello nos avocaremos en los próximos años una vez iniciada la gestión de la presidenta Claudia Sheimbaun.

Me refiero fundamentalmente a la transformación de las instituciones públicas y la creación de los Órganos y Organismos Constitucionales Autónomos (OCA), las reformas constitucionales para el funcionamiento del poder público y al sistema de seguridad y justicia.

Las primeras, creación de los OCA, se produce en un momento de la vida pública donde el entonces partido en el gobierno (Partido Revolucionario Institucional) pierde las mayorías en el Congreso, con ello se desencadena una lucha legítima desde la oposición por disputar el control del poder político e iniciar la conquista de espacios en la toma de decisiones fundamentales para el acceso al poder, así como en los órganos en los que la Cámara formaba parte.

Inicia entonces un fuerte cuestionamiento al presidente del gobierno al momento de la ratificación de los funcionarios que él nombraba, teniendo que negociar espacios principalmente en la política exterior, en la definición de ministros a la Suprema Corte, personas consejeras del Instituto Electoral, así como en las magistraturas del Tribunal Electoral. Con ello, a la par se impulsaron (atendiendo a principios constitucionales de derechos humanos) la formación de organismos con autonomía para garantizar derechos humanos, de acceso a la información y transparencia, de información y estadística, en materia de telecomunicaciones y competencia económica, que entre otras grandes razones —no las únicas por supuesto— tenían como elemento importante la configuración de órganos de dirección colegiados que permitieran que todas las fuerzas políticas participaran en su designación.

Había entonces diálogo y acuerdos al respecto, se lograba con ello un consenso que permitía, bajo la premisa de escindir lo político de lo técnico, nombrar entre los titulares de los organismos a personas cercanas a la academia o con un grado de formación y reconocimiento social incuestionable; y —aunque afines a los grupos políticos— no militantes de los partidos políticos.

Sin embargo, con el tiempo esta dinámica se fue pervirtiendo y en múltiples ocasiones se nombraron a personas más que afines a los grupos parlamentarios. Algunos incluso hasta habían sido miembros de los partidos o participado en política. Con ello se generó un reparto de cuotas que minaba cada vez más el funcionamiento incuestionable y técnico de los organismos para tomar decisiones que por un lado fueran protectoras del régimen y en extremo otras en cambio completamente duras con éste. Así se comenzó a generar un perverso sistema de *cuotas y cuates*, incluso dentro de los órganos colegiados de los OCA que poco a poco mermó mucho en la credibilidad de sus actos o decisiones de cara a la sociedad y confrontó directamente a los partidos políticos entorno a ellos.

Ello derivó en el extremo de no lograr acuerdos para nombrar a sus titulares y hasta crear un sistema fuera de toda legitimidad (aunque legal) de insaculación para nombrar a consejeras y consejeros del Instituto Nacional Electoral. Basta ver la larga lista de nombramientos que el Senado de la República dejó pendiente en la LXV Legislatura que está por concluir.

Este fenómeno no fue ajeno a la sociedad, ya que los discursos (por llamarlos correctamente) en las Cámaras del Congreso cada día gozaban de menos contenido y sí meras acusaciones frente al cumplimiento de su obligación por nombrar a quienes debieran ocupar dichos cargos. Acusaciones de un lado y otro estaban presentes en las sesiones, sobre todo una vez iniciado el proceso electoral. Así pues, mientras unos acusaban de falta madurez política y de querer imponer su mayoría para impulsar personas afines al régimen, los otros acusaban recibo y replicaban con acusaciones sobre que así se hacía en el pasado.

Frente al vacío por el incumplimiento constitucional, lo real fue que la sociedad —atenta a suscitado en las Cámaras— sancionó dando apoyo a quien lo solicitaba en el momento de la elección. Pasada la elección, la disputa por el poder retoma un significado basado en un reclamo de legitimidad frente a los actos políticos; mientras que la oposición al régimen exigía pluralidad y contrapesos, el partido en el poder pedía confianza para tener mayoría calificada e impulsar cambios en la constitución y procesar los nombramientos de las personas titulares de los órganos y organismos en cuestión, incluso suprimirlos para transferir sus funciones a las Secretarías de Estado sin regateos de la oposición y bajo la política impulsada desde la Presidencia de la República.

Esto no es menor, ya que la sociedad parece haber enviado un mensaje de confianza a la política impulsada desde el titular del Poder Ejecutivo más allá de quienes le acompañan, porque vaya que en autocrítica hay dentro del partido en el poder personas cuestionadas por la propia sociedad, sin embargo, hay una gran legitimidad de quien está al frente del gobierno, es decir de su presidencia.

Para Claudia Sheinbaum, el gran reto es cómo mediar ese gran poder que obtuvo en las urnas (que le representa la potestad de transitar prácticamente su política pública desde su perspectiva) y al mismo tiempo resguardar y no fallar al voto de confianza ciudadana sin llegar a los excesos del poder político que se asoma en muchas partes del mundo. México es una joven democracia, pero que avanza a pasos firmes con una sociedad claramente participativa, somos un país inmenso donde más de la mitad de la población está activa en los procesos electivos, de participación y en la toma de decisiones. Habrá de ser el gran reto de la nueva presidenta de la república la de mantener el camino de la vida democrática y cohesionar más a quienes ahora están escépticos y disidentes.

Habemos muchos que confiamos en que era una ruta necesaria, ni un paso atrás en la transformación política e institucional del país, pero también con una exigencia clara que se debe entender desde quienes ahora ejercerán el poder político. El régimen inició reconociendo derechos y maximizando los mismos, garantizando acceso a programas sociales desde la constitución. Cambiar o transformar los OCA puede ser una moneda de cambio bastante cara en cuanto a derechos que éstos protegen y vigilan, replantear por ejemplo el nombramiento de los titulares de sus órganos directivos sin duda debe pasar por un proceso de reflexión, que elimine las cuotas de poder internas y externas, que sean organismos al pleno servicio de la sociedad y con responsabilidad política plena frente al Congreso de quienes son nombrados por éste, y frente a la sociedad por sus actos en pro de la protección y garantía de sus derechos. Incuestionable será que en uso de la mayoría que la sociedad ha otorgado a Morena en las Cámaras, ésta deba servir para proponer perfiles con destacada labor pública y reconocimiento social para cumplir las funciones que la Constitución y la ley les demandan.

Frente al reto de reformar la Constitución para garantizar seguridad y justicia, sin duda una reforma en esas materias será el mayor reto de entre todas ellas. Necesaria sí, pero cuidando el extremo de no tergiversar la decisión popular por encima de la profesionalización de quienes estén al frente de los órganos jurisdiccionales. Se puede explorar, por ejemplo, un mecanismo en el que el Senado ratifique a magistrados y jueces previo examen y propuesta que haga el Consejo de la Judicatura; en el caso de los ministros de la Suprema Corte, previa decisión del Senado sobre éstos valdría un referéndum social para legitimar dicha decisión congresual. Ello daría un peso mayor de legitimidad a ésta sin que sea cuestionado su actuar, salvo por el ejercicio de su función.

El fortalecimiento del Poder Judicial deberá siempre recaer en un proceso de colaboración institucional que apunte hacia la instauración de una mejor justicia, con pleno respeto de la división de poderes, al pacto federal y a la independencia judicial. Al interior del Poder Judicial, se deberá reflexionar sobre sus fortalezas y debilidades, de su experiencia, de su visión y de su compromiso con la causa de la justicia y el compromiso de ésta hacia con la sociedad para que cada resolución, cada sentencia, cada acto de quienes forman parte de sus órganos jurisdiccionales sea reconocido por ésta como una auténtica expresiones de justicia, tanto en lo colectivo como en los casos individuales sin que éstos prevalezcan por encima de lo general.

Los retos de la justicia deben, por tanto, recaer en la instauración de una nueva concepción del accionar judicial, fundamentalmente en la figura de los jueces y de los magistrados, de quienes la sociedad demanda y exige un comportamiento ético y profesional. Desafortunadamente, en nuestro país existen redes clientelares y actos de corrupción que condicionan el funcionamiento de los Poderes Judiciales tanto en la federación y cuan más en las entidades federativas. Ello pone en riesgo la función jurisdiccional; pues deriva en una deficiente impartición de justicia, aumentando las condiciones de desigualdad a las que se enfrentan los sectores más vulnerables y desprotegidos de nuestro país.

Por ello, y como una forma inexorable para cambiar la ruta en la impartición de justicia en nuestro País, debemos pugnar por el fortalecimiento de la vida institucional del Poder Judicial de la Federación, así como de los poderes judiciales en las entidades federativas.

Propongo que para dicho proceso de transformación institucional pongamos en reflexión cinco ejes fundamentales:

- Integración de los órganos de gobierno del Poder Judicial Federal y los correspondientes en las entidades federativas. En ello recae además el proceso para el nombramiento de las personas que los integran, con base en principios de legitimidad política basados en la representación política con refrendo popular y participación social.
- Fortalecimiento de la carrera judicial para todas las categorías, mediante concursos de oposición públicos y transparentes. Impulso a la capacitación y profesionalización del personal a través del fortalecimiento y profesionalización de la Escuela Judicial, que implemente cursos de formación permanente y obligatorios para todos los niveles según la responsabilidad y función dentro de los órganos jurisdiccionales.

- Establecimiento de políticas de carácter administrativo y profesional que orienten las determinaciones del órgano de gobierno en materia de adscripciones, readscripciones, reincorporaciones y ratificación de juzgadores.
- Reforzamiento de las facultades institucionales del combate a la corrupción y al nepotismo.
- Vinculación con el Instituto Federal de la Defensoría Pública con las Universidades, Colegios y Barras de Abogados para el análisis periódico en foros públicos y de discusión de asuntos llevados ante tribunales por ellos que redunden en el profesionalismo de quienes ejercen esta función.

Ante ello, la reforma propuesta en el Dictamen de la Comisión de Puntos Constitucionales de la Cámara de Diputados reconoce que:

> «la iniciativa del Presidente de la República, si bien no tiene un talante solo orgánico-funcional, es visible que el acento se pone en él, sin que se aborden temas de derechos humanos, garantías, procesales o con una perspectiva sistemática. La razón de ser del planteamiento en dichos términos puede encontrarse en la responsabilidad de los poderes judiciales para brindar un servicio público judicial que, por vía de consecuencia, ha de llevar a la realización de los derechos y las garantías correspondientes».

Por ello es fundamental concentrar la reforma en dos grandes momentos: el primero en cambiar los órganos de poder e integración del Poder Judicial de la Federación y que ello impacte en las entidades federativas para seguir el modelo desde lo federal, un modelo que incluya, insisto, en un mecanismo de control del poder político desde el Poder Legislativo, con un refrendo popular a través de la consulta sobre quienes hayan sido designados para ocupar sus órganos de dirección; la segunda parte deberá estar basada en el funcionamiento de los órganos de dirección para conseguir los fines fundamentales de la propuesta original, y que radica también en la designación de la diversidad de magistraturas y titularidades de los juzgados colegiados y de distrito en todo el País.

El reto se presenta mayúsculo y el Congreso deberá estar abierto a un proceso cuidado de confección de la norma constitucional que siente las bases claras para la determinación en las leyes secundarias de cómo se deberá entender el modelo de integración de los distintos órganos al interior del Poder Judicial de la Federación.

La propuesta de reforma constitucional claramente queda establecida al tenor de lo siguiente:

En el orden estructural, se propone que el Poder Judicial de la Federación se componga por una Suprema Corte de Justicia de la Nación, el Tribunal Electoral, plenos, tribunales de circuito, jueces de distrito, un Órgano de Administración Judicial y un Tribunal de Disciplina Judicial.

La Suprema Corte de Justicia de la Nación funcionaría sólo en pleno y estaría compuesta de 9 ministras y ministros en lugar de 11.

Se transforma el Consejo de la Judicatura en un Órgano de Administración Judicial encargado de potestades administrativas y de la carrera judicial y se crea un Tribunal de Disciplina Judicial, integrados cada uno de 5 personas.

En la elección e integración se propone que los ministros, ministras, magistrados, magistradas, jueces y juezas sean elegidos por el voto directo de los ciudadanos en procesos electorales nacionales y en los circuitos judiciales.

Los integrantes del Órgano de Administración Judicial serán designados por los tres poderes (1 el presidente de la República, 1 el Senado de la República y 3 la Suprema Corte de Justicia de la Nación) en general con votos calificados en tratándose de órganos colegiados.

En este rubro, también se contemplan periodos de ejercicio más reducidos para las personas titulares de las entidades, con principios de no reelección en los puestos superiores o acotados en los de menor rango, incompatibilidad con otros cargos, salarios no superiores al del presidente de la República, veda de haber de retiro, así como sujeción a juicio político, declaración de procedencia y causales de remoción (magistrados y jueces).

Se prevé, asimismo, la jurisdicción del Tribunal de Disciplina Judicial con amplias facultades (incluso probatorias) para investigar, procesar, sentenciar y sancionar (desde una amonestación, hasta la destitución) a los servidores públicos del Poder Judicial de la Federación, por hechos que pueden ser denunciados por toda persona.

Frente a ella, para la reflexión legislativa que habrá de darse en el seno de la LXVI Legislatura del Congreso General de los Estados Unidos Mexicanos, dejo una propuesta alterna:

Primero. Sobre la Suprema Corte de Justicia de la Nación.

Se propone que las personas que hayan sido postuladas como ministros o ministras vayan a un proceso de consulta popular, organizado durante los siguientes 60 días por el Instituto Nacional Electoral, para que la ciudadanía decida si se está de acuerdo con su postulación, en caso de no alcanzar el apoyo popular en dicha consulta, deberá nombrarse a una nueva persona para ocupar el cargo.

Segundo. En la designación de las personas titulares del Órgano de Administración Judicial, así como del Tribunal de Disciplina Judicial, es recomendable que el Senado nombre igual número de personas que la SCJN, lo cual permitiría un contrapeso directo al Poder Judicial frente a los actos de éstos en el cumplimiento de sus funciones, así como de la debida rendición de cuentas ante la cámara anualmente.

Tercero. Los magistrados y magistradas del Tribunal Electoral del Poder Judicial de la Federación habrán de ser electos por el Senado. La SCJN enviará al Senado una lista general de por lo menos diez propuestas de personas candidatas por cada magistratura previa revisión de perfiles y cumplimiento de requisitos, la SCJN deberá integrar en sus listas a personas que no sólo sean integrantes de los poderes judiciales de la Federación y de las entidades federativas.

13.3. Conclusión

Como lo señalé al principio, la reforma al Poder Judicial, presentada por el titular del Poder Ejecutivo Federal representa una propuesta que tiene como finalidad cambiar la estructura de poder al interior del Poder Judicial, no es en sí una transformación del sistema de justicia en el país, impactará en el ejercicio de funciones de los servidores públicos del poder judicial, toda vez que a partir de esta nueva conformación de sus autoridades, las mismas se ajusten fundamentalmente a la demanda social de justicia y así como a las determinaciones en materia de austeridad republicana, ésta quizás es el mayor reto administrativo para los integrantes del Poder Judicial.

Made in United States
Cleveland, OH
04 February 2026

32602628R00168